موسوعة
علماء العرب والمسلمين
وأعلامهم

تأليف
د. مصطفى الجيوسي

دار أسامة للنشر والتوزيع
عمان- الاردن

الناشر

دار أسامة للنشر و التوزيع

الأردن – عمان

هاتف : ٥٦٥٨٣٥٣ – فاكس : ٥٦٥٨٣٥٤ – تلفاكس : ٤٦٤٧٤٤٧

ص. ب : ١٤١٧٨١

رقم الإيداع لدى دائرة المكتبة الوطنية

(٧٧٨ / ٤/ ٢٠٠٥)

٩٢٥,٥٦

الجيوسي، مصطفى

موسوعة علماء العرب والمسلمين وأعلامهم/مصطفى الجيوسي.– عمان: دار أسامة، ٢٠٠٥.

(   ) ص .

ر.إ :(٢٠٠٥/٤/٧٧٨).

الواصفات : العلماء//المسلمون//البلدان العربية//الإعلام//الإسلام/

❖ تم إعداد بيانات الفهرسة و التصنيف الأولية من قبل دائرة المكتبة الوطنية

مقدمة

هذه الموسوعة التي بين يديك عزيزي القارئ هي إضافة جديدة تقدمها دار أسامة للنشر للقراء والباحثين والطلاب في المدارس العربية. وقد حرصنا أن تقدم هذه الموسوعة فكرة علمية جديدة لكل الراغبين في الوصول إليها.

وقد ارتأينا أن تقتصر هذه الموسوعة على علماء العرب والمسلمين وأعلامهم فقط رغبة منا في تأصيل التراث العربي، والتأكيد على أن العرب كان لهم من العلم ما لا لغيرهم في عصرهم، وتثبيت المقولة بأن العرب ليسوا رعاة أغنام وأبقار وأنهم متخلفون وبينهم وبين الحضارة الجديدة مئات السنين.

بل على العكس فقد أثبت ما جاء في هذا الكتاب بأن العرب أولا والمسلمين ثانيا قدموا للإنسانية الكثير وأضافوا للمكتبات العالمية والجامعات المتخصصة شرقا وغربا وشمالا وجنوبا ما لم يقدم شعب على وجه هذه الأرض وكان أبناؤه قناديل علم مضيئة وشموعا استنارت من خلالها حضارة الغرب التي كانت تعيش في ظلام دامس، في الوقت الذي كانت فيه جامعة القيروان والأزهر تخرج الأجيال المتعلمة والجهابذة والأفذاذ والعلماء الكبار.

لا شك أن تاريخنا قد ظلم من أصحابه فيما بعد، كما ظلم من اعدائه الذين حجبوا عن أبنائه كل تطور وتقدم، وما علينا إلا أن نعود الى هذا التراث ونستجلي منه عظمة أجدادنا وقدرة آبائنا الأوائل على العطاء في كل مجالات الحياة، ألا يكفي أن كتب الرازي وخاصة كتاب القانون الذي ترجم للعديد من اللغات الأجنبية، ما يزال يدرس في عدد كبير من الجامعات في الغرب.

ولهذا كانت هذه التراجم لعلمائنا الأفذاذ، لعلنا نقدم لهم شيئا مما يستحقونه على عطائهم وتفوقهم وابتكاراتهم في جميع ألوان العلم وأشكاله.

وقد رتبنا هذه الموسوعة حسب الحروف الأبجدية الألفباء وكان هذفنا من ذلك هو أن يكون تناول هؤلاء العظماء بشكل ميسر، فلا تحدث هناك إشكالية في التناول.

ومن هنا نسأل اللـه أن يوفقنا فيما أردناه. و اللـه من وراء مبتغانا.

المؤلف

ابن أثال

طبيب معاوية ... خبير الأدوية

هو ابن أثال طبيب نصراني اشتهر في أوائل الإسلام بدمشق.

ولما ملك معاوية بن أبي سفيان سنة ٦٦١م دمشق اصطفاه لنفسه، وكان كثير الاعتماد عليه.

وكان ابن أثال خبيراً بالأدوية المفردة والمركبة، وقواها، وسمومها. وقد اتهم ابن أثال بأنه لبّى طلب معاوية فأعد شربة مسمومة سقاها عبد الرحمن بن خالد بن الوليد لتحصل بموته المبايعة لابنه يزيد، فثأر له ابن أخيه.

بأن كمن له مع أحد أنصاره وراء اسطوانة في مسجد دمشق حتى إذا خرج ليلاً من مجلس معاوية، وكان يسمر عنده هجم عليه خالد، فقتله.

ابن الاثردي

الطبيب المتميز في صناعة الطب

(١٠٤٥ ـ ١١٠٢م)

هو أبو الحسن سعيد بن هبة الله بن أثردي، من نصارى بغداد في العصر العباسي الرابع عرف أفراد أسرته بصناعة الطب، واشتهر منهم صاحب الترجمة، وكان من أشهر أطباء بغداد.

خدم المقتدي بأمر الله (١٠٧٥ ـ ١٠٩٤م) ثم ولده المستنظر بالله (١٠٤٩ ـ ١١١٨م).

وقال ابن الخطاب محمد بن محمد بن أبي طالب في كتاب الشامل في الطب، " إن الطب في عصرنا انتهى إلى أبي الحسن سعيد بن هبة الله بن الحسن ".

قرأ على أبي العلاء بن التلميذ وعلى أبي الفضل كتيفات وعلى عبدان الكاتب.

وتولى مداواة المرضى في البيمارستان العضدي.

من كتبه:

- كتاب " المغني في الطب "، الذي صنفه للمقتدي بأمر الـلـه.
- " كتاب في اليرقان ".
- " مقالة في صفات تراكب الأدوية ".

ابن الازرق

الطبيب الملقب بالأزرقي

(... بعد ٨٩٠هـ ... بعد ١٤٨٥م)

إبراهيم بن عبد الرحمن بن أبي بكر، ابن الأزرق: عالم بالطب وهو يماني.

ألف كتباً عدة واشتهر بكتابه " تسهيل المنافع في الطب والحكمة " وكتاب " مغني اللبيب حيث لا يوجد الطبيب. توفي سنة ٨١٥ هجرية.

ابن بختوية

الطبيب ابن الطبيب

(كان حياً ٤٢٠، ١٠٢٩م)

هو عبد الـلـه بن عيسى بن بختويه الواسطي، (أبو الحسن)، طبيب وخطيب من أهل واسط، (الكوت حالياً وتقع بين بغداد والبصرة) اطلع على تصانيف القدماء في صناعة الطب، وكان والده أيضاً طبيباً.

ولأبي الحسين:

- " المقدمات "، ويعرف بكنز الأطباء "، وألفه سنة ٤٢٠ هجرية.
- كتاب " الزهد في الطب ".
- كتاب " القصد إلى معرفة الفصد ".

ابن بطلان

الطبيب الراهب

هو أبو الحسن المختار بن الحسن بن عبدون بن سعدون بن بطلان طبيب، منطقي، نصراني من أهل بغداد درس على يد أبي الفرج بن الطيب تتلمذ له. لازم ابن ثابت بن إبراهيم بن زهرون الحراني الطبيب، وانتفع به في صناعة الطب ومزاولته.

وكان معاصرا لعلي بن رضوان، الطبيب المصري المشهور، توجه إلى مصر سنة ٤٤١هـ فأقام فيها ثلاث سنوات.

لابن بطلان من الكتب:

- " كناش الأديرة والرهبان ". وقد ذكر فيه الأمراض العارضة.
- مقالة " شرب الدواء المسهل ".
- مقالة في " كيفية دخول الغذاء في البدن وهضمه وخروج فضلاته وسقي الأدوية المسهلة وتركيبها.
- كتاب " المدخل إلى الطب ".
- كتاب " دعوة الأطباء ".
- مقالة في " علة نقل الأطباء المهرة تدبير أكثر الأمراض التي كانت تعالج قديماً بالأدوية الحارة إلى التدبير المبرد ". كالفالج والقوة والاسترخاء.
- كتاب " عمدة الطبيب في معرفة النبات ".
- مقالة في مداواة صبي عرضت له حصاة ".

ابن بكلارش

الذي خدم بطبه بني هود

(... ـ ٥٠٠هـ ١٠٠٦م)

يوسف بن إسحاق، ابن بكلارش الإسرائيلي، يهودي من أكابر علماء الأندلس في

صناعة الطب، وله خبرة بالأدوية المفردة، له من الكتب:

كتاب المجدولة في الأدوية المفردة ألفه للمستعين بالله أبي جعفر بن المؤتمن بالله بن هود.

وفي إقامته بالرباط، ألف كتاب " المستعيني " في الطب، وقد صنفه للمستعين بالله أحمد بن يوسف اليهودي المتوفى سنة ٥٠٣ هجرية.

ابن البيطار

هو أبو محمد ضياء الدين عبد الله بن أحمد المالقي الأندلسي النباتي المعروف ابن البيطار ولد في مالقه (أو مالاغا)- الأندلس عام ١١٩٧ وتوفي في دمشق عام ١٢٤٩.

ويعتبر من أشهر علماء النبات عند العرب، ودرس على أبي العباس بن الرومية النباتي الأندلسي الذي كان يعشب أي يجمع النبات لدراستها وتصنيفها في منطقة اشبيلية وعبد الله بن صالح وأبي الحجاج.

رحل إلى المشرق وهو في العشرين من عمره، زار خلالها المغرب وجاب مراكش والجزائر وتونس وأقطار شمال أفريقيا ومن ضمنها مصر ومن ثم ساح في سوريا وبلاد الإغريق وإيطاليا وتركيا آخذاً من علماء النبات فيها واستقر به الحال في مصر متصلاً بخدمة الملك الأيوبي الكامل الذي عينه (رئيساً على سائر العشابين

وأصحاب البسطات).

وكان يعتمد عليه في الأدوية المفردة والحشائش كونه من العارفين بأصولها حتى أصبح مرجعاً كبيراً في معرفة أنواع النبات وصفاته وأسمائه وأماكن وجوده.

كما اكتشف ابن البيطار عقاقير لم تكن معروفة من قبل. وبقي في منصبه بعد وفاة الكامل وانتقال السلطة إلى ابنه الصالح أيوب.

وقد وصف أكثر من ألف وأربعمائة عقار طبي وقارنها مع سجله أكثر من مئة وخمسين مؤلفاً ممن سبقوه.

قال ابن أبي أصيبعة:

- كان أول اجتماعي بابن البيطار في دمشق سنة ٦٣٣هـ فرأيت من حسن عشرته وكمال مروءته وطيب أعراقه وجودة أخلاقه وكرم نفسه ما يفوق الوصف.

ولقد شاهدت معه في ظاهر دمشق كثيراً من النبات في مواضعه وقرأت عليه أيضاً تفسيره لأسماء (كتاب أدوية ديسقوريدس) فكنت أجد من غزارة علمه ودرايته في الأدوية المفردة ما لم أجده في غيره من العلماء.

ومن دمشق كان ابن البيطار يقوم بجولات في مناطق الشام والأناضول فيعشب ويدرس وفي هذه الفترة اتصل به ابن أبي اصيبعة كما ذكرنا وشاهد معه كثيراً من النبات في أماكنه في ظاهر دمشق.

قال ابن أبي أصيبعة صاحب (طبقات الأطباء):

كان ابن البيطار لا يذكر دواء إلا ويعين في أي مكان هو من كتاب ديسقوريدس وجالينوس وفي أي عدد هو من الأدوية المذكورة في تلك المقالة.

وقد ترك ابن البيطار كتباً كثيرة أهمها:

(١) الجامع في الأدوية المفردة، ويقع في مجلدين ويحتوي على أكثر من ١٤٠٠ صنف من الأدوية منها ٣٠٠ صنف لم يعرفها أحد من قبله.

(٢) كتاب المغني في الأدوية المفردة وهو مرتب وفق العلاج والمرض.

(٣) كتاب ميزان الطبيب.

(٤) كتاب الإبانة والإعلام بما في المنهاج من الخلل والأوهام.

ويعتبر ابن البيطار من أوائل الكيميائيين الطبيين رغم أن اهتمامه اقتصر على الأعشاب دون العناصر الكيميائية.

نعم.. فهو أول الكيميائيين الذين افتتحوا طريق الكيمياء والصيدلة. **ومن أهم أعماله:**

- جمع الكثير من العقاقير المعروفة قبله.
- اكتشف عدداً من العقاقير التي لم تكن معروفة سابقاً.
- صنّف الكثير من الأدوية التي لم يعرفها أحد من قبل.

لقد رجع ابن البيطار إلى أكثر من ١٥٠ مؤلفاً وكتاباً وذكر فضل كل منها في موضوعه وهو عندما وصف ١٤٠٠ صنف من الأدوية المختلفة ما بين نباتي وحيواني ومعدني كان وصفه دقيقاً للغاية وهو يذكر المترادفات، كما يذكر ترجمتها بالإغريقية وبالفارسية والبربرية والأسبانية الدارجة.

لقد درست كتب ابن البيطار في العالمين العربي والإسلامي دراسة واسعة وانتفع بها علماء النبات والصيدلة المتأخرون.

وقد طبع كتاب الجامع لابن البيطار في ٤ أجزاء بالقاهرة عام ١٨٧٥. كما ترجم للفرنسية بقلم لوكيرك. وترجم للألمانية أيضاً بقلم زونتها يمر في جزأين سنة ١٨٤٠ -١٨٤٢. كما تلتها طبعات في بغداد وغيرها.

لقد كان لابن البيطار الدور العظيم في الانتقال بالزراعة والنبات إلى مرحلة جديدة وكان لمؤلفاته الأثر البعيد المدى فيمن جاءوا بعده من علماء زراعيين ونباتيين، كما كان لبحوثه تأثيراً في عصر النهضة الأوربية الحديثة.

يقول ويل ديوارنت في موسوعته (قصة الحضارة) الجزء الرابع ص ٣٢٩ ما يلي:

(ويدل كتاب الجامع لمفردات الأدوية والأغذية) على سعة العلم وقوة الملاحظة وهو أعظم نباتيي في القرون الوسطى.

وقد استعمل كتاب ابن البيطار في تكوين أول معشبة نباتية وأول صيدلية إنجليزية أعدتها كلية الطب في عهد (جيمس الأول).

وكان كتاب الأدوية المفردة أحد أسس تكوين علم العقاقير الحديثة.

لقد اختلف ابن البيطار عن باقي علماء النبات العرب الآخرين في أنه كان عشاباً وطبيباً نباتياً يتحدث عن النبات وأوصافه:

أصله وساقه وورقه وزهره وثمره حتى لا يخلط بين نبات نافع وآخر ضار. ثم يعقب ابن البيطار بذكر ما يستخلص من النباتات من عقار مفيد في العلاج وكيف يؤخذ ومتى يؤخذ وكيف يعد الدواء وكيف يتعاطى ومقدار الجرعة.

يقول ابن البيطار في النباتات:

زيتون: هو شجر معروف وهو صنفان: بستاني وبري، والزيتون هو ثمر

الشجرة، الزيتون زيتون الماء وزيتون الزيت وكلاهما بارد يابس معتدل بين الحرارة والرطوبة وأما الرطوبة السائلة من خشب الزيتون الرطب إذا التهب فيه النار ولطخت به الأبثرة والحزاز والملكونيا نفع منها.

واذا مزجت مع التمر وخلط بشحم ودقيق وضمد به الأطفار العارضة منها الآثار السمجة أذهبها.

واذا دق ورق الزيتون واعتصر ماؤه وطبخ مع مقدار مثله مع عسل نحل وقطر في الأذن نفع من الحول العارض للأطفال.

وتحدث عن (اطلايلال) وإكثار واغرغيس يقول: وهو قشر أصل شجرة البيرباريس وأهل مصر يسمونه عود ريح مغربي، وابهل ويقول:

زعمت جماعة من الأطباء أنه العرعر وهو خطأ هو صنف من العرعر كثير الحب وهو شجر له ورق شبيه بورق الطرفاء وثمرته حمراء دسمة تشبه النبق في قدرها ولونها، وما داخله معروف له نوى ولونه أحمر إذا نضج.

كان حلواً في المذاق وفيه بعض طعم القطران ويجمع في وقت قطاف العنب.

ويقول عن الأترج:

كثير بأرض العرب وهو مما يغرس غرساً ولا يكون برياً وتبقى شجرته عشرين سنة تحمل وحملها مرة واحدة بالسنة وورقها مثل ورق الجوز وهو طيب الرائحة وتفاحه شبيه بنور النرجس وهو زكي وللشجر شوك شديد.

أما عن خواصه فهو ينقل ما قاله ابن سينا وابن رضوان واسحق بن سليمان وغيرهم وتحدث عن الأشخيص والاثنان وقال:

إنه اجناس كثيرة وكلها من الحمض، والاثنان هو الحرض وهو الذي يغسل به الثياب، نبات لا ورق له وله أغصان دقاق شبيه بالعقد وهي رخصة كثيرة المياه، ويعظم حتى يكون له خشب غليظ يستوقد به وناره حارة جداً ورائحة دخانه كريهة

وطعمه يميل للملوحة.

ويقول عن الأفيون:

لبن الخشخاش الأسود. لا يعرف الا بديار مصر وخاصة بالصعيد بموضع

يعرف بأسيوط فإنه منها يستخرج ومنها يحمل إلى سائر البلدان.

وقد وصف امير باريس (البرباريس) والأنجدان والاينسون والأنجرة وأناغالس والايهقان والبابونج وقال:

إنه ثلاثة أصناف والفرق بينهما في لون الزهرة وله أغصان طولها نحو شبر شبيه بأغصان التمنش وفيها شعب وورق دقاق صغار ورؤوس مستديرة صغار في باطن بعضها زهراً أبيض وفي بعضها زهر مثل لون الذهب وفي الذي ظهر من الزهر على الرؤوس يظهر باستدارة حولها ويكون لونه أبيض وأصفر وفريزي وهو في قدر زهر السذاب وينبت في أماكن خشنة من الطرف ويقطع في الربيع.

ووصف الثوم والثيل والجاوشير والجلنار والجليان وجوزبوا وهو جوز الطيب.

وعالج ابن البيطار في كتابه حب الزلم وحب الملوك وحب الرشاد وحب القلب وحب الفلفل والحدق والحرمل والمسك والحضحض والحلبة والهتلتيت والحماض والحنظل والحندقوقي والخس والخروع والخشخاش والخلاف والخلنجان وخيار شنبر والدفلى والرواند والريوق والرازيانج والرتم والديباس والزقوم والزنجبيل والزيزفون والكمون والكركم والكراوية واللبخ واللبلاب والمحلب والمر والنارنج والهندباء والياسمين والناردين والبيبنوت واليتوع واللوف وغيرهما.

ابن الجزار القيرواني

هو أحمد بن إبراهيم بن أبي خالد أبو جعفر المعروف بابن الجزار القيرواني ولد في القيروان ولم يعرف تاريخ ولادته إلا أنه يرجح أنه توفي عام ٩٨٠ م في دمشق. درس الطب والصيدلة وعلم تركيب الأدوية وصناعتها، **تناولت أهم أعماله**

المواضيع التالية:

- الاعتماد في الأدوية المفردة.
- البغية في الأدوية المركبة.

- أسباب الوباء في مصر والحيلة في دفعه.

- زاد المسافر وقوت الحاضر -وهو في الطب - ويقع في مجلدين مخطوطين.

كان لمؤلفاته دور مهم في عملية تحويل الكيمياء من البحث عن حجر الفلسفة إلى تحضير الأدوية

حسب تركيبات كيميائية علمية.

وتذكر بعض المصادر أن لابن الجزار رسالة في ذم إخراج الدم ورسالة في النفس ورسالة في طب

الفقراء ورسالة في دولة المهدي العبيدي وظهوره في المغرب.

درس على اسحق بن سليمان الإسرائيلي (نحو ٨٥٠-٩٣٢) طبيب وفيلسوف مصري عاش في القيروان.

له الحمايات والحدود والرسوم.

ابن جلجل

الطبيب المؤرخ

(٣٣٢ ـ بعد ٣٧٧هـ، ٩٤٣ بعد ٩٨٧م)

هو أبو داود سليمان بن حسن يعرف بابن جلجل، طبيب ومؤرخ أندلسي من

أهل قرطبة.

تعلم الطب وأجاد صناعته، عاصر الخليفة الأندلسي هاشم الثاني المؤيد بالله وخدمه بطبه. وله من الكتب

الطبية: " طبقات الأطباء والحكماء ". و " تفسير أسماء الأدوية المفردة من كتاب ديسقوريدس ".

ورسالة و " مقالة في أدوية الترياق ". و" مقالة في ذكر الأدوية التي لم يذكرها ديسقوريدس في

كتابه " و " رسالة التبيين فيما غلط فيه بعض المتطببين ".

ابن خلدون

١٣٣٢ - ١٤٠٦م

ولد ابن خلدون في تونس سنة ١٣٣٢م، وتوفي في مصر سنة ١٤٠٦م عن

عمر يناهز أربع وسبعين سنة حافلة بالدرس والنشاط السياسي والاجتماعي.

وهو يعود بأصله إلى وائل بن حجر من عرب اليمن. وكانت أسرته قد هاجرت من الجزيرة العربية لتستوطن بالأندلس، ثم رحلت عنها واستقرت في تونس.

كان أبوه تلميذاً للفقيه المعروف الذائع الصيت في عصره الإمام الزبيدي، وكان زاهداً في الوظائف الإدارية، ولذلك انصرف عنها وأخذ يدرس الفقه واللغة العربية إلى جانب دراسة المنطق والفلسفة.

وقد تمكن من تلك العلوم، حتى اعتبر خبيراً فيها. وكان بيته أحد الأماكن التي يجتمع فيها علماء تونس وأدباؤها.

في هذا المناخ نشأ ابن خلدون، وتلقى تعليمه الأولى تحت رعاية أبيه وأساتذته الأندلسيين الذي كانوا مستقرين في تونس، فحفظ على أيديهم القرآن، ودرس علوم الفقه والشريعة واللغة والمنطق والحساب والفلسفة، حتى تمكن منها جميعاً.

وكان من المفروض أن يتفرغ للعلم، كما فعل أبوه من قبل، ولكن الظروف حالت دون ذلك.

فما أن بلغ الثامنة عشرة من عمره حتى مات أبوه ومعظم العلماء الذين كان يتلقى تعليمه على أيديهم بسبب الطاعون الجارف الذي اجتاح العالم في ذلك الوقت (أي حوالي منتصف القرن الرابع عشر الميلادي). كما هاجر من أفلت منهم من الوباء من تونس إلى المغرب.

مما اضطر ابن خلدون أن يغيّر مجرى حياته الذي كان ينتويه واتجه تحت ضغط تلك الظروف إلى تولى الوظائف العامة التي اضطرته فيما بعد إلى خوض غمار السياسة والاشتراك في أحداثها.

وكانت أول وظيفة تولاها هي وظيفة "كاتب العلامة" للوزير محمد بن تافراكين الذي كان حينئذ وصيّاً على عرش تونس، ومستبداً بشئون الحكم. بعدها هاجر إلى فاس بالمغرب ليعمل في خدمة سلطانها أبي عنان المريني، حيث تولى نفس الوظيفة في بلاطه- وكانت هذه الوظيفة لا يتولاها إلا كبار العلماء والكتّاب، وهذا يدل على أن ابن

خلدون كان قد وصل في هذه السن المبكرة (الثانية والعشرين من عمره) في ميادين الأدب والكتابة إلى منزلة رفيعة، وأن شهرته فيها كانت قد أخذت تنتشر في كل أرجاء المغرب العربي.

قضى ابن خلدون في تلك الوظيفة نحو عامين، وقضى مثلهما في السجن على إثر مؤامرة اشترك فيها ضد هذا السلطان المذكور.

وبعد خروجه من السجن على إثر وفاة هذا السلطان عاد إلى نفس وظيفته في بلاط السلطان الجديد، وقضى في تلك الوظيفة أربع سنوات أخرى أتيح له خلالها أن يعاود القراءة والدرس على العلماء والأدباء الذين كانوا قد نزحوا إليها من الأندلس ومن تونس. وأن يتردد على مكتبات فاس التي كانت حينئذ من أغنى المكتبات الإسلامية فارتقت بذلك معارفه.

وهكذا جمع ابن خلدون في تلك الفترة بين أرقى مناصب الدولة وأرقى مناصب العلم.

ونجح ابن خلدون في أثناء وجوده بالبلاط السلطاني في فاس في إقامة علاقة صداقة وود مع سلطان غرناطة محمد الخامس ووزيره ابن الخطيب المؤرخ والشاعر المشهور. ولذلك عندما ضعفت مكانته ومركزه السياسي في فاس وخشي على نفسه السجن مرة أخرى توجه إلى غرناطة سنة ١٣٦٢ليعمل في خدمة سلطانها الذي كلفه بإبرام اتفاق صلح بينه وبين ملك قشتالـه، ولما نجح في تلك المهمة قرّبه السلطان إليه وأرسل يحضر أسرتـه من قسنطينة.

ولكن أهل الوشاية أفسدوا العلاقة بينه وبين السلطان، فترك الأندلس ورحل إلى المغرب سنة ١٣٦٤.

وفي المغرب تولى منصب الحجابة لأمير بجاية الذي كانت تربطه به علاقات صداقة قديمة.

ولكنه لم يستمر بهذا المنصب طويلاً، إذ سقطت بجاية بعد سنة واحدة من وصوله إليها في يد أمير قسنطينة. فاضطر إلى الرحيل إلى تلمسان، وعندما نزل بها عنّ له أن يتفرغ للقراءة والتأليف فغادرها إلى قلعة ابن سلامة (في الجزائر)، وأمضى في ضيافة أولاد عريف هو وأسرته زهاء أربعة أعوام نَعِم أثنائها بالاستقرار والهدوء.

وفي تلك القلعة بدأ في كتابة كتابه العظيم في التاريخ والذي أسماه: "كتاب العبر، وديوان المبتدأ والخبر، في أيام العرب، والعجم والبربر، ومن عاصرهم من ذوي السلطان الأكبر"، وقدم لهذا الكتاب ببحث عام في شئون الاجتماع الإنساني وقوانينه، وهو البحث الذي اشتهر فيما بعد باسم "مقدمة ابن خلدون" وكان ابن خلدون حينئذ في نحو الخامسة والأربعين من عمره، وقد نضجت معارفه وارتقى تفكيره بما شاهده وعاشه من تجارب في شئون الاجتماع الإنساني على العموم- إذ كان قد قضى نحو ربع قرن في غمار السياسة متقلباً في خدمة القصور والدول المغربية والأندلسية، يدرس أمورها، ويستقصي سيرها وأخبارها، ويتغلغل بين القبائل يتأمل طبائعها وأحوالها. وكان ذهنه المتوقد وتفكيره الخصب، وملاحظته الذكية، تحمله على التعمق في تأمل هذه الظواهر، ورد الأمور المتشابهة منها بعضها إلى بعض، والبحث عن أسبابها، والتمييز بين ما ينجم منها عرضاً وما يترتب عليها بالضرورة، وردها إلى قوانينها العامة.

وكان ابن خلدون في معظم ما يكتبه أثناء مقامه بقلعة ابن سلامة يكتب مما تحفظه ذاكرته، ومما يكون قد دونه من مذكرات، كما كان يستعين بالمراجع القليلة التي أتيح له الحصول عليها آنئذ. إلى أن رأى أن تنقيح كتابه وتكملته يقتضيانه الرجوع إلى الكتب والمصادر الموسعة التي لم تكن متاحة له في قلعة ابن سلامة. فرحل هو وأسرته إلى تونس حيث تقدم له مكتباتها الغنية ما يحتاج إليه من مراجع، وظل في تونس أربع سنوات عاكفاً على البحث والتأليف إلى جانب التدريس لطلبة العلم بها، حتى أنجز مؤلفه الكبير.

وفي أواخر سنة ١٣٨٢م بدرت من سلطان تونس أبي العباس رغبة في الاستعانة بابن خلدون في مهامه السياسية، وكان ابن خلدون حينئذ قد كره شئون السياسة بعدما عانى منها الكثير، فاعتزم مغادرة تونس واحتج للسلطان برغبته في الحج، وما زال يلح عليه حتى أذن له.

فترك أهله في تونس وأبحر إلى الاسكندرية التي وصلها في يوم عيد الفطر من تلك السنة، ثم قصد بعد ذلك القاهرة، وكانت القاهرة في تلك الآونة قبلة العلماء

والمفكرين في المشرق والمغرب، وكان لسلاطينها المماليك شهرة واسعة في حماية العلوم والفنون والعناية بإنشاء المدارس.

وكان صيت ابن خلدون قد سبقه إلى القاهرة، وكان المجتمع المصري يعرف حينئذ الكثير عن شخصيته وسيرته وعن بحوثه الاجتماعية والتاريخية، والفضل في ذلك يرجع إلى الورّاقين (أصحاب المكتبات) الذين كان لهم نشاط كبير في نسخ المؤلفات ونشرها في مختلف البلاد، ومن أجل ذلك لقى ابن خلدون من أولي الأمر في القاهرة ومن علمائها وأهلها أحسن استقبال وأروعه.

ولقد عبر ابن خلدون عن ذلك قائلاً: "فانتقلت إلى القاهرة أول ذي القعدة، فرأيت حاضرة الدنيا، وبستان العلم، ومحشر الأمم، ومدرج الذر من البشر، وإيوان الإسلام، وكرسي المُلك، تلوح القصور والأواوين في جوه، وتزهو الخوانك والمدارس بآفاقه، وتضيء البدور والكواكب من علمائه، قد مثُل بشاطئ بحر النيل نهر الجنة وموقع مياه السماء يسقيهم النهل والعلل سيحه، ويجبي إليهم الثمرات والخيرات ثجته".

وهكذا استقر المقام أخيراً بابن خلدون في القاهرة، والتف حوله عدد كبير من مثقفيها ينهلون من علمه ويفيدون من بحوثه، وأخذ يلقى دروسه ومحاضراته في الجامع الأزهر، ثم عين قاضياً للمذهب المالكي بها.

ولم ينقطع ابن خلدون في أثناء إقامته الطويلة بمصر عن مراجعة مؤلفة التاريخي الكبير "كتاب العبر" ومراجعة "المقدمة".

وقد لاحظ (طه حسين) في دراسته عن ابن خلدون (أنه لا بد أن صورة القاهرة والحضارة المصرية التي كان لها جميع خصائص اية حضارة عمرانية مترفة مع احتفاظها بالثبات وعدم تعرضها على الدوام للانهيار قد جعلت الفيلسوف التونسي يطيل التأمل في مدى صحة نظرياته التاريخية وأوحت إليه بعض الانتقادات في هذا الموضوع).

وهذا ما أجراه ابن خلدون بالفعل، إذ أدخل على كتابه "العبر" كثيراً من التعديلات والتنقيحات. وأضاف إليه تاريخ المرحلة الأخيرة من حياته حتى وصل في

رواية حوادثه إلى نهاية سنة ١٤٠٥م، أي ما قبل وفاته ببضعة أشهر.

وأثناء إقامة ابن خلدون بمصر، كانت جحافل التتار قد غزت مشرق الدولة العربية الإسلامية، واكتسحت العراق والشام وتوقفت عند أسوار دمشق متأهبة لالتهامها بعد أن تلتقط أنفاسها.

وفي تلك الآونة خرج السلطان برقوق، سلطان المماليك في مصر على رأس جيش كبير ليصد زحف التتار ويحاربهم في الشام، واصطحب معه ضمن من اصطحب من أعيان مصر وعلمائها وشيوخها هذا القادم الجديد إلى مصر: ابن خلدون، الذي كان قد تعرف عليه وأعجب به.

وفي دمشق وقع ابن خلدون في الأسر، ونجا من هلاكه المحتوم بأعجوبة.. ووراء نجاته قصة نرويها لطرافتها، إذ بعد أن وجد ابن خلدون نفسه محاصراً خلف أسوار المدينة الحصينة، مع شخصيات مصرية أخرى قرر الهرب هو ومن معه، وفي جنح الليل، هبطوا من أعلى الأسوار بواسطة حبال، وما أن لمست أقدامهم الأرض حتى قبض عليهم جند التتار واقتادوهم إلى الخيمة التي كان يجلس بها "تيمورلنك" مع قواد جيشه. وكانوا يتناولون طعاماً، فدعاهم إليه..

وراح يراقبهم بكل اهتمام، وبعد فراغهم من الطعام، خيّم صمت رهيب، وكان المدعوون على علم بما عُرف عن هذا الأعرج المخيف من قسوة بالغة. وعن هذا الموقف قال ابن خلدون في كتاب تاريخه: "لقد لاحظت أن السلطان كان يراقبني، ونظرت إليه، وكنت أحوّل عيني في كل مرة تقع نظرتي على نظرته".

وكان تيمورلنك قد لاحظ ما يرتديه ابن خلدون وعمامته المغربية الكبيرة التي يضعها على رأسه وأدرك أنه غريب على مصر، وكان الجو قد ازداد توتراً، فنهض العجوز واتجه نحو تيمورلنك، وألقى عليه خطاباً بليغاً أظهر فيه علمه بنسبه وتاريخه، وراق الخطاب لتيمورلنك وأعجب له، وراح يلقي عليه الأسئلة وابن خلدون يجيب، وقد تأثر تيمورلنك من وقاره الجم ومن هيئته المبجلة ومن سعة معرفته، فطلب منه أن يبقى في خدمته ويعود معه إلى بلاده، فوعده ابن خلدون بذلك قائلاً له: لكن عليّ أولاً أن أذهب إلى القاهرة لأجلب كتبي التي لا أستطيع الحياة بدونها. فتركه تيمورلنك

يرحل هو ومن معه وقدم لهم كذلك حرساً يحرسهم في الطريق، بعد أن صدق أن الشيخ سيعود إليه. وهكذا أفلت ابن خلدون من هلاك محتوم. فبعد أيام من مغادرته ورحيله عن دمشق، استولت جيوش التتار على دمشق وذبحت أهلها في واحدة من أكبر مذابح التاريخ.

وكان هذا اللقاء بين ابن خلدون وتيمورلنك أمام أسوار مدينة دمشق هو آخر الأحداث الجسام التي تعرض لها ابن خلدون في حياته، تلك الحياة التي حفلت بالكثير من الأحداث والمغامرات السياسية التي لا شك أنه كان يضعها نصب عينيه وهو يؤلف كتابه التاريخي غير المسبوق في زمانه والذي قدّم له بمقدمة حظت من الشهرة ولاقت من العناية والاهتمام والدرس أكثر مما حظى الكتاب ذاته، إذ كانت بمثابة فتح جديد في العلوم الإنسانية، أسس بها ابن خلدون لفرع من العلوم نعرفه الآن باسم علم الاجتماع.. لم يكن معروفاً في زمان هذا العلاّمة الذي يقف شامخاً بإنجازه الفكري هذا وسط عشرات بل مئات النوابغ الذين أفرزتهم الحضارة العربية الإسلامية بوجه خاص، والحضارة الإنسانية بوجه عام.. ولهذا نرى من الأهمية بمكان أن نطلّ إطلالة سريعة على إنجازه العلمي العبقري، ألا وهو: المقدمة..

فلقد جاءت مقدمة ابن خلدون، بأفكار أصيلة وآراء غير مسبوقة، اعتبرت فيما بعد أساساً لعلم العمران أو علم الاجتماع (بالمصطلح العلمي الحديث)، كما عبّرت عن فلسفته في التاريخ، التي تعد فيما يرى بعض الباحثين من أقدم النظريات في هذا المجال.

فبعد أن درس ابن خلدون كتب التاريخ التي ألفها المؤلفون السابقون عليه أمثال ابن إسحق والطبري والمسعودي - بوجه خاص وجد أن أولئك المؤرخون قد وقعوا في أخطاء لا يستطيع مكابر إنكارها، وأن وراء تلك الأخطاء أسباب كثيرة: منها التشيّع للآراء والمذاهب ومنها أن المؤرخ قد لا يعرف القصد من الخبر فينقله على ما ظنه، ومنها توهم الصدق، وأخيراً يأتي أهم تلك الأسباب وهو "الجهل بطبائع الأحوال في العمران". فكما يقول ابن خلدون: "فإن كل حادث ذاتا كان أو فعلاً لا بد له من طبيعة تخصه في ذاته، وفيما يعرض له من أحواله، فإذا كان السامع عارفاً بطبائع

الحوادث والأحوال ومقتضياتها، أعانه ذلك في تمحيص الخبر على تمييز الصدق من الكذب". فالسبب الأكبر إذن في أخطاء المؤرخين هو جهلهم بطبيعة النظم الاجتماعية والقواعد التي تخضع لها هذه النظم، ومن هنا كان لا بد من تخصيص علم لدراسة العمران أو الاجتماع يدرسه المؤرخ قبل أن يبدأ كتابة تاريخه.

فابن خلدون قد توصل إذن إلى إنشاء علم الاجتماع- وهو بصدد البحث عن علاج لمشكلة الخطأ في التاريخ، وهو هنا يشبه (أوجست كونت) مؤسس علم الاجتماع عند الأوروبيين المحدثين، الذي توصل إلى إنشاء علم الاجتماع وهو بصدد البحث عن علاج للمشكلات السياسية والاجتماعية التي أحاطت بالمجتمعات الأوروبية في عصره.

وعلى حين يتخذ ابن خلدون علم الاجتماع وسيلة لتصحيح التاريخ، يتخذ (مونتسكيو) الفيلسوف الفرنسي من التاريخ أساسا لبناء علم التاريخ.

ويحدد ابن خلدون موضوع علمه الجديد بقوله: "إنا ننظر في الاجتماع البشري الذي هو العمران، ونميز ما يلحقه من أحوال لذاته وبمقتضى طبعه، وما يكون عارضاً لا يُعتد به وما يمكن أن يعرض له". ثم يقول: "وكأن هذا علم مستقل بذاته، فإنه ذو موضوع وهو العمران البشري والاجتماع الإنساني، وذو مسائل وهي بيان ما يلحقه من العوارض والأحوال لذاته، واحدة بعد أخرى.

وهذا شأن كل علم من العلوم وضعيّاً كان أو عقلياً" ثم يلمح ابن خلدون إلى أن هذا العلم حديث قد لا يكون سبقه إليه سابق، ويعمد إلى التمييز بين موضوع هذا العلم والعلوم الأخرى التي تشابهه مثل الخطابة والسياسة المدنية.

ثم رسم المنهج الذي يجب اتباعه في هذا العلم وهو استخدام القواعد المنطقية و"قياس الغائب بالشاهد والحاضر بالذاهب" والاستقراء، مع الإفادة من الرحلات وما يراه الباحث فيها رؤيا العين، وكذلك الاطلاع على المؤلفات التي تعالج الموضوع المدروس. ثم يخصص ابن خلدون مقدمته كلها لدراسة فروع العلم الجديد.

إذ يقول:"ونحن الآن نبين في هذا الكتاب ما يعرض للبشر في اجتماعهم من أحوال للعمران في الملك والكسب والعلوم والصنائع".

ثم يقسم مقدمته إلى ستة فصول تستوعب تقريباً كل فروع الاجتماع المعروفة عند الاجتماعيين المحدثين، وهي على التوالي:

- في العمران البشري واصنافه.

- في العمران البدوي والأمم الوحشية.

- في الدول والخلافة والملك.

- في العمران الحضري والبلدان والأمصار.

- في الصنائع والمعاش والكسب.

- في العلوم واكتسابها وتعلمها.

ويرى ابن خلدون أن المجتمع البشري ضروري للإنسان، لأن الإنسان مدني بالطبع، والنظم الاجتماعية تتغير بين مجتمع وآخر، وفق ما يكتنف المجتمع من عوامل تضاريسية ومناخية وثقافية.

ويسهب ابن خلدون في بيان تأثير هذه العوامل ولا سيما العوامل المناخية والتضاريسية على الفرد والمجتمع في النواحي الجسمية والعقلية، ثم يبرز بعد ذلك فكرة التطور الاجتماعي، مستخرجاً من دراسته قانونه الهام عن التطور الاجتماعي

الذي يعد فيما يرى معظم العلماء، أول بحث جدي في فلسفة التاريخ.

فالمجتمع البشري في رأيه، كالفرد الذي يمر بمراحل منذ ولادته حتى وفاته، وللدول أعمار، كالأفراد سواء بسواء، وعمر الدولة في العادة ثلاثة أجيال، والجيل أربعون سنة، فعمر الدولة إذن مائة وعشرون عاماً.

وفي هذه الأجيال الثلاثة يمر المجتمع بمراحل أربع: المرحلة الأولى هي مرحلة البداوة، وهي المرحلة التي يقتصر فيها الأفراد على الضروري في معيشتهم، ويكونون عاجزين عن تحصيل ما فوق الضروريات، كما تتميز هذه المرحلة بخشونة العيش وتوحش الأفراد وبسالتهم وبوجود العصبيات.

والمرحلة الثانية هي حالة المُلك، وفيها تتركز السلطة في يد شخص أو أسرة أو فئة بعد أن كانت شائعة بين عصبيات متقاتلة، وفي هذه المرحلة لا تختفي العصبيات تماماً، بل تظل عالقة بعض الشيء في نفوس الأفراد، ويتحول فيها المجتمع من الشظف

إلى الترف والخصب.

ومن البداوة إلى الحضارة، أما المرحلة الثالثة فهي مرحلة الترف والنعيم أو الحضارة، وفيها ينسى الأفراد عهد البداوة والخشونة، ويفقدون حلاوة الغزو والعصبية.

ويبلغ الترف فيها غايته ما حققوه من نعيم العيش. وهنا يقول ابن خلدون: "فيصيرون عيالاً على الدولة.. وتسقط العصبية بالجملة" وفي تلك المرحلة: "تكثر عوائد الأفراد ويتجاوزون ضرورات العيش وخشونته إلى نوافله ورقته وزينته..

وينزعون إلى رقة الأحوال في المطاعم والملابس والفرش والآنية. وينافسون فيها غيرهم من الأمم".

وهذه المرحلة تقود إلى المرحلة الرابعة التي تتميز بالضعف والاستكانة وفساد الخلق، لأن الأفراد عندما يتعودون على المعيشة الناعمة يأتي عليهم يوم يضعفون فيه اقتصادياً، ويضعف السلطان أو الدولة بضعفهم، فالترف – حسب تعبير ابن خلدون- يؤدي إلى فساد الأخلاق وذهاب الخصال الخيرة من الأفراد.

وهذا ما يؤدي أخيراً إلى انقراض الدولة وزوالها، بعد أن يتسرب الهرم إلى المجتمع.

من ذلك يتضح لنا أن ابن خلدون في علم الاجتماع والتطور الاجتماعي، إنما كان عالماً بكل معنى الكلمة. وهو لا يقل في هذا الشأن عن أوجست كونت، ودور كايم وغيرهما من علماء الاجتماع في العصر الحديث.

وإلى جانب هذا الإسهام الضخم والمهم لابن خلدون في الفكر الاجتماعي لا بد أن نذكر إسهامه في السياسة والاقتصاد والدين واللغة. ورغم أن ما توصل إليه ابن خلدون من نظريات أو استنتاجات، وفق المعلومات أو المعطيات التي كانت تسمح بها الحالة الثقافية في عصره.

فهو في السياسة مثلاً ينتهي إلى أن المغلوب مولع دائماً بالاقتداء بالغالب في شعاره وزيه، وأن النسب أساس العصبيات، وأن الظلم من العوامل المؤدية إلى خراب الدولة..

أما في الاقتصاد فيذهب إلى أن أسعار السلع تزداد في الوسط الحضري عن

الوسط الريفي، وذلك بسبب كثرة السكان وازدياد مطالبهم نتيجة الرفاهية، ونتيجة لما يفرض على الأسواق والأشخاص من ضرائب.

وأن الإثراء عن طريق العمل يؤدي بالمثرى إلى التطلع إلى الجاه والسلطان، وأن كل مِصر من الأمصار يتخصص في نوع من الحرف التي تتصل بأنماط المعيشة فيه، مع إهمال تلك التي لا تتصل بها.

ولذلك فالحرف المنتشرة في الريف غير تلك التي تنتشر في الحضـر. ويُلمح ابن خلدون إلى أن انقسام أوجه النشاط إلى حرف إنما هو أساس التعاون بين الأفراد وتضامنهم. ونظريته هذه تقارن بما قاله "دوركايم" - فيما بعد- عن التضامن العضوي.

كما تقارن بنظرية "أفلاطون" في رؤيته للتخصص وكيف أنه أساس التضامن في المجتمع، لا سيما وأن ابن خلدون يبدو أنه قد تأثر بأفلاطون.

إذ رد أساس الحياة الاجتماعية إلى الناحية الاقتصادية، لأن الفرد تلزمه حاجات اقتصادية كثيرة، لا يستطيع أن يوفرها لنفسه، ولكن اجتماع الأفراد وتعاونهم يمكن أن يحقق لكل منهم ما يريد.

كما يذهب ابن خلدون إلى أن العمل يتوقف على ازدياد الإفراد، فالمجتمعات الكثيرة السكان تكثر فيها الأعمال، مما يؤدي إلى تحضرهم ورفاهية تلك المجتمعات، أما المجتمعات القليلة السكان فيكون تحضرها محدوداً ورفاهيتها محدودة كذلك.

وينتقد ابن خلدون نظام الخدم، لأن الذين يستخدمون الخدم، إنما يظهرون بذلك "الفُجر والتخنث الذي ينبغي في مذاهب الرجولية التنزه عنه".

ثم يبين مضار الاعتماد على الخدم، كما يُحقر من شأن الزراعة لما تجره في رأيه من مذلة!.(ويبدو هنا تأثر ابن خلدون بالبيئة الصحراوية التي نشأ بها).

أما التجارة فاعتبرها ابن خلدون باباً مشروعاً للعمل، ولكنها لا تتفق مع بعض الطبقات الاجتماعية كطبقة الملوك والأشراف.

أما عن الصناعة فقد ربط ابن خلدون بينها وبين تقدم العمران، إذ تنشأ بنشأته وتزدهر بازدهاره، لأن العمران كلما تقدم زادت مطالب الأفراد، وبالتالي زادت حاجتهم

إلى حرف جديدة وصناعات، لكي تشبع حاجات الأفراد وكمالياتهم.

وفي الفصل السادس من "مقدمته" يتكلم ابن خلدون عن اللغة وكيف تتغير من مجتمع إلى مجتمع آخر. ويذهب إلى أن أهل الحضر أقل قدرة على تحصيل ملكة البيان من أهل القرى، وذلك لاختلاط الحضريين بالأعاجم.

ولابن خلدون آراء طريفة في التربية، أو فيما نطلق عليه اليوم (الاجتماع التربوي).

فبعد أن بحث في العلوم وأصنافها، والتعليم وطرقه وسائر وجوهه، واستعرض تاريخ الحركة الفكرية لدى المسلمين وسعى إلى الكشف عن العلاقة بين العلوم والآداب من جهة، والتطور الاجتماعي من جهة أخرى، أوضح أن التربية ظاهرة اجتماعية، وأن التعليم يتطور مع العمران، وتعرض إلى اختلاف الأمصار (أو البلاد) الإسلامية في طرائق التعليم، وانتقد كثرة المواد الدراسية وتنوع الكتب والمناهج التي تدرس للأطفال والناشئة، واختلاف المصطلحات، والتوسع في الشروح والحواشي أو اختصار المتون والمؤلفات اختصاراً يضر أكثر مما ينفع.

وحاول أن يرشد إلى وجه الصواب في التعليم، فأشار إلى ضرورة إجمال المسائل في البداية.

والتفصيل بعد ذلك، أو في مرحلة تعليمية أعلى، مع ضرورة الاعتماد على الأمثلة الحسية، ثم الانتقال التدريجي منها إلى التعاريف والقوانين. كما ألح على ألا يوسع الكلام في العلوم الآلية التي هي وسيلة لغيرها، مثل قواعد اللغة أو المنطق، وتكلم عن الرحلة في طلب العلم وفوائدها المتعددة. كذلك بحث في الفوائد التهذيبية لمختلف العلوم، ولا سيما الرياضيات.

ومن الموضوعات الطريفة التي تعمق ابن خلدون في دراستها: علاقة الفكر بالعمل، وتكوين الملكات والعادات عن طريق المحاكاة والتلقين المباشر والتكرار.

وتوسع في بيان كيفية حصول الملكة اللغوية والذوق الأدبي، نتيجة للبحث عن شواهد اللغة وتراكيبها، ومخالطة كلام العرب، واتباع أساليبهم، والتمرين على ذلك.

وقد نبّه ابن خلدون إلى عدم الشدة في تعليم الأطفال وإلى الرفق بهم.

وبيّن المفاسد الخلقية والاجتماعية التي تنجم عن الشدة أو القسوة، وقال: إن القهر والعسف مما يقضي على انبساط النفس ونشاطها، ويدعو إلى الكسل، ويحمل على الكذب والخبث والمكر والخديعة، مما يفسد معاني الإنسانية.

وليس لابن خلدون من الناحية الفلسفية البحتة مذهب شامل منسجم، أو بمعنى آخر لم يكن مبدعاً أو واضع نظرية فلسفية، مثلما كان مبدعاً، بل منشئاً – إن صح التعبير- لأصول علم الاجتماع.

وهو لهذا لا يقارن في مجال الفلسفة، بكبار فلاسفة الإسلام كالفارابي أو ابن سينا.

بل إنه وهو ينظر في طبيعة المعرفة الإنسانية، يبدو متأثراً أعمق التأثر بعاطفته ومشاعره الدينية القوية، ويحاول إبطال الفلسفة وما تدعيه.

ففي الفصل الرابع والعشرين من المقدمة، وتحت عنوان: **"في إبطال الفلسفة وفساد منتحلها"** يشرح رأيه في الفلسفة فيبدأ بعرض طبيعتها واعتمادها على العقل، ثم يبين قصور العقل عن إدراك العلوم النقلية، ثم ينتهي إلى دحضها، ويقول:

إن الحقيقة الوجودية شيء، وما يدركه العقل منها شيء آخر، وبالتالي لن يحمل الإنسان في نفسه، علة الوجود كله، ولن تصير نفسه مرآه ينعكس عليها الوجود كله، وإنما تصير نفس كل إنسان- عن طريق معرفته- مرآه ينعكس عليها ما يدركه فقط من الوجود، وهو قليل.

وعلى ذلك فالسعادة التي تحصل عن طريق العلم تكون على قدر ذلك العلم، وليست هي السعادة القصوى، ولا السعادة التي وعد الله بها المتقين في الدار الآخرة.

وعلم الكلام في رأي ابن خلدون ليس فرعاً من الفلسفة، فالنظر في العقائد بالتصحيح والبطلان ليس من عمل المتكلمين، ولكن وظيفة علم الكلام الأولى هي الدفاع عن العقائد، مع فرض صحتها، ومعارضة أهل الإلحاد والبدع.

وقد استدعى ذلك أن يتسلحوا بأسلحة خصومهم ويجارونهم في أساليبهم، فجرهم ذلك إلى الخوض في مسائل فلسفية خارجة عن حدود موضوعاتهم، وكان ذلك

الخوض في مسائل الفلسفة عن طريق العرض لا الأصالة.

ولكن ابن خلدون لا يقدح في العقل ووظيفته في دائرته المحدودة وهي دائرة المحسوسات، إذ هو في هذه الدائرة ميزان صحيح، وأحكامه صحيحة لا كذب فيها..

ثم هو لا ينكر المنطق الصوري ووظيفته في تلك الدائرة المحدودة ولكنه ينكر أن المنطق الصوري يكسبنا علماً جديداً بالعالم المحسوس، إلا إذا كان في مقدمات القياس الذي نقيس عليه شواهد جديدة من الحس، لأن القياس المنطقي، ينتج نتائج صحيحة إذا استوفت شروط الإنتاج، ولكن هذه النتائج قد تطابق الواقع الملموس وقد لا تطابقه.

فالتجربة الحسية التي تقع للباحثين في ميدان خاص من ميادين العلم الطبيعي هي أساس المعرفة الصحيحة في هذا الميدان. والتجربة هي الأساس في ميدان العلوم الطبيعية، أما في مجال الروحانيات والغيبيات، فالأساس هو المنهج الصوفي الذي يعتمد على التجربة الوجدانية التي تستطيع إدراك أحوال النفس، فالعقل والقوة الوجدانية هما السبيلان المستخدمان في الإدراك.

ويعتقد ابن خلدون ان الدين له دور كبير في حياة الأمم والشعوب، فالدين الإسلامي هو الذي أدى إلى انتصار العرب على الأمم العريقة.

ذلك أن الصبغة الدينية تُذهب بالتحاسد والتنافس بين الأفراد والجماعات، لأن الدين يقضي على العصبيات. بعد أن يقضي على التنافس بين أنصارها. والمرء لا يرضى أن يخضع لمرء مثله، ولكن الناس كلهم يرضون أن يخضعوا لدين جاء من عند الله على يد رجل منهم كانوا قدر رضوا به، كما رضوا أن يخضعوا لله الذي أرسل إليهم رسوله من بينهم.

وعلى ذلك فالله عند ابن خلدون هو الذي يؤذن بقيام الدول وانقراضها، كما أنه هو الذي يعلّم الأمم كل شيء بشرائعه المنزلة ويغنيها عن علوم الفلسفة. وابن خلدون في آرائه تلك يبدو ميالا إلى التصوف ومتأثراً بآراء المتصوفة، وله نزعات تصوفية تُقارن بنزعات الغزالي.

وهناك من الغربيين من تأثر كثيراً بأفكار ابن خلدون، خاصة تلك المتعلقة بالاجتماع

والسياسة، نذكر منهم على سبيل المثال: "ماكيافللي" السياسي والفيلسوف الإيطالي الذي ينتمي إلى القرن الخامس عشر وأوائل القرن السادس عشر، صاحب الكتـاب الشهير: (الأمير) الذي عرض فيه مذهبه السياسي وآراءه في الحكم.

وكذلـك "مونتسكيو" الفرنسي الذي ينتمي إلى القرن الثامن عشر وصاحب المؤلفات الاجتماعية والسياسية التي من أهمها كتابه: (روح الشرائع).

وايضاً "أوجست كونت" الفيلسوف الفرنسي الذي ينتمي إلى القرن التاسع عشر، وأحد أعلام علم الاجتماع الحديث.

ولسنا بصدد المقارنة بين ما قاله ابن خلدون وما قالوه، لأن ذلك يحتاج لبحث مستقل، ولكننا نكتفي بالإشارة إلى أن ابن خلدون كان سابقاً لهؤلاء جميعاً بأفكاره التي كانت بمثابة السراج المنير الذي أضاء لهم طريق البحث العلمي الذي مهد لهم الوصول إلى آرائهم ونظرياتهم في علم الاجتماع.

وأخيراً، نشير إلى ما قاله "أرنولد توينبي" أشهر المؤرخين في العصر الحديث، حيث قال في كتابه (دراسة في التاريخ):

"إن ابن خلدون في المقدمة التي صدر بها تاريخه العام، قد أدرك وتصور وأنشأ فلسفة التاريخ، وهي بلا شك أعظم عمل من نوعه خلقه أي عقل في أي زمان وأي مكان".

ابن الخياط

الطبيب الرياضي المهندس الفلكي

(... ـ ٤٤٧هـ ... ـ ١٠٥٥م)

هو أبو بكر يحي بن أحمد ويعرف بابن خياط. وكان أحد تلاميذ أبي القاسم مسلمة بن أحمد المجريطي في علم العدد والهندسة، وهو طبيب، رياضي، مهندس فلكي.

أما في الطب، فعرف بدقة العلاج، واعتنائه بصناعة الطب. توفي بطليطلة سنة (٤٤٧هـ) وقد قارب الثمانين سنة من عمره.

ابن الرحبي

الذي ينتسب لعائلة من الأطباء

هو جمال الدين عثمان بن يوسف بن حيدرة الرّحبي.وهو أخ ألمع أطباء العصر العباسي، وهو شريف الدين علي بن يوسف الرحبي.

ولد جمال الدين بن الرحبي بدمشق، وفيها نشأ: واشتغل بصناعة الطب على والده، وعن غيره، وأتقنها اتقاناً تاماً، عرفه ابن العبري أثناء تحصيله بدمشق، وصحبه مدة يباشر معه المرضى في البيمارستان النوري حيث عمل سنيناً.

وشهد له بأنه كان " حسن المعالجة، جيد المداواة ".

وكان على خلاف مع أخيه، يعتني بالجزء العلمي من الطب، له " تجارب فاضلة في المعالجة "، كما ذكر ابن العبري.

(لما وصل التتر إلى بلد الشام سنة ٦٥٧ هجرية٠غادرها جمال الدين بن الرحبي إلى مصر، وأقام فيها ثم مرض وتوفي بالقاهرة سنة ٦٥٨هـ).

ابن دينار

الطبيب الفاضل الكبير

هو طبيب عاش بميافارقين، وفي أيام الأمير نصير الدولة بن مروان (٤٠١ ـ ٤٥٣هـ، ١٠١١ـ١٠٦١م) كان فاضلاً في صناعة الطب، جيد المداواة، خبيراً بالأدوية.

وجد له ابن أبي أصيبعة أقراباذيناً بديع التأليف، بليغ التصنيف، حسن الاختيار، مرضي الأخبار. وينسب لابن دينـار شـراب سمي باسمه (شراب الديناري).

ابن رشد

١١٢٦ - ١١٩٩م

ولد الفيلسوف ابن رشد سنة ١١٢٦م في قرطبة بالأندلس. وتوفي في مراكش بالمغرب سنة ١١٩٩م. وهو ينتمي إلى أسرة عربية عريقة كانت مستقرة في بلاد الأندلس، واشتهرت بالجاه والعلم، فجده كان قاضي القضاة في قرطبة، وكذلك كان أبوه.

وقد نشأ ابن رشد نشأة مثقفي المسلمين في عصره، فدرس علوم الكلام والفقه والحديث، ثم تتلمذ على أبي جعفر هارون ودرس عليه الطب، وأخذ عنه كثيراً من علوم الحكمة.

وكانت بينه وبين ابن طفيل الفيلسوف صلة صداقة وزمالة، وابن طفيل هو الذي قدّمه إلى أمير الموحدين أبي يعقوب يوسف (وكانت دولة الموحدين قد قامت على أنقاض دولة المرابطين أوائل القرن السادس الهجري/ الثاني عشر الميلادي ومؤسسها هو محمد بن عبد الله بن تومرت)، فعهد إليه أبو يعقوب يوسف بشرح كتب أرسطو، نظراً لما كان يكتنفها من غموض، فنهض بذلك، وتوفر على عرض فلسفة أرسطو والتعليق عليها.

ولذلك قصة طريفة رواها ابن رشد نفسه قائلاً: "استدعاني أبو بكر بن طفيل يوماً، فقال لي: سمعت يوماً أمير المؤمنين - يقصد أبا يعقوب يوسف - يشتكى من قلق عبارة أرسطوطاليس، أو عبارة المترجمين عنه، ويذكر غموض أغراضه ويقول: لو وقع لهذه الكتب من يلخصها ويقرب أغراضها بعد أن يفهمها فهما جيداً، لقرب مأخذها على الناس. فإن كان فيك فضل قوة لذلك فأفعل، وإني لأرجو أن تفي به، لما أعلمه من جودة ذهنك وصفاء قريحتك وقوة نزوعك إلى الصناعة.. فكان هذا الذي حملني على تلخيص ما لخصته من كتب أرسطو طاليس".

هذا ما رواه ابن رشد عن قصة شروحه لأرسطو، وتبسيط فلسفته التي احتوتها

كتبه.

وشروحه هذه هي التي دعت الأوروبيين إلى تسميته بالشارح الكبير وقد قام ابن رشد بشرح فلسفة أرسطو في ثلاثة أنواع من الشروح هي: "الشروح"، و"التلخيصات".. وفي أحيان كثيرة كانت تلك الثلاثة أنواع تخص أثراً أو كتاباً واحداً من كتب أرسطو.

ونعود إلى حياة ابن رشد، فنرى الأمير الموحدي أبا يعقوب يعينه قاضياً لمدينة إشبيلية، (وكان ابن رشد ينتقل كثيراً في تلك الفترة)، ثم مراكش وإشبيلية وقرطبة - المراكز الرئيسية لدولة الموحدين التي كانت تشمل آنذاك المغرب العربي والأندلس.

ثم يدعوه الأمير إلى مراكش ويتخذه طبيباً خاصاً له بدلاً من ابن طفيل الذي كانت قد تقدمت به السن، ثم يوليه قضاء مدينة قرطبه إلى جانب تطبيبه له.

وقد كان محيي الدين بن عربي معاصراً لابن رشد، وقصة لقائهما مشهورة، سجلها ابن عربي في كتابه: الفتوحات المكية، وهي تكشف بوضوح عن الخلاف الفكري الجوهري بينهما.

ونحن لا نستغرب ذلك، إذ إن محيي الدين بن عربي يعد قطباً كبيراً من أقطاب الصوفية، بينما كان ابن رشد لا يميل، بل لا يعتقد في صحة آراء الصوفيين.

ولما مات أبو يعقوب يوسف، وخلفه ابنه يعقوب الملقب بالمنصور، زادت مكانة ابن رشد، ثم وشى به بعض الحاقدين عليه فغضب عليه المنصور وأهانه ونفاه إلى قرية خاصة باليهود على مقربة من قرطبة، وأمر بإحراق كتبه.

وأصدر منشوراً عاماً للمسلمين ينهاهم فيه عن قراءة كتب الفلسفة أو الاشتغال بها.

وقد اختلفت الآراء في تفسير محنة ابن رشد تلك. فقيل أن الأمير أخذ عليه أنه مال إلى حاكم قرطبة أكثر مما يطمئن إليه المنصور، وقيل لأنه كان يرفع الكلفة بينه وبين الخليفة، وقيل لأنه كان يهاجم علماء الكلام، وقيل لأن شروحه لأرسطو احتوت على عقائد تناقض عقائد الإسلام.

ويبدو أن الاشتغال بالفلسفة لم يكن هو السبب الحقيقي لاضطهاد ابن رشد، نظراً

لأن أمراء الموحدين كان يُعرف عنهم تشجيعهم للعلماء والفلاسفة. ويميل أرنست رينان (أحد المتخصصين في دراسة اللغات السامية وتاريخ الديانات في القرن التاسع عشر) إلى أن الفقهاء ورجال الدين كانوا وراء ذلك الاضطهاد الذي تعرض له ابن رشد، وذلك لأنهم نقموا على الفلاسفة حظوتهم عند أمير المؤمنين، وأرادوا أن يطيحوا بهم ويستردوا مكانتهم التي كانت لهم في ظل دولة المرابطين. فاختلقوا الأباطيل ونسبوها إلى ابن رشد واتهموه بالزندقة.

ولكننا نميل إلى الأسباب السياسية أكثر من الأسباب الدينية، بدليل أن المنصور عاد وعفا عن ابن رشد ودعاه إلى مراكش وقربه إليه وكرمه، ولو كان السبب دينياً لما استطاع المنصور أن يخدش عاطفة رعيته أو يستفز مشاعرهم ويراجع نفسه ويعفو عنه.

وكان ابن رشد شديد الانكباب على تحصيل العلم، وكان الناس يفزعون إلى فتواه في الطب وفي الفقه أيضاً.

ولقد كانت أوروبا في العصر الذي أنجز فيه ابن رشد شروحه على أرسطو تعيش عصورها الوسطى المظلمة، ولا تولي البحث الفلسفي ما يستحقه من الاهتمام، وكانت جهود الفلاسفة المسلمين السابقين على ابن رشد، وخاصة "الكندي" و"الفارابي" و"ابن سينا" هي أبرز أعمال العصر على فلسفة حكيم اليونان، ولكن هؤلاء الفلاسفة قد ساروا في الخطأ نفسه الذي وقع فيه من قبلهم شرّاح كثيرون، عندما خلطوا بعض فلسفة أرسطو بفلسفة أفلاطون، وعندما حاولوا التوفيق بينهما فيما لا يمكن التوفيق فيه، وعندما تبنوا مزيجاً منهما ومن الفكر الديني الشرقي، وحسبوا هذا المزيج على أرسطو، بل ونسبوا إليه من المؤلفات ما يتفق مع الأصول التي قال بها.

وأوضح مثال على ذلك "الفارابي" في كتابه (الجمع بين رأي الحكيمين أفلاطون - وأرسطو).

إلى أن جاء ابن رشد - الذي يعتبر خاتماً لعصر ازدهار الفلسفة العربية الإسلامية، في نفس هذه العصور الوسطى، وأعطى لتلك الفلسفة دفعة من الازدهار لم تشهدها من قبل، وذلك بعد ما أصابها على يد الإمام الغزالي من تقهقر وإهمال، وكان

قد تهيأ لذلك بعدما استوعب كل أعمال الفلاسفة - القمم الذين سبقوه.

يتجلى ذلك في دراساته النقدية التي تناول بها مذاهب المتكلمين، وخاصة في كتابه: (مناهج الأدلة)، وكذلك في أعماله التي أفردها لتفنيد آراء بعض الفلاسفة الذين تقدموه والرد عليها بما رآه متفقا مع العقل والمنطق السليم، وأيضاً تلك المعركة الفكرية التي أدارها ضد "الغزالي" في كتابه (تهافت التهافت) والتي لم يعرف عصره مثيلاً لها في الخصوبة والنضوج.

وقد كان دافعه إلى ذلك هو إخلاصه الشديد للحق، الذي استوجب عليه الدفاع عن الفلسفة. وبالطبع كانت هذه المادة الفلسفية الإسلامية التي استوعبها ابن رشد، بالإضافة إلى زاده الغني جداً من الفلسفة اليونانية وخاصة الأرسطية، هي التي صنعت منه تلك القمة الفلسفية الكبرى، والتي جعلت كثيراً من المستشرقين يلقبونه بالشارح الأكبر لفلسفة أرسطو حكيم اليونان.

وبالطبع لم يقف جهد ابن رشد عند حدود شرح كتب أرسطو في الطبيعة، وما بعد الطبيعة (الميتافيزيقا)، والمنطق، والنفس - أو شرح كتب جالينوس في الطب (التي تناولها أيضاً بالشرح) وإنما كان بعد أن يشرح ما كتبه أرسطو، ويعرض ويفند آراء شُرّاحه الآخرين سواء الإغريق أو المسلمين (الفارابي وابن سينا) يعرض الآراء الخاصة به وأوجه اتفاقه أو اختلافه فيما قالوه، مستفيداً بالطبع من تجربته وتجربة عصره ومنجزات العلم والحضارة التي لم يدركها حكيم اليونان ومن لحقوه وفسروه.

وقبل أن نعرض لفلسفة ابن رشد، لا بد لنا من الوقوف قليلاً عند منهجه الذي أعانه على نجاح مهمته وأوصله إلى آرائه الفلسفية.

فإذا طالعنا كتابه الصغير (فصل المقال فيما بين الفلسفة والشريعة من اتصال) نجد أنه قد حدد منهجه بثلاثة قضايا رئيسية هـي:

- التأويل.

- مراتب الناس.

- **أصناف الكتب التي يكتبها الفيلسوف.**

فأما التأويل، فقد جدد ضرورته، بل وجوبه، لكل النصوص التي لا يتفق ظاهرها مع الحقائق الفلسفية التي تؤدي إليها أداة الفيلسوف وهي البرهان، لأن الحقيقة عنده واحدة، وظواهر النصوص التي مخالفة للحقائق الفلسفية، إنما قصد بها تبسيط الأمور لمستويات من الناس لا تطيق الحقائق الفلسفية، ولا تجيد صناعة الفلسفة، وقد تدخل هذه الظواهر النصوصية في باب "الرموز" التي لا تُراد لظواهر دلالاتها، وإنما يؤتى بها لتنبيه الراسخين في العلم على ما في باطنها من حقائق ودلالات. ولابن رشد في هذا الصدد عشرات النصوص، من أجودها وأكثرها حسماً قوله: ".. ونحن نقطع قطعاً أن كل ما أدى إليه القرآن وخالفه ظاهر الشرع، أن ذلك الظاهر يقبل التأويل على قانون التأويل العربي. وهذه القضية لا يشك فيها مسلم ولا يرتاب بها مؤمن، فإنا معشر المسلمين نعلم على القطع، أنه لا يؤدي النظر البرهاني إلى مخالفة ما ورد به الشرع، فإن الحق لا يضاد الحق، بل ثم هناك الصفوة من أهل البرهان الذين يستطيعون تحصيل ما في كتب صناعة الحكمة من حقائق جاءت ثمرة للبرهان، ومن أجل ذلك: "يجب ألا تثبت التأويلات إلا في كتب البراهين، لأنها إذا كانت في كتب البراهين لم يصل إليها إلا من هو من أهل البرهان.

أما إذا أثبتت في غير كتب البرهان، واستعمل فيها الطرق الشعرية أو الخطابية أو الجدلية.. فذلك خطر على الشرع والحكمة..".

ولقد نجح ابن رشد إلى حد بعيد في تطبيق هذا المنهج الذي حدده لنفسه وللناس، وجاءت كتاباته تعبيراً عن التزامه بهذا التقسيم وذلك التمييز. فهو قد أعطانا في (فصل المقال) بالدرجة الأولى تحديداً لمنهجه في التدليل على وحدة الحقيقة وتعدد طرق الوصول إليها والاعتقاد بها بتعدد مستويات الناظرين. وأعطانا في (تهافت التهافت) الذي رد به على (تهافت الفلاسفة) للغزالي، مستوى من الحج والبراهين إن لم تدخل جميعها في باب صناعة الحكمة، فإن أغلبها داخل في ذلك، والسبب أنه كتاب فلسفة، يناقش الغزالي في هجومه على الفلسفة والفلاسفة، ويهتم أساساً بثلاث قضايا دار من حولها الجدل طويلاً بين الفلاسفة والمتكلمين وهـي:

أ - العالم بين القِدَمْ والحدوث.

ب- العلم القديم والعلـم المُحدث.

ج- المعاد الروحي والمادي.

كما أعطانا ابن رشد في (مناهج الأدلة) مستوى من الحجج والأدلة التي تصلح للجمهور كي يتخذ منها سبيلاً لتحصيل التصديق واليقين.

ولقد ناقش ابن رشد في (مناهج الأدلة) المتكلمين، وفنّد آراءهم جميعاً تقريباً، ولم يؤلف كتاباً يبسط فيه الرأي بواسطة الأدلة الجدلية، لأنه كان غير مؤمن بنفع هذا السبيل، وكان يرى في هذا المستوى من الأدلة مرتبة لم تصل إلى برهان العلماء، ولم تبق عند بساطة أدلة الجمهور، فلا هي صالحة لهؤلاء ولا لهؤلاء، ولذلك قال عن الأشعرية أنهم "لا هم في هذه الأشياء اتبعوا ظواهر الشرع، فكانوا ممن سعادته ونجاته باتباع الظاهر. ولا هم أيضاً لحقوا بمرتبة أهل اليقين، فكانوا ممن سعادته في علوم اليقين، ولذلك ليسوا من العلماء، ولا هم من جمهور المؤمنين المصدقين".

بعد أن تعرفنا على منهج ابن رشد في النظر الفلسفي، آن لنا أن نعرف شيئاً عن فلسفته. ونحن لن نستطيع في هذه العجالة أن نتناول بالشرح والإيضاح كل جوانب فلسفة ابن رشد، فذلك يحتاج إلى كتاب مستقل، ولذلك سنكتفي بإلقاء الضوء فقط على بعض هذه الجوانب أو على الفكرة الأساسية في تفكير ابن رشد الفلسفي.

وتبدو لنا تلك الفكرة الأساسية في نظريته الخاصة بالتوفيق بين الدين والعقل والتي أفاض في شرحها في كتبه الثلاث:

(فصل المقال فيما بين الحكمة والشريعة من اتصال) و(الكشف عن مناهج الأدلة في عقائد أهل الملة) و(تهافت التهافت) بالإضافة إلى تعليقاته الخاصة على كتب أرسطو.

ففي كتاب "فصل المقال" عرض للعلاقة بين الدين والعقل من الناحية النظرية – وهو ما بيّناه عند الكلام عن منهجه. ثم خصص كتاب "الكشف عن مناهج الأدلة" للناحية التطبيقية. فبين لنا أولاً أن المشكلات التي فرقت بين علماء الكلام (أو الأشعرية والمعتزلة) هي مشكلات مزعومة بل هي مشكلات لفظية، وأن المسائل لو عولجت بطريقة علمية منطقية بعيدة عن روح التعصب لما وجد هؤلاء ما يوجب الخلاف بينهم

أو ما يدعو إلى التراشق بتهم الكفر والإلحاد.

لقد اختلف علماء الكلام في مسألة الصفات الإلهية والصلة بينها وبين ذات الله سبحانه وتعالى، كما اختلفوا في مسألة الجهة، وفي إمكان أو استحالة رؤية الله في الحياة الأخرى، وفي الحسن والقبيح، ولم يتفقوا في مسألة العدل والجور والقضاء والقدر.. وغيرها من المسائل، فأراد ابن رشد أن يبين لهؤلاء جميعاً أن العقائد الإسلامية مطابقة للعقل، ومن ثم فليس هناك ما يوجب الخلاف.

ففي البرهنة على وجود الله خالف ابن رشد كل من أهل الظاهر - الذين كانوا يقولون بأن الدليل على وجود الله لا يعتمد على العقل وإنما يعتمد على ما جاء به القرآن الكريم أو الوحي - وخالف علماء الكلام من أشعرية ومعتزلة الذين يزعمون أنهم يعتمدون على العقل للبرهنة على وجود الله فاستخدموا دليلين شهيرين عند دارسي علم الكلام (أو علم التوحيد) وهما دليل الجوهر الفرد ودليل الممكن والواجب. ورأى خلافاً لهؤلاء وأولئك أن هناك دليلان للبرهنة على وجود الله هما: دليل العناية الإلهية، ودليل الاختراع أو السببية، وهما دليلان مستمدان من الشرع ويتفقان في ذات الوقت مع العقل.

فأما دليل العناية الإلهية فيقول ابن رشد عنه: ".. حقا قد يقال أن القول بوجود عناية خاصة بالإنسان معناه أننا نريد اتخاذه محوراً للكون، نعم قد يقال ذلك وقد يقال أكثر منه وقد تبدو هذه الحجج مقنعة لدى من يصر على أن ينتقص من قدر نفسه، ويأبى أن يعترف بأن الله كرمه بأن جعله بشراً، لكن كثرة العلماء الذين يكابدون مشقة العلم يجزمون بأن هناك عناية بما في هذا الكون، وأن هذه العناية لا يجوز مطلقاً أن تكون وليدة الصدفة، والشرع يؤكد ما تشهد به البداهة الحسية والنظرة العقلية السليمة"، وأما دليل الاختراع أو السببية فقال عنه أنه دليل يمتاز أيضاً بالبداهة والوضوح.

فإن ظاهرة الاختراع بينه في الحيوان والنيات، بل في جميع أجزاء العالم، وكل ظواهر الكون مسخرة لوظائف محددة، وما كان مُسخراً فلا بد من أن يكون مخلوقاً، وهذا الدليل يشبه سابقه في أنه دعوة صريحة إلى البحث والدراسة لمعرفة

أسرار القوانين والغايات التي أودعها الـلـه في هذا الكون ثم هو برهان الشـرع في الوقت نفس، بدليل الآيات العديدة التي وردت في هذا المعنى.

ومما يـدل على صدق وجهة نظر ابن رشد هنا، أن القرآن الكريم قد جمع بين هذين الدليلين في كثير من آياته.

ولم يرض ابن رشد كذلك بدليل المتصوفة على وجود الـلـه، وهو الدليل الذي يعتمد على الحدس الصوفي أو الذوق فقال: "إن الدين الإسلامي جاء للناس كافة لا لطائفة خاصة، هذا إلى أن الآيات التي تحث على النظر والتفكير أكثر بكثير من تلك الآيات القليلة التي يتأولها الصوفية للبرهنة على وجهة نظرهم الخاصة".

وفي البرهنة على الوحدانية رأي ابن رشد أن دليل الممانعة الذي اعتمد عليه المتكلمون، دليل جدلي، أو هو نوع من القياس الشرطي المنفصل الذي أرادوا تطبيقه على الآيات الخاصة بالوحدانية، غير مدركين أن الذي تحتوي عليه الآيات قياس شرطي متصل.

ويقول ابن رشد أن من له أدنى نظر بصناعة المنطق يعلم الفرق بين القياس الشرطي المنفصل والقياس الشرطي المتصل، وهو الفارق بين المنهج العلمي المسمى بالمنهج الاستنباطي وبين المنهج الجدلي الذي أساء المتكلمون استخدامه واتجهوا به إلى منهج السفسطة.

والآيات القرآنية التي اعتمد عليها علماء الكلام للبرهنة على وحدانية الـلـه هي قولـه تعالى: (**لَوْ كَانَ فِيهِمَا آلِهَةٌ إِلَّا اللَّهُ لَفَسَدَتَا**)(الانبياء: من الآية٢٢) وقوله: (**مَا اتَّخَذَ اللَّهُ مِنْ وَلَدٍ وَمَا كَانَ مَعَهُ مِنْ إِلَهٍ إِذاً لَذَهَبَ كُلُّ إِلَهٍ بِمَا خَلَقَ وَلَعَلا بَعْضُهُمْ عَلَى بَعْضٍ سُبْحَانَ اللَّهِ عَمَّا يَصِفُونَ**) (المؤمنون:٩١)

وقوله:(**قُلْ لَوْ كَانَ مَعَهُ آلِهَةٌ كَمَا يَقُولُونَ إِذاً لَابْتَغَوْا إِلَى ذِي الْعَرْشِ سَبِيلاً**) (الاسراء:٤٢) . ودليلهم الذي استنبطوه من الآيات يتلخص في أنه لو وجد أكثر من إله واحد، لاختلف الآلهة، فلو فرضنا أن هناك إلهين أراد أحدهما أن يوجد العالم وأراد الثاني ألا يوجده فلا بد من افترض ثلاثة احتمالات:

فإما أن تتم إرادة كل منهما، واما أن تتم إرادة أحدهما دون الآخر، وعلى أساس

الاحتمال الأول يكون العالم موجوداً ومعدوماً في آن واحد، وعلى أساس الاحتمال الثاني يكون العالم لا موجوداً ولا معدوماً، وعلى أساس

الاحتمال الثالث يكون الذي تتم إرادتـه هو الإله حقيقة، لأن الآخر عاجز، والعاجز لا يكون إلها.

وقد يبدو هذا الدليل مقنعاً، لكنه لا يكون كذلك إذا تساءلنا: ولماذا لا يتفق إلهان بدلاً من أن يختلفا، لاسيما وأننا بشر يتفقون فتكون نتائج الاتفاق جودة في العمل ودقة في الصنع.

وهذا ما دعا بعض علماء الكلام إلى القول بأن دليل الآيات السابقة ليس منطقياً، بل هو مجرد دليل خطابي يراد به الإقناع، لأنه من الجائز الاتفاق على خلق العالم بنظامه الذي نشاهده.

وكشف ابن رشد عن الخلل في برهنة المتكلمين قائلاً: لو فرضنا أكثر من إله واحد لفسد العالم، لكـن هذا الفرض غير صحيح، لأن العالم ليس فاسداً، وإذن فليس هناك إلا إله واحد خلق هذا العالم بحكمته وعلمه. وهذا قوله تعالى:

"ما اتخذ الـلـه من ولد وما كان معه من إله إذا لذهب كل إله بما خلق ولعلا بعضهم على بعض" فمعناه أن اختلاف أفعال الآلهة لا يمكن أن يترتب عليه فعـل واحد لكنا نرى عالماً واحداً متقنا، إذن لا يعقل أن يكون هذا العالم موجوداً مع وجود آلهة مختلفة الأفعال. وأما قوله تعالى:

"قل لو كان معه آلهة كما يقولون إذا لابتغوا إلى ذي العرش سبيلا"، فهو خاص بحالة احتمال الاتفاق لا الخلاف، ومعناه أنه لا يجوز عقلاً أن يوجد إلهان تتحد أفعالهما، إذ لو كان هناك إلهان يفعلان فعلاً واحداً، ولوجب أن يكون نسبتهما إلى العرش واحدة.

هذا ما خالف به ابن رشد علماء الكلام في مفهومهم لآيات القرآن، وما استنبطه هو من تلك الآيات دليلاً على الوحدانية.

أما في مسألة الصفات الإلهية فقد اتهم ابن رشد المعتزلة والأشعرية بالبدعة، لأنهم لم يصفوا الـلـه بما وصف به نفسه، بل اتخذوا الخلاف بينهم في هذه المسألة ذريعة إلى الجدل أو إلى تكفير بعضهم بعضاً.

وكان يكفيهم أن يفرقوا بين الصفات الإلهية، عن علم وإرادة وكلام، وبين هذه الصفات عند المخلوقين، بدلاً من أن ينتهي بهم الخلاف إلى ما انتهى إليه.

وبخاصة فيما يتصل بمسألة قدم القرآن أو حدوثه وحاول ابن رشد أن يجد حلولاً جديدة للمشكلات الدينية التي فرقت بين المعتزلة والأشاعرة كمسألة العدل والظلم والخير والشر والحُسن والقبح، والقضاء والقدر.

وتمتاز حلوله لهذه المسائل بأنها تقوم على أساس من الجمع بين بداهات الحس وأوائل العقل.

ويعد مبتكراً في فهمه لمشكلة القضاء والقدر بصفة خاصة، لأنه يعتمد هنا على فكرة القوانين الطبيعية والنفسية.

فالإنسان حر في حدود هذه القوانين التي وضعها الله في الكون وفي الإنسان وفي الجملة استطاع ابن رشد أن يبرهن على أن الخلاف في المشكلات الدينية يرجع إلى سوء تحديد الباحثين لهذه المشكلات وإلى أنهم كانوا لا يتكلمون بلغة ذات دلالة موحدة.

ويخالف ابن رشد الأشعرية والمعتزلة على حد سواء في مسألة المعجزات ودلالتها على النبوة. فهو لم يشأ أن يكون مقلداً لأي من هذين الفريقين في استخدام فكرة المعجزات المادية دليلاً على النبوة، لأنه كان يعتقد أن هذه المعجزات، مثل إبراء الأكمه والأبرص، وانقلاب العصا حية، هي معجزات برانية، وهي صالحة لإقناع الجمهور الذي يرى أن من تظهر على يديه هذه الأمور الخارقة للعادة لا بد أن يكون صادقاً في ادعاء الرسالة، لكنها ليست أفعالاً من صميم النبوة، فالمعجز الحقيقي في نظر ابن رشد هو ما يطلق عليه اسم المعجز الأهلي أو المناسب.

وهو التشريع الذي جاءت به الكتب المقدسة، وما انطوى عليه من بيان للحياة الأخرى ومن قيم أخلاقية ويتجلى ذلك بصفة واضحة في القرآن الكريم الذي لم تمتد إليه يد التحريف على نحو ما امتدت إلى الكتب المقدسة الأخرى.

فالقرآن إذن معجزة داخلية لا برانية، وهي معجزة تتسق تماماً مع خصائص النبوة.

وكان ابن رشد يرى في الدين ضرباً من الحق، وأنه يرمي إلى إصلاح حال الناس وتطويرهم، وليس إلى تعليمهم فقط، وأن غرض الشارع ليس تلقين الناس العلم فقط، وإنما أخذ الناس بصالح الأعمال والطاعة، وهو ينظر إلى الدين بعين الرجل السياسي، فيرى فيه وسيلة فعالة للاصلاح وصولاً إلى ما يهدف إليه من غايات خلقية سامية.

فهو يؤمن بالمجتمع، ولا يرى السعادة إلا فيه، وأن سعادة الفرد إنما تتحقق في سعادة المجموع، ومصلحة الدولة – التي تمثل هذا المجموع- يجب أن يكون لها الاعتبار الأول، وهي فوق مصلحة الفرد، ولهذا لا عجب أن رأيناه ينتهز الفرص ليوجه انتقاده للحكام الجاهلين الذين لا يقدرون الصالح العام، ولا يهتمون إلا بمصالحهم الخاصة.

ولقد شملت دعوته إلى الاهتمام بالصالح العام أو مصلحة الجماعة، المرأة كذلك، فنراه يدعو النساء إلى القيام بدور في خدمة الدولة قيام الرجال، وألا يقتصر دورها على البيت وإنجاب الأطفال.

وكان يرى أن حالة العبودية التي نشأت عليها المرأة – في أحوال كثيرة – قد أتلفت مواهبها وقضت على مقدرتها العقلية، ولهذا كان من النادر أن نجد المرأة ذات فضائل أو على خلق عظيم، لأنهن كن في غالب الأحيان عالة على أزواجهن كالحيوانات الطفيلية.

وعلى ذلك كان ابن رشد يرى أن الكثير من أحوال الفقر في عصره، يرجع إلى أن الرجل يُمسك بالمرأة لنفسه كأنها نبات أو حيوان أليف، فلا يمكنها من المشاركة في إنتاج الثروة المادية والعقلية وفي حفظها.

وعن تأثير ابن رشد في الفكر الأوروبي يقول: "أسين بلاسيوس" المستشرق الأسباني المتوفى سنة ١٩٤٤: (إن توما الإكويني الذي يعد فيلسوف المذهب الكاثوليكي منذ القرن الثالث عشر الميلادي قد استمد أصول فلسفته كلها من ابن رشد).

كذلك رأى بعضهم أن ابن رشد قد سبق (قانط) في بحوث الزمان والمكان، وأن الفيلسوف الألماني المذكور لم يكن له فضل الابتكار،وإنما كان له فضل التوسع في

البحث لا غير.

وأقل المؤرخين إنصافاً يضع ابن رشد مع أفلاطون وأرسطو وقانط في مرتبة واحدة في مجال الفلسفة العقلية.

وجملة القول أخيراً، كان ابن رشد فيلسوف مؤمناً وعقليا في آن واحد. وهذا أمر تسمح به تقاليد الإسلام وروحه، بالإضافة إلى أنه شيء ارتضاه المعتزلة لأنفسهم من قبل.

فابن رشد أقرب في اتجاهه الفلسفي إلى الكندي والغزالي منه إلى الفارابي وابن سينا، نظراً لأن التفكير الاعتزالي يبدو أكثر أو أقل وضوحاً في مذاهب هؤلاء الفلاسفة الثلاثة (الكندي والغزالي وابن رشد).

هذا إلى أن كثيراً من الآراء التي حددها الغزالي هنا وهناك في كتبه العديدة توجد معروضة عرضاً منهجياً واضحاً في كتب ابن رشد، مما يشعرنا بأن هذا الفيلسوف كان يؤلف كتبه ويبني آراءه معتمداً على نظرات فاحصة يلقيها على إنتاج الغزالي، وهناك سمة أخرى تجمع بين الرجلين وهي موقفهما من عامة المسلمين.

فهو موقف يختلف عن مسلك أتباع الأفلاطونية الحديثة في العالم الإسلامي أمثال الفارابي وابن سينا وابن باجة، وابن طفيل، ممن كانوا ينظرون إلى جمهور المسلمين نظرة الاستخفاف، بل نظرة الزراية في أحيان كثيرة.

ولأن ابن رشد يعد أسطورة في العالم الأوروبي منذ القرن الثالث عشر الميلادي حتى الآن، فقد توفر على دراسة شروحه لأرسطو وفلسفته الخاصة جماعة من رجال الكهنوت المسيحي وجماعة من المفكرين الأحرار ممن كانت تصفهم الكنيسة بالإلحاد.

ومع اختلاف الهدف قام هذان الفريقان بدور كبير في خلق اسطورة ابن رشد في الغرب باعتبار أنه الممثل الأكبر للإلحاد.

ومن الغريب أن يتفق رجال الكنيسة مع خصومهم على نسبة كثير البدع إلى ابن رشد، فقالوا أنه ينكر علم الله للأشياء الجزئية، ويقول بفناء النفس بعد الموت ويذهب إلى تأكيد الاتحاد الصوفي بالله، ويقول بقدم العالم - وكل هذه المغالطات وغيرها لا نعتبره إلا محاولة من الغربيين المتعصبين للنيل من الفلسفة العربية الإسلامية

ممثلة في قمة من قممها.

وقبل أن نترك ابن رشد، نعرج على أهم مؤلفاته أو تصنيفاته التي تركها لنا، والتي تزيد في بعض إحصاءاتها عن المائة مصنف، سنكتفي بذكر أهمها فقط وهي كالتالي:

*** في الفلسفـة والعلوم الإلهية:**

- تهافت التهافت.
- فصل المقال فيما بين الحكمة والشريعة من اتصال.
- مناهج الأدلة في عقائد الملة.
- تلخيص الآثار العلوية.
- تلخيص الحس والمحسوس.
- تلخيص الخطابة.
- تلخيص السماع الطبيعي.
- تلخيص كتاب السماء والعالم.
- تلخيص كتاب العبارة.
- تلخيص كتاب القياس.
- تلخيص كتاب المقولات.
- تلخيص كتاب النفس.
- تلخيص كتاب الكون.
- تلخيص ما بعد الطبيعة.
- جوامع ما بعد الطبيعة.
- رسالة الاتصال.
- رسالة التوحيد والفلسفة.
- شرح جمهورية أفلاطون.
- كتاب النفس.

*** في الفقـه:**

- كتاب بداية المجتهد ونهاية المتقتصد ؟؟

* **في الطب:**

- شرح أرجوزة ابن سينا في الطب.
- كتاب الكليات.

* **في اللغة والأدب:**

- تلخيص كتاب الشعر.

ابن الرومية

هو أحمد بن محمد بن مفرج المعروف بابن الرومية عالم بالأعشاب (١١٦٥-١٢٣٩) ولد في اشبيلية وبدأ حياته ببيع الأعشاب والنباتات الطبية في دكان له.

تعلم التداوي بالصيدلة النباتية ورحل إلى مختلف بقاع العالم ودرس إلى جانب ذلك العلوم الدينية وجمع الأعشاب.

اتصل بالملك العادل ولم يرق له البقاء.ألف العديد من الكتب في التداوي بالأعشاب.

من مؤلفاته:

١- تفسير أسماء الأدوية المفردة من كتاب ديسقوريدس.

٢- كتاب أدوية جالينوس.

٣- الرحلة النباتية والمستدركة.

٤- رسالة في تركيب الأدوية.

٥- كتب عديدة في الحديث.

ابن زهر

أعظم أطباء الأندلس

(٤٨٤ أو ٤٨٧ - ٥٥٧هـ ١٠٩٤ - ١١٦٢م)

هو أبو مروان بن عبد الملك بن أبي العلاء بن زهر، ولد في إشبيلية، ولادته

بين ٤٨٤ و ٤٨٧ للهجرة (١٠٩١ - ١٠٩٤م).

تلقى دروسه على علماء عصره.ثم أخذ أبوه يخرجه في الطب نظرياً وعملياً.

ولم يلبث أن غدا أشهر أطباء عصره في الأندلس. كان معاصراً لابن رشد يعتبره " أعظم الأطباء منذ

عهد جالينوس ".

توفي من جراء خارج خبيث سنة ٥٥٧هـ (١١٦٢م) في إشبيلية يذكر له في تاريخ الطب ميله إلى

التجارب واكتشاف المجهول فله تجارب خطيرة.

وملاحظات دقيقة، وإضافات عديدة منها وصفه الأورام الحيزومية، وخراج التامور، وهي أمراض لم

توصف من قبل.

وكان أول طبيب عربي أشار بعملية شق الحجب، ومنها شرحه لطريقة التغذية القسرية أو

الاصطناعية، بطريق الحلقوم أو بطريق الشرج، وقد دون كل ذلك في سلسلة **من المؤلفات الطبية أهمها:**

- كتاب " التيسير في المداواة والتدبير " الواسع الانتشار في القرون الوسطى وترجم إلى اللاتينية.

-"كتاب الاقتصاد في إصلاح الأنفس والأجساد"، "كتاب الأغذية"، "كتاب الجامع" في الأشربة

والمعجونات، مقالة في علل الكلى، كتاب الترياق، رسالة في علتي البرص والبهق، وكان لكتبه المنقولة إلى اللاتينية

والعبرية الأثر البليغ في الطب الأوروبي حتى القرن السابع عشر.

كان ابن زهر يعرف بالأدب الأوروبي (افنزور) Avenzoar.

ابن زهرون

الطبيب الوافر العلم

(٢٨٣ - ٣٦٩هـ - ٨٩٦ - ٩٨٠م)

هو أبو الحسن ثابت بن إبراهيم بن زهرون الحراني، طبيب وافر العلم. ولد في الرقة ونشأ وتعلم في

بغداد. خدم عضد الدولة.

توفي أبو الحسن سنة ٣٦٩ هجرية (٩٨٠م) ببغداد ومن كتبه، " إصلاح مقالات من كتاب يوحنا بن سرافيون "، " أجوبة مسائل ": سئل عنها.

ابن الساعاتي

الطبيب الوزير والشاعر الحكيم

(... ـ ٦١٨هـ ... ـ ١٢٢١م)

هو رضوان بن محمد بن علي بن رستم، فخر الدين الخراساني المعروف بابن الساعاتي.

طبيب له معرفة بالأدب وعلوم الحكمة، وله شعر، أصله من خراسان ومولده ووفاته في دمشق.

استوزره الملك الفائز ابن الملك العادل أبي بكر بن أيوب، وأخوه الملك المعظم عيسى، صنف " تكميل كتاب القولنج للرئيس ابن سينا " والحواشي على كتاب القانون لابن سينا.

ابن سقلاب

الطبيب الذي خدم المعظم والناصر

(٥٥٦ ـ ٦٢٥هـ ١١٦١ ـ ١٢٢٨م)

موفق الدين بن يعقوب بن سقلاب المشرقي الملكي، طبيب نصراني، كان أعلم أهل زمانه بكتب جالينوس ومعرفتها.

ولد في القدس حوالي السنة ٥٥٦هـ ـ١١٦١م) وقرأ الطب على علماء عصره فاتصل في القدس، بالشيخ أبي منصور النصراني الطبيب، وباشر معه أعمال المعالجة.

أتقن اللسان الرومي وله معرفة باللاتينية كذلك، خدم الملك المعظم عيسى بن أبي بكر بن أيوب الذي صار يعتمد عليه في كثير من الآراء الطبية وغيـرها، ودرس

يعقوب بن سقلاب، إلى علم الطب والفلسفة على " الفيلسوف الأنطاكي ".

وقال عنه القفطي: "إنه لم يكن عالماً، وإنما كان حسن المعالجة بالتجربة البيمارستانية ".

وقال عنه ابن العبري نفس الشيء في كتابه "تاريخ مختصر الدول "، لكن ابن أبي أصيبعة الذي أدركه وتتلمذ له في المعسكر المعظمي، يشهد له بما ينقض كلام القفطي وابن العبري فقال عنه ".

أنه أعلم أهل زمانه بكتب جالينوس،أما براعته في معالجاته الطبية فقد وصف " أنها كانت في الغاية من الجود والنجاح.

وذلك أنه كان يتحقق معرفة المرض ثم يشرع بمداواته بالقوانين التي ذكرها جالينوس مع تصرفه فيما يستعمله في وقته، وكان شديد البحث واستقراء الأعراض فكانت معالجته غاية في الجودة " وهذا مدح قلما مدح به طبيب، على إحاطته بصفات الطبيب الكاملة علماً وعملاً.

بقي ابن سقلاب في خدمة المعظم حتى وفاة الأخير دخل بعدها في خدمة ابنه الناصر داود، إلى وفاته بدمشق سنة ٦٢٥هـ (١٢٢٨م).

وفي الثانية والعشرين من عمره توفي أبوه فخرج إلى كوركانج عاصمة خوارزم وأخذ يجوب البلدان فوفد على الريّ وقزوين وجرجان وزاول التعليم وصنف كتاب القانون في الطب.

ابن سينا

(٩٨٠-١٠٣٧م)

فيلسوف وكيميائي وطبيب إسلامي

هو الشيخ الرئيس أبو علي الحسين بن عبد الله بن الحسين بن علي بن سينا ويسميه الإفرنج (أفسن) أو (أفسنا) وهي مأخوذة عن العبرية: أفن سينا.

وانتقل ابن سينا في طفولته إلى بخارى سنة ٣٧٥ هـ فحفظ القرآن والأدب

وشيئاً من مبادئ العلوم.

وورد بخارى إذ ذاك أبو عبيد الله الناتلي فأقرأه كتاب إيساغوجي، وخرّجه في المنطق فبرز عليه فيه وهو في العاشرة من عمره.

أما حاجي خليفة فيقول في ج ٣ ص ٣٧٦ أنه درس علي أبي بكر أحمد بن محمد البرمي الخوارزمي.

ثم رغب في علم الطب فتلقى أصوله علي أبي سهل المسيحي، ودرس فروعه وحده حتى انتهت إليه الزعامة فيه.

حتى قصده الأطباء يقتبسون منه ويستشيرونه وكان عمره لم يتجاوز ست عشرة سنة. ويقال أنه تلقى هذا العلم على يد منصور الحسن بن نوع القمري.

قربه إلى جاره أبو الحسن العروضي الذي طلب منه كتاباً جامعاً في العلم، وبعد ذلك وضع كتاب (الحاصل والمحصول) بعشرين مجلداً. وكتابه (البر والإثم بناءً لطلب جاره أبو بكر البرقي).

وفي الثانية والعشرين من عمره توفي أبوه فخرج إلى كوركانج عاصمة خوارزم وأخذ يجوب البلدان فوفد على الريّ وقزوين وجرجان وزاول التعليم وصنف كتاب القانون في الطب.

وفي همذان تقلد الوزارة لشمس الدولة بن بويه بعد أن وفد إليها بقليل. وبعد ذلك ثار عليه الجند ونهبوا ماله وطلبوا من الأمير قتله، وقد فرّ متنكراً إلى علاء الدولة في أصبهان سنة ٤١٤هـ وبقي في حمايته.

وقد أعيته الحوادث التي تعاقبت عليه، وبعد ذلك وقع فريسة للمرض وتوفي في همدان سنة ١٠٣٧م في الطريق أثناء الحملة التي قام بها علاء الدولة ويوجد قبره حتى الآن.

لقد كان ابن سينا ولم يزل يعد عالم العلماء ولذا سمي الشيخ أو الرئيس.. وكان قد كتب في الطبيعيات والهندسة والرياضيات والكيمياء والفلسفة واللغة العربية. ودوّن سيرة حياته بنفسه وجمعها تلميذه أبو عبيد الجرجاني الذي لازمه طوال حياته.

وضمنها ابن أبي أصيبعة كتابه "عيون الأنباء في طبقات الأطباء". لقد وهب الله تعالى ابن سينا ذاكرة قوية وقدرة هائلة على سرعة تلقي وهضم المعلومات بحيث استطاع أن يلم بكل العلوم ونظمها في زمانه.

وقد كان في الفترة التي زاول فيها التأليف في الواحدة والعشرين من عمره إلا أن أسلوبه في الكتابة فاق عمره لما اتسم به من الوضوح.

وأثناء أسفاره كتب موجزاً مختصراً لمؤلفاته ورسائله. ورغم أن ابن سينا نشط في كتاباته العلمية إلا أنه كتب في السياسة وخاض غمارها.

وأتبع الفارابي إلى حد بعيد في المنطق وفي نظرية المعرفة والكليات والعقول الفلكية وهو أقرب إلى الأفلاطونية من المشائية.

وذيع صيته بأنه مؤلف عالمي للموسوعات وكيف لا، وهو الذي وضع أسس المعرفة لعدة قرون.

وكان ابن سينا موضع دراسة علماء الغرب الذين ترجموا أغلب تآليفه إلى اللغة اللاتينية واعتمدوا عليها في بحوثهم ودراساتهم والتي بلغت المائة مؤلف. وقد قام هو وابن رشد بشرح فلسفة أرسطو، وعنها نقل الغرب.

وكان لابن سينا والرازي، سبق المضمار في العلاج النفسي وكانت طريقة ابن سينا أن يحمل المريض على الرجوع بذاكرته إلى الوراء يتذكر حادثة طال عليها الزمان فاستقرت في العقل الباطن ونتج عنها مرض جسماني في طبيعته وإن كان في أصله نفساني.

ولهذا فإن مناهج الدراسة في الجامعات الغربية ظلت تتطلب في دراسة كتابه القانون في الطب كجزء أساس في دراسة الطب حتى القرن السادس عشر.

وبقي الأوربيون يدرسون كتبه وكتب الرازي في مدارسهم الطبية أكثر من ستة قرون.

وكتاب القانون يعد بحد ذاته موسوعة طبية عظيمة القيمة وعليه كانت تعتمد كافة الدراسات الطبية في الشرق وأوروبا في القرون الوسطى.

والمعروف أن ابن سينا كان يشغل النهار بالمطالعة ومدة اشتغاله بالتأليف لم

ينم ليلة واحدة بكاملها.

ومما يذكر عنه أنه إذا أشكلت عليه مسألة توضأ وقصد الجامع وصلى ودعا الـلـه تعالى أن يسهلها عليه.

وكان ابن سينا يؤمن بالفكر ويقدسه، وكثير الثقة بالفطرة الإنسانية. واستنبط ابن سينا آلة تستعمل لقياس طول أصغر من أصغر أقسام السطر المقسمة لقياس الأطوال بدقة متناهية.

ودرس ابن سينا بعمق بحوث الزمان والمكان والحيز والقوة والإيصال، والنهاية والفراغ واللانهاية والحرارة والنور.

ومن نظرياته: أن سرعة النور محدودة وأن شعاع العين يأتي من الجسم المرئي إلى العين. وأجرى تجارب عدة في الوزن النوعي ووجد الوزن النوعي للعديد من المعادن.

كما بحث ابن سينا في الحركة والأمور التي تتعلق بها وموضع الميل القسري والميل المعاوق. وله أيضاً بحوث قيمة في المعادن وتكوين الجبال والحجارة وطبقات الأرض وبقي الاعتماد على هذه البحوث في جامعات أوروبا حتى القرن الثالث عشر للميلاد. وكان ابن سينا قد قسم العلوم إلى ثلاثة أقسام:

- العلوم التي لا علاقة لها بالماء أو علوم ما وراء الطبيعة.
- العلوم التي لها علاقة بالمادة وهي الطبيعيات.
- العلوم الوسط التي لها علاقة بعلوم ما وراء الطبيعة وبالمادة وهي الرياضيات. وجعل الرياضيات نوعاً من الفلسفة ونسب إليها أشياء تبحث في غير المادة.

كما اتبع ابن سينا الطريقة اليونانية في بحوثه عن العدد وقد شرح طريقة اسقاط التسمات وتوسع فيها.

وقد بحث في الموسيقى وجاء كتاب الشفاء بالإجادة التي اقامها على الرياضيات والملاحظات الدقيقة.

وسجل ابن سينا ملاحظات هامة عن الظواهر الطبيعية كالجو والرياح وقوس

قزح في كتبه ورسائله.

وفي الكيمياء كان مخالفاً لآراء أكثر علماء زمانه. وفي رأيه: أن المعادن لا تختلف باختلاف الأصباغ بل تتغير في صورتها فقط.

وقال: إن كل معدن يبقى محافظاً لصفاته الأصلية. وقام بدراسة مفصلة لخواص بعض المواد الكيماوية والأحماض،

فهو أول من شرح طريقة إعداد زيت السراج أو حامض الكبريت والكحول وتقديم خواصها.

ودرس عدة أمراض ووضع لها أدوية تساعد في شفائها كما عالج الأمراض النفسية والجلدية وأمراض الكبد.

ووضع ابن سينا عدة أبحاث ودراسات حول النبات بشكل عام لكنه وجه الاهتمام الخاص إلى النباتات الطبية أي التي تستخرج منها الأدوية.

كما أولى ابن سينا علم الفيزياء عناية كبيرة.

وقد قال في الكيمياء:

".... نسلم بإمكان صبغ النحاس بصبغ الفضة، والفضة بصبغ الذهب إلا أن هذه الأمور المحسوسة، يشبه ألا تكون هي الفصول - أي الخواص - التي تصير بها هذه الأجساد أنواعاً، بل هي أعراض ولوازم والفصول مجهول وإذا كان الشيء مجهولاً، فكيف يمكن أن يقصد قصر إيحاء، أو اخفاء..

ويقال:إن "ابن سينا" خرج مرة في صحبة (علاء الدولة) وقد ذكر له الخلل الحاصل في التقاويم المعمولة بحسب الارصاد القديمة.

فأمر الأمير الشيخ بالاشتغال بالرصد، وأطلق له من الأموال ما يحتاج إليه، مما ساعده على التعمق في الهيئة وكشف بعض حقائق هذا الكون، وفي اتقان الرصد "ووضع في خلل الرصد آلات ما سبق إليها".

ومن مؤلفاته:

وضع ابن سينا مؤلفات في الطب، جعلته في عداد الخالدين، وقد يكون كتابه **"القانون" من أهم مؤلفاته الطبية وأنفسها.**

اشتهر كثيراً في ميدان الطب وذاع اسمه وانتشر انتشاراً واسعاً في الجامعات والكليات، وقد شغل هذا الكتاب علماء أوربا، ولا يزال موضع اهتمامهم وعنايتهم. وترجمه إلى اللاتينية "جيرار داولف كريمون" وطبع في أوربا خمس عشرة مرة باللاتينية ما بين سنة ١٤٧٣-١٥٠٠م وبقي بفضل حسن تبويبه وتصنيفه وسهولة مناله الكتاب التدريسي المعول عليه في مختلف الكليات الأوربية حتى أواسط القرن السابع عشر الميلادي.

وفي هذا الكتاب جمع "ابن سينا" ما عرفه الطب عن الأمم السابقة إلى ما استحدثه من نظريات وآراء وملاحظات جديدة وما ابتكره من ابتكارات هامة.

وما كشفه من أمراض سارية، وأمراض منتشرة الآن "كالاتكلوسترما". مما أدى إلى تقدم الطب خطوات واسعة جعلت بعضهم يقول:

كان الطب ناقصاً فأكمله "ابن سينا"،، كذلك ضمّن "ابن سينا" (كتاب القانون) شرحاً وافياً لكثير من المسائل النظرية والعملية، كما أتى فيه على تحضير العقاقير الطبية واستعمالها. وقرن ذلك ببيان عن ملاحظاته الشخصية.

وفي كتاب القانون ظهرت مواهب "ابن سينا" في تصنيفه وتبويبه للمعلومات الطبية، وما كشفه من نظريات جديدة فيها وأبرازها في قالب منطقي.

فقد كان قوى الحجة قاطع البرهان وهذا ما جعل كتاباته شديدة التأثير على رجال العلم في القرون الوسطى.

يقول ابن سينا في كتاب القانون تحت عنوان "في تعرف قوى أمزجة الأدوية بالتجربة مفصلاً قواعد البحث التجريبي: إن التجربة إنما تهدي إلى معرفة قوة الدواء بالثقة بعد مراعاة شرائط.

الأول: أن يكون الدواء خالياً عن كيفية مكتسبة وحرارة عارضة أو برودة عارضة أو كيفية عرضت لها باستحالة في جوهرها أو مقارنة بغيرها.

والثاني: أن يكون المجرب عليه علة مفردة فإنها إن كانت علة مركبة وفيها أمران يقتضيان علاجين متضادين فجرب عليهما الدواء فنفع، لم ندر السبب في ذلك بالحقيقة.

والثالث: أن يكون الدواء قد جرّب على المتضادة، حتى إذا كان ينفع منها جميعاً لم يحكم أنه مضاد لمزاج أحدهما بالذات ومن الآخر بالعرض.

والرابع: أن تكون القوة في الدواء مقابلاً بها ما يساويها من قوة العلة. فإن الأدوية تقصر حرارتها عن برودة علة ما فلا تؤثر فيها البتة فيجب أن يجرب أولاً على الأضعف. ويتدرب يسيراً يسيراً حتى تعلم قوة الدواء ولا يشكل.

والخامس: أن يراعى الزمان الذي يظهر فيه أثره وفعله، فإن كان مع أول استعماله أقنع أنه يفعل ذلك بالذوات وإن كان في أول الأمر لا يظهر منه فعل، ثم في الآخر يظهر منه فعل، فهو موضع اشتباه وأشكال عسى أن يكون قد فعل ما فعل بالعرض كأنه فعل أولاً فعلاً خفياً تبعه بالعرض هذا الفعل الأخير إنما كان بالعرض.

والسادس: أن يراعى استمرار فعله على الدوام أو على الأكثر فإن لم يكن كذلك فصدور الفعل عنه بالعرض لأن الأمور الطبيعية يصدر من مبادئها إما دائمة وإما على الأكثر.

والسابع: أن تكون التجربة على بدن الإنسان فإنه إن جرب على بدن غير الإنسان جاز أو تخلف من وجهين:

أحدهما: أنه يجوز أن يكون الدواء بالقياس إلى بدن الإنسان حاراً وبالقياس إلى بدن الأسد والفرس بارداً إذا كان الدواء أسخن من الإنسان وأبرد من الأسد والفرس.

والثاني: أنه قد يجوز أن يكون له بالقياس إلى البدنين خاصية ليست بالقياس إلى البدن الثاني.

فهذه هي القوانين التي يجب أن تراعى في استخراج قوة الأدوية عن طريق التجربة. لقد فصل الشيخ الرئيس فيما سبق قواعد البحث التجريبي الرئيسة كقاعدة "الاتفاق وقاعدة الاختلاف وقاعدة الجمع بين الاتفاق والاختلاف وقاعدة النسبة أو الإضافة.

وقد تنبه ابن سينا إلى ما قد يحدث من متغيرات إذا ما صاحب ظواهر البحث

تغيير أو إضافة في العلاقات المنظمة بجوانبه.

قد ترجم هذا الكتاب إلى اللاتينية، ترجمه جيرارد الكريموني وطبعت الترجمة اللاتينية عشرات الطبعات، أما النص العربي فنشر لأول مرة في روما عام ١٩٥٣.

و "ابن سينا" أول من وصف التهاب السحايا الأولى وصفاً صحيحاً، وفرقه عن التهاب السحايا الثنوي، وعن الأمراض المشابهة لها.

وأما وصفه للأمراض التي تسبب اليرقان فواضح ومستوفي. وقد فرق بين شلل الوجه الناتج عن سبب داخلي في الدماغ، أو من سبب خارجي.

وفرق بين داء الجنب وألم الأعصاب ما بين الأضلاع وخراج الكبد والتهاب الخيزوم.ووصف السكتة الدماغية الناتجة عن كثرة الدم، مخالفاً بذلك التعاليم اليونانية ووصف ابن سينا أعراض حصى المثانة السريرية.

وابن سينا أول من كشف عن مرض "الأنكلستوما" وسبق بذلك "دوبيني" الإيطالي بتسع مائة سنة.

وجاء في كتاب القانون عن الديدان المعوية وتبين أن الدودة المستديرة التي ذكرها " ابن سينا " هي ما نسميه الآن بـ " الانكلستوما "

وقد أخذ جميع المؤلفين في علم الطفيليات بهذا الرأي في المؤلفات الحديثة وكذلك مؤسسة روكفلر.

وأشار ابن سينا إلى عدوى السل الرئوي وإلى انتقال الأمراض بالماء والتراب. وكذلك أحسن " ابن سينا " وصف الأمراض الجلدية والأمراض التناسلية.

كما درس الاضطرابات العصبية وعرف بعض الحقائق النفسية والمرضية عن طريق التحليل النفسي.

وكان يرى في العوامل النفسية والعقلية كالحزن والخوف والقلق والفرح تأثيراً كبيراً على أعضاء الجسم ووظائفها. ولهذا فقد لجأ إلى الأساليب النفسية في معالجة مرضاه.

ومن الكتب التي ألفها " **كتاب الشفاء** " ويقع في ثمانية وعشرين مجلداً وهو

يحتوي على فصول في المنطق والطبيعيات والفلسفة.

وقد ترجمه حنا الأسباني إلى اللاتينية. واختصر ابن سينا هذا الكتاب في كتاب سماه " **النجاة** ".

والكتاب يوضح آراء جديدة لإبن سينا في كل فرع من فروع العلوم والفلسفة وأنه أخرج آراء أرسطو بنظام تام وتسلسل محكم ووسع نطاقها بمذهب الأفلاطونية الحديـثة.

ولابن سينا مؤلفات ورسائل أخرى في الطب والفلسفة والموسيقى واللغة والالهيات والنفس والمنطق والطبيعيات والرياضيات والفلك ومنها:

- كتاب المختصر للمجسطي.
- كتاب المجموع.
- كتاب الحاصل والمحصول.
- كتاب الأرصاد الكلية.
- كتاب النجاة.
- كتاب القولنج.
- كتاب لسان العرب.
- رسالة الآلة الرصدية.
- رسالة في غرض قاطيغوريا.
- كتاب الأجرام السماوية.
- كتاب الإشارة إلى علم المنطق.
- كتاب أقسام الحكمة.
- كتاب النهاية واللانهاية.
- كتاب في أبعاد الجسم غير ذاتية له.
- كتاب مختصر اقليندس.
- كتاب المجسطي وأورد فيه عشرة أشكال في اختلاف النظر.

- رسائل في الحساب والهندسة وله مبتكرات فيهما.

- كتاب مختصر في أن الزاوية التي من المحيط والمماس لا كمية لها.

- كتاب الحدود.

- خطبة في أنه لا يجوز شيء واحد جوهراً أو عرضاً.

- مقالة في هيئة الأرض من السماء وكونها في الوسط.

- كتاب تدبير الجند والمماليك والعساكر وأرزاقهم وخراج المماليك.

- كتاب الأنصاف: وقد قسم فيه العلماء قسمين: مغربيين ومشرقيين، وجعل المشرقيين يعارضون المغربيين ... حتى اذا حق الرد تقدمت للإنصاف ".

- كتاب الإشارات والتنبيهات," وهو آخر ما صنف في الحكمة وأجوده وكان يضن بها. "

- كتاب الحكمة المشرقية وهو يحوي الأجزاء الأربعة ـ كسائر كتب " ابن سينا " الشاملة: المنطق، الطبيعيات، الرياضيات، الالهيات.

- كتاب إبطال أحكام النجوم.

- ديوان شعر: يقول ابن أبي أصيبعة: انه من أجل قصائد ابن سينا وأشرفها

وفيما يلي: المؤلفات التي اتفق الباحثون على صحة نسبتها إلى ابن سينا:

١- الآلات الرصدية.

٢- ابطال أحكام النجوم.

٣- اثبات النبوة.

٤- أجوبة الشيخ الرئيس أبي علي بن سينا إلى أبي سعيد بن أبي الخير (المعاودة في أمر النفس والفيض، القياس، تعلق النفس بالبدن، سبب إجابة الدعاء وكيفية الزيارة وتأثيرها في مسألة كتاب النفس، حصول علم وحكمة، الإرشاد، سر القدر، قضاء الله لكل حيوان ونبات ثباتاً).

٥- الأجوبة عن مسائل أبي ريحان البيروني.

٦- الأجوبة عن المسائل العشرة.

٧- الأجوبة عن المسائل الحكمية.

٨- الأجوبة عن المسائل العشرينية.

٩- الأجوبة عن المسائل (المسائل الاثنا والعشرون).

١٠- الأجوبة عن المسائل (جوهرية النار).

١١- اختلاف الناس في أمر النفس وأمر العقل.

١٢- الأخلاق (علم الأخلاق).

١٣- الأدوية القلبية.

١٤- أرجوزة في الطب (في حفظ الصحة).

١٥- ارجوزة في الطب (في الفصول الأربعة).

١٦- أرجوزة في التشريح (وخالق الخلق القديم الأزلي).

١٧- أرجوزة في وصايا أبقراط.

١٨- أرجوزة في الوصايا الطبية (وتسمى الأرجوزة في شرب الأدوية على حسب نزول الشمس في البروج).

١٩- أرجوزة في علم المنطق.

٢٠- الأرزاق.

٢١- أسباب الأثار العلوية.

٢٢- أسباب حدوث الحروق.

٢٣- أسباب الرعد والبرق.

٢٤- الإشارات والتنبيهات.

٢٥- الإشارة إلى علم المنطق.

٢٦- أشعار وقصائد.

٢٧- الأصحوية في المعاد.

٢٨- الأغذية والأدوية.

٢٩- اقسام العلوم العقلية.

٣٠- أمر مستور الصنعة.

٣١- رسالة في الانتقاء عما نسب إليه من معارضة القرآن.

٣٢- الانصاف.

٣٣- انفساخ الصور الموجودة في النفس.

٣٤- أنواع القضايا.

٣٥- إيضاح براهين مستنبطة في مسائل عويصة.

٣٦- الباه.

٣٧- البر والإثم.

٣٨- البهجة في المنطق.

٣٩- بيان ذوات الجهة.

٤٠- تحصيل السعادة (وتعرف بالحجج العشرة).

٤١- تدبير سيلان المنى.

٤٢- تدبير المسافرين.

٤٣- تدبير منزل العسكر.

٤٤- تعبير الرؤيا.

٤٥- تعقب الموضع الجدلي.

٤٦- التعليقات.

٤٧- تفسير بعض سور القرآن.

٤٨- الجمانة الإلهية في التوحيد.

٤٩- الجمل من الأدلة المحققة لبقاء النفس الناطقة.

٥٠- جوهر الأجسام السماوية.

٥١- الحث على الاشتغال بالذكر.

٥٢- الحديث (الأحاديث المروية).

٥٣- الحزن وأسبابه.

٥٤- الحدث.

٥٥- حد الجسم.

٥٦- الحدود.

٥٧- حفظ الصحة.

٥٨- حقائق علم التوحيد.

٥٩- الحكمة العروضية (وهي موسوعة مختصرة تبحث في جميع أنواع المعرفة)

٦٠- الحكمة المشرقية (وفيه نظرية وحدة الوجود) وقد توفي ابن سينا قبل اتمام الكتاب.

٦١- الحكومة في حجج المثبتين للماضي مبدأ زمنياً.

٦٢- حي بن يقظان (رسالة) ويجدر التذكير أن هناك رسالة لإبن طفيل تحمل نفس العنوان.

٦٣- خصب البدن.

٦٤- خطأ من قال أن الكمية جوهر.

٦٥- خطبة.

٦٦- الخطبة التوحيدية.

٦٧- خطبة في الخمر.

٦٨- دانشنامة علائي.

٦٩- دستور طبي.

٧٠- الدعاء.

٧١- دفع الحضار الكلية عن الأبدان الإنسانية.

٧٢- الرد على كتاب أبي الفرج بن الطيب.

٧٣- الرد على مقالة أبي الفرج بن أبي سعيد اليماني.

٧٤- رسالة إلى علماء بغداد يسألهم الأنصاف بينه وبين رجل همذاني يدعي الحكمة.

٧٥- الرقع.

٧٦- الزاوية.

٧٧- السكنجبين.

٧٨- السياسة.

٧٩- سياسة البدن وفضائل الشراب ومنافعه ومضاره.

٨٠- الشفاء: يتألف من ثمانية عشر مجلداً.

٨١- الصلاة.

٨٢- الصنعة إلى الإمام أبي عبد الله البرقي.

٨٣- الطيب.

٨٤- الطير.

٨٥- العروش.

٨٦- العشق.

٨٧- علة قيام الأرض في حيزها.

٨٨- العهد.

٨٩- عيون الحكمة.

٩٠- الفرق بين الحرارة الغريزية والغريبة.

٩١- الفصد.

٩٢- فصول طبية من مجلس النظر للشيخ أبي علي بن سينا.

٩٣- الفيض الإلهي.

٩٤- القانون في الطب.

٩٥- القصيدة العينية.

٩٦- القضاء والقدر.

٩٧- القولنج.

٩٨- كلام الشيخ في المواعظ.

٩٩- كلمات الشيخ الرئيس.

١٠٠- لسان العرب.

١٠١- المباحثات.

١٠٢- المبدأ والمعاد.

١٠٣- المجالس السبع بين الشيخ والعامري.

١٠٤- مختصر الأوسط في المنطق.

١٠٥- مسألتان.

١٠٦- مسائل حنين.

١٠٧- مفاتيح الخزائن في المنطق.

١٠٨- مقادير الشربات من الأدوية المفردة.

١٠٩- الملائكة.

١١٠- المنطق الموجز.

١١١- الموجز الصغير في المنطق.

١١٢- الموجز في أصول المنطق.

١١٣- النبض.

١١٤- نصائح الحكماء للإسكندر.

١١٥- النفس على سنة الاختصار.

١١٦- النفس على طريقة الدليل والبرهان.

١١٧- النفس.

١١٨- النفس الناطقة.

١١٩- النجاة.

١٢٠- النيرنجات.

١٢١- النيروزية في معاني الحروف الهجائية.

١٢٢- الورد الأعظم.

١٢٣- الوسعة.

١٢٤- الهداية.

١٢٥- الهندباء.

١٢٦- النكت في المنطق.

١٢٧- المناظر: ويبحث في الإدراك البصري وكان له أثر كبير على اللاتين في القرن الثاني عشر.

١٢٨- رسالة سلامال وأيسال.

١٢٩- رسالة في الحاصل والمحصول.

١٣٠- النجدة وهو موجز الشفاء.

١٣١- المدخل إلى صناعة الموسيقى: مفقود وفيه مباحث عن الصوت والمقامات اللحنية والإيقاع والتلحين.

١٣٢- كتب في الفلسفة:

وقسم ابن سينا فيها الكائن إلى ثلاثة أقسام:

١- الواجب بذاته، وهو اللـه.

٢- الواجب بغيره، الممكن بذاته.

٣- الممكن بذاته.

ولقد ذهب الكثيرون من مؤرخي العلم إلى القول بأن ابن سينا يعد من أعظم علماء الدنيا على الإطلاق.وقد لقبه آخرون بأرسطو العرب.

ابن الشيخ سعيد

صاحب الرسائل

(... بعد ٦٢٥هـ ... بعد ١٢٢٨م)

زكريا بن بلال بن يوسف المراغي، أبو المراغي، وأبو يحيى بن الشيخ السعيد: طبيب، كتب بضع رسائل، إحداها فرغ من تعليقها سنة ٦٢٥ هجرية، في " نيكسار" والثانية أولها:

قال أبقراط، وآخرها: فرغ في تعليه أبو يحيى زكريا ... سنة ٦١٧هـ في مدينة حلب، والثالثة في " الطب " كالسابقتين، مرتبة على الأبواب كتبها بمدينة أرزنجان، وفي نهايتها إجازة من عبد اللطيف بن يوسف بن محمد البغدادي بأرزنكان

لنور الدين جمال الإسلام شمس الحكماء أبي يحي زكريا سنة ٦١٧هـ.

ابن عبدوس

الذي أظهر في المداواة عجائب

(القرن الخامس الهجري، القرن الحادي عشر الميلادي)

هو صاعد بن بشر بن عبدوس ويكنى أبا منصور، طبيب كان في أول أمره

فاصداً في البيمارستان ببغداد.

ثم انه بعد ذلك اشتغل في صناعة الطب، قال عنه المختار بن بطلان أنه أول من فطن إلى تدبير

الأمراض بالأدوية المبردة، التي كانت تعالج قديماً بالأدوية الحارة كالفالج والقوة والاسترخاء، ونبه عليها ببغداد.

ولصاعد بن بشر من الكتب:

" مقالة في مرض المراقيا ومداواته ".

ابن عمران

طبيب الأمير الأغلبي

(.... ـ ٢٩٤هـ .... ـ ٩٠٧م)

هو إسحاق بن عمران، طبيب بغدادي مشهور يعرف باسم ساعة، ولد ونشأ في بغداد، احترف

الطب واشتهر به، دعي إلى إفريقية في عهد دولة زيادة الله بن الأغلب التميمي، فجاءها سنة ٢٦٤هـ

فأسس الطب بشكل علمي في ديار تونس الأغلبية.

كان في بدايته من أطباء بغداد وسامراء في أيام المعتمد على الله (٢٥٦ ـ ٢٧٩هـ، ٨٧٠ ـ

٨٩٢م).

واستدعي إلى القيروان ليكون الطبيب الخاص للأمير إبراهيم الثاني الأغلبي، عمل في بيت

الحكمة في الرقادة وفي مستشفى الرقادة.

بعد الأمير إبراهيم الثاني، خدم ابنه عبد الله الثاني، ثم زيادة الله الثالث آخر

أمراء الأغالبة الذي كان مصاباً بمرض نفسي وكانت نهاية بن عمران على يده في حدود سنة ٢٩٤هـ ٩٠٢م.

عرفت من مؤلفاته ما يزيد على الخمسة عشر كتاباً، ولم يصلنا كاملاً إلا كتاب " المالينخوليا " الذي يحوي تجاربه وآراءه في مرض المالينخوليا وأمراض الوسواس، و " كتاب الأدوية المفردة " وكتاب " العنصر والتمام في الطب "، و " مقالة في الاستقساء ". كتاب " في الفصد "، كتاب " في النبض "، ومقالة في " علل القولنج ".

وكتاب " المالينخوليا " وصف فيه بكل دقة وإيجاز الحالة الاكتئابية المعروفة لدينا اليوم، فيما عدا الحالات الاكتئابية العصابية، والحالات الاكتئابية والارتكاسية. وقد ركز علاجه لمرض المالينخوليا على مختلف الأساليب التي يعتمدها حالياً الطب النفسي الحديث.

ابن العين زربي

طبيب الخلفاء(... ـ ٥٤٨هـ)

هو الشيخ موفق الدين أبو عدنان بن نصر بن منصور من أهل عين زربة. أقام ببغداد مدة واشتغل بالطب والعلوم الحكمية وعلم النجوم. ومن بغداد٠

انتقل إلى مصر فاستقر فيها حتى وفاته، فخدم فيها الخلفاء بطبه٠ وكان قبلها يتكسب بالتنجيم كانت وفاته سنة ٥٤٨ هجرية بالقاهرة، في عهد الظافر بأمر الـله الفاطمي (١١٤٩ – ١١٥٤م).

وقد صنف كتباً كثيرة في صناعة الطب منها:

- كتاب " الكافي في الطب ".

- شرح كتاب الصناعة الصغيرة لجالينوس.

- " مجريات في الطب على جهة الكناش " جمعها ورتبها ظافر بن تميم بمصر بعد وفاة ابن العين زربي.

- رسالة في " تعذر وجود الطبيب الفاضل ونفاق الجاهل ".

- مقالة في الحصى وعلاجه.

ابن قاضي بعلبك

رئيس الأطباء والكحالين والجراحين

(... بعد ٦٥٠هـ ... بعد ١٢٥٢م)

بدر الدين مظفر بن مجد الدين عبد الرحمن بن إبراهيم البعلبكي، طبيب مصنف

من أبناء القرن السابع الهجري. كان أبوه قاضياً في بعلبك فنسب إليها، نشأ بدمشق وفيها اشتغل بصناعة

الطب والمعالجة.

بدأ حياته العملية يخدم في بيمارستان الرقة، وعاد إلى دمشق. فولاه الملك الجواد يونس بن

ممدود رئاسة الأطباء والكحالين والجراحين سنة ٦٣٧هـ (١٢٣٩م) وتجددت رئاسته ٦٤٥هـ (١٢٤٧م).

وكانت وفاته بدمشق وقال عنه حاجي خليفة في كشف الظنون أنه توفي بعد السنة ٦٥٠هـ

(١٢٥٢م).

ولبدر الدين من الكتب:

" مفرح النفس " جمع فيه جملة ما يتعلق بالحواس الخمس من المفرحات، وأضاف إليه الأدوية

المفردة القلبية، ومركبات حارة ومعتدلة وباردة.

وقد نقل عنه الغزولي صاحب " مطالع البدور " بضعة أدوية مركبة عن المفرحات والمقويات.

من آثاره " مقالة في مزاج الرقة " وكتاب " الملح في الطب " ذكر فيه فوائد كثيرة من كتب جالينوس

وغيره.

ابن قس

من أشهر أطباء زمانه

(القرن السابع الهجري، القرن الثالث عشر الميلادي)

هو مسعود البغدادي، المعروف بابن القس، طبيب بغدادي في آخر الدولة العباسية.

ذكره ابن العبري في " تاريخ مختصر الدول " إلا أن جعله " من الأطباء المشاهير في القرن السابع الهجري، الثالث عشر الميلادي. ووصف بأنه " طبيب حاذق نبيل ". خدم الخليفة المستعصم واختص به.

كان طبيباً لحرمه، وأولاده، وخواصه، وقد سمت منزلته لديه، ولما سقطت بغداد في يد المغول، انقطع عن الناس ولزم منزله إلى أن توفي.

ابن الكتبي

صاحب كتابي الأغذية المفردة والمركبة

(.... ـ ٧٥٤هـ ـ .... ـ ١٣٥٣م)

هو جمال الدين يوسف بن إسماعيل بن إلياس الحذيني المعروف بابن الكتبي الشافعي، طبيب فقيه شافعي، عالم بالأصول والفرائض، من أهل بغداد في القرن الثامن الهجري.

ولد بالمدينة ونشأ بها، وانتقل إلى بغداد صغيراً فاستوطنها واشتغل بالتعليم، فكان معيداً بالمدرسة المستنصرية، ورحل إلى دمشق وفيها صنف كتابه " ما لا يسع الطبيب جهله " سنة ٧١١هـ (١٣١١م).

وقد جعله كتابين الأول في الأدوية والأغذية المفردة، والثاني في الأدوية والأغذية المركبة. وكانت وفاته سنة ٧٥٤ هجرية (١٣٥٣م).

ابن كشكرايا

طبيب سيف الدولة الحمداني

(عاش قبل ٣٥٦هـ ٩٦٧م)

هو أبو الحسين بن كشكرايا طبيب عالم من أبناء القرن الرابع الهجري درس الطب على سنان بن ثابت بن قرة وكان من أنبه تلامذته.

كان متقناً لصناعة الطب مزاولة دخل في خدمة الأمير سيف الدولة الحمداني حتى إذا بنى عضد الدولة البيمارستان المنسوب إليه ببغداد استخدمه فيه. وكان ابن كشكرايا كثير الكلام يجب أن يخجل الأطباء بالمساءلة والتهجم.

ولأبي الحسين كشكرايا من الكتب:

كناشه المعروف " بالحاوي " وكناش آخر باسم من وضعه إليه. (ببلاد فارس) ثم من أطباء العين، في بغداد. تقدم وخدم الرشيد. وببغداد نشأ ابنه يوحنا، فقرأ على علماء عصره، ولا سيما جبريل بن بختيشوع، واتصل بكبار الأطباء والمترجمين، حتى نبغ علماً وعملاً.

وساعده ولده في ارتقاء المراتب الاجتماعية والحكومية، فكان أحد الذين عهد إليهم هارون الرشيد بترجمة ما وجد من كتب الطب القديمة في أنقرة وعمورية وبلاد الروم وجعله أميناً للترجمة. وقد خدم الرشيد والمأمون والمعتصم والواثق والمتوكل بمعالجتهم وتطبيب مرضهم. وأصاب شهرة واسعة وثروة طائلة، وفي عهد الأمين أصبح رئيساً لبيت الحكمة ودار الترجمة فيها، وقد ترجم العديد من الكتب من السريانية إلى العربية.وتوفي بسامراء سنة ٢٤٣هـ (٨٥٧م).

له أربعين كتاباً معظمها رسائل أهمها: " النوادر الطبية " وقد ترجم إلى اللاتينية، "ماء الشعير" وهي رسالة قصيرة في صفحتين، كتاب " الحميات ".

وقد ترجم إلى اللاتينية والعبرية، **أما آثاره التي لم تطبع فأهمها** في سرد "الفهرست"، "طبقات الأطباء"، كتاب "الكامل في الطب"، و "الأدوية المسهلة"، وكتاب "دفع مضار الأغذية"، "علاج الصداع"، "تركيب طبقات العين"، "جوهرة الطب المفردة بصفاتها ومعادنها"، "علاج النساء اللواتي لا يحبلن"، "الفصد والحجامة"، "كتاب القولنج"، كتاب " في الجذام"، كتاب "في التشريح"، كتاب "في الماليخوليا وأسبابها وعلاماتها وعلاجها".

ابن ماسوية

رئيس بيت الحكمة ودار الترجمة

(.... ـ ٢٣٤هـ، .... ـ ٨٥٧م)

هو يوحنا بن ماسويه، أبو زكريا: من علماء الأطباء، سرياني الأصل، عربي المنشأ.

كان أبوه صيدلانياً في جنديسابور.

ابن المغربي

الذي كان وافراً في الطب علماً وعملاً

(كان حياً قبل ٧٥٦ هجرية)

هو جمال الدين إبراهيم بن أحمد المعروف بابن المغربي أبو إسحاق. نال حظوة عند أستاذه الملك الناصر محمد بن قلاوون.

عين رئيساً للأطباء، وكان السلطان ينادمه ويسأله عن أحوال البلد كان أبوه شهاب الدين أوحد زمانه في الطب.

" لا يعود مريضاً إلا من ذوي السلطان ولا يأتيه في الغالب، إلا مرة واحدة ثم يقرر عنده طبيباً يواظبه ".

صنف في الباه. توفي سنة ٧٥٦هـ

ابن المجدي

رياضي وفلكي مصري

(١٣٦٦_١٤٤٧)

كان من أبرز رياضي عصره في مصر.

من مؤلفاته:

" إرشاد الحائر إلى تخطيط فضل الدوائر "، ورسالة في العمل بالربع الموسوم بالمقطرات.ورسالة في العلم بالدراليتيم في صناعة التقويم وتعديل القمر المحكم والتسهيل والتقريب في بيان طرق الحل والتركيب.

وتعديل زحل، وبغية الفهيم في صناعة التقويم وإرشاد السائل إلى أصول المسائل (وكل هذه مخطوطات).

ابن النفيس

(١٢١٠ـ ١٢٨٨)

ولد ابن النفيس سنة ١٢١٠م بدمشق، وتوفى بالقاهرة حوالي سنة ١٢٨٨م. تلقى علوم العربية والمنطق والفلسفة في دمشق على أيدي علمائها حيث كانت في ذلك الوقت- إبان حكم الأيوبيين لها- كعبةً للعلم والعلماء.

وتتلمذ في الطب على أستاذة مهذب الدين عبد الرحيم على المسمى بالدخوار الذي كان في رئيساً لأطباء ديار مصر والشام.

كذلك تتلمذ على يد عمران الإسرائيلي الذي كان طبيباً ذائع الصيت وزميلاً "للدخوار" في البيمارستان الكبير بدمشق (وكانت طريقة تعليم الطب تمتاز بالتدقيق في فحص المرضى.

وبمتابعة مظاهر المرض في تطورها، واستجابة المريض للعلاج، وإبداء الرأي سواء من الأساتذة أو الطلبة، كل حسب ما يرى، وما يمليه عليه فكره وعقله. وتلك هي الطريقة "الإكلينيكية" الصحيحة التي ابتدعها العرب لفترة طويلة قبل أن يأخذها عنهم الغرب).

وفي هذا الجو العلمي الصحيح المبني على الخبرة، والأصالة في التفكير والبحث والتنقيب، وإبداء الرأي بحرية تامة نشأ ابن النفيس.

ثم انتقل إلى القاهرة ليعمل في البيمارستان الناصري - الذي كان قد أنشأه الناصر صلاح الدين الأيوبي، وتدرج في المناصب بهذا البيمارستان أو المستشفى إلى أن أصبح رئيساً لأطباء مصر.

ولقد درس ابن النفيس كتب "جالينوس" و"ابن سينا" ولكنه كان يمحصها، ويحكم فيها عقله، ويبعد عن تلاميذه الأقوال التي يشك في صحتها.

وكان ابن النفيس دائم الدرس والتجربة، لا يقتنع برأي إلا بعد التأكد منه، فأوصى بدرس التشريح المقارن (تشريح الحيوانات المختلفة) لكي يكون هناك إلمام

بالاختلافات والتباين بين هذه الحيوانات وكان من نتائج هذا البحث والتنقيب أن توصل إلى اكتشافاته الطبية المذهلة التي صححت كثيراً من المفاهيم أو الاعتقادات التي كانت سائدة.

وعلى رأس هذه الاكتشافات يأتي اكتشافه للدورة الدموية الصغرى، وقوله أن الدم يُنقى في الرئتين، وذلك قبل "سرفيتوس" الأسباني بثلاثة قرون.

لقد كان الشائع زمن ابن النفيس الرأي الذي قال به (جالينوس) ومن بعده ابن سينا وهو.. أن الدم يتولد في الكبد ومنه ينتقل إلى البطين الأيمن في القلب ثم يسري بعد ذلك في العروق إلى مختلف أعضاء الجسم فيغذيها،

وأن بعضه يدخل البطين الأيسر عن طريق مسام في الحجاب الحاجز حيث يمتزج بالهواء الذي يأتي من الرئتين. وكان هذا المزيج يسمى بالروح الحيوي الذي ينساب في الشرايين إلى مختلف أنحاء الجسم.

والظاهر أن هذا الاعتقاد نبع من حقيقة أن عروق الموتى تكون عادة طافحة بالدم مملوءة به في حين تكون الشرايين خالية تقريباً منه.

على أننا نعلم الآن سبب ذلك وهو أن النبضات الأخيرة للقلب تنضح الدم من الشرايين. ولكن أطباء العصور القديمة (زمن جالينوس وأبقراط) والوسطى (زمن ابن سينا) لم يكونوا مدركين ذلك ولا كانوا يعرفون شيئاً عن الدورة الدموية.. إلى أن جاء ابن النفيس في القرن الثالث عشر الميلادي.

وعارض هذه الآراء ونقدها مخالفاً بذلك جالينوس الذي لم يجرؤ على نقده أو مخالفة آرائه الطبية إلا نفر قليل من العلماء.

ولم يقف عند هذه الحدود، بل خطا خطوات إيجابية وخرج من ملاحظاته وخبراته ودراساته بأن الدم ينساب من البطين الأيمن إلى الرئة، حيث يمتزج بالهواء ثم إلى البطين الأيسر، وهي الدورة التي نسميها اليوم بالدورة الدموية الصغرى.

وهكذا أصبح ابن النفيس الإمام الأول لـ "هارفي" الطبيب البريطاني الذي خطا في تلك المسألة خطوة جديدة وكشف سنة ١٦٢٨ الدورة الدموية الكبرى من البطين الأيسر إلى الشرايين ومنها إلى الأوردة ثم البطين الأيمن مرة أخرى.

كان ابن النفيس إلى جانب عمله كطبيب، يداوي المرضى، ويعلم تلامذته صنعة الطب، يؤلف كتباً :

ألف في الطب كما ألف في غيره.

ومما يؤسف له أنه لم يبق من سيل مؤلفاته إلا النذر اليسير، ولعل سبب قلة ما وصل إلينا منها أنها

كانت بسبب كبر حجمها مما يصعب استنساخه. ومن هذا النذر اليسير من المؤلفات :

١ – كتاب المهذب في الكحل :

وهو كتاب في أمراض العيون وعلاجها موجود مخطوطة بالفاتيكان.

٢ – كتاب المختار من الأغذية :

وهو كتاب يُعنى بالغذاء في حالة الأمراض الحادة. وموجود مخطوطة بمكتبة برلين.

٣ – شرح فصول أبقراط:

وهذا الكتاب كرّسه ابن النفيس لشرح أشهر كتابات أبقراط.

وموجود في مكتبات برلين وإكسفورد وباريس، كما توجد نسخة منه في آيا صوفيا بتركيا. وطبع في

إيران سنة ١٨٨١م.

٤ – تعليق على كتاب الأوبئة لأبقراط :

موجود مخطوطة في آياصوفيا بتركيا.

٥ – كتاب موجز القانون :

وهو عبارة عن شرح موجز لكتاب القانون في الطب لابن سينا فيما عدا التشريح ووظائف الأعضاء.

مما جعله كتاباً محبوباً وسهل التناول من الوجهة العلمية لممارسي الطب. وكان هذا الكتاب منتشراً

في كل الشرق، كما كان له تأثير بالغ في طب كل البلاد الشرقية تقريباً. وقد ترجم هذا الكتاب إلى

لغات أجنبية كثيرة، كما كثرت التعليقات عليه، أما أصل المخطوط فموجود في باريس واكسفورد

وفلورنسا وميونخ. ويقع في ٤ أجزاء.

٦ – شرح تشريح القانون:

وهذا هو أهم مؤلفات ابن النفيس الطبية (فهو يحوي اكتشافه العبقري للدورة

الدموية الصغرى التي سبق الكلام عنها).

ووراء معرفتنا بهذا الكتاب واكتشافه صدفة عجيبة بعض الشيء، فقد كان (محيي الدين التطاوي) وهو منوفي مصري مولود سنة ١٨٩٦، يدرس الطب في ألمانيا سنة ١٩٢٠، وخلال مطالعاته للمخطوطات العربية بمكتبة برلين.

عثر بالصدفة على مخطوط عنوانه "شرح تشريح القانون" - قانون ابن سينا- فعني بدراسته وضمّنه رسالته لنيل الدكتوراه من جامعة فرايبورج بألمانيا، وكان موضوعها "الدورة الدموية تبعاً للقرشي"، فذهل أساتذته والمشرفون عليه وما كادوا يصدقونه.

ولجهلهم باللغة العربية (المكتوب بها المخطوط)، أرسلوا نسخة منه ومن الرسالة إلى الدكتور مايرهوف الطبيب والمستشرق الألماني الذي كان إذ ذاك يقيم بالقاهرة والتمسوا رأيه في الموضوع.

فأيد ما يرهوف الدكتور التطاوي. ثم أبلغ الخبر (أو الاكتشاف العلمي) إلى المؤرخ جورج سارتون الذي نشره في آخر جزء من مؤلفه الموسوعي الضخم في تاريخ العلوم.

وبادر بعدها مايرهوف إلى البحث عن مخطوطات أخرى لابن النفيس وعن تراجم له، ثم نشر بحوثه في عدة مقالات.

وبذلك عاد نجم ابن النفيس إلى السطوع واللمعان بعد أن كان قد خبا مدة سبعة قرون.

وكتاب ابن النفيس "شرح تشريح القانون" يقع في أكثر من ٣٠٠صفحة في مخطوط برلين المذكور. جمع فيه ابن النفيس الشذرات الخاصة بالتشريح والتي وردت في "قانون" ابن سينا وعلق عليها.

وضمن الجزء الخاص بالقلب نظريته في حركة الدم أو ما يسمى بالدورة الدموية الصغرى- والتي سبق الكلام عنها- وقد يتساءل القارئ عن سبب اهتمام عالم فذ من أمثال ان النفيس بجمع نصوص التشريح في كتاب ابن سينا والتعليق عليها بدلاً من أن يكتب هو في التشريح بما كان يعرفه أو بما كانت تمليه عليه تجاربه.

والجواب على هذا التساؤل أن وصف أعضاء الجسم لم يكن له وسيلة سوى الرجوع إلى جالينوس أو إلى ابن سينا الذي أخذ عنه.

إذ إن تشريح الجثث كان يعد انتهاكاً لإلهية أو قدسية الجسم البشري، والإقدام عليه كان يعتبر حراماً أو مخالفاً للشريعة الدينية في ذلك الوقت. وإذا كان بعض العلماء مارسوه – وهذا ما نرجحه- فإنهم فعلوا ذلك في سرية وخفاء.

والدليل على ذلك في حالة ابن النفيس الذي نتكلم عنه هو مخالفته لابن سينا الذي كان قد قال في (قانونه) بوجود ثلاثة بطون في القلب، وقال هو بوجود اثنين فقط.

وبمناسبة الكلام عن التشريح نسوق فيما يلي المعلومات التالية : كان السماح أول مرة بالتشريح في أوروبا (بعد أن أقرت أقرته الكنيسة) في أضيق الحدود، ففي ألمانيا سمحت السلطات لأول مرة بتشريح جثة واحدة فقط سنوياً.

أما في أسبانيا فقد كان الترخيص فيها يعطي لجثة واحدة كل ثلاث سنوات، بينما كان طلبة الطب في باريس وفي إنجلترا في بحبوحة إذ كان نصيبهم أربع جثث سنوياً زد إلى ذلك الجهل بوسائل حفظ الجثث الذي كان يُلزم المشرِّح بإنهاء الصفة التشريحية أو الإجراء التشريحي في وقت قصير جداً.

وأمام هذه التشديدات الصارمة كان الأطباء يعمدون إلى سرقة الجثث وشراء أجساد المشنوقين (في الخفاء طبعاً).

ويبدو أن سبب هذا التقيد والتشديد كان الخوف من استغلال التشريح كأداة للسحر أو القتل الخفي.

وأول عملية تشريح أجريت في باريس كانت سنة ١٤٧٨، أي نحو مائتي سنة بعد وفاة ابن النفيس. وبُني أول مدرج للتشريح في بادوا سنة ١٤٩٠. وفي مونبلييه سنة ١٥٥١، وفي بازل سنة ١٥٨٨، وفي باريس سنة ١٦٠٨، وفي بولونيا سنة ١٦٣٧.

ونعود مرة أخرى إلى ابن النفيس ونقول : إننا لن نطيل استعراض ما جاء بكتابه (شرح تشريح القانون) مكتفين بما استخلصناه منه من اكتشافات طبية علمية يرجع الفضل فيها أولاً إلى ابن النفيس وهي :

١- اكتشاف أن القلب يتغذى بواسطة شرايين منتشرة في أجزائه المختلفة. وبذلك

٢- يكون ابن النفيس أول من اكتشف الدورة الدموية في الشرايين التاجية أو الإكليلية للقلب.

٣- اكتشاف الاتصال بين أوردة الرئتين وشرايينها، وهذا ما يتمم الدورة الدموية ضمن الرئة.

٤- اكتشاف أن جدران أوردة الرئة أسمك بكثير من شرايينها.

٥- اكتشاف عدم وجود منفذ بين البطينين (على عكس ما كان يعتقد جالينوس).

ونعود مرة أخرى لمؤلفات ابن النفيس فنقول: إن ابن النفيس كما ألف أو ترك لنا مؤلفات خالدة في الطب ترك لنا مؤلفات في غير الطب، نذكر منها :

١- "طريق الفصاحة " : وهو كتاب في النحو.

٢- "الرسالة الكاملية في السيرة النبوية".

٣- "مختصر في علم أصول الحديث".

٤- "فاضل بن ناطق" : وهو عبارة عن جدال فقهي يرد فيه على ابن سينا في كتابه "حي بن يقظان". ومخطوط هذا الكتاب يوجد باستنبول في مكتبة خاصة حسب ما قاله مايرهوف.

وخلاصة القول : كان ابن النفيس علماً من الأعلام المجددين الذين أزاحوا الستار عن بعض الوظائف الفسيولوجية للجسم، بانيا استنتاجاته على أسس راسخة من الملاحظة الدقيقة والمنطق السليم.

ولم يقتصر مجهوده على ضرب واحد من ضروب العلم، فكما ألف في الطب ألف في المنطق والفلسفة والنحو والعلوم الدينية.

ابن الهائم

رياضي مصري

(١٣٥٢ـ ١٤١٢)

هو من كبار علماء الرياضيات في مصر في القرن الرابع عشر وقد حقق شهرته

في القدس (فلسطين).

له عدة مؤلفات في :

" الحساب والجبر (وهي مخطوطات) وهي :

- " اللمع "، " مرشد الطالب "، " مختصر وجيز في علم الحساب "، " الوسيلة والمعونة "، " النزهة "، " غاية السؤال في الإقرار بالمجهول "، " المقنع ". كما له كتب بالعلوم الدينية.

ابن هُذيل

الطبيب الشاعر

(... ـ ٧٥٣هـ ... ـ ١٣٥٢م)

هو يحي بن أحمد بن إبراهيم بن هذيل التجيبي الغرناطي أبو زكرياء، شاعر، مبدع، حكيم، من أهل غرناطة في القرن الثامن للهجرة (الرابع عشر الميلادي).

صنف، وعلم، واشتغل بالطب. إلا أنه عاش ميالاً للعزلة وكانت له صلة بلسان الدين بن الخطيب.

ترجم له ابن حجر العسقلاني، والمقري، ونقل الأخير مختارات من ديوان شعره الذي سماه " السليمانيات والعرفيات ". وله كتاب في الطب سماه " الإيجاز والاعتبار ". وكانت وفاته في سنة (٧٥٣هـ ١٣٥٢م).

ابن الهيثم

(٣٥٤-٤٣٠)

هو الحسن أبو علي بن الحسين بن الهيثم، من أهل البصرة، يلقب ببطليموس الثاني، كان أحد الثلاثة الأعلام والأفذاذ من علماء النصف الأول من القرن الحادي عشر الميلادي، وهم البيروني وابن سينا وابن الهيثم.

ولد سنة ٣٥٤ هجرية كما ذكر ابن أبـي أصيبعة في طبقاته، وكان أول أمـره

بالبصرة، أحب العلم منذ نشأته، ولا تذكر المراجع تاريخ هذه النشأة الأولى، والذي نعرفه عن ذلك العصر الذي أعقب مرحلة الترجمة لعلوم اليونان والسريان والهند إلى اللغة العربية كثير.

ونعرف أن هارون الرشيد أنشأ بيت الحكمة، ثم تبع ذلك التوسع فيها على يد ابنه المأمون الذي هادن صاحب جزيرة قبرص ليستحوذ على خزانة كتب اليونان بها.

ثم هادن حاكم القسطنطينية لينال مجاميع أخرى من الكتب. وابن الهيثم شهد عند أول نشأته عصراً صاخباً بجلبة الحركة العلمية النشطة.

وهكذا أخذ ابن الهيثم يدرس كل ما وقعت عليه يداه من كتب المتقدمين والمتأخرين، ليس في العلوم الرياضية وفروعها فحسب، بل في الطب وفي الفلسفة من منطق وطبيعي وما بعد الطبيعة أيضاً.

ولم يكن يقنع بمجرد الإطلاع على تلك الكتب وإنما عني بتلخيصها وبوضع المذكرات والرسائل في موضوعات تلك العلوم وبالتصنيف فيها والتعليق عليها.وقد بلغت تصانيفه من تلك العلوم العشرات من الكتب.

بلغ ما يتعلق فيها بالفلسفة والعلم الطبيعي في حدوده المعروفة في ذلك العصر ثلاثة وأربعين كتاباً.

وما يتعلق منها بالرياضيات والعلوم التعليمية خمسة وعشرين، فضلاً عن كتاب في الطب اعتمد في تصنيفه على كتب جالينوس بلغت عدة أجزائه الثلاثين، وذكر ابن أبي أصيبعة أسماء هذه الكتب نقلاً عن مقالة ابن الهيثم نفسه.

عرف ابن الهيثم بغزارة إنتاجه العلمي، وبلغت شهرته آفاق العالم الإسلامي في ذلك الوقت، وكانت شهرته لا كعالم رياضي فحسب بل كمهندس له في الفنون الهندسية آراء ومصنفات.

ابن الهيثم الموسوعي

عرف ابن الهيثم بغزارة تواليفه، فهو كثير الإنتاج في أنواع المعرفة، فقد طرق الفلسفة والمنطق والطب والفلك والبصريات والرياضيات، واستحدث فيها آراء

جديدة من الفكر العلمي، وكان في أول عهده بالعلم شارحاً لتراث اليونان ناقداً لمؤلفاتهم ثم متمرداً على كثير من آرائهم العلمية.

وقد ذكر ابن أبي أصيبعة مقالة له عن خط يده تحدث فيها عن نفسه ذاكراً أسماء ما يقرب من مائتي مصنف خلا الرسائل والمقالات الأخرى التي شاعت بين الناس وتداولوها شرقاً وغرباً، والتي ضاعت أصولها من يده فنسبت إلى غيره.

وهو يقول في هذا الصدد إنه ما مدت له الحياة سيبذل جهده ويستفرغ قوته في التأليف، متوخياً به أموراً ثلاثة :

الأول : أن يجد الناس في كتبه ـ بعد موته ـ الفائدة والعلم الذين يقدمهما لهم في حياته.

الثاني : أن يجعل من التأليف وتدبيج الرسائل ارتياضاً لنفسه بهذه الأمور في تثبيت ما تصوره فكره وأتقنه من هذه الدراسات.

الثالث : أن يدخر من تلك التآليف عدة لزمن الشيخوخة وأوان الهرم.

وهذا ما يفسر لنا ظهور هذا العدد الضخم من المؤلفات عن ابن الهيثم، ويبين لنا كيف اتسعت حياة رجل لهذه التآليف مع ما تحتوي عليه من دقة وغزارة في المادة.

لعل هذا من صفات العالم الموسوعي من أمثال ابن سينا والبيروني والكندي والرازي وغيرهم من عباقرة الإسلام. لقد ألف ابن الهيثم في كل من الهندسة والطبيعة والفلك والأرثماطيقي والجبر والمقابلة، كما ألف الكثير من الكتب والمقالات الفلسفية، وكتب في بعض المسائل الدينية العسيرة.

وفي إثبات النبوات وإيضاح فساد رأي الذين يعتقدون بطلانها، وذكر الفرق بين النبي والمتنبي، ودبج الرسائل في التوفيق بين الفلسفة والدين، وفي تبطيل رأي بعض الفرق الدينية ورد آرائهم.

كان القسط الكبير من كتبه في الهندسيات فكانت ثمانية وخمسين كتاباً، ضمنها الكثير من آرائه الشخصية وبراهينه المبتكرة لمسائل تواترت عن أوقليدس وأرشميدس خالية من البراهين أو كانت بحاجة إلى شرح وإثبات، وتعرض فيها أيضاً لموضوعات

التحليل والتركيب الهندسيين وقسمة الزاوية إلى ثلاثة أقسام وخواص الدائرة والقطاعات المخروطية والمساحات وغيرها.

كما ألف في الحساب والجبر والمقابلة حوالي عشرة كتب، لم يصل إلينا منها غير كتاب " في حساب المعاملات " وكتاب " في مسألة عددية " وكتاب " استخراج مسألة عددية ".

أما مؤلفاته في الرياضيات فيمكن أن نلخصها فيما يلي :

١-   مصادرات أوقليدس.

٢-   حل شكوك أوقليدس.

٣-   مساحة المجسم المكافئ.

٤-   العدد والمجسم.

٥-   قسمة الخط الذي استعمله أرشميدس في الكرة.

٦-   قول في حل مسألة عددية.

٧-   مقدمة ضلع المسبع.

٨-   تربيع الدائرة.

٩-   مسألة في المساحة.

١٠-   خواص المثلث من جهة العمود.

١١-   عمل المسبع في الدائرة.

١٢-   استخراج أضلع المكعب.

١٣-   علل الحساب الهندي.

١٤-   أوسع الأشكال المجسمة.

١٥-   مساحة الكرة.

١٦-   قول في مسألة هندسية.

١٧-   شرح قانون أوقليدس.

١٨-   بركار الدوائر العظام.

١٩-   جمع الأجزاء.

٢٠- قسمة المقدارين.

٢١- التحليل والتركيب.

٢٢- حساب الخطأين.

٢٣- استخراج أربعة خطوط.

٢٤- قول في المكان.

٢٥- تعليق في الجبر.

٢٦- قول في شكل لبني موسى.

٢٧- مقالة في الضوء.

٢٨- مقالة في المرايا المحرقة بالقطوع.

٢٩- مقالة في المرايا المحرقة بالدوائر.

٣٠- مقالة في الكرة المحرقة.

٣١- مقالة في كيفية الظلال.

٣٢- الجزأ الذي لا يتجزأ.

٣٣- كتاب في مراكز الأثقال.

٣٤- كتاب في الهالة وقوس قزح.

وغيرها العديد من الكتب.

وألف في البصريات ما يقرب من أربعة وعشرين موضوعاً بين كتاب ورسالة ومقالة، تناول فيها الضوء ومسائل مراكز الأثقال وصنعة الميزان وغير ذلك.

ومن أهم هذه الكتب كتاب "**المناظر**" الذي يتضمن آراء مبتكرة جريئة في علم الضوء، وهو في سبعة أجزاء، وقد ظل المرجع الأساس لهذا العلم حتى القرن السابع عشر الميلادي بعد ترجمته إلى اللاتينية.

ومن بينها أيضاً مقالاته في المرايا المحرقة بالدوائر والمرايا المحرقة بالقطوع والكرة المحرقة، وفي كيفية الأظلال وفي عمل البنكام وفي القرسطون.

أما في علم الفلك الذي أطلق فيه على ابن الهيثم اسم "بطليموس الثاني" لإبداعه فيه وعنايته به عناية جعلته يؤلف فيه رسالة إلى بعض الرؤساء يحثه فيها

على عمل مرصد للنجوم، وجعله يهتم به حتى يؤلف في إحدى رسائله أكثر من خمسة تصانيف.
وقد تحدث ابن الهيثم في تواليفه الفلكية عن أبعاد الأجرام المساوية وأحجامها وكيفية رؤيتها، وعن الرصد النجومي، وحركاته وارتفاع القطب، ومن مائية الأثر على وجه القمر.

وفي الطب ألف كتابين، أحدهما في "تقويم الصناعة الطبية" ضمنه ثلاثين كتاباً قرأها لجالينوس، والآخر "مقالة في الرد على أبي الفرج عبد الـلـه بن الطيب " لإبطال رأيه الذي يخالف فيه رأي جالينوس. وله رسالة في تشريح العين وكيفية الإبصار.

وكذلك لابن الهيثم تصانيف في الفلسفة والمنطق وعلم النفس والأخلاق وفي الإلهيات واللغة ما يزيد على أربعين مؤلفاً لم يصل إلينا منها غير مقالته في "المكان".

ابن الهيثم الرياضي الأنالوطيقي :

عرف ابن الهيثم أن الأنالوطيقا الأولى أي التحليل والأنالوطيقا الثانية أي التركيب هما الغاية التي ينتهي إليها كل باحث، والأنالوطيقا الأولى هي القياس في نظره والثانية هي البرهان.

يقول في "مقالة في التحليل والتركيب " بلفظه : "كل علم وكل تعلم فله غاية هي ذروته التي يسعى إليها المجتهدون، وعلوم التعاليم مبنية على البراهين، وغاياتها هي استخراج المجهولات من جزئياتها ووجود البراهين التي تدل على خصائصها ومعانيها.

والذروة التي تسمو إليها في هذه العلوم والمجتهدين في طلبها، الظفر بالبراهين التي تستنبط بها مجهولاتها، والبرهان فيها، ومن نظام وترتيب لهذه المقدمات، وطريق هذه المقاييس هو تصدي مقدماتها، وتحيل الحيل في ثقة إليها.

والصناعة التي بها تصيد بها هذه المقدمات، وبها يتوصل إلى الترتيب المؤدي إلى المطلوب من نتائجها يسمى صناعة التحليل، وجميع ما خرج من الوجـود
من علوم التعاليم إنما خرج بهذه الصناعة".

وعن الضوء يقول ابن الهيثم : "إن كل ضوء ينعكس عن سطح صقيل، فإن كل نقطة من السطح الصقيل الذي منه انعكس الضوء ينعكس الضوء منها على خط مستقيم يكون هو والخط المستقيم الذي عليه امتد الضوء إلى تلك النقطة، والعمود الخارج من تلك النقطة القائم على السطح المستوي المماس للسطح الصقيل على تلك النقطة في سطح واحد مستو، ويكون وضع الخط الذي عليه ينعكس الضوء بالقياس إلى العمود المذكور كوضع الخط الذي عليه امتد الضوء إلى نقطة الانعكاس. بالقياس إلى ذلك العمود، أعني أن كل خط ينعكس عليه ضوء من سطح ثقيل. فإنه يحيط مع العمود الذي يخرج من تلك النقطة قائماً على السطح المستوي المماس للسطح الثقيل على تلك النقطة بزاوية مساوية للزاوية التي يحيط بها الخط الأول الذي عليه امتد الضوء إلى تلك النقطة مع ذلك العمود ".

ويقول ابن الهيثم : "وإذا امتد الضوء في جسم مشف ثم لقي جسماً آخر مشفاً مخالفاً الشفيف للجسم الذي هو فيه وأغلظ منه. وكان مائلاً على سطح الجسم المشف الذي لقيه انعطف إلى جهة العمود القائم على سطح الجسم المشف في الجسم الأغلظ".

وعلى هذا يمكن بيان قوله بالرسم الآتي:

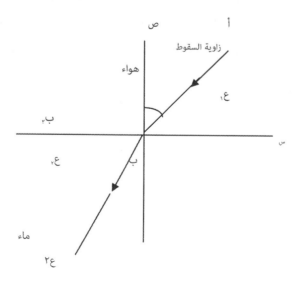

ابن يونس

(٥٥١-٦٣٩ هـ)

كمال الدين موسى بن أبي الفضل يونس بن محمد بن منعة بن مالك العقيلي ولد في الموصل سنة ٥٥١ هـ، وفيها تفقه على والده، وكان ذلك في النصف الثاني من القرن الثاني عشر للميلاد. وفي سنة ٥٧١ ذهب إلى بغداد وأقام بالمدرسة النظامية يدرس على السلماني والقزويني والشيرازي، فقرأ الخلاف والأصول، وبحث في الأدب على ابن الأنباري، ثم عاد إلى الموصل حيث عكف على الإشتغال بالعلوم الدينية والعقلية، والثانية كانت غالبة عليه، فكانت تعتريه غفلة في بعض الأحيان لإستيلاء الفكرة عليه بسبب العلوم، وأخذ من أحد المساجد في الموصل مكاناً يدرس فيه، عرف فيما بعد المدرسة الكمالية وبقي كذلك إلى أن توفي سنة ٦٣٩هـ/١٢٤٢ م. ذاع صيته وانتشر فضله فانثال عليه الفقهاء، وتبحر في جميع الفنون، وجمع من العلوم ما لم يجمعه أحد، وتفرد بعلم الرياضة.

وكان يدري في الحكمة والمنطق والطبيعي والإلهي وكذلك الطب ويعرف فنون الرياضة من إقليدس والهيئة والمخروطات والمتوسطات والمجسطي وأنواع الحساب المفتوح منه والأرثماطيقي وطريق الخطاءين والموسيقى معرفة لا يشاركه فيها غيره إلا في ظواهر هذه العلوم دون دقائقها والوقوف على حقائقها.

كان كمال الدين متواضعاً ذا علمية صحيحة، سما العلم بنفسه وصقل روحه، فإذا الإخلاص للحق والحقيقة يسيطر على جميع أعماله، فلم يترك مناسبة دون تبيان الحقيقة، وإعلاء شأن الحق.

وكان يعمل على أساس " العلم يزكو بالإنفاق " فكان يجيب على ما يأتيه من مسائل من بغداد وغيرها من حواضر الإمارات، ويوضح المشكلات التي ترد عليه من سائر الأقطار في مختلف العلوم.

قال عنه أثير الدين المفضل الأبهري : " ليس بين العلماء من يماثل كمال الدين".

وقال عبد اللطيف البغدادي إنه لم يجد في بغداد من يأخذ بقلبه، ويملأ عينه، ويحل ما يشكل عليه، فسافر إلى الموصل سنة ٥٨٥ هـ فوجد فيها كمال الدين بن يونس متبحراً في الرياضيات والفقه، عالماً بأجزاء الحكمة الأخرى، قد استغرق حب الكيمياء عقله ووقته.

ويقول سارتون : " إن كمال الدين من أعلم علماء زمانه، ومن كبار المعلمين، ومن أصحاب النتاج الضخم، وهو مجموعة معارف شتى من العلوم والفنون ".

وقد سبق كمال الدين غاليلو في معرفة بعض القوانين التي تتعلق بالرقاص، فقال سميث : " مع أن الرقاص هو من وضع غاليلو، إلا أن كمال الدين بن يونس لاحظ وسبقه في معرفة شئ عنه. وكان الفلكيون يستعملونه لحساب الفترات الزمنية في

أثناء الرصد ".ومن هنا يتبين أن العرب المسلمين عرفوا شيئاً عن القوانين التي تسيطر على الرقاص.

ثم جاء بعدهم غاليلو وبعد تجارب استطاع أن يستنبط قوانينه، إذ وجد أن مدة الذبذبة تتوقف على طول البندول وقيمة عجلة التثاقل.

وأفرغ ذلك في قالب رياضي بديع وسع دائرة استعماله وجنى الفوائد الجليلة منه.

حدث القاضي نجم الدين عمر بن محمد بن الكريدي قال: " وكان ورد إلى الموصل كتاب الإرشاد للعميدي ـ محمد السمرقندي ـ وهو يشتمل على قوة من خلاف علم الجدل. وهو الذي يسميه العجم " جست " أي الشطار ـ فلما أحضر إلى الشيخ كمال الدين بن يونس نظر فيه وقال:

علم مليح، ماقصر فيه مؤلفه، وبقي عنده يومين حتى حرر جميع معانيه، ثم إنه أقرأه الفقهاء وشرح لهم فيه أشياء ما ذكرها أحد سواه، وقيل إن ابن يونس كان يعرف علم السيمياء من ذلك.

ولكمال الدين بن يونس من الكتب :

- كتاب كشف المشكلات وإيضاح المعضلات.
- شرح كتاب التنبيه في الفقه.
- كتاب مفردات ألفاظ القانون.

- كتاب في الأصول.

- كتاب عيون المنطق.

- كتاب لغز في الحكمة.

- كتاب الأسرار السلطانية في النجوم.

وقد خلف كمال الدين أولاداً أتقنوا الفقه وسائر العلوم.

أبو البيان بن المدور

الطبيب الذي خدم الخلفاء والملوك

(٤٩٧ ـ ٥٨٠هـ ـ ١١٠٤ ـ ١١٨٤م)

هو أبو البيان بن المدور، ويلقب السديد، وكان يهودياً عالماً بصناعة الطب، خدم الخلفاء المصريين في آخر دولتهم، وبعد ذلك خدم التلاميذ والمشتغلين عليه والمستوصفين ".

عمّر الشيخ أبو البيان بن المدور وتعطل في آخر عمره من الكبر والضعف، فخصص له الملك الناصر صلاح الدين راتباً شهرياً. مع ملازمته للبيت، عاش أبو البيان ثلاثاً وثمانين سنة وتوفي سنة ٥٨٠هجرية. لأبي البيان بن المدور من الكتب : " مجرباته في الطب ".

أبو جعفر القلعي

علام الأدوية

(... ـ ٥٧٦هـ ... ـ ١١٨٥م)

عمر بن علي البذوخ القلعي المغربي، أبو جعفر: عالم بالأدوية المركبة والمفردة، له معرفة بالطب، أصله من المغرب سكن دمشق وتوفي بها. عاش طويلاً وعمي آخرعمره.

من كتبه :

- " حواش على قانون ابن سينا ".

- " شرح فصول أبقراط ".
- " أرجوزة ".
- " ذخيرة الآلباء في الباء ".

أبو الحجاج يوسف

طبيب الملوك والأمراء

(القرن السادس الهجري، القرن الثاني عشر الميلادي)

طبيب مغربي الأصل، ولد في مدينة فاس، انتقل إلى مصر حيث اشتهر بالطب على الرئيس، وسافر بعد ذلك إلى الشام..

وأقام بمدينة حلب، وخدم بطبه الملك الظاهر غازي بن الملك الناصر صلاح الدين يوسف بن أيوب.

وكان يعتمد عليه في الطب. وخدم أيضاً الأمير فارس الدين ميمون القصري.

ولم يزل أبو الحجاج يوسف مقيماً في حلب، ويدرس صناعة الطب إلى أن توفي بها.

له من الكتب :

- " رسالة في ترتيب الأغذية اللطيفة والكثيفة في تناولها "
- " شرح الفصول لأبقراط ".

أبو حسن الرحبي

الطبيب علاّمة عصره

(٥٨٣ ـ ٦٦٧هـ ١١٨٧ ـ ١٢٦٨م)

هو الإمام العالم، شرف الدين أبو الحسن بن يوسف بن حيدرة بن الحسن الرحبي، (شرف الدين، أبو الحسن).

ولد بدمشق سنة ٥٨٣ هجرية (١١٨٧م)، بصناعة الطب على أبيه وقرأ على الشيخ موفق الدين عبد اللطيف بن يوسف البغدادي، خدم في البيمارستان الكبير الذي أنشأه الملك العادل نور الدين ابن زنكي.

وتولى تدريس الطب في دمشق، بناء على وصية مهذب الدين عبد الرحيم ابن علي الدخوار " لم تحقق من علمه وفهمه ".

قال ابن العبري عنه أنه " كان بارعاً بالجزء النظري من الطب، وله معرفة تامة به، واطلاع على أصوله، تصدّر لإفادة هذا الشأن وأخذ عنه جماعة من الطلبة وكان قليل التعرض لمباشرة المرض ".

له من الكتب :

- " كتاب في خلق الإنسان وهيئة أعضائه ومنفعتها ".قال عنه أبي أصيبعة " لم يسبق إلى مثله ".

-        " حواش على كتاب لابن سينا ".

-        " حواش على شرح ابن أبي صدق المسائل حنين ".

أبو الحكم الدمشقي

الطبيب المعمّر

(القرن السابع الميلادي)

أبو الحكيم الطبيب الدمشقي كان هذا الطبيب من أهل دمشق كان في أول الإسلام، وهو (جدّ عيسى بن الحكم، الطبيب في أوائل الدولة العباسية).

وقال عنه أبي أصيبعة " أبو الحكم كان طبيباً نصرانياً عالماً بأنواع العلاج والأدوية وله أعمال مذكورة وصفات مشهورة. وكان يستطبه معاوية بن أبي سفيان ويعتمد عليه في تركيبات الأدوية لأغراض قصدها منه ".

وعمّر أبو الحكم هذا دهراً طويلاً حتى تجاوز المائة سنة، وأخبر ابنه أنه عمر مائة وخمس سنين .... عاش إلى أيام عبد الملك بن مروان (تولى الحكم سنة ٦٨٥م).

أبو الخير الاكيذياقون

الطبيب الشاعر المؤلف

توفي بعد ١١٩٥م

هو الطبيب والشاعر المشهور من أطباء الدار الإمامية الناصرية، وينتمي إلى أسرة من الأطباء أصله من الحظيرة، لكنه أقام ببغداد، قرأ الطب على ابن التلميذ.

صنف كتاباً جليلاً لخص فيه مباحث كتاب الكليات من قانون ابن سينا سماه "الاقتضاب" ثم اختصره وسمّى المختصر "انتخاب الاقتضاب" وهو على طريقة السؤال والجواب.

أبو سهل المسيحي

أستاذ ابن سينا

(... ـ ٤٠١هـ .... ـ ١٠١٠م)

هو أبو سهل عيسى بن يحي المسيحي الجرجاني، حكيم غلب عليه الطب علماً وعملاً، ولد في جرجان. نشأ وتعلم في بغداد غلب عليه الطب. فعلم ابن سينا الطب وكان الأخير يصنف له الكتب ويهديها إليه.

نزل خراسان وتوفي عن أربعين عاماً في سنة ٤٠١هـ (١٠١٠م).

أبو الصلت

(٤٦٠-١٠٦٨هـ - ٥٢٩هـ)

فيلسوف وكيميائي وطبيب إسلامي

أمية بن عبد العزيز بن أبي الصلت، أبو الصلت، من بلدة دانية، وهي قصبة الناحية الشمالية الشرقية من كورة القفت، من شرقي الأندلس.

كان من أكابر الفضلاء، له التصانيف المشهورة والمآثر المذكورة. ولد سنة ٤٦٠ هـ وحصل من معرفة الأدب ما لم يدركه غيره.

وكان أوحد عصره في العلم الرياضي، متقناً لعلم الموسيقى والضرب على العود، وفي غيرها من العلوم.

أقام بالأندلس مدة ثم أتى مصر في سنة ٥١٠ هـ حيث بقي مدة أخرى، ثم عاد إلى وطنه وتوفي سنة ٥٢٩ هـ في المهدية.

ولما كان أمية في مصر حبس بالإسكندرية مدة، وكان سبب حبسه أن مركباً كان قد وصل إليها، وهو موقر بالنحاس فغرق قريباً منها، ولم تكن لهم حيلة تخليصه لطول المسافة في عمق البحر. ففكر أبو الصلت في أمره وأجال النظر في هذا المعنى حتى تلخص له فيه رأي.

ثم إنه اجتمع بالأفضل بن أمير الجيوش ملك الإسكندرية وأنبأه أنه قادر إن تهيأ له جميع ما يحتاج إليه من الآلات أن يرفع المركب من قعر البحر، ويجعله على وجه الماء مع مافيه من الثقل.

فتعجب من قوله وفرح به وسأله أن يفعل ذلك. ثم آتاه على جميع ما يطلبه من الآلات وغرم عليها جملة من المال. ولما تهيأت وضعها في مركب عظيم على موازاة المركب الذي قد غرق، وأرسى إليه حبالاً مبرمة من الإبريسم، وأمر قوماً لهم خبرة في البحر أن يغوصوا ويوثقوا ربط الحبال بالمركب الغارق.

وكان قد صنع آلات بأشكال هندسية لرفع الأثقال في المركب الذي هم فيه. وأمر الجماعة بما يفعلونه في تلك الآلات. ولم يزل شأنهم ذلك والحبال الإبريسم ترتفع إليهم أولاً فأولاً وتنطوي على دواليب بين أيديهم حتى بان لهم المركب الذي كان قد غرق، وارتفع إلى قريب من سطح الماء.

ثم عند ذلك انقطعت الحبال الإبريسم، وهبط المركب راجعاً إلى قعر البحر. ولقد تلطف أبو الصلت جداً بما صنعه، وفي التحيل إلى رفع المركب، إلا أن القدر لم يعنه.

وحنق عليه الملك لما غرمه من الآلات وكونها مرت ضائعة، وأمر بحبسه،

وأن يستوجب ذلك. وبقي أبو الصلت في السجن مدة إلى أن شفع فيه بعض الأعيان وأطلق. ومن هنا يظهر واضحاً أن عباقرة الإسلام فكروا في إمكان رفع المراكب الموجودة في قعر البحر.

وهذا يعطي دون شك فكرة عن بعض التقدم الذي وصلت إليه العلوم الطبيعية عند العرب في القرون الوسطى، إذ في صنع الآلات بأشكال هندسية، واستعمالها لرفع الأثقال، دليل على استيعابهم بحوث الفيزياء والميكانيكا والهندسة، وبراعتهم في الجمع بينها – جميعاً – علمياً.

مؤلفـاتـه:

لأبي الصلت أمية مؤلفات منها:

- الرسالة المصرية، ألفها لأبي الطاهر بن يحيى بن تميم بن المعز بن باديس.

- رسالة في الموسيقى.

- كتاب في الهندسة.

- كتاب الانتصار لحنين بن إسحاق على ابن رضوان.

- كتاب حديقة الأدب.

- كتاب تقويم منطق الذهن.

- كتاب في الأدوية المفردة في ترتيب الأعضاء المتشابهة الأجزاء والآلية.

أبو العلاء الايادي

الأديب الطبيب

(.... ٥٢٥هـ ..... ـ ١١٣١م)

هو زهر بن عبد الملك بن محمد بن مروان ابن زهر، أبو العلاء، من بني إياد فيلسوف، طبيب، أندلسي من أهل إشبيلية، سكن قرطبة، اشتغل بالحديث والأدب ثم أقبل على الطب.

قال صاحب "التكملة" إن زهراً أنسى الناس من قبله، إحاطة بالطب وحذقاً

لمعانيه، حتى أن أهل المغرب ليفاخرون به وبأهل بيته في ذلك، وحل من سلطان الأندلس محلاً لم يكن لأحد في وقته، فشارك الولاة في تدبير شؤون البلد.

وصنف كتباً، منها: " الطرر " في الطب، و " الخواص "، و " الأدوية المفردة " لم يكمله، و " حلّ شكوك الرازي على كتب جالينوس "، وله أيضاً رسائل ومجربات،ونُكب في آخر عمره بقرطبة، وبها توفي، وحمل إلى إشبيلية.

أبو الفرج بن الطيب

الذي تلقى عنه كبار الأطباء علمه

(.... ـ ٤٣٥هـ ..... ـ ١٠٤٣م)

هو عبد الله بن الطيب، أبو الفرج، طبيب عراقي واسع العلم كثير التصنيف، خبير بالفلسفة، من نساطرة العراق، عاش في بغداد، معاصراً لابن سينا، أقام على تدريس الطب في البيمارستان العضدي، مع معالجته المرضى فيه، حتى تجاوز صيته العراق، فقصدته الطلاب من بلاد فارس.

وتخرج عنه كبار أطباء العصر أمثال ابن بطلان، وابن بدرج، والهروي، وابن حيون، وأبو الفضل كتيفات، وابن أثردي، وعبدان، وابن مصوصا، وابن العليق، فكانوا يتلقون علمه إملاء ويحضرونه في المعالجات، ويقرؤون عليه كتبه.

أما تصانيفه فكثيرة تجاوزت الخمسين في العلوم الدينية، والصحة والفلسفة والطب والطبيعيات.

من تصانيفه:

" شرح أربع رسائل من كتب جالينوس " وهي الفرق، والصناعة الصغيرة"

" كتاب النبض الصغير ".

" النبض الكبير ".

" أغلوثن والمزاج، الأعضاء، العلل والأعراض "، تعرّف علل الأعضاء الباطنة، الحميات، حيلة البرء،

تدبير الأصحاء أو " تدبير الصحة ".

" شرح ثمار مسائل حنين بن إسحاق ".

"ومجموعة مقالات في " الولادة والنبات، والعطور، والشعر، والعطش ". ومن تصانيفه الطبية "

مقالة في العلة لم جعل لكل خلط دواء يستفرغه، ولم يُجعل للدم دواء يستفرغه مثل سائر الأخلاط ".

" تعاليق في العين ".

" مقالة في الشراب ".

وكانت وفاة أبي الفرج سنة ٤٣٥هـ (١٠٤٣م) على ما ذكر ابن العبري.

أبو القاسم العراقي

هو أبو القاسم محمد بن أحمد العراقي السماوي، ولد في العراق وعاش في النصف الثاني من القرن الثالث عشر الميلادي ولا يعرف عن حياته إلا النزر القليل.

تأثر أبو القاسم العراقي بآراء استاذه جابر بن حيان وذلك بإمكانية تحويل المعادن الرخيصة إلى معادن ثمينة ودافع عن الفكرة دفاعاً شديداً.

كان العراقي كيميائياً بارعاً في مجال العمل وهو صاحب الكتاب المشهور (العلم المكتسب في زراعة الذهب).

وكان في هذا الكتاب يدافع عن فكرة تحويل المعادن من رخيصة إلى ثمينة كما أسلفنا ويدعمها بإيراد تجارب العلماء السابقين حتى اليونانيين منهم واستطاع تحسينها.

وقيمة هذا المؤلف العبقري الكبير تتضح في أنه يعطي صورة جلية لكيمياء القرن الثالث عشر.

وامتاز باستطاعته أن يبين امكانية (التحويل) بطريقة منطقية تتفق مع ماهو معروف من أفكار عن أصل الكون وطبيعة المعادن. كما يبين إن لفعل النار أثراً كبيراً في امكان التحويل.

وهو يرى من الضروري أن نعدل من تأثير النار بإضافة اكسير أبيض أو أحمر على المواد المختلفة أثناء عملية التفاعل.

وأخيراً يوضح العراقي طريقة عمل الإكسير ويثبت ذلك بالتوثيق العلمي الدامغ ويثبت في ذلك آراء كثيرة لا تخرج في مجموعها عن آراء المتقدمين من المسلمين وأهمية العراقي. كما يقول هولميارد:" تكمن في تفكيره المنطقي المتسق الذي لازم مناقشاته للقضايا الكيميائية ذلك التفكير الذي دعمه في كل خطوة يخطوها بوقائع تجريبية لاحظها بنفسه أو أجراها في المعمل ".

ومما هو جدير بالملاحظة والتقدير في أمر هذا العبقري تحرره التام من السحر والغموض وما العناصر الغيبية التي أصبحت السمة المميزة لموضوع الكيمياء خاصة اذا ما قارناها بما كانت عليه في العصور الوسطى المسيحية.

وإن كانت آراؤه في مجموعها لا تمثل تقدماً عما نجده عند جابر بن حيان.

والخلاصة إن كيمياء العراقي كما يقول جورج ساتون: " تمثل التقدم الذي أحرزته الكيمياء العربية حتى ذلك التاريخ ".

ولقد كان ما كتبه أو أضافه ذا أثر بالغ فيمن جاء بعده من علماء الكيمياء في الشرق والغرب.

ومن أهم مؤلفاته:

كتاب العلم المكتسب في زراعة الذهب.

كتاب عيون الحقائق وكشف الطرائق.

كتاب الكنز الدفين.

كتاب النجاة والاتصال بعين الحياة.

ومن العلماء الذين اعجبوا بمنهج العراقي عز الدين الجلدكي فقد استشهد به في كتابه (نهاية الطلب) وقال عنه:

" إن أبا القاسم صرف سبع عشرة سنة في دراسة علم الكيمياء وتتلمذ على يد الكثير من علماء العراق ومصر وسورية والمغرب والحجاز واليمن ودرس عن كثب كتب من تقدّمه من العلماء المسلمين وغيرهم، وبحث في السبل التي استعملت في تجاربهم العلمية ".

وقد أدى بحثه الطويل إلى الاعتقاد بأن النظرية التي قدمها العلماء الأوائل مضطربة لذا نجده دون جميع الحقائق التي وصل إليها في مقدمة كتابه (العلم المكتسب).

تناول العراقي تعريف المعادن وتكوينها بإسهاب في مؤلفاته الكيماوية.

يقول جابر الشكري في كتابه الكيمياء عند العرب:

" يرى العراقي إن المعادن طبقات أعلاها الذهب، والمعادن واحدة في جوهرها وطباعها ولكنها مختلفة في عدد من صفاتها.

ومن أجل ذلك يمكن أن ينقلب بعضها إلى بعضها الآخر، اذا نحن استطعنا أن نزيل صفاتها العارضة باستخدام الاكسير بعد أن نحمي المعدن إحماءً شديداً بالنار، ودليل العراقي على أنه احمى الرصاص مدة طويلة فتخلف عنه شيء من الفضة.

وقد ذكر الشكري في الكتاب: " أن الرصاص الذي كان يستعمله أبو القاسم العراقي آنذاك ليس فلزاً نقياً بل فيه شوائب كثيرة منها الفضة فالذي شاهده عالمنا أبو القاسم بعد احماء الرصاص هو الشوائب التي تكون فيها مركبات الفضة المتجمعة بعد الإحماء أو الفضة نفسها.

عرف العراقي بين معاصريه بأنه لا يأخذ بنظريات من سبقه الا بعد التجارب التي تثبت صحتها.

يقول جورج سارتون:

إن أبا القاسم العراقي من كبار علماء الكيمياء حيث أنه سار على مبدأ الشك في جميع ما صنفه اسلافه فكان لا يصدق بما بين يديه من النظريات والأفكار

العلمية إلا بعد التجربة فهو من الكيميائيين المجددين، وبهذا المنهج لا يسعنا الا أن نقول أن عالمنا الجليل أبا القاسم العراقي هو مؤسس المنهج الحديث في العلوم التطبيقية عامة.

كان أبو القاسم العراقي كيميائياً بارعاً صاحب رأي قوي موثق بالمراجع التاريخية المعروفة عن ذوي الاختصاص عرف عند علماء الكيمياء بصفاء الفكرة والاعتماد الكلي على التجربة العلمية.

يقول هولميارد في الكيمياء حتى عصر دالتون:"إن مقدرة أبي القاسم العراقي تكمن في تفكيره المنطقي المتسم بمناقشة القضايا الكيميائية الذي دعمه بوقائع التجارب المخبرية التي قام بها بنفسه. كما أن أبا القاسم اشتهر بتحرره التام من السحر والغموض اللذين كانا مسيطرين على علم الكيمياء آنذاك.

وفي مقدمة كتابه " العلم المكتسب في زراعة الذهب " يتضح لنا أن أبا القاسم العراقي استند إلى التأريخ في تحقيق النظريات الكيميائية وآراء السابقين فيها فهو يقول: فإني صنعت هذا الكتاب ذاكراً فيه علم صناعة الكيمياء وعملها من الهيولي التي لا يمتنع العمل بها بعد إقامة الدليل بإمكان الصناعة وذكرت الكم والكيف مجملاً وتفصيلاً ثم أتيت على كل فصل بشهادات من أقوال الفلاسفة ليكون موافقاً لهم.

وختمت الكتاب بفصل بينت فيه ماهية الرموز واعربت عن كيفيتها ليسهل للقارئ حل مشكلاتها ومعضلاتها.

مؤلفات أبي القاسم العراقي التي اهتم بها في صنعة الكيمياء وكانت متسمة بالصبغة التاريخية:

كتاب عيون الحقائق وكشف الطرائق.

كتاب النجاة والاتصال بعين الحياة.

كتاب العلم المكتسب في زراعة الذهب.

كتاب الكنز الدفين.

نهاية الطلب في شرح المكتسب.

وقد تميزت أعماله بالتوثيق العلمي فكان عندما يتطرق إلى مسألة كيميـائية يرجع في بحثه إلى اساتذة علماء اليونان وغيرهم من الأمم السالفة. وقد ترجم علماء أوروبا مصنفات العراقي وحاولوا الحصول عليها لقيمتها مما امتازت به من مادة علمية وتاريخية في حقل الكيمياء.

والعراقي أول كيميائي يستطيع انتقاد العلماء السابقين له والذين تتلمذ على قراءة مؤلفاتهم.

أبو منصور الموفق

هو أبو المنصور الموفق بن علي الهراوي الفارسي عاش زمن الأمير منصور ابن نوح الساماني.

وقد جاب أبو المنصور أقطار الهند وفارس طلباً للعلم وكتب في الفترة من سنة ٩٦٨ إلى سنة ٩٧٧ كتاباً شهيراً في الصيدلة بعنوان (الأبنية في حقائق الأدوية) يعد من أعرق المؤلفات في موضوعه ظهرت فيه معارف اليونان والسريان والهند وفارس. وقد وصف في هذا الكتاب الأدوية أقساماً أربعة بحسب تأثيراتها وذكر فيه ما يقرب من ٥٨٥ دواء منها ٤٦٦ مشتقاً من النبات و ٧٥ من المعادن و ٤٤ مستخلصاً من مشتقات حيوانية.

وقد ضمن أبو المنصـور كتابه هذا كثيراً من المعلومات الكيميائية الواضحـة.

يقول هولميارد: من المحتمل أن يكون أبو المنصور هذا أول من ميز بوضوح بين كربونات الصوديوم (النطرون) وكربونات البوتاسيوم (القلي) وهو يذكر طريقة تحضير القلي من رماد بعض النباتات ويصفه بأنه ملح متمايع كاو. وتوصل إلى أن النحاس متى عرض الهواء تغطيه غالباً طبقة خضراء تستحيل بالتسخين إلى مادة سوداء تفيد في صبغ الشعر باللون الأسود.

وإن الجبس متى سخن يتحول إلى نوع من الجير إذا خلطناه بزلال البيض تتكون لدينا مادة لصق قوية تفيد كثيراً في علاج كسر العظام.

كما توصل أبو المنصور الموفق إلى معرفة أن مركبات الرصاص وخصوصاً الرصاص الأبيض (الذي يجلب أفضل أنواعه من أصفهان) سامة ويصف أبو المنصور أوكسيد الزئبق بأنه مسحوق أحمر نقي.

كما كان على علم بحامض السيليسيك الذي يستخرج من غاب الخيرزان. وعرف أوكسيد النحاس والانتيموني احجر الكحل.

كما بين كيفية تحضير الأدوية بالتقطير والتصعيد. كما ذكر عملية تقطير ماء البحر.

إن ما كتبه أبو المنصور الموفق يعد بحق من أدق وأروع ماشهدته الكيمياء الإسلامية حتى الآن.

وبرغم أن مؤلفه الشهير كان في الطب الا أنه قد حوى إلى جانب ذلك كثيراً من المعلومات الغزيرة حول خواص الجواهر المعدنية وكيفية تحضيرها.

ومن الواضح تماماً أنه كان ذا قدم راسخة في الكيمياء كما أن كتاباته تعرفنا بنواح مختلفة من كيمياء تلك الفترة التي عاشها.

جاء في كتاب المسلمون في العلم الحديث لعبد الرزاق نوفل:

"أبو منصور الموفق أول عالم كيميائي وضع الكيمياء في خدمة أغراض الإنسان فكان يجري تجاربه لاستنباط المواد التي تلزم الإنسان في استعمالاته فتمكن من تحضير مادة قوامها الجير الحي لتنظيف الجلد من الشعر واكتسابه بريقاً ولوناً يميل إلى الاحمرار.

ونصح بتسخين النحاس المؤكسد بشدة لينتج مادة سوداء يستعملها الإنسان ليكسب شعر رأسه لوناً أسود لامعاً.

ثم توج اكتشافه بمادة لاحمة للعظام تستعمل في علاج ولحم كسر العظام وذلك بتسخين كبريتات الكالسيوم ومزج الناتج بزلال البيض.

وفي المدخل إلى تأريخ العلوم لجورج سارتون يقول:

"إن أبا المنصور الموفق كان علامة زمنه فأعطى تعريفاً وافياً لأوكسيد النحاس

والأنتيمون (حجر الكحل) وطريقة استعمالها في الحياة اليومية ".

عكف أبو المنصور الموفق على بحوث خواص الزئبق لأهمية هذا المعدن ودرس أيضاً طريقة تحضير الأدوية بعملية التقطير والتصعيد.

وتطرق كذلك لعملية تقطير ماء البحر. عنه يقول هولميارد:

إن أبا المنصور الموفق قد قدم وصفاً لأوكسيد الزئبق وهو مسحوق أحمر نقي من الشوائب كما حصر حامض السيليسيك الذي يحصل عليه من خشب الخيزران واهتم بكيفية تحضير العقاقير بالتقطير والتصعيد وكذلك تقطير ماء البحر.

وقد درس أبو المنصور كلا من مركبات النحاس ومركبات الرصاص لأن هذين المركبين من أهم المركبات التي يستخدمها الناس في حياتهم.

ومن دراسة متعمقة لهذين المعدنين اكتشف الموفق أنهما سامتان.

وقد أتى هولميارد في كتابه الآنف الذكر على تفصيل ما توصل إليه اكتشاف الموفق قال:

"إن أبا المنصور الموفق توصل إلى معرفة إن مركبات النحاس وخصوصاً الزاج الأزرق ومركبات الرصاص وخصوصاً الرصاص الأبيض سامة".

وتجدر الإشارة إلى أن اقليم اصفهان شهر بتصنيع اشد أنواع السموم نتيجة تصنيع الأهالي الزاج الأزرق والرصاص الأبيض.

يقول جلال مظهر في أحد فصوله لكتاب أثر العرب في الحضارة الأوروبية:

شهدت الكيمياء العربية في أوائل القرن الحادي عشر الميلادي عبقرية كيميائية أضافت انجازات هامة جداً.

هذا هو أبو المنصور الموفق وهو قد يكون أول كيميائي استطاع أن يفرق بوضوح بين كربونات الصوديوم (النطرون)- مركب ملحي- وكربونات البوتاسيوم التي اطلق عليها اسم (قلي) أو (قلوي).

كذلك كان يعرف ماهية أوكسيد الزرنيخ وحامض السيليكات.

كان الموفق أبو المنصور محباً للأسفار لذا نراه متنقلاً في أرجاء الدولة الإسلامية باحثاً عن علمائها الأفذاذ كي يأخذ عنهم ويتتلمذ على أيديهم.

كان عارفاً بعلوم اليونان وحجة في المعارف السريانية والهندية والفارسية يقول جورج سارتون في كتابه (المدخل إلى تأريخ العلوم):

إن أبا المنصور الموفق كان موسوعة في حقل الأدوية فكان كتابه (الأبنية) يشتمل على ما يقرب من خمسمائة وخمسة وثمانين دواء منها أربعمائة وستة وستون مستخرجة من النبات وخمسة وسبعون من المعادن وأربعة وأربعون دواء مستخرجاً من مشتقات حيوانية.

كان الموفق جلداً على الدرس والتدقيق والتمحيص وكان اذا توصل إلى تحضير دواء يمكن استخدامه في الحياة اليومية يسارع إلى انزاله في الأسواق ليقبل عليه الناس فيربح من بيعه كثيراً أو يشتري بذلك الآن وأدوات ومواد جديدة تساعده في بحوثه وتجاربه الجديدة.

وقد جاء في بحث لأحمد الشطي ما نصه:

وعرف من كيميائيي العرب أيضاً أبو المنصور الموفق الذي كان يحضر العقاقير ويبيعها.

وكانت كتبه تنطق بسعة علمه بالكيمياء العملية ولهذا يمكن اعتبار الموفق مؤسس الكيمياء الصناعية لأنه كان يصيب اهتمامه على تحضير المواد التي يمكن تسويقها وبيعها للناس بعد معرفة فوائدها وسلامتها.

وإليه يعود الفضل في تطوير المنهج التجريبي والكيمياء الصناعية.

فقد كان الموفق من مؤيدي جابر بن حيان مؤسس هذا العلم والذي اعتمد في انتاجه على التجربة والاستقراء والاستنتاجات العلمية المبنية على المشاهدة والعيان.

لقد امتاز انتاج الموفق بالجودة والاصالة والدقة في البحث والتعبير. وليس أدل على عبقرية انتاجه من كتابه (الابنية في حقائق الادوية) الذي يعتبر بحق كتاب عالم متخصص في عمل واستخراج العقاقير وعلم الصيدلة فقد شمل الكثير من المعلومات عن خواص العقاقير والأدوية وطرق الحصول عليها وتحضيرها.

أبو النجم بن أبي غالب

من أطباء الملك الناصر

(... ـ ٥٩٩هـ ـ ... ـ ١٢٠٣ م)

أبو النجم بن أبي غالب بن فهد بن منصور بن وهب بن قيس بن مالة النصراني: طبيب مشهور في زمانه يُقرأ عليه علم الطب كان أبوه فلاحاً في قرية شفا ببلاد حوران، ويعرف بـ (العيار).

وأخذ بعض الأطباء المترجم ورباه وعلمه الطب، وصار من أطباء الملك الناصر صلاح الدين يوسف بن أيوب، وكانت وفاته بدمشق سنة ٥٩٩ هجرية(١٢٠٣م).

من كتبه:

" الموجز في الطب " وهو يشتمل على علم وعمل.

أبو نصر التكريتي

الطبيب الفلكي

(... ـ ٤٧٢هـ ـ ... ـ ١٠٨٠م)

هو يحي بن جرير التكريتي (أبو نصر)، طبيب وفلكي من أهل تكريت (بين بغداد والموصل)، كان كثير الإطلاع في العلوم ومتميزاً في صناعة الطب سكن في بغداد، وصنف كتباً راوحت بين الطب وعلم الفلك.

وأهم مصنفاته الطبية:

- كتاب " في الباه ومنافع الجماع ومضاره ".
- رسالة " في منافع الرياضة وجهة استعمالها ".

وقد كتبها لكافي الكفاءة أبي نصر بن محمد بن محمد بن جهير.

أبو نصر المسيحي

الذي عالج الخليفة العباسي من حصا المثانة

(.... ـ ٦٠٨هـ ـ .... ـ ١٢١١م)

هو أبو نصر سعيد بن أبي الخير بن عيسى المسيحي، من المتميزين في الطب.

عالج الخليفة الناصر لدين الله العباسي سنة ٥٩٨ هجرية من مرض الحصا في المثانة. وشفاه
فكافأه بأن طلب إليه أن يدخل إلى دار الضرب ويحمل من الذهب ما يقدر عليه، حسبما جاء في رواية
الصفدي.

مات أبو النصر المسيحي في أيام النصر، الخليفة العباسي، وقد قارب المائة سنة. من تلامذته ابن
عكاشة الجرائحي النصراني، من ساكني الكرخ.

من كتبه: "كتاب الاقتضاب على طريقة المسألة والجواب في الطب." كتاب انتخاب الاقتضاب ".

أبو نصر "منصور بن علي"

(نحو ٤٢٥ هـ)

منصور بن علي، أبو نصر بن عراق، لم تحدد المراجع التي ترجمت له تاريخ ولادته، أو تاريخ وفاته،
ولا شك أنه من علماء القرن الرابع الهجري، فقد ذكر الزركلي أن وفاته نحو ٤٢٥ هـ / ١٠٣٤ م. عاش أكثر
أوقاته في خوارزم حيث كان مقدماً وذا مقام عال عند ملوكها. ثم انتقل مع أبي الريحان البيروني في مطلع القرن
الخامس إلى غزنة حيث كان منها السلطان سبكتكين.

وفيها توثقت العلاقة بينهما، وأصبحت صداقة حميمة، حتى إن أبا نصر أهدى أكثر كتبه ورسائله إلى أبي
الريحان الذي اعترف بفضل صديقه فكان يلقبه بـ" أستاذي".

صنف أبو نصر في المجسطي وفي الآلات الفلكية والمثلثات، وله فيها مباحث جليلة، وقد ذكر ذلك نصير الدين الطوسي في كتابه " شكل القطاع "، الذي يقول عند الكلام على الشكل المغني:

".. وقد ذهبوا في إقامة البرهان عليها مذاهب جمعها أبو الريحان البيروني في كتاب له سماه " مقاليد علم هيئة ما يحدث في بسيط الكرة وغيره "، ويوجد في بعض تلك الطرق تفاوت فأخرت منها ما كان أشد مباينة ليكون هذا الكتاب جامعاً مع رعاية شرط الإيجاز، وابتدأت بطرق الأمير أبي نصر بن عراق فإن الغالب على ظن أبي الريحان أنه السابق إلى الظفر باستعمال هذا القانون في جميع المواضع.

وإن كان واحد من الفاضلين " أبي الوفاء محمد بن محمد أبو زجاني "، " أبي محمود حامد بن الخضر الخجندي " أدعيا السبق أيضاً فيه.. ".

وجاء أيضاً في " مقاليد علم ما يحدث في بسيط الكرة " للبيروني: " إن السبق في إقامة هذا الشكل مقام الشكل القطاع كان للأمير أبي نصر.. "

ومن هنا يظهر أنه هناك اختلاف في أسبقية هذا الاستعمال، وأنه يرجح أن يكون أبو نصر أول من استعمل شكل المغنى في جميع المواضع، وأنه استعمله أيضاً بدل شكل القطاع في حل المثلثات الكروية.

ويقول نصير الدين الطوسي: " أقول: وفيه نظر، لأن الأمير أبا نصر قال في الجملة الثانية من المقالة الأولى من كتابه الموسوم " المجسطي الشاهي " في صدر الباب الثالث، على بيان هذا الشكل بهذه العبارة:

" الباب الثالث ": فيما يغني عن الشكل القطاع ـ (إلا أنه لابد لمن عمل بذلك من استعمال النسبة المؤلفة ". أقول: وقد ذكره الأمير أبو نصر في شرح " متالاوس ". وقد ذكرت هذا في الشكل المغني عن القطاع.

وأما أنا فأذكر ههنا ما يغني عن الشكل القطاع والنسبة المؤلفة. وهذا يدل على أن اللقب أيضاً وضعه الأمير أبو نصر وخذه من ثابت بن قرة و الـلـه أعلم.

ولأبي نصر مؤلفات قيمة منها:

- المجسطي الشاهي.
- تصحيح ما وقع لأبي جعفر الخازن من السهو في زيج الصفائح.
- رسالة الدوائر التي تحد الساعات الزمنية.
- الرسالة في براهين أعمال جدول التقويم.
- المقالة في إصلاح شكل من كتاب مالاناوؤس في الكريات.
- الرسالة في البرهان على عمل محمد بن الصباح في امتحان الشمس.
- الرسالة في معرفة القسي الفلكية.
- فصل في كرية السماء.
- كتاب في السموات.

وقد نشرت جمعية دائرة المعارف العثمانية بحيدر آباد الدكن مجموعة باسم رسائل أبي نصر منصور بن علي بن عراق المتوفي سنة ٤٣٢ هـ ".

أبو الوفا البوجاني

(٩٤٠ ـ ٩٩٨م)، (٣٢٨ ـ ٣٨٧هـ)

هو محمد بن محمد بن يحي بن إسماعيل بن العباس أبو الوفاء والبوزجاني الحاسب، ولد في بوزجان، درس على عمه المعروف بأبي عمرو المغازلي وخاله. ولما بلغ العشرين من العمر انتقل إلى بغداد حيث فاضت قريحته ولمع اسمه عندما شرح مؤلفات اقليدس وديوفنت والخوارزمي. ومن أهم أعماله:

حلَّ هندسياً المعادلتين:س^{٤} = ح، س^{٤} + حـ س^{٣} = ب

كما وضع حلولاً أخرى للقطع المكافئ فكانت أساساً في حساب التكامل والتفاضل.

وضع كتاباً في كيفية صناعة البركار والمسطرة والكوتيا، كما شرح فيه طرق الرسم واستعمال الآلات.

أهم مؤلفاته:

- " كتاب فيما يحتاج إليه الصناع من أعمال الهندسة ".
- " كتاب المعرفة الدائرة في الفلك ".
- " كتاب ما يحتاج إليه العمال والكتاب من صناعة الحساب ".
- " كتاب المزيج الشامل ".

إبراهيم بن بكس

الذي مارس الطب وهو كفيف البصر

هو إبراهيم بن بكس، أبو إسحاق من الأطباء الماهرين في علم الطب، فقد نقل كتباً إلى العربية، وكان يدرس الطب في البيمارستان العضدي ببغداد سنة ٣٦٠ هجرية، وكف بصره، وظل مع ذلك يحاول صناعة الطب ويزاوله.

من مؤلفاته:

- " كناش ".
- " كتاب الأقرباذين الملحق بالكناش ".
- " مقالة بأنّ الماء القراح أبرد من ماء الشعير ".
- " مقالة في الجدري ".

إبراهيم حسن باشا

طبيب الخديوي إسماعيل

(١٢٦٠ - ١٣٣٥هـ ـ ١٨٤٤ ـ ١٩١٧م)

هو إبراهيم باشا بن حسن رفعت: طبيب مصري، تركي الأصل ولد وتوفي بالقاهرة وتعلم بها، ثم في ميونخ وباريس وبرلين وتقدم في المناصب الطبية بمصر حتى صار طبيباً خاصاً للخديوي إسماعيل، وصحبه في سياحته لإيطاليا وفرنسا وألمانيا وإنكلترا، وانفصل عنه سنة ١٨٨٨م فعاد إلى مصر. وانتخب رئيس شرف

لمدرسة الطب فيها وقد قام برحلة إلى أوروبا سنة ١٩١٤. فحالت الحرب العالمية الأولى دون عودته إلى بلاده، فتوفي فيها.

ومن مؤلفاته:

- " الدستور المرعي في الطب الشرعي ".
- " جامعة الدروس السنوية في الأمراض الباطنية ".
- " روضة الآسي في الطب السياسي ".

إبراهيم الدسوقي أفندي

الذي درّس علم الرمد

(.... ـ ١٢٦٢هـ .... ـ ١٨٤٦م)

هو طبيب مصري، تعلم بمكاتب القاهرة، ثم التحق بمدرسة الطب. وأتّم دراسته بها. ونال رتبة يوزباشي، واختير للسفر إلى النمسا في ١٠ كانون الثاني ١٨٤٥م للتخصص في طب العيون. وبعد إتمام دراسته عاد إلى مصر ليشترك مع رفيقه (حسين عوف بك) في تطبيب أهالي القاهرة، وتعليم بعض تلاميذ مدرسة الطب، علم الرمد. عيّن أستاذاً بمدرسة الطب المصرية وظلّ بها إلى أن أحيل إلى المعاش إلى أن أدركته الوفاة.

إبراهيم الرقّي

الطبيب العالم الواعظ

(٦٤٧ ـ ٧٠٣ هـ ١٢٤٩ ـ ١٣٠٣م)

هو إبراهيم بن أحمد بن محمد، ابن معالي الرقّي،برهان الدين أبو إسحاق: من علماء الحنابلة، نعته ابن العماد ببركة الوقت، ولد بالرقة، وقرأ ببغداد وتقدم في علم

الطب وسمع منه البرزالي والذهبي، واستقر في دمشق وبها توفي، ودفن في سفح قاسيون.لإبراهيم مصنفات وخطب وشعر واختصر جملة من كتب الزهد.

إبراهيم السويدي

الطبيب المؤلف

(٦٠٠ ـ ٦٩٠هـ ١٢٠٤ ـ ١٢٩١م)

هو إبراهيم بن محمد بن طرخان الأنصاري، الدمشقي الشافعي، ولد بدمشق، ونشأ بها اشتغل بصناعة الطب حتى أتقنها، واجتمع مع كبار الأطباء، ولازم الشيخ مهذب الدين عبد الرحيم بن علي واشتغل طبيباً في البيمارستان النوري. وخدم في البيمارستان بباب البريد، وتردد إلى قلعة دمشق، وكان مدّرس الدخوارية.

من كتبه:

- " الباهر في الجواهر ".
- " كتاب التذكرة الهادية والذخيرة الكافية في الطب " الذي يقع في ثلاثة مجلدات جمع فيه الأدوية المفردة على ترتيب الأعضاء والأمراض والعلل، وشرح موجز القانون لابن النفيس.

توفي بدمشق سنة ٦٩٠ هجرية، ١٢٩١م.

إبراهيم صبري بك

الذي ترجمت كتبه لعدة لغات

هو طبيب مصري، ولد بالقاهرة وتعلم وتخرج من مدرسة الطب فيها، سنة ١٨٦١م، ثم أرسل في بعثة علمية، لإتمام دراسته في النمسا، وبعدها إلى فرنسا، حيث مكث حتى سنة ١٨٧٠.

ولما عاد إلى بلاده عيّن طبيباً ومديراً لمستشفى الإسماعيلية، ثـم نقـل طبيباً

لمستشفى بور سعيد، وفي الصحة البحرية والمحاجز، وتنقّل في عدة مناصب، إلى أن عُيّن مدرساً للفسيولوجيا بمدرسة الطب بقصر العيني حتى سنة ١٨٩٨م.

ثم أحيل على التقاعد. سكن مدينة حلوان، وعاش بها إلى أن توفي سنة ١٩١٥م.

من كتبه:

- " تقديم الصحة " الذي ترجم إلى اللاتينية والألمانية.

إبراهيم القطب المغربي

الطبيب الذي قتل على أيدي التتار

(... ـ ٦١٨هـ ... ـ ١٢٢١م)

هو إبراهيم بن علي بن محمد السلمي (قطب الدين أبو إسحاق) طبيب، مغربي الأصل انتقل إلى مصر وأقام بها مدة، ورحل بعدها إلى خراسان وتعلم بها على الفخر الرازي.

وأصبح من كبار تلامذته، وقتل فيمن قتل بنيسابور سنة ٦١٨هـ بعد أن استباحها التتار. له كتب في الطب والفلسفة، منها شرح كليات القانون لابن سينا.

إبراهيم منصور

رئيس جمعية التوفيق القطبية

(١٢٦٨ - ١٣٤٨هـ ١٨٦٠ - ١٩٣٠م)

هو طبيب مصري، قبطي من آل فانوس ولد وتوفي بالقاهرة، وتخّرج بمدرسة الطب " بقصر العيني ".

من مؤلفاته:

- " المطالب الطبية "، (ويقع في ثلاثة مجلدات).

- " الطب المنزلي ".
- " القاموس الطبي "، (إنكليزي - عربي).

إبراهيم النجار

طبيب الجند الشاهاني

(١٢٣٨ - ١٢٨١هـ ١٨٢٢ - ١٨٦٤م)

هو إبراهيم بن خليل، طبيب لبناني، ولد بدير القمر بلبنان، ودرس في القصر العيني بمصر.

ثم سافر إلى الأستانة ليواصل دراسة الطب في المدرسة التي أنشأها السلطان عبد الحميد في القسطنطينية.

وعينته الدولة طبيباً في المستشفى العسكري في بيروت. وساح في أوروبا سنة ١٨٤٩م، وعاد إلى بيروت وأنشأ بها المطبعة الشرقية.

مات في بكفيّا (من قرى لبنان).

إبراهيم اليمامي

مؤلف تقويم الأدوية

(كان حياً قبل ٤٢٨هـ - ١٠٣٧ م)

هو إبراهيم بن فضل بن عيسى اليمامي طبيب له مناظرات ومسائل كثيرة في صناعة الطب.

من مؤلفاته:

- " هدية الأحباب ".
- " هداية الطلاب في علم المواليد ".

- " رسالة في الهواء الأصفر ".

أحمد الأركلي

الطبيب المحدث والمقرئ الأديب

هو أحمد الأركلي بن إبراهيم الأركلي الحنفي: محدث، أديب، طبيب، مقرئ، نزيل المدينة المنورة. ولد سنة ١١١٠هـ وكان يطالع في كتب الطب كثيراً، وله في ذلك كتابات كان يكتبها على هامش كتبه في الطب.

له في التأليف " شرح على الشمائل " للترمذي، ومقامات ضاهى بها على هامش الكتب الطبية التي كان يطالعها. توفي بالمدينة المنورة سنة ١١٦٢هجرية (١٧٤٩م) ودفن بالبقيع.

أحمد بن أبي الأشعث

أفضل من كتب في العلوم الطبية والحكمة

(... ـ ٣٦٠هـ ... ـ ٩٧١م)

هو أبو جعفر أحمد بن محمد بن أبي الأشعث. طبيب فارسي الأصل، عمرّ طويلاً، كانت وفاته سنة ٣٦٠ للهجرة (٩٧١م). درس الطب في الموصل وأقام حتى وفاته.

ذكره ابن أبي أصيبعة وأشاد بفضله في العلوم الكثيرة، والحكمة، ألف العديد من الكتب منها اثنا عشر في الطب وأشهرها:

- كتاب " الأدوية المفردة " ويقع في ثلاث مقالات.
- كتاب في " الجدري والحصبة والحميقاء " يقع في مقالتين.
- كتاب في " القولنج وأصنافه ومداواته والأدوية النافعة منه ".
- كتاب في " في البرص والبهق ومداواتها ".

- كتاب في " الصرع ".

- كتاب في " الاستسقاء ".

- كتاب في " الماليخوليا ".

- كتاب في " تركيب الأدوية ".

- كتاب " أمراض المعدة ومداواتها ".

- شرح كتاب " الفرق لجالينوس ".

- شرح كتاب " الحميات لجالينوس ".

أحمد بن أبي أصيبعة

الذي ترجم أحد كتبه إلى أربعمائة ترجمة

(٦٠٠ ـ ٦٦٨هـ ـ ١٢٠٣ ـ ١٢٧٠م)

هو موفق الدين أبو العباس أحمد بن سديد الدين القاسم: ابن أبي أصيبعة ولد في أسرة آخذة من الطب بقسط وافر، وكني أبا العباس قبل أن يطلق عليه لقب جده ابن أبي أصيبعة، كان مولده بدمشق سنة ٦٠٠هـ (١٢٠٣م)، وقيل: بل في القاهرة حوالي السنة ٥٩٥هـ (١١٩٨م).

درس الطب نظرياً وعملياً في البيمارستان النوري وكان من أساتذته رضي الدين الرحبي، وشمس الدين الكلي، وابن البيطار، ومهذب الدين عبد الرحيم بن علي الدخوار والطبيب اليهودي عمران بن صدقة صاحب المكتبة القيمة التي أفاد منها ابن أبي أصيبعة لإكمال ثقافته وفي تأليف كتابه خاصة، كما استفاد في تردده على البيمارستان الناصري من دروس الكحالة للسديد بن أبي البيان الإسرائيلي، الطبيب الكحال، لكنه لم يطل الإقامة في مصر، إذ عاد إلى الشام في حدود سنة ٦٣٥هـ (١٢٣٧) ملبياً دعوة صاحب صرخد، الأمير عز الدين أيدمر، وفي صرخد كانت وفاته سنة ٦٦٨هـ (١٢٧٠م).

اشتهر ابن أبي أصيبعة بكتابه الذي سماه "عيون الأنباء في طبقات الأطباء"

وقد باشر بتأليفه حوالي السنة ٦٤٠هـ في دمشق، وصل بتراجم من ذكرهم إلى السنة ٦٦٧هـ أي قبل وفاته بسنة واحدة، ويعتبر كتابه من أمهات المصادر لدراسة تاريخ الطب عند العرب، ويقع في خمسة عشر باباً. وقد بلغ في كتابه حد الأربعمائة ترجمة على مختلف عصور الطب، فيكون له الفضل العظيم في التاريخ الطبي والعلمي للقرون الوسطى في الشرق ويستشف من أقواله أنه **وضع ثلاثة كتب أخرى وهي:**

- " كتاب حكايات الأطباء في علاجات الأدواء ".

- " كتاب إصابات المنجمين ".

- " كتاب التجارب والفوائد " الذي لم يتم تأليفه لوفاته.

أحمد الأصفهاني

طبيب ملوك ورؤساء بلاد العجم

(.... ـ ٤١٠هـ... ـ ١٠١٩م)

أحمد بن عبد الرحمن بن مندويه الأصفهاني (أبو علي) طبيب عجمي خدم الملوك والرؤساء في بلد العجم حتى استدعاه عضد الدولة فناخسرو (٣٣٨ ـ ٣٧٢هـ / ٩٤٩ ـ ٩٨٢م) للعمل في البيمارستان الذي أنشأه ببغداد، له أعمال في صناعة الطب.

ومن تصانيفه الطبية الوفيرة:

- " أربعون رسالة مشهورة إلى جماعة من أصحاب في الطب ".

- " رسالة إلى عباد بن عباس في تدبير الجسد ".

- " رسالة في تركيب طبقات العين ".

- " رسالة في وصف المعدة والقصد لعلاجها ".

- " رسالة في القولنج ".

- " رسالة في تدبير ضعف الكلى".

- " رسالة في علاج المثانة ".
- " رسالة في علاج شقاق البواسير ".
- " رسالة في علاج وجع الركبة ".
- " رسالة في أوجاع الأطفال ".
- " كتاب المدخل إلى الطب ".
- " كتاب الجامع المختصر من علم الطب ".
- " كتاب الأطعمة والأشربة ".
- " كتاب الكافي في الطب ويعرف أيضاً بكتاب (القانون الصغير) ".

أحمد البلدي

صاحب كتاب " تدبير الحبالى والأطفال والصبيان "

(كان حياً قبل ٣٦٠هـ ٩٧١م)

هو الشيخ أبو العباس أحمد بن محمد بن يحي من مدينة بلد (من أعمال محافظة صلاح الدين في العراق حالياً)، من أبناء القرن الرابع للهجرة، ويرجح أنه كان حياً قبل سنة ٣٦٠ هجرية / ٩٧١ ميلادية.

كان خبيراً بصناعة الطب، والعلاج والمداواة، من أجلّ تلامذة أحمد بن أبي الأشعث، لازمه مدة سنتين.

ذهب إلى مصر والتقى بالوزير يعقوب بن يوسف بن كلس، وزير العزيز بالله في الديار المصرية، وله صنف كتابه " تدبير الحبالى والأطفال والصبيان وحفظ صحتهم ومداواة الأمراض العارضة لهم ".

ويعتبر هذا الكتاب، أكمل وأحسن ما كتب من قبل الأطباء العرب والمسلمين في هذا الباب. ففيه عرض لأسباب تعسر الولادة بالتفصيل وفي غاية الدقة العلمية. وقد اعتبر بعضهم كتاب أحمد بن محمد البلدي " تدبير الحبالى والأطفال والصبيان " القمة التي وصل إليها طب الأطفال عند العرب والمسلمين.

أحمد البقلي

عالم الجراحة والطب

(١٢٥٩ ـ ١٣١٧هـ ـ ١٨٤٣ ـ ١٨٩٩م)

أحمد حمدي بن محمد علي باشا الحكيم بن علي البقلي: عالم بالجراحة والطب، من أسرة حسينية النسب، تعلم الطب بمصر وباريس ولندن، ولد وتوفي في القاهرة. كان كاتباً مجيداً باللغتين العربية والفرنسية.

من أهم تآليفه:

- " تحفة الحبيب في العمليات الجراحية والأربطة والتعصيب ".

- " التحفة العباسية في الأمراض التصنيعية والإدعائية ".

- " الراحة في أعمال الجراحة ".

- ويذكر له إنشاء الجريدة " المنتخب " للأبحاث الطبية فصدرت سنة واحدة.

أحمد التونسي

صاحب التصانيف في فن الطب

(... ـ نحو ٨٢٠ هـ ... ـ نحو ١٤١٧ م)

هو الطبيب أحمد بن عبد السلام، أبو بكر الشريف الصقلي التونسي، من كتبه "مداواة الأمراض "، ويقع في عشرين باباً، ولا يزال كمخطوطة في أوقاف بغداد، وله أيضاً كتاب " المختصر في الطب "، وهو بدوره مخطوطة في شستربتي، و" تقييد على أرجوزة ابن سينا في الطب "، ويقع في جزئين، ومخطوطته محفوظة في الرباط.

أحمد بن حلوان

الطبيب الذي تكنى باسم أمه

(٥٩٣ ـ ٦٥٢هـ ـ ١١٩٧ ـ ١٢٥٤م)

أحمد بن أسعد بن حلوان، أبو العباس، نجم الدين، ابن العالمة: طبيب دمشقي أديب، من الوزراء. كانت أمه عالمة فنسب إليها، ويعرف أيضاً بابن المنفاخ، خدم بطبه الملك المسعود صاحب آمد فاستوزره ثم نقم عليه، فعاد إلى دمشق.

وفي آخر عمره خدم الملك الأشرف صاحب حمص وتوفي عنده.

من كتبه:

- " التدقيق في الجمع والتفريق " ذكر فيه ما يتشابه من الأمراض.
- " هتك الأستار في تمويه الدخوار ".
- " تعاليق ما حصل له من التجارب ".
- " المدخل إلى الطب ".
- " العلل والأعراض ".
- " الإشارات المرشدة في الأدوية المفردة ".

أحمد بن خاتمة

الطبيب الأديب البليغ

(بعد ٧٧٠هـ بعد ١٣٦٩م)

أحمد بن علي بن محمد بن علي بن محمد بن خاتمة، أبو جعفر الأنصاري الأندلسي: طبيب مؤرخ من الأدباء البلغاء تصدر للإقراء فيها بالجامع الأعظم، وزار غرناطة عدة مرات، قال لسان الدين بن الخطيب: " وهو الآن بقيد الحياة وذلك ثاني عشر شعبان سنة ٧٧٠ هجرية ". وقال ابن الجزري: "توفي وله نيف وسبعون سنة ".

من تأليفه الطبية:

" تحصيل غرض القاصد في تفصيل المرض الوافد ". وضعه سنة ٧٤٧هـ. وقد ظهر في تلك السنة وباء في المرية التي هو من أهلها انتشر في كثير من البلدان سماه الإفرنج (الطاعون الأسود). ليس هناك ما يثبت تاريخ وفاته.

أحمد الرشيدي

الذي انصرف للتصنيف والتطبيب

(... ـ ١٢٨٢هـ ... ـ ١٨٦٥م)

أحمد بن حسن بن علي الرشيدي: طبيب مصري. تعلم بالجامع الأزهر وبمدرسة الطب بأبي زعبل. وأرسلته الحكومة المصرية إلى باريس فأتم الطب وعاد إلى القاهرة سنة ١٨٣٨. عين مدرساً للعلوم الطبيعية بمدرسة الطب إلى أن أقفلت في أول عهد الخديوي سعيد. فانصرف إلى التصنيف والتطبيب، إلى أن توفي في سنة ١٢٨٢ هجرية (١٨٦٥م) بالقاهرة.

من مؤلفاته:

- " بهجة الرؤساء في أمراض النساء ".
- " نزهة الإقبال في مداواة الأطفال ".
- " الروضة البهية في مداواة الأمراض الجلدية " وهو في مجلدين.
- " نخبة الأماثل في علاج تشوهات المفاصل ".
- " عمدة النجاح في علمي الأدوية والعلاج " ويقع في أربعة أجـزاء كبيرة.

وترجم أحمد الرشيدي عن الفرنسية:

- " تطعيم الجدري ".
- " ضياء النيرين في مداواة العينين ".

أحمد بن السري

الحكيم المتميز في الطب

(... - ٥٤٠هـ)

هو نجم الدين أبو الفتوح أحمد بن محمد بن السري، ويعرف بابن الصلاح، حكيم، متميز في الطب، كان أعجمياً، أصله من همدان، وقطن ببغداد، واستدعاه حسام الدين تمرتاش، صاحب ماردين وأكرمه، ولازمه مدة. ثم توجه ابن الصلاح إلى دمشق، ولم يزل بها إلى أن توفي سنة ٥٤٠ هجرية، ودفن في مقابر الصوفية، بظاهر دمشق.

لابن الصلاح من الكتب: مقالة في الشكل الرابع من أشكال القياس الحملى، وهذا الشكل منسوب إلى جالينوس.

أحمد الطبري

العالم بصناعة الطب

(كان حياً قبل ٣٦٦هـ ٩٧٦م)

أحمد بن محمد الطبري (أبو الحسن) عالم بصناعة الطب، من أهل طبرستان. وكان طبيب الأمير أحمد بن علي بن أبي شجاع بويه، ركن الدولة.

له من الكتب:

- "الكناش " المعروف بالمعالجات البقراطية، هو من أجلّ الكتب وأنفعها، وقد استقصى فيه ذكر ا لأمراض ومداواتها على أتم ما يكون، وهو يحتوي على مقالات كثيرة.

أحمد بن الطيب

معلم ونديم وكاتم أسرار المعتضد

(... - ٢٨٦، ... - ٨٩٩ م)

هو أبو العباس بن محمد بن مروان السرخسي. ينتمي إلى الكندي، وعليه قرأ،

ومنه أخذ. تولى الحسبة ببغداد أيام المعتضد. وعلّم المعتضد ونادمه واختص به، يفضي إليه الخليفة بأسراره، وكان ذلك في سنة ٢٨٦هـ (٨٩٩ م).

له تآليف متنوعة:

- كتاب " المدخل إلى صناعة الطب " نقض فيه على حنين بن إسحاق.

- كتاب " الرد على جالينوس " في المحل الأول.

أحمد عيسى

الطبيب الأديب المؤرخ

(١٢٩٣ ـ ١٣٦٥، ١٨٧٦ ـ ١٩٤٦)

أحمد عيسى، الدكتور، طبيب مصري مؤرخ أديب. ولد في رشيد بـ (مصر) وتعلّم بها بالمدارس الخديوية فمدرسة الطب بالقاهرة، وتخصص في أمراض النساء، واشتغل بالطب الباطنّي.

عمل في بعض المستشفيات واستقال بعدها. تعلّم بعض اللغات السامية واليونانية واللاتينية.

وكان من أعضاء " المجلس العلمي العربي " بدمشق منذ إنشائه، والأكاديمية الدولية لتاريخ العلوم بباريس (١٩٦٣م).

صنف وترجم كتباً كثيرة:

- " صحة المرأة في أدوار حياتها ".

- " أمراض النساء ومعالجتها ".

- **وله أيضاً** آلات الطب والجراحة والكحالة عند العرب ".

- **وله أيضاً** " التفسرة أي الاستدلال بأحوال البول على المرض ".

- " معجم الأطباء " وهو ذيل على طبقات ابن أبي أصيبعة وله تاريخ البيمارستانات (المستشفيات) في الإسلام ". توفي في القاهرة سنة (١٣٦٥هـ) (١٩٤٦م).

أحمد النجار

الحاذق باللغات الناشر للتعليم بالبادية

(١٢٧٢ ـ ١٣٤٧هـ ـ ١٨٥٥ ـ ١٩٢٨م)

هو الشيخ أحمد بن علي بن حسن بن صالح النجار: قاض من أهل الحجاز، مولده ووفاته بالحجاز، تعلم بالمدرسة " الصولتية " بمكة، وتفقه بها، وقرأ بعض كتب الطب القديم والحديث، وحذق اللغات الفارسية والتركية والفرنسية، إضافة للعربية.

كان الملك الحسين بن علي يعول عليه في الطب، إذا مرض، وأعد للدولة العثمانية منهاجاً لنشر التعليم في البادية.

له عدة مؤلفات لم تطبع منها إلا "الأسباب والعلامات" في الطب، و"مجموعة طبية ". توفي سنة ٣٥٨ هجرية الموافقة (٩٩٦) ميلادية.

له من الكتب:

- " كناش ".

- " أمراض العين ومداولتها ".

الإدريسي

(٠٠٠ ١١٦٦ هـ)

ولد الإدريسي في سبتة الواقعة على البحر المتوسط قبالة جبل طارق (والتي كانت ميناء مغربيا، ثم احتلتها إسبانيا منذ عدة قرون) وتوفي سنة ١١٦٦م عن سبعة وستين عاماً، ولا يعرف على وجه التحديد أين توفي ولا أين دفن، وأغلب الظن أنه توفي ودفن بجزيـرة صقلية التي كان قد استقر بها بعد ترحاله وتجواله الكثير.

ويعود الإدريسي بأصله إلى "إدريس الأول" مؤسس الأسرة الإدريسية الذي هرب من المشرق وأسس إمارة مستقلة في ريف المغرب عام ٧٨٩م واستمرت من

أواخر القرن الثامن حتى القرن العاشر الميلادي وتوسعت خلال هذه الفترة حتى كادت تشمل المغرب كله.

ويعتبر الإدريسي بحق عمدة الجغرافيين المسلمين. ترك لنا كتاباً في الجغرافيا (أو بمعنى أصح موسوعة جغرافية) هو "نزهة المشتاق في اختراق الآفاق"، قالت عنه دائرة المعارف الفرنسية: "إن كتاب الإدريسي هو أوفى كتاب جغرافي تركه لنا العرب، وإن ما يحتويه من تحديد للمسافات ووصف دقيق يجعله أعظم وثيقة علمية جغرافية في القرون الوسطى".

كما ترك لنا كرة فضية مرسوم عليها خريطة العالم المعروف في زمانه.

تلقى الإدريسي تعليمه في معاهد الأندلس – وتحديداً في قرطبه، وكانت الأندلس يومئذ تحت حكم المرابطين سادة المغرب.

ثم قام برحلات عديدة وتجول في شبه الجزيرة الأسبانية، كما وصل إلى شواطئ فرنسا وشواطئ إنجلترا الجنوبية. بعدها عبر البحر إلى المغرب.

وتجول في شماله وجنوبه وعاش حينا في مراكش وحينا آخر في قسنطينة، ثم رحل إلى المشرق وتجول في آسيا الصغرى.

ومن المحقق أن تلك الرحلات والجولات العديدة التي قام بها، كانت لها أكبر الأثر في تكوين معلوماته الجغرافية التي مهدت لوضع مؤلفه الجغرافي الكبير (نـزهة
المشتاق).

انتهى المطاف بالإدريسي في جزيـرة صقلية، وهناك استقبله ملكها روجر الثاني في بلاطه وأغدق عليه وكفله بالرعاية – حيث كان يسبق وصول الإدريسي إلى صقلية صيته كرحالة وكعالم جغرافي فذ – ثم عهد إليه الملك روجر بالمهمة العلمية العظيمة، **وهي تصميم خريطة للعالم.**

وقد أراد الإدريسي أن يخلد هذه الخريطـة لتكون بمنجاة من عوامل التلف، فأمر له الملك روجر بأن يوضع تحت تصرفه كرة من الفضة الخالصة تزن أربعمائة رطل رومي. وأمر الصناع أن ينقشوا فيها (صور الأقاليم السبعة ببلادها وأقطارها وخلجانها وبحارها ومجاري مياهها ومواقع أنهارها وعامرها وغامرها وما بين كل

بلدين منها وبين غيرها من الطرقات المطروقة والأميال المحدودة والمسافات المشهورة والمراسي المعروفة، بحسب الرسم الذي رسمه الإدريسي) والأقاليم السبعة هي أساس التقسيم الجغرافي للعالم في العصور الوسطى، وتمثل القسم المعمور من الكرة الأرضية، وهو النصف الشمالي، الذي يشمل القارات الثلاث المعروفة لنا الآن – آسيا وأفريقيا وأوروبا- وقد حدد الإدريسي تلك الأقاليم السبعة وقسمها بحسب درجات العرض فجعل الإقليم الأول بين درجة (٠) ودرجة (٢٣) شمال خط الاستواء. والأقاليم الخمسة فوقه، كل واحد منها ست درجات، أما الإقليم السابع (أعلى الخريطة) فجعله بين درجتي (٥٤)، (٦٣) . وما بعد هذه الدرجة الأخيرة منطقة غير مسكونة لكونها كثيرة البرودة ومغمورة بالثلوج.

وأضاف الإدريسي إلى الخريطة (أو القسم الشمالي من الكرة الأرضية) جزءاً صغيراً يمثل القسم الجنوبي جعله جنوب خط الاستواء حتى درجة (١٦). وهذا الجزء هو الذي تقع فيه منابع النيل التي بينها ببراعة علمية سابقاً بها علماء الجغرافيا والمكتشفين الذين أتوا بعده.

وقسّم الإدريسي كلاً من تلك الأقاليم السبعة إلى عشرة أقسام متساوية من الغرب إلى الشرق. وبذلك أصبح هناك سبعين قسماً. وضع لكل قسم منها خريطة خاصة.

وهذه الخرائط السبعين موجودة في كتاب (نزهة المشتاق) المشار إليه. ومنها استخرج (ميلر) خريطته الشهيرة للعالم سنة ١٩٣١. وقد اعتمد المجمع العلمي العراقي عليها وعلى خمس نسخ مصورة من كتاب نزهة المشتاق. ليخرج لنا خريطة جديدة بطول مترين وعرض متر واحد وذلك سنة ١٩٥١.

بعد أن أنجز الإدريسي رسم خريطته ونقشها فوق الكرة الفضية (التي تعتبر بحق عملاً معجزاً في ذلك الزمان) نبتت فكرة وضع مؤلف جغرافي عام يستعرض فيه الأقاليم السبعة (أو العالم المعروف في زمانه) وتوصف فيه أحوال البلاد والأرضي، وأماكنها وصورها وبحارها وجبالها ومسافاتها ومزروعاتها وعللها وخواصها وأجناس نباتها وما بها من الصناعات وصنوف التجارة وما يذكر عنها من العجائب مع ذكر

أحوال أهلها وهيئاتها ومذاهبهم وأزيائهم ولغاتهم.

وقد اعتمد الإدريسي في وضع مؤلفه أو موسوعته الجغرافية على معلوماته الشخصية التي جمعها من طوافه في شبه الجزيرة الإسبانية وشواطئ فرنسا وغربي البحر المتوسط وجزائره والمغرب وآسيا الصغرى، وعلى ما استقاه من بحوث الجغرافيين القدماء ولا سيما بطليموس وأسلافه الجغرافيين المسلمين العظام: اليعقوبي وابن خرداذبة والمسعودي وابن حوقل.

وبالإضافة لكل هؤلاء اعتمد أيضاً على تقارير الرسل والمبعوثين الذين أوفدهم الملك روجر إلى مختلف البلدان الأوروبية ومنها فرنسا وإيطاليا وألمانيا وبلاد اسكندنافيا وجزائر بحر الأدرياتيك وجزر الأطلنطي – وهي التي تناولها الإدريسي جميعاً ولأول مرة في الجغرافية العربية وجغرافية العصور الوسطى – بكثير من الدقة والبراعة.

واستغرقت بحوث الإدريسي في موضع المؤلف كله خمسة عشر عاماً، وانتهى من وضعه سنة ١١٥٤م. قبيل وفاة الملك الصقلي روجر بأشهر قلائل.

- وقد كتب الإدريسي غير موسوعته الجغرافية هذه كتاباً آخر عنوانه: (روض الأنس ونزهة النفس) أو(المسالك والممالك)إلا أنه –للأسف – لم يصلنا منه سوى قطعة صغيرة مخطوطة توجد بإحدى مكتبات استانبول.

- والإدريسي إلى جانب براعته وإنجازه العظيم في الجغرافيا، يعد عالماً بالنبات أيضاً والعقاقير الطبية المستخرجة من النباتات وله في ذلك كتاب (الجامع لصفات أشتات النبات). ويقع هذا الكتاب في أربعة أجزاء. ويوجد منه نسخة في خزانة الفاتح بإستانبول بتركيا.

ويبحث القسم الأول من هذا الكتاب في ٢٦٠ نباتاً وعقاراتها والقسم الثاني يبحث في ٣٠٠ وعقاراتها. وبذلك يكون قد ذكر في كتابه ٥٦٠ نباتاً (وهذا الرقم إن دل على شيء فإنما يدل على عبقرية الإدريسي ونبوغه).

وتمتاز كتابات الإدريسي في العقاقير والنباتات الطبية بمحاولته مطابقة الاسم العربي للنبات أو العقار على مقابلة في اللغات اليونانية والسريانية والفارسية والهندية واللاتينية والبربرية.

كان هذا هو الإدريسي، نابغة زمانه، الذي قال بعض المؤرخين الفرنسيين سنة ١٨٤١ عن كتابه (نزهة المشتاق):

"إن كتاب الإدريسي لا يمكن أن يوازن به أي كتاب جغرافي سابق له، وأن أجزاء من المعمورة لا يزال هذا الكتاب دليل المؤرخ الجغرافي في الأمور المتصلة بها".

إسحاق بن إبراهيم النسطاسي

الفاضل في صناعة الطب

(القرن الرابع هجري ـ أواخر القرن العاشر)

هو إسحاق بن إبراهيم بن نسطاس بن جريح (أبو يعقوب) نصراني فاضل في صناعة الطب، وكان في خدمة الحاكم بأمر الله (٣٧٥ ـ٤١١هـ ٩٨٥ ـ١٢٠١) ويعتمد عليه في الطب، وتوفي إسحاق بن إبراهيم بن نسطاس بالقاهرة في أيام الحاكم، واستطب بعده أبا الحسن علي بن رضوان، واستمر في خدمته وجعله رئيساً على سائر الأطباء.

إسحاق الإسرائيلي

الذي خدم صاحب إفريقية

(... ـ ٣٢٠هـ ... ـ ٩٣٢م)

هو إسحاق بن سليمان الإسرائيلي " أبو يعقوب " طبيب، حكيم، عرف بالإسرائيلي، نشأ بمصر، وأتى في عهد زيادة الله الأغلبي (٢٩٠ - ٢٩٦هـ ٩٠٣ - ٩٠٩م) إلى القيروان حيث تتلمذ على إسحاق بن عمران الطبيب المشهور، خدم الإمام

أبا محمد عبيد الله المهدي صاحب إفريقية بصناعة الطب، بعد سقوط زيادة الله الأغلبي.

عمر طويلاً إلى أن نيف على مائة سنة وتوفي في حدود سنة ٣٢٠ هجرية / ٩٣٢م وفي قول آخر بعد سنة ٣٤١هـ ٩٥٣م.

من مؤلفاته:

- كتاب الحمّيات: وجده ابن رضوان " نافعاً، ولا مزيد عليه ".
- كتاب " الأدوية المفردة والأغذية ".
- كتاب البول.
- كتاب المدخل إلى صناعة الطب.
- كتاب في النبض.
- كتاب في الترياق.

إسحاق بن حنين

(٨٢٧ - ٩١٠)

هو اسحاق بن حنين بن اسحاق العبادي، وكنيته أبو يعقوب. تتلمذ على أبيه، واشتغل معه في الترجمة ببيت الحكمة.

أباه في سبك العبارة، إلا أن مترجماته لكتب الطب كانت أقل مما عمل في العلوم الأخرى، ويصعب معرفة مترجماته من مترجمات أبيه لأسباب تقدم ذكرها.

وكان إسحاق واسع المعرفة ورياضي الروح، وله نوادر مستملحة، ويحفظ الشعر وينظمه.

اختص بصحبة القاسم بن عبيد الله وزير المعتضد المتوفي سنة ٢٨٩ هـ/ ٨٩٣ م، ونادم الخليفة المكتفي بالله المتوفي سنة ٢٩٥ هـ / ٩٠٨ م. وشاع أنه أسلم في شيخوخته. وقد عمر ثلاثاً وثمانين سنة، وتوفي في خلافة المقتدر بالله سنة ٢٩٨ هـ / ٩١١ م وهو يعاني من مرض الفالج.

وكانت أكثر أعمال اسحاق بن حنين، على عكس أبيه، في ترجمة الكتب اليونانية الفلسفية، وأقلها في الطب. على أنه شارك أباه في كثير من ترجماته الطبية التي نشرت باسم أبيه. وله عدا ذلك مؤلفات في الطب وتعليقات وشروح على أفكار العلماء اليونان واختصارات لكتبهم، **ومؤلفاته هي** :

١- تاريخ الأطباء ـ يعد هذا الكتاب أقدم ما كتب بالعربية في تراجم الأطباء اليونانيين القدماء. أفاد منه ابن النديم في وضع كتابه الفهرست، وكذلك ابن جلجل في كتابه طبقات الأطباء. حقق مخطوطة الكتاب وترجمها إلى الإنجليزية فرانس روزنثال ونشرها في مجلة Oriens , Vol , ٧ , P. ٥٥-٨٠

٢- كتاب الأدوية المفردة ـ ترجمه إلى اللاتينية نقولا الدمشقي، وطبع سنة ١٨٤١ م.

٣- كتاب الترياق Sezgin ٣/٢٦٨- أخذ عنه الرازي في معالجة القولنج (الحاوي ٨/١٨٠-١٨١)، ومعالجة الجدري والحصبة (ح ١٧ / ١٥).

٤- كتاب معرفة البول (دانشكاه بطهران ـ Sezgin , ٣/٢٦٨).

٥- كتاب المختصر في الطب (كمبرج).

٦- الرسالة الصافية في أدوية النسيان.

٧- كتاب الأدوية الموجودة بكل مكان (نحاس بحلب).

٨- كتاب الأدوية المسهلة.

٩- اصلاح جوامع الإسكندرانيين لشرح جالينوس لكتاب الفصول لأبقراط ـ ترجمه اسحاق وأصلح الترجمة ثابت بن قرة.

١٠- كتاب في النبض على جهة التقاسيم.

١١- كتاب صناعة العلاج بالحديد.

١٢- ترجمة وصية أبقراط.

١٣- كتاب المجسطي لبلطيموس ـ ترجمه اسحاق وأصلح الترجمة ثابت ابن قرة (بروكلمان ـ الأدب العربي ٤/ ١١٧).

١٤- كتاب الأصول لإقليدس-ترجمه اسحاق وأصلح الترجمة ثابت بن قرة (بروكلمان ـ الأدب العربي ١١٧/٤).

١٥- كتاب المناظر لإقليدس ـ ترجمه اسحاق وأصلح الترجمة ثابت بن قرة (بروكلمان ـ تاريخ الأدب العربي ٤/ ١١٧).

١٦- كتاب آداب الفلاسفة ونوادرهم.

١٧- كتاب الحيلة لحفظ الصحة لجالينوس ـ ترجمه اسحاق إلى العربية لعلي بن يحيى.

١٨- ترجمة النصف الأخير من كتاب في أجزاء الطب لجالينوس.

١٩- ترجمة كتاب أفكار ارستراتوس في مداواة الأمراض ـ نقله إلى اللغة السريانية لبختيشوع.

٢٠- ترجمة كتاب في آلات الشم لجالينوس، إلى العربية.

٢١- ترجمة كتاب في مراتب قراءة كتب جالينوس إلى العربية لأحمد بن موسى.

٢٢- جوامع كتب أبقراط الصحيحة وغير الصحيحة ـ وقد ترجمها إلى العربية.

٢٣- ترجمة كتاب النبات لنقولا الدمشقي (القرن الأولى ق. م) المنسوب وهما إلى ارسطو (سارتون ٢٧٩/٣).

أسعد الدين بن أبي الحسن

الذي خدم بطبه ابن الملك الكامل

(٥٧٠ ـ ٦٣٥)

هو العالم أسعد الدين بن عبد العزيز بن أبي الحسن علي. ولد بمصر سنة ٥٧٠ هجرية. وكان أبوه طبيباً بمصر أيضاً. اشتغل بصناعة الطب على أبي زكريا يحيى

البياسي، بمصر. خدم بطبه الملك المسعود أقسيس بن الملك الكامل. وأقطعه الملك الكامل إقطاعات يستغلها في كل سنة. اجتمع به ابن أبي أصيبعة مرتين وكان صديقاً لأبيه. توفي أسعد الدين بالقاهرة سنة ٦٣٥ هجرية.

لأسعد الدين بن أبي الحسن من الكتب :

- كتاب " نوادر الألباء في امتحان الأطباء " صنفه للملك الكامل محمد بن أبي بكر بن أيوب.

أسعد المطران

الطبيب الفقيه المصنف

(... - ٥٨٧هـ ... - ١١٩١م)

هو أسعد بن إلياس بن جرجس، موفق الدين ابن المطران : طبيب عارف بالنحو واللغة والأدب، ولد بدمشق، ونشأ بها، وكان أبوه طبيباً، واشتغل صاحب الترجمة بالطب على مهذب الدين بن النقاش.

وخدم بطبه الملك الناصر صلاح الدين يوسف بن أيوب، وأسلم في أيامه، وعلت مكانته عنده، اجتمعت له خزانة كتب طبية حافلة، قدّرها ابن أبي أصيبعة بعشرة آلاف مجلد، عدا ما استنسخه، وكان في خدمته ثلاثة نساخ.

أشهر تلامذته مهذب الدين عبد الرحيم بن علي. ظلّ موفق الدين يعمل في البيمارستان النوري (المستشفى) بدمشق حتى وفاته بدمشق سنة ٥٨٧ هجرية (١١٩١م).

صنف في الطب كتباً قيمة : كتاب "بستان الأطباء وروضة الألباء "، ولم يتمكن من إتمامه، وله " المقالة الناصرية في حفظ الأمور الصحية "، وقد جعلها باسم السلطان الملك الناصر صلاح الدين يوسف بن أيوب، ويقع في ٩١ ورقة.

وله أيضاً " المقالة النجمية في التدابير الصحية "، صنفها لنجم الدين أيوب والد صلاح الدين.

ومن آثاره الطبية : كتاب " الأدوية المفردة "، كتاب " آداب طب الملوك "، إضافة إلى مسودات عدة لمصنفات طبية لم يعثر عليها.

الأسفزاري

(نحو ٤٨٠ هـ)

المظفر بن إسماعيل، أبو حاتم الأسفزاري، كان معاصراً لعمر بن إبراهيم الخيام، وبينهما مناظرات.

غلب عليه الاشتغال بعلوم الهيئة والأثقال والحيل الهندسية، وصرف مدة عمره في عمل ميزان يعرف به " الغش والعيار " فكسره خازن السلطان وفتت أجزاءه خوفاً من ظهور خيانته في الخزانة، فسمع المظفر بهذا فمرض ومات أسفاً.

ذكره ابن الأثير في تاريخه في حوادث سنة ٤٦٧ هـ، قال :"وفيها أيضاً عمل الرصد للسلطان ملكشاه، واجتمع جماعة من أعيان المنجمين في عمله منهم: عمر بن إبراهيم الخيامي، وأبو المظفر الأسفزاري وميمون بن النجيب الواسطي وغيرهم".

نشأ في مدينة أسفزار، وتوفي نحو سنة ٤٨٠ هـ - ١٠٨٧ م. كان من طبيعي العرب المسلمين، ومن الذين اشتغلوا مع الخيام بالعلوم الرياضية، ومن الذين لهم بحوث في الكثافة النوعية. وقد اختصر هندسة " إقليدس " في كتاب أسماه "اختصار لأصول إقليدس".

وله أيضاً: إرشاد ذوي العرفان إلى صناعة القبان. مقدمة في المساحة. اختصار كتاب الحيل لبني موسى بن شاكر. ذكره سارتون في كتابه وقال عنه:

"من الذين لهم بحوث في الكثافة النوعية" وهي مقياس كمية المادة في وحدة الحجم من مادة ما، تقاس عادة بالجرام للسنتمتر المكعب، وبالجرام لليتر، وبالرطل للقدم المكعب، وتحسب بقسمة الكتلة على الحجم في درجة الحرارة والضغط القياسيين. والوزن النوعي للجسم الصلب أو للسائل هو كثافته بالنسبة إلى كثافة الماء.

اسكندر البارودي

الطبيب المصنف المؤلف

(١٢٧٢ - ١٣٣٩هـ، ١٨٥٦ - ١٩٢١م)

هو اسكندر بن نقولا بن سمعان بن مراد البارودي : طبيب مصنف أصله من حوران في سورية وانتقل أحد أجداده إلى لبنان، ولد في صيدا، وتعلم في المدرسة الأمريكية ببيروت، وانقطع للطب، وتقلب في مناصب طبية مختلفة.

تولى إنشاء "مجلة الطبيب" مدة طويلة ومن تأليفه "حياة الدكتور فانديك"، "السور المحلّى" في الطب، وله أيضاً "النصائح الموافقة في سن المراهقة"، و"المبادئ الصحية للأحداث"، و"خير الأغراض في مداواة الأمراض".

وله كذلك "أضرار المسكرات". توفي بسوق الغرب (من قرى لبنان) سنة ١٣٣٩ هجرية (١٩٢١م).

إسماعيل الجرجاني

صاحب التصانيف العربية والفارسية

(٨٨٨ - ٥٣١هـ ... - ١١٣٧م)

هو إبراهيم، وأبو الفضائل، زين الدين إسماعيل بن الحسين الحسيني الجرجاني، المعروف بسيد إسماعيل طبيب فارسي جرجاني الأصل، خوارزمي الإقامة. ألف بالعربية والفارسية، كان على صلة بقطب الدين شاه، ملك الخوارزم وبخليفته وزير العزيز. ألّف للأول " ذخيرة خوارزم شاهي "، وهو أوسع كتاب طب في عصره، وألف للثاني " أعراض الطب " وهو أصغر حجماً. أما تصانيفه بالعربية فمنها " الطب الملوكي " و " تدبير يوم وليلة "، و " زبدة الطب " و " التذكرة الأشرفية

في الصناعة الطبية ".انتقل عن خوارزم إلى مرو في آخر عمره وبها توفي ٥٣١ هجرية (١١٣٧م).

إسماعيل ناجي

الطبيب الذي أنشأ العيادة الشعبية

(١٣٣٤ـ ١٣٩٠هـ ١٩١٦ ـ ١٩٧٠)

إسماعيل ناجي، الدكتور : طبيب متأدب، بغدادي. أنشأ " العيادة الشعبية " بما يشبه المجان تيسيراً للفقراء.

أصدر " مجلة " صحية أقبل عليها الناس، وزعتها حكومة بغداد في مدارسها.

واستخلص منها رسائل بأسماء " أخطاء طبية شائعة "، و " صرخات جنسية " و " ريثما يأتي الطبيب " نشرها على حدة، كما كتب دور لي ملاك الرحمة "، و " أطباء مرضى يتحدثون عن أمراضهم "، و "ما رأت العين، وما سمعت الأذن، في أثناء أداء مهمة الطبيب ".

أفرائيم بن الزَّفان

الذي خلّف الأموال والكتب

(... ـ ٤٥٣هـ ... ـ ١٠٦١م)

أبو كثير أفرائيم بن الحسن بن إسحاق بن إبراهيم بن يعقوب، المعروف بابن الزّفان، طبيب مصري، إسرائيلي المذهب، خدم الخلفاء الذين عاصرهم ونال منهم المال والنعم.

قرأ صناعة الطب على أبي الحسن علي بن رضوان الطبيب المصري اللامع، وهو من أجل تلامذته، وكانت له أهمية عالية في تحصيل الكتب الطبية واستنساخها، ويذكر ابن أبي أصيبعة أنه " خلف من الأموال الشـيء الكثير، ومـن

الكتب ما يزيد على عشرين مجلد ". وتوفي ابن الزّفان في سنة ٤٥٣هـ (١٦٠١م).

من مؤلفاته :

- " تعاليق ومجربات " جعلها إلى جهة الكناش وقد وجد ابن أبي أصيبعة هذا الكتاب بخطه، وقد استقصى ذكر الأمراض ومداواتها فيه.

- كتاب " التذكرة الطبية في مصلحة الأحوال البدنية " ألفه لنصير الدولة علي الحسين بن أبي علي الحسين بن أبي علي الحسن بن حمدان، لما أراد الانفصال عن مصر، والتوجه إلى الإسكندرية والبحيرة.

- مقالة في " التقرير القياسي على أن البلغم يكثر تولده في الصيف، والدم والمرار الأصفر في الشتاء ".

البتـانـي

(٨٥٠-٩٢٩م)

ولد البتاني في بتان من نواحي حران، وهي مدينة كانت واقعة على أحد روافد نهر الفرات بالعراق قرب مدينة الرقة. وتاريخ مولده موضع خلاف بين العلماء والمؤرخين، والأرجح أنه سنة ٨٥٠م. وتوفى سنة ٩٢٩م.

وقد عاش البتاني حياته العلمية متنقلاً بين الرقة على الفرات، وأنطاكية في سوريا. وعكف في البداية - كغيره من العلماء العرب على دراسة ما توصل إليه من سبقوه في مجال الفلك، فدرس كتابي: "السند هند" و"المجسطي"، وكانا في زمانه أشهر كتابين في الفلك.

ثم ما لبث أن بدأ يجري بحوثه الخاصة في الفلك إلى جانب الرياضة والجغرافيا، فامتاز على غيره بمواهبه وبزّهم فيما توصل إليه من نتائج، حتى أن "لالاند" العالم الفرنسي الشهير، بعد أن اطلع على مآثره عدّه من العشرين فلكيا في العالم كله.

وشاركه "سارتون" أشهر مؤرخي العلم في العالم، الرأي ووصفه بأنه أعظم فلكي جنسه وزمانه، ومن أعظم علماء الإسلام. من أشهر أعمال البتاني الفلكية تلك الأرصاد التي قام بها، وشملت مجالاً واسعاً لا تنقصه الدقة، فنجده مثلاً قد رصد زاوية الميل الأعظم (انحراف محور الأرض عن العمودي على مسارها) عدة مرات، وليس مرة واحدة حتى يستوثق من صحة النتائج.

وقد أثبتت الحسابات الفلكية الحديثة أن القيمة الصحيحة في أيامه لا تختلف كثيراً عما توصل إليه، وذلك رغم الآلات البدائية التي كانت تستخدم في ذلك الوقت.

ومن بين أرصاده الأخرى الهامة، قياس موضع الأوج (أو موضع الأرض في أقصى بُعد لها عن الشمس). فوجد أنه قد تغير عما كان عليه أيام بطليموس، في حين كانت قياسات بعض المعاصرين له مطابقة لما حققه بطليموس.

وهذا التضارب في النتائج كان حافزاً للبيروني (الذي جاء بعده بأكثر من مائة عام) على إعادة الرصد بضع مرات، فوجد أن الموضع قد انتقل فعلاً من مكانه، وبذلك نادى بحركة الأوج أو تغيّر المسافة بين الأرض والشمس وبينها وبين الكواكب الأخرى، وإن كان البتاني هو المكتشف الأصلي لها.

ومن بين الأعمال الفلكية الأخرى، للبتاني حساب طول السنة الشمسية وقد جاء حسابه صحيحاً في حدود دقيقتين و٢٢ ثانية. كما كانت أرصاده المتعلقة بالكسوف والخسوف دقيقة إلى الحد الذي جعل "دنثورن" يعتمد عليها سنة ١٧٤٩م – أي بعد نحو ثمانية قرون – في تحديد تسارع القمر في حركته.

أما أهم أرصاد البتاني فهي تصحيح حركات القمر والكواكب وعمل جداول جديدة لمواقعها، بالإضافة إلى مواقع عدد كبير من النجوم ضمنها زيجة الشهير: "الزيج الصابي" الذي اعتمد عليه علماء الفلك لعدة قرون.

وإلى جانب إنجازات البتاني في الفلك، كانت له إنجازات أيضاً في مجال الرياضيات، أهمها استعمال (الجيب) بدلاً من (الوتر) الذي كان شائعاً عند الإغريق – وإن كان هناك خلاف بين المؤرخين فيمن كان أول من أدخل الجيوب في الرياضيات. ومن أعماله أيضاً إكمال تعريف الظل وظل التمام.

كما ينسب إليه اكتشاف قانون جيب التمام في المثلث الكروي، وبحث كذلك بعض المسائل التي تناولها اليونانيون بالطرق الهندسية، فحاول الوصول إلى حل جبري لها.

وقد ترك لنا البتاني تراثاً من المؤلفات نذكر منها :

١- الزيج الصابئ : الذي كان أول زيج يحتوي على معلومات دقيقة وأرصاد كان لها أثر كبير على علم بالفلك وتقدم أبحاثه خلال القرون الوسطى عند العرب، وأوائل عصر النهضة في أوروبا.

وقد ترجم هذا الكتاب إلى اللاتينية في القرن الثاني عشر الميلادي، ثم ترجم في القرن الثالث عشر إلى الأسبانية.

٢- كتاب معرفة مطالع البروج فيما بين أرباع الفلك.

٣- رسالة في مقدار الاتصالات الفلكية.

بختيشوع بن جبرائيل

طبيب عربي

(... ، ٢٥٦ - ... ، ٨٧٠ م)

هو بختيشوع بن جبرائيل بن بختيشوع بن جرجس طبيب سرياني الأصل

مستعرب. قربه الخلفاء العباسيون لا سيما المتوكل. خدم الواثق والمتوكل والمستعين والمهتدي والمعتز توفي في

بغداد سنة ٨٧٠ م.

له من الكتب:

- " الجواب ".

- " كتاب الجامعة عن طريق المسألة ".

بختيشوع بن جرجس

طبيب عربي

(... نحو ١٨٤ هـ - ... ٨٠٠م)

هو بختيشوع بن جرجس الجند بسابوري، طبيب سرياني الأصل مستعرب. صحب وعالج العباس

السفاح وعاش إلى أيام الرشيد فخدمه وتولى رئاسة بيمارستان جنديسابور.

وعندما مرض الرشيد استدعاه فقام بعلاجه حتى شفاه فخلع عليه مالاً وجعله رئيس الأطباء ومن

كتبه: كناش مختصر، كتاب التذكرة.

البوزجاني

ولد البوزجاني سنة ٩٤٠م في بوزجان، وهي بلدة صغيرة تقع بالقرب من نيسابور، وهي مدينة

قديمة ببلاد فارس. وتوفي في بغداد سنة ٩٩٨م.

تلقى علومه الأولية وتعلم الحساب على يد عمه" أبو عمرو المغازلي" وخاله "أبو عبد الله محمد بن عنبة".ولما بلغ من العمر عشرين عاماً رحل إلى بغداد - قبلة العلم والعلماء في ذلك الوقت حيث بدات حياته العلمية تأخذ مجراها الحقيقي، وبدأ نجمه يلمع.

ويعتبر البوزجاني عالماً فلكياً إلى جانب أنه من أعظم علماء الرياضيات العرب.

بدأ بدراسة مؤلفات من سبقوه، وكان من أواخر من قاموا بترجمة الثقافة الإغريقية والتعليق عليها.

فكتب تعليقات على أعمال إقليدس، وإبرخس وديوفانتوس وغيرهم، كما فسر كتاب الخوارزمي "الجبر والمقابلة" وزاد على بحوث الخوارزمي زيادات تعتبر أساساً لعلاقة الهندسة بالجبر.

وقد اعترف له كثير من علماء الغرب بأنه من أشهر الذين برعوا في الهندسة وطرقوا فيها أبواباً غير مسبوقة.

فقد حل بعض أنواع المعادلات من الدرجة الرابعة بطرق هندسية. وهو أول من وضع النسبة المثلثية (ظل) وأول من استعملها في حلول المسائل الرياضية.وهو بوضعه (ظل) في عداد النسب المثلثية، إنما وضع أحد الأعمدة التي تقوم عليها المثلثات.

كذلك أدخل البوزجاني القاطع والقاطع تمام، ووضع الجداول للماس، كما وضع جيوباً للزوايا امتازت بدقتها، حتى أن جيب زاوية ٣٠ الذي توصل إليه أو استنتجه جاء صحيحاً إلى ثمانية أرقام عشرية.

ووضع بعض المعادلات التي تتعلق بجيب زاويتين، وكشف بعض العلاقات بين الجيب والمماس والقاطع ونظائرها.

واستعاض عن المثلث القائم الزاوية من الرباعي التام بنظرية (منالاوس) مستعيناً بما يسمى قاعدة المقادير الأربعة ونظرية الظل، واستخرج من هذا كله قانوناً جديداً.

وكان لجميع هذه المعادلات والاستخراجات أثر كبير في تقدم المثلثات كما كانت بمثابة فتح جديد في عالم الرياضيات إذ مهدت السبيل لعلماء الغرب - فيما بعد - أن يتقدموا في الهندسة التحليلية خطوات واسعة وينشئوا علم التفاضل والتكامل، وهو أروع ما وصل إليه العقل البشري، وعليه قامت كثير من الاختراعات والاكتشافات العلمية.

وكان البوزجاني مبتدعاً ومبتكراً لطرق خاصة في استعمال الأدوات الهندسية في رسم الأشكال والدوائر المستوية والكروية.

ولم يقتصر نبوغ البوزجاني على الرياضيات والهندسة، بل تعداها إلى العلوم الفلكية والمسائل المتصلة بها، فكتب عن حركات الكواكب وما يعرض لها.

وقام بحساب الجداول الفلكية الخاصة. وبلغ من دقة أرصاد وحسابات فلكية.

ومن بينها تعيين لحظة حلول الشمس في الاعتدالين، والمنقلبين، وقياس أطوال الفصول، وتعيين انحراف محور الأرض عن العمودي على مسارها.

ولنبوغه في الفلك فقد اختاره شرف الدولة بن عضد الدولة بين نخبة من كبار علماء الفلك للعمل في المرصد الذي بناه في بستان دار المملكة ببغداد.

وكما حدث لكثير من النظريات التي توصل إليها العرب، والتي نسبت فيما بعد إلى علماء أوروبا أخذ "ريجيو مونتانوس". بعض نظريات البوزجاني والموضوعات الرياضية من مؤلفاته دون الإشارة إلى صاحبها فأصبحت منسوبة إليه.

كما نسب إلى عالم الفلك الدانماركي "تيخوبراهي" اكتشاف الاختلاف في حركة القمر، ولكن الدارسين للتراث العربي والمنصفين من المستشرقين وجدوا أن الفضل في ذلك يعود إلى البوزجاني.

وقد ترك لنا البوزجاني تراثاً زاخراً من المؤلفات في مجالي الرياضة والفلك.

نذكر منها في مجال الرياضة:

١ - **كتاب في عمل المسطرة والبركار والكونيا** (المثلث القائم الزاوية)، ومحتويات هذا الكتاب كانت أساساً من الأسس التي دفعت عجلة الهندسة خطوات واسعة، إذ يشمل وسائل مبتكرة وأساليب جديدة لرسم الدوائر والأشكال كثيرة الأضلاع

المختلفة والمنتظمة.

وبعض تلك الأساليب هي نفسها الأساليب هي نفسها الأساليب الحديثة المستخدمة اليوم في الهندسة.

٢- كتاب فيما يحتاج إليه الصناع من أعمال الهندسة.. وهذا الكتاب يعتبر موسوعة للنظريات الهندسية دون البراهين الرياضية. وقد وضعه البوزجاني، ليكون تحت تصرف المختصين والفنيين في الأعمال الهندسية الذين يهمهم طرق الرسم ولا تعنيهم كثيراً البراهين.

٣- كتاب استخراج ضلع المربع - وفيه حل لبعض معادلات الدرجة الرابعة.

٤- كتاب فيما يحتاج إليه العمال والكتاب من صناعة الحساب - وتناول فيه قواعد الحساب والمساحات والخراج ومعاملات التجار.

٥- كتاب تفسير (الجبر والمقابلة) الذي وضعه الخوارزمي.

أما في مجال الفلك فمن مؤلفاته:

١- كتاب المجسطي: وهو دائرة معارف فلكية، وضعه على نمط كتاب المجسطي لبطليموس.

٢- كتاب الزيج الشامل: ويحتوي على الجداول الفلكية التي يعتمد عليها العلماء في أرصادهم.

٣- كتاب الكامل: ويبحث في حركات الكواكب والتغيرات التي تحدث في تلك الحركات.

٤- كتاب معرفة الدائرة في الفلك.

هذا وقد كان البوزجاني أحد طلائع العلماء في الرياضيات والفلك الذين بدأوا بحوثهم بالدراسة المتعمقة لمؤلفات من سبقوهم..

ولم يكتف بترجمات الآخرين للتراث العلمي اليوناني، بل اعتمد على نفسه في ترجمة ذلك التراث، خشية أن تحتوي ترجمات الآخرين على بعض الأخطاء العلمية التي يقع فيها غير المختصين.

ولم تكن دراسته دراسة سطحية، كما لم يأخذ كل نظرية أو فكرة أمراً مسلماً به. بل نظر إليها نظرة النافذ المدقق حتى يقتنع بصحتها.

ولم يكتف البوزجاني بالترجمات التي تمت لتراث الحضارات الأخرى، بل وضع لعلماء عصره القواعد التي تؤدي إلى استنباط النظريات والابتكارات الخاصة به.

البيروني

هو أبو الريحان محمد بن أحمد البيروني، ولد في أيلول عام ٩٧٣ م بضاحية من ضواحي خوارزم ويعتبره ابن أبي أصيبعة منسوباً إلى بيرون وهي مدينة في السند وتقع الآن في مقاطعة باكستان الغربية.

ويشير ياقوت الرومي أنه لقب بالبيروني لأن بيرون بالفارسية معناها (برا) أي (خارج البلد)، وذلك لأن مقامه في خوارزم كان قليلاً وأهل خوارزم يسمون الغريب بهذا الإسم. وقد لقبه بعضهم بالخوارزمي ولقب البيروني لغزارة علمه بالأستاذ وهو لقب معناه الدلالي كلقب ابن سينا من قبل بالشيخ الرئيس.

لم يعرف تأريخ وفاته بالضبط إلا أنه يرجح أنه حدث حوالي ١٠٤٨ م وهناك من يحدده بالعام ١٠٥٠. وكانت وفاته في غزنة.

ارتحل عن خوارزم إلى كوركنج على أثر حادث مهم، ثم انتقل إلى جرجان وهناك التحق بشمس المعالي قابوس من سلالة بني زياد.

ومن جرجان عاد إلى كوركنج حيث أقام في بلاط أبو العباس المأمون ملك خوارزم ومن ثم في بلاط محمود الغازي، ونال لديهم حظوة كبيرة.

ولوقوع خوارزم بيد الغازي سبكتكين اضطر البيروني إلى الارتحال إلى الهند وأفغانستان وأقام حوالي ١٥ سنة في جرجان. التقى ابن سينا في بلاط قابوس وكان بينهما رسائل وعلاقات متينة.

وكان البيروني من بين الأسرى العديدين الذين حملهم السلطان مع الغزنوي ويروي أنه مكث في الهند أربعين سنة تعلم خلالها اللغة السنسكرتية وعدداً من لغات

الهند، كما درس الديانات والفلسفة الهندية بلغات أهلها.

كذلك درس الفلسفة اليونانية وشيئاً من اللغتين العبرية والسريانية فضلاً عن العربية والفارسية.

جاء على لسان المستشرق سيديو:

إن أبا الريحان اكتسب معلوماته في محيطه ثم نزل بين الهنود حين أحضره العزنوي فأخذ منهم الروايات المحفوظة لديهم قديمها وحديثها وأفادهم من اكتشافات أبناء وطنه، وألف ملخصات هندية وعربية.

وكان البيروني مشيراً وصديقاً للغزنوي، استعد لإصلاح الأغلاط الباقية في حساب الروم والسند وما وراء النهر، وألف قانوناً جغرافياً كان أساساً لأكثر الكوسمو غرافيات المشرقية.

لم يكتب البيـروني كتاباً خاصـاً في الكيـميـاء إلا أنه ضمنها في كتابيه (الصيدلة) و (الجماهر في معرفة الجواهر).

يتكلم البيروني في الكتاب الأول عن الأدوية والعقاقير التي عرفت قبله بالإضافة إلى ما جاء به هو بنفسه.

كما تحدث عن النورة وعدد أسماءها في مختلف اللغات ويقول :

" إن بعضهم يسميها الكلس وسميت بالنورة لأنها تنير البدن وتبيضه. وتكلم البيروني عن النشادر ووصف طريقة تكوينه ولا سيما الطريقة التي ذكرها الهنود من أنها تتكون من الدمن المتعفن.

إذ أن المواد العضوية التي تحتوي على عنصر النيتروجين تتفسخ فيتولد غاز الأمونيا (غاز النشادر) نتيجة لذلك.

ثم يضيف البيروني حقيقة كيميائية أخرى لم يلتفت إليها أحد قبله من الكيميائيين وذلك عندما وصف ذوبان النشادر في الماء بقوله :

" النشادر يبرد الماء وإن جعل ماؤه في ثلج جمده ".

وشرح البيروني الفرق بين الأصباغ الثابتة التي تذوب في الماء وتلك التي لا تذوب فيه بل تذوب في المواد العضوية كالزيوت والنفط.

وقد ذكر البيروني تحت كلمة: وشه: وسمي عروق الصباغين وبالسنجرية (نيجوشك).

وهو عروق تلتف ولا تحمر الماء وإن طبخ فيه وإنما يحمر الزيت فيستعمل في القناديل.

وشرح البيروني طريقة لتحضير الزنجار (كاربونات النحاس القاعدية) وقال أنها تستعمل دواء للعين.

كما ذكر طريقة للتمييز بين هذه المادة وكبريتات النحاس.

وقال : إن الأولى تتحول إلى مادة حمراء داكنة عند تسخينها تسخيناً شديداً. وبهذا فإنه يشير إلى أن كاربونات النحاس تتجزأ بالتسخين مكونة أوكسيد النحاس البني اللون وغاز ثاني أوكسيد الكربون.

أما كبريتات النحاس فلا تتجزأ تحت هذه الظروف بل تفقد ماء تبلورها جزئياً أو كلياً حسب درجة الحرارة التي تعرضت لها ولكنها تعود إلى ما كانت عليه عند تعرضها للهواء وامتصاص بخار الماء الموجود في الجو فتستعيد لونها الأزرق المخضر.

ويتكلم عن الزئبق فيقول :

وأحجاره حمر تنشق في الكورفيسيل الزئبق منها أما في كتاب (الجماهر في معرفة الجواهر) وفي القسم الذي أفرده بالفلزات بعد أن شرح أنواع الأحجار الكريمة يستهل الفلزات بالزئبق ويشير إلى ظاهرة كيميائية لصنع كبريتيد الزئبق من تسخين الزئبق مع الكبريت فيقول :

بمزاوجة الزئبق والكبريت في النار يعمل الزنجفر (كبريتيد الزئبق) لأن الكبريت يعقد ويولد الحمرة فيه كما يولد مافي الأسرب (الرصاص) المحرق ويصير اسرنجا (أوكسيد الرصاص الأحمر) ($pb_3 o_4$).

ويشرح البيروني عملية الملغمة فيصف الزئبق بأنه :

" غواص في الأجساد الذائبة بسهولة وفي الحديد بعسر كسار للذهب مفتت إياه بجرمه وبرائحته إن فاحت من النار وأمرتها ريح على ذهب بعيد عنه ".

ويشير البيروني إلى ظاهرة من خواص الزئبق الا وهي التسمم فيقول:" تفسـد

رائحته الصناع والصاغة وتؤدي بهم إلى التهيج والتورم والفالج.

ويقول :

" إن جالينوس لم يعرف حال الزئبق إن كان معدنياً أو معمولاً عمل الاسفيداج (الرصاص الأبيض، كاربونات الرصاص القاعدية) والمرتك (أوكسيد الرصاص).

وعن الكلام عن الذهب ذكر البيروني عن تعدينه وتصفيته وتنقيته عندما يكون ممزوجاً مع التربة أو في الأحجار الكبيرة.

وقد وصف طريقة استعمال واستخراج الذهب من التراب والحجر وصفاً دقيقاً.

وعن وزن الذهب (النوعي) يقول :

" متى وازى الذهب غيره في الوزن لم يساو حجمه ".

أما الوزن النوعي للنحاس فيقول :

وزن النحاس عند قطب الذهب خمسة وأربعون ونصف وسدس.

وكان البيروني قد جعل الذهب مائة وجعل الأوزان النوعية للفلزات نسبة إلى الذهب فإذا ما قسمنا الوزن النوعي للنحاس على الوزن النوعي للذهب وضربنا الحاصل في مائة جاء الوزن النوعي للنحاس مطابقاً لما جاء به البيروني.

وهذا ما يجعل البيروني من أبرز علماء الفيزياء (الطبيعة).

وعرف البيروني أن الطبيعة تصنع الفلزات ومركباتها خير من الإنسان. كما فند النظرية القائلة بتحويل المعادن البخسة إلى ذهب وفضة ويقول :

" حتى يصير ذهبهم المرئي في المنام بأضغاث أحلام ".

ونقل البيروني عن الكندي بعض علمه عن الحديد وأضاف عليه.

أما عن الكيميائيين فيقول :

ويزعم الكيميائيون أنهم يلينون الحديد بالزرنيخ حتى يذاب ـ ويقصد بالذوبان هذا الانصهار ـ في سرعة ذوبان الرصاص وأنه اذا صار كذلك صلب الرصاص وذهب بصريره ".

ويذكر البيروني أن الروس استعملوا الحديد الشابرقان والنارماهن حيث يصنع متن السيف من الشابرقان، أما الشطب في وسطها فيكون من النارماهن حيث تكون هذه الأنواع من السيوف أثبت على الضرب وأبعد عن الكسر.

وعن الكندي نقل البيروني إعادة تسخين الحديد مراراً بطرقه عندما يكون ساخناً ثم يبرده ويعيد تسخينه ثانية ويوالي طرقه عندما يكون ساخناً. ثم يضيف إليه بعض المركبات ليحصل على الفولاذ الجيد الذي يصلح لصناعة السيوف.

كما شرح البيروني طريقة صنع الاسفيذاج وهو كربونات الرصاص القاعدية فيقول :

" إن الاسفيذاج يصنع من الرصاص وذلك بتعليق صفائحه في الخل ولفها في ثفل العنب وحجمه بعد العصر.

إن الاسفيذاج يعلوه علو الزنجار على النحاس وينحت عنها.أما المعمولات والممزوجات بالصنعة التي ذكرها البيروني فهي التي يقصد بها السبائك التي تصنع من معدنين أو أكثر لتغيير صفات المعدنين المصوغة منها السبائك لتكون على هيئة تختلف عن مكوناتها.

وعن الشبه يقول :

" الشبه نحاس أصفر باطعام التوتيا المدبر بالحلاوات وغيرها حتى أشبه بالذهب وسمي أشبها.ويقول :

ومما يستغرب في الشبه أنه لا يحترق في الكبريت كما يحترق به سائر الفلزات ماخلا الذهب.أما البتروي فقد اعتبره البيروني نحاساً كسرت حمرته بأسرب حيث يصهر الأخير مع النحاس وتستعمل هذه السبيكة في صنع الهواوين والطناجر.

أما عن القصدير والرصاص فيقول :

وليس بين الأسرب والنحاس مثل ما بين النحاس والرصاص المخلوط منهما اذا عرض على اللهيب وخاصة مع الدسم سال أسربه وبقي نحاسه.

وقد كتب البيروني في العلوم الرياضية أبحاثاً عديدة كما اشتهر في علم الطبيعة وعلم الميكانيكا والأيدروستاتيك وحسابات الوزن النوعي للأجسام وغالبية المواضيع الفيزيائية، كما اشتغل بالفلك وأوجد طريقة لحساب محيط الأرض.

ترك البيروني ما يقارب من مائة وثمانين كتاباً نشر هو مائة وثلاثة منها أما الباقي فنشره أصدقاؤه بعد وفاته.

وقد شملت مؤلفاته حقول التأريخ والجغرافيا والطب والصيدلة والكيمياء والفلسفة والرياضيات والطبيعيات (الفيزياء) وكافة العلوم الأخرى في الظواهر الجوية والآلات العلمية والمذنبات والخوار.

- كتاب مقاليد علم الهيئة وما يحدث في بسيطة الكرة.
- كتاب التطبيق إلى تحقيق حركة الشمس.
- كتاب في تحقيق منازل القمر.
- كتاب مفتاح علم الهيئة.
- كتاب الإرشاد في أحكام النجوم.
- كتاب الجماهر في معرفة الجواهر.
- كتاب لفحات الشمس.
- كتاب تحديد نهايات الأماكن لتصحيح مسافات المساكن.
- كتاب الصيدلة في الطب.
- كتاب كروية السماء.
- كتاب الآثار الباقية من القرون الخالية.
- كتاب تاريخ الهند.
- كتاب التفهيم لأوائل صناعة التنجيم.(يبحث في الرياضيات والفلك والتنجيم).
- كتاب التمديد (في الجغرافيا).

- كتاب أفراد المقال في أمر الظلال.
- مقالة في استخراج قدر الأرض برصد انحطاط الأفق عن قلل الجبال.
- كتاب الصيدلة في الطب (وفيه تصنيف الأدوية وتركيباتها).
- كتاب القانون المسعودي (في الهيئة والنجوم) وضعه بناء على طلب مسعود الغزنوي.
- قانون حول تناسب الجيوب.
- بحث في مسألة تقسيم الزاوية إلى ثلاثة أقسام متساوية وهي المسألة العالقة.
- وضع جداول بالثقل النوعي للأجسام.
- اشتغل بالفلك واكتشف نظرية لاستخراج محيط الأرض ويقين خطوط الطول والعرض.
- وضع أسس البحث العلمي بشكل موضوعي.
- كتاب استيعاب الوجوه الممكنة في صفة الإسطرلاب.
- كتاب جدول التقويم.
- كتاب تكميل زرج حبش بالعلل وتهذيب أعماله من الزلل.
- كتاب الصيدلة.
- كتاب تسطيح الأرض.
- مقالة في نقل ضواحي الشكل القطاع إلى ما يغني عنه.
- كتاب الأطلال.
- كتاب اختلاف الأقاويل لاستخراج التحاويل.
- كتاب دوائر السماوات في الإسطرلاب.
- كتاب استخراج الأوتار في الدائرة بخواص الخط المنحي فيها.
- كتاب العمل بالإسطرلاب.
- كتاب كيفية رسوم الهند في تعلم الحساب.
- كتاب التطبيق إلى حركة الشمس.

- كتاب جلاء الأذهان في زيج البتاني.

- كتاب رؤية الأهلة.

- كتاب اصلاح شكل منلاوس.

- كتاب مفتاح علم الهيئة.

- كتاب تهذيب فصول الفرغاني.

- مقالة في تصحيح الطول والعرض لمساكن المعمور من الأرض.

- كتاب ايضاح الأدلة على كيفية سمت القبلة.

- كتاب تصور أمر الفجر والشفق في جهة المشرق والمغرب من الإفق.

- كتاب المسائل الهندسية.

- كتاب الجماهر في معرفة الجواهر (يتحدث عن علم المعادن).

- كتاب تأريخ الأمم الشرقية.

- كتاب تمهيد المستقر لتحقيق معنى الممر.

كما أنه حل العديد من المسائل الرياضية المعروفة باسمه والتي لاتحل بالمسطرة والبركار منها :

قسم الزاوية إلى ثلاثة أقسام متساوية وحساب قطر الأرض وكان متعمقاً في معرفة قانون تناسب

الجيوب SUNUS وقد اشتغل بالجداول الرياضية للجيب TABLE DES SUNUS والظل

TABLE DES TANGENTES بالاستناد إلى الجداول التي كان وضعها أبو الوفاء البوزجاني

قال البيروني عن الترقيم :

إن صور الحروف وأرقام الحساب تختلف باختلاف المحلات وإن العرب أخذوا أحسن ما عندهم.

فلقد كان عند الهنود أشكال عديدة للأرقم فهذب العرب بعضها وكونوا من ذلك سلسلتين

عرفت احداها بالأرقام الهندية واستعملت في غالبية الدول الإسلامية الشرقية.

وعرفت الثانية بالأرقام الغبارية وقد انتشر استعمالها في بلاد المغرب والأندلس وعن طريق هذه البلاد دخلت الأرقام الغبارية إلى أوروبا وعرفت باسم الأرقام العربية.

وكتب البيروني في علم المثلثات وعرف قانون تناسب الجيوب. كما ذكرنا كما وضع بعض جداول الجيب والظل واشتهر كذلك في الطبيعة وعلم الميكانيكا والايدروستكاتيكا.

الوزن النوعي.وذكر أن سرعة النور أعظم من سرعة الأرض كثيراً.

وقد نبه إلى أن الأرض تدور حول محورها ووضع نظرية لاستخراج محيط الأرض.

أما اكتشافه طريقة تعيين الوزن النوعي Poids spcifique فاستخدم لهذه الغاية وعاءاً متجهاً مصبه إلى تحت، وكان يزن الجسم في الهواء والماء، فيعرف بواسطة هذه العملية مقدار الماء المزاح، أي حجم الجسم.

ومن معرفته حجم الجسم ووزنه في الهواء يعرف وزنه النوعي إذ أن الوزن النوعي هو الناتج من قسمة وزن الجسم في الهواء على حجم هذا الجسم :

$$D= \frac{P}{V}$$

وقيل أن البيروني وجد الوزن النوعي لثمانية عشر عنصراً.

فضلاً عن ذلك قام البيروني بدراسة نظرية وتطبيقية على ضغط السوائل وعلى توازنها كما شرح كيفية صعود مياه الفوارات والينابيع من تحت إلى فوق، وكيفية ارتفاع السوائل في الأوعية المتصلة إلى مستوى واحد. على الرغم من اختلاف أشكال هذه الأوعية وأحجامها.

الترمذي

أحـد عمالقة الفكر العربي الإسلامي، وواحد من الشيوخ الأعلام في القرن الثالث الهجري، تميز بسعة الأفق ورحابة الصدر، وغزارة العلم، وسداد الرأي، ونفاذ البصيرة.

ولد الترمذي في "ترمذ" إحدى مدن ما وراء النهر- وهذه المنطقة تقع حالياً في أفغانستان – وقد خرجت "ترمذ" عدداً من العلماء الأعلام من أشهرهم محمد بن الترمذي المحدث المشهور.

ليس هناك تاريخ محدد لمولد الحكيم الترمذي، والمرجح أنه ولـد في أوائل العقد الثاني من القرن الثالث الهجري،واسمه محمد بن علي بن الحسن بن بشر الترمذي، وقد اشتهر بالحكيم الترمذي، ربما لأنه أكثر من التحدث عن الحكمة والحكماء في كتاباته المتعددة، أو لأن له معرفة بعلم الطب جعلت معاصريه يطلقون عليه لقب الحكيم.. وكونه أكثر في كتاباته عن الحكمة والحكماء فهذا أمر مسلم به، يظهر من كتبه، ورسائله، وخاصة ما يتعلق منها بنظرية المعرفة ووسائلها ودرجاتها.. وأما كونه ذا معرفة بالطـب فيمكن استنتاج ذلك من بعض كتاباته.

والذي يدرس أثار الحكيم الترمذي ويعرف مدى فهمه للمعرفة بكل ألوانها، لا يتردد بالقول بأن الترمذي قد حصل جانباً من علم الطب المتداول في عصره، ولا شك أن هذا العصر كان عصر النضج الفكري والحضاري في تاريخ الإسلام.

وقد أكثر الترمذي في كتاباته من التحدث عن علل النفس وأدوائها حديثاً يضعه في مصاف الأطباء النفسانيين، ولا شك أن الترمذي الذي تناول النفس الإنسانية وحلل نوازعها وميولها تحليلاً يثير الدهشـة والعجب في أصالة ووضوح واقناع- لا شك في استحقاقه لقب الحكيم الذي لم يطلق على أحد قبله من المفكرين العرب والمسلمين.

لقد ألمّ الترمذي بمعارف عصره جميعها، وبلـغ فيها الغاية من حديث وفقه وتفسير وتوحيد، وعلوم الفلك وغيرها. وانتهى به المطاف إلى التصوف حتى صار

إماماً فيه، ووضع أسساً ونظريات لم يتحدث عنها الصوفية من قبله، وقد سار جماعة من الصوفية على مبادئه وسموا بالحكيمية نسبة إليه.

نشأ الحكيم الترمذي في بيت علم ودين.. تلقى تعليمه أول الأمر على يدي والده علي بن الحسن الذي كان محدثاً وفقيها، وترجم له صاحب تاريخ بغداد في الجزء العاشر من كتابه. وقد أخذ والده يغرس فيه منذ نعومة أظفاره حب المعرفة والعلم حتى اتجه إليه منذ الصبا الباكر، وكان يعكف على دروسه في الوقت الذي ينصرف فيه أقرانه إلى اللهو واللعب اللذين يميزان مرحلة الصبا هذه.

يبدو أن أم الترمذي كانت ذات معرفة بالحديث وروايته فقد روى عنها حديثاً في كتابه "الرد على المعطلة"، ويعتقد أن أباه توفي وهو في مقتبل شبابه، وتوفيت أمه قبل أن يبلغ السابعة والعشرين. وقد تلقى الحديث عن شيوخ عصره، وقد أحصى من شيوخه في الحديث ما يربو على مائة وستين شيخاً، تلقى عنهم وروى أحاديثهم، وأغلبهم ثقات معتمدون.

وقد اشتهرت معرفته بالحديث وبرع فيه، ورجل في سبيله، وألف وحدث، حتى لقب بالمحدث، ومن مؤلفاته في الحديث كتاب "نوادر الأصول" وقد رواه عنه علماء خراسان وطبع في تركيا عام ١٢٩٣هـ وكتاب "الرد على المعطلة" وما زال مخطوطاً وتوجد منه نسخة بمكتبة بلدية الإسكندرية، وكتاب "المنهيات وكل ما جاء من حديث النهي" وهو مخطوط وتوجد منه نسختان في باريس وتركيا وكان قد عزم على الرحلة في طلب العلم واتفق مع صديقين له على السفر، ألا أن أمه لم تسمح له لحاجتها إلى رعايته والقيام على شئونها وخدمتها أثناء مرضها. فألقى الرحلة نزولاً على رغبتها، وظل بجانبها مكباً على التحصيل والدرس.

وبعد وفاة أمه عزم على الحج وكانت سنة قد بلغت السابعة والعشرين.

وفي طريقه إلى الحج مرّ بالعراق وأقام فترة بكل من البصرة والكوفة يأخذ عن علمائهما ومحدثيهما.

وفي شهر رجب من العام الذي بدأ فيه رحلته غادر العراق إلى مكة، وجاور في رحاب البيت الحرام يصلي ويطوف ويدعو ربه حتى جاء وقت الحج فأدى مناسك الحج، ويبدو أن فترة جواره للبيت كانت ذات أثر بعيد في حياته

ويحدثنا كيف كان يقضي أوقاته فيقول: انه كان يتعلق بباب الملتزم في الهزيع الأخير من الليل طوال إقامته بمكة، ويتوجه إلى الله بالدعاء والتضرع، ويقول انه لم يكن يجري على لسانه إلا أن يسأل الله أن يصلحه ويزهده في الدنيا، وأن يرزقه حفظ كتابه.

عاد الترمذي من رحلته هذه وقد صفت نفسه وانشرح قلبه، ورق وجدانه، وسمت روحه، فأقبل على القرآن الكريم يحفظه حتى تم له جانب منه في طريق عودته. وأكمل حفظه بعد وصوله إلى بلده، وكان ربما قضى الليل كله يقرأ القرآن لا يجد ملالة حتى طلوع الفجر، ويقول الترمذي عن ذلك: فأخذت صدراً منه في الطريق، فلما وصلت إلى الوطن يسّر الله على ذلك بمنه حتى فرغت منه، فأقامني ذلك بالليل، فكنت لا أمل من قراءته حتى انه كان ليقيمني ذلك إلى الصباح".

وعاد الترمذي من رحلته شيئاً آخر، فقد اتجه إلى البحث في التصوف وكيفية الوصول إلى الخالق سبحانه، بعدما رأى من صراع الثقافات وجرى دعاتها في ركاب ذوي السلطات، وجدّ في البحث عن مرشد يهديه فلم يوفق، فاشتدت حيرته، ولجأ إلى الصلاة والصيام والعزلة والتأمل العميق. واهتدى في ذلك الوقت إلى كتاب الانطاكي فنظر فيه نقاده إلى شيء من رياضة النفس، ويحدثنا الحكيم الترمذي عن هذه التجربة فيقول: "ووقع إلى كتاب الأنطاكي فنظرت فيه فاهتديت لشيء من رياضة النفس فأخذت فيها، فأعانني الله والهمت منع الشهوات نفسي حتى صرت كأني أعلم على قلبي الشيء بعد الشيء، حتى ربما كنت أمنع نفسي الماء البارد وأتورع عن شرب ماء الأنهار، وأقول لعل هذا الماء جرى في موضع بغير حق، فكنت أشرب من البئر أو من الوادي الكبير، ووقع على حب الخلوة في المنزل والخروج إلى الصحراء، فكنت أطوف في تلك الخرابات حول الكورة، فلم يزل ذلك دأبي، وطلبت أصحاب صدق يعينوني على ذلك فعز علي".

الله نور السموات والأرض:

خرج الحكيم الترمذي من هذه التجربة وقد وجد نفسه، وعرف طريقه، واستنارت بصيرته، فنفذ نور القرآن إلى قلبه. وكان فهمه لكتاب الله – فهما واعياً عميقاً مدركاً لمقاصده ومراميه- عوناً له على اختيار الطريق والسير فيه حسب هدى

القرآن ونوره، ونجد أثر ذلك في آرائه واضحاً جلياً، وقد قام في أخريات حياته بكتابة تفسير للقرآن الكريم، إلا أنه مات قبل أن يتمه، كما يقول الهجويري في كتابه "كشف المحجوب"، وللترمذي في حقل القرآن كتاب "تحصيل نظائر القرآن" توجد منه نسخة مخطوطة بمكتبة بلدية الإسكندرية، وكتاب "الأمثال من الكتاب والسنة" وتوجد منه ثلاث نسخ مخطوطة بباريس وتركيا والهند، هذا إلى جانب عدد من آيات القرآن الكريم فسرها ونجدها مبثوثة بين رسائله ومسائله، خاصة "مجموعة رسائله" بليبزج. وأشهر هذه الآيات تفسير آية النور (**اللَّهُ نُورُ السَّمَاوَاتِ وَالْأَرْضِ**)(النور:الآية٣٥) ، وقد نقل رأيه في تفسير هذه الآية كل من القرطبي والشوكاني.

ويرى الحكيم الترمذي مثل غيره من شيوخ الصوفية أن القرآن له معنى ظاهر ومعنى باطن، وأن العالم الراسخ هو الذي يدرك ظاهر القرآن وباطنه، ألا انه يعلن صراحة أنه ليس هناك تعارض بين الظاهر والباطن، ويقوده ذلك إلى القول بالعلم الظاهر والباطن، وهو هنا أكثر وضوحاً وتحديداً، لأنه يرى أن هناك تلازماً بين العلم الظاهر والباطن، وأن من يدعي معرفة بالعلم الباطن من غير أن يحصل علم الظاهر فدعواه مردودة، وعلمه وسوسة من عمل الشيطان، وقوله زندقة.

وقضية علم الظاهر والباطن قد تناولها كثير من العلماء بالنقد والتحذير، وساعد على اتخاذ هذا الموقف أن كثيرين من مدعي التصوف وغيرهم قد ولجوا من هذا الباب إلى كثير من الخلط والتمويه على الناس وإلباس الحق بالباطل، فجاء هذا التحذير من جانب العلماء من باب سد الذرائع، وقطع الطريق على ذوي الأغراض الدخيلة حتى لا ينفدوا بسمومهم بين عامة الناس ويفتنوهم عن دينهم. الا ان ذلك لا يعني أن كل من تكلم عن العلم الباطن يدخل دائرة الاتهام ويناله سوء الظن. وحسبنا أن نورد هنا ما كتبه الترمذي في مجال تصوره لما يسمى العلم الباطن، ومدى علاقته بالعلم الظاهر وارتباطه به، يقول الترمذي بعد حديث ممتع عن القلب الإنساني وما زوده الله به من منابع الهدى: "فهذا طريق باطن العلم وظاهره، ولا يستغني أحدهما عن الآخر، لأن أحد العلمين بيان الشريعة، وهو حجة الله تعالى على خلقه، والآخر بيان الحقيقة التي وصفت بعضها، فعمارة القلب والنفس بهما جميعاً، وصلاح ظاهر الدين

وقوامه بعلم الشريعة، وصلاح باطنه وقوامه بالعلم الآخر، وهو علم الحقيقة، والدليل على ذلك أن صلاح الدين بصحة التقوى، وقد قال رسول الله صلى الله عليه وسلم: "التقوى ها هنا" وأشار بيده إلى قلبه، فمن اتقى بالعلم الظاهر وأنكر العلم الباطن فهو منافق، ومن اتقى بالعلم الباطن ولم يتعلم العلم الظاهر ليقيم به الشريعة وأنكرها فهو زنديق، وليس علمه في الباطن علماً في الحقيقة، إنما هو وساوس يوحي بها الشيطان إليه".

الثمار الروحية والخلقية:

لقد خاض الحكيم الترمذي في علم الفقه وألف فيه الا انه لم ينتظم في دائرة مذهب من المذاهب المشهورة، وإن كان صاحب طبقات الشافعية يترجم له باعتباره واحداً من فقهاء المذهب الشافعي، لكن الحقيقة هي أن الترمذي لم يلتزم باتباع مذهب بذاته، بل كانت له اجتهاداته الخاصة، وفهمه الذي يهديه إليه القرآن والسنة، وكان الترمذي ينفر من التقليد وضيق الأفق والجمود على النص بدون فهم واعٍ ورأي مستنير، وقد ظهر ذلك في هجومه العنيف في مواضع عدة من كتبه على العلماء الذين اتخذوا المعارف الدينية وسيلة للوجاهة بين العامة أو سبيلاً إلى الجاه عند ذوي النفوذ والسلطان، وكان يسميهم علماء الرسوم، ويرى أنهم أساءوا إلى العلم الذي ينتسبون إليه حينما اتخذوه مطية لأغراضهم وأهوائهم، ويرى أن العلم إذا لم ينعكس أثره على سلوك المنتسب إليه وتصرفاته فلا خير فيه ولا قيمة له.

وحينما يتولى الترمذي مسألة من مسائل الفقه بالبحث لا يهتم كثيراً بأجزائها الشكلية وتفريعاتها على عادة الفقهاء، وان كان تقديمها على الوجه السليم أمراً مهماً، إنما يولي اهتمامه الأعظم إلى الدوافع والعلل التي أمرنا من أجلها بإقامة هذا اللون من التعبد، وكذلك يتجه اهتمام الترمذي إلى النتائج والثمار الروحية والسلوكية والخلقية التي تعود على المرء من مباشرة هذا اللون من التعبد، ويبدو ذلك ظاهراً في العناوين التي اختارها لكتبه في هذا الحقل، مثل: الحج أسراره، الصلاة ومقاصدها، اثبات العلل في الأمر والنهي، علل الشريعة أو علل العبادات.

وقد شارك الحكيم الترمذي في مباحث علم الكلام، وقد كتب رسالة في معنى "لا إله إلا الله" سماها شفاء العلل، كما أن له بحوث في الرؤية، والخير والشر، والجنة

والنار، والهداية والإضلال، وزيادة الإيمان ونقصانه وهل هو مكتسب أو موهوب، وفي مناقشة فكرة زيادة الإيمان ونقصانه وهل هو مكتسب أو موهوباً، يقول: ان الإيمان مكتسب لأنه فعل العبد أما ما يحصل به الإيمان وهو العقل، فهو هبة من عند الـلـه. ويعرض الترمذي رأيه في زيادة الإيمان ونقصانه من خلال هذا الحوار فيقول: دخلت بين متنازعين.

يقول احدهما: إن الإيمان يزيد وينقص، ويقول الآخر: انه لا يزيد ولا ينقص، فأشرت إلى عين الشمس فقلت: ما هذه ؟

قال: هذه شمس.

فقلت: تنقص أم تزيد؟

قال: لا.

ثم أشرت إلى إشراقها على الأرض، فقلت: ما هذا ؟

قال: هذه شمس.

قلت: تزيد وتنقص؟!

فتحير..

قلت: أليس إذا كان بينها وبين الأرض غيم أو سحابه رقيقة نقص من اشراقها، فإذا ذهب الغيم زاد في إشراقها؟.

قال: نعم.

قلت: أفلست تسميه شمساً، وهو يزيد وينقص، وتلك العين تسميها شمساً وهي لا يزيد ولا تنقص؟

قال: نعم.

قلت: أفليس بقدر ما تنقص يدخل النقص في جميع بني آدم والزرع والثمار، وإذا زاد إشراقها عملت حرارتها في زروعهم وثمارهم؟

قال: نعم.

قلت: فكذلك الإيمان بمنزلة الشمس - التي برزت لك على قلبك- من الـنور،

وأشرق على صدرك، فإذا حال بينه وبين القلب غيوم الشهوات والهوى نقص الإشراق،

فدخل الوهـن في القلب وفي النفس وتعطل عن العمل، وإذا ذهب الهوى والشهوة زاد في إشراقه، واستقر القلب وقويت النفس للعبادة. فمن الاشراق يزداد وينقص، فأي تنازع بقي ها هنا؟! فمن قال: يزيد وينقص بهذا المعنى فهذا مصيب في قولـه، ومن قال: لا يزيد ولا ينقص لأنه متى نقص دخل الشك إنما يعني حقيقة الإيمان، فأما الزيادة التي ذكر اللـه تعالى في تنزيله يزيده نوراً على نور فيزداد قلبـه بذلك النور الزائر إيمانـاً واستقراراً وثبـاتـاً.

ثابت بن سنان

طبيب ومؤرخ عربي

(... ـ٣٦٥ هـ ... ـ ٩٧٦)

هو ثابت بن سنان بن ثابت بن قرّة الحراني الصابئ، أبو الحسن. طبيب لحق بأبيه في صناعة الطب، ومؤرخ للوقائع والحوادث التي جرت في زمانه من أيام المقتدر بالله إلى أيام المطيع لله، خدم بطبّه الخليفة الراضي بالله العباسي فالمتقي فالمستكفي... والمطيع.

ثابت بن قرة

(٨٢٦-٩٠١)هـ

عاش ثابت بن قرة (واسمه بالكامل أبو الحسن ثابت بن قرة بن عرفان الحراني) بين عامي ٢٢١، ٢٨٨هجرية (الموافق ٨٢٦-٩٠١ ميلادية). وقد كان مولده في حران الواقعة بين النهرين (العراق).

وكان نابغة وذائع الصيت في علوم مختلفة مثل الرياضيات، والطب، والفلك، والفلسفة - وكان يجيد إلى جانب اللغة العربية، لغات أخرى كثيرة منها: السريانية، واليونانية، والعربية.

وساعدته معرفته لتلك اللغات على ترجمة مؤلفات يونانية كثيرة أهمها مؤلفات بطليموس: "المجلسطي" و"جغرافية المعمورة".

وعنه يقول جورج سارتون-أشهر مؤرخي العلوم الغربيين "إن ثابت بن قرة يعد من أعظم المترجمين، وأعظم من عرف في مدرسة حران في العالم الغربي.

وقد ترجم كتباً كثيرة من علوم الأقدمين في الرياضيات والمنطق والتنجيم والطب، وذلك بسبب مقدرته على اجادة مختلف اللغات الأجنبية".

كما يقول فرانسيس كارمودي في كتابه (أعمال ثابت بن قرة الفلكية): "إن ثابت بن قرة طوّر وترجم معظم الانتاج العلمي لأقليدس، وأرشميدس، وأبولونيوس، وبطليموس، حتى صارت مؤلفاتهم كتباً مدرسية معتمدة في جميع الدول الإسلامية".

وقبل أن نمضي في استعراض جوانب نبوغ ثابت بن قرة ودوره العلمي التاريخي وإنجازه خصوصاً في مجال الرياضيات والفلك، نروي ما نقله المؤرخون عن علاقة ثابت بن قرة بالخليفة العباسي المعتضد بالله، الذي كان يكثر من مجالسة العلماء والمفكرين ويقدّرهم تقديراً كبيراً، وهذا الذي نقله لنا المؤرخون إن دل على شيء فإنما يدل على ما كان يحظى به ثابت بن قرة من مكانة مرموقة. قالوا:" كان المعتضد بالله ذات مرة وبصحبته العلامة ثابت بن قرة في حديقة تابعة لبيت الخلافة، فسها الخليفة واتكأ على يد ثابت بن قرة، فسحب الخليفة المعتضد يده بشدة وقدم اعتذاره الحار قائلاً: "يا أبا الحسن، سهوت ووضعت يدي على كتفك واستندت إليها، وليس هكذا يجب أن يكون، فإن العلماء يَعْلون ولا يُعْلوْن ".

ويمتاز ثابت بن قرة كواحد من ألمع علماء القرن الثالث الهجري/ التاسع الميلادي بناحيتين:

الأولى: نقله كثير من التأليف إلى العربية، فقد نقل من علوم الأقدمين مؤلفات عديدة في الطب والمنطق والرياضيات والفلك. ولم يقف عند حدود النقل، بل أصلح أو صوّبث بعض م ترجم إلى العربية قبله، مثلما فعل مع "المجلسطي" وهو كتاب في الفلك للفيلسوف اليوناني بطليموس، فأعاد ترجمته، وجعله سهل التناول، واختصره اختصاراً لم يوفق إليه غيره.

الثانية: إضافاته الكثيرة في الرياضيات سواء في الهندسة أو الجبر أو الهندسة التحليلية أو التفاضل والتكامل.

جابر بن حيان

تذكر دائرة المعارف البريطانية أنه أبو موسى جابر بن حيان، كان يعرف بالصوفي ويسود الاعتقاد وفق الأدلة أنه من قبيلة أزد العربية، واسم أبيه عبد اللـه الكوفي، ونسبه الطوسي.

ويذكر ميلر عند كتاباته عن جابر بأن العرب حاذقون في التجارب. وفي موسوعة الحضارة العربية الإسلامية أن جابر توفي (٢٠٠هـ - ١٨١٤).

أما موسوعة علماء الكيمياء فتقول:

ولد جابر بن حيان بن عبد اللـه الأزدي (٧٢١-٨١٥) في مدينة طوس (خراسان) وكان والده بائع أدوية في الكوفة، إلا أن أكثر المصادر تقول أنه من أهل الكوفة. وفي موسوعة علماء الكيمياء:

أن جابر بن حيان الأزدي (١١٢ أو ١٢٣- ١٩٥هـ) = (٧٣٠ أو ٧٤٠-٨١٠ م)، هو أبو عبد اللـه جابر بن حيان عاش في الفترة الممتدة بين (١١٠ و ١٩٧ هـ).

وفي كتاب تأريخ العلوم في الإسلام يصفه أنور الرفاعي أنه (طويل القامة، كثيف اللحية، اشتهر بين قومه بالإيمان).

ويؤيد وفاته في موسوعة العلماء والمخترعين، أما موسوعة أعلام الفلسفة العرب والأجانب فلم يحدد ميلاده إنما اكتفى بالقول (القرن الثامن الميلادي / الثاني الهجري).

وعن حياته قال: كيميائي وفيلسوف عربي ولد في الكوفة قرب الفرات وعاش حوالي سنة ٨٠٠ م وتتلمذ على الإمام جعفر (رضي اللـه عنه).

وقيل درس على يد الحميري أيضاً.

ويشير سارتون في كتابه مقدمة في تأريخ العلم عند التطرق إلى كيميائي العرب ما ترجمته:

"يظهر أن لجابر بن حيان خبرة تجريبية جيدة في عدد من الحقائق الكيمياوية". وذكرت الموسوعة الدولية أن جابر بن حيان عربي مشهور في القـرن

الثامن للميلاد. وكتبه ذات التأثير الكبير الواسع. تعتبر من أول المؤلفات في المعادن التي نقلت إلى أوربا مثل نظرية تحضير المعادن من عنصري الزئبق والكبريت ووصف لتحضير الحوامض المعدنية.

وبقيت هذه الكتب نصوصاً كيمياوية لأجيال عديدة.

لقد كتب جابر بن حيان كتباً عديدة في مواضيع شتى شأنه في ذلك شأن فلاسفة اليونان وقد تأثر بآرائهم فأخذ بعضها وفند البعض الآخر.

وكان قد كتب في البيان وكتب في السموم والأدوية وفي صناعة الأكسيروالطلسمات وصناعة الذهب وفي كثير من فروع العلم.

وقد حقق كراوي بعض مخطوطات جابر بن حيان وبدأ بتصنيفها إلى ما هي فعلاً من تأليف جابر. وقد بلغ عدد الكتب التي حملت اسم جابر عليها ما يزيد على الخمسمائة مؤلف.

غير أن المصادر الموثوقة التي أجمع عليها مؤرخو العرب والمستشرقون تشير إلى أنه ألف مائة واثنى عشر كتاباً.

وأشار الدوميلي وغيره من المستشرقين إلى أن أكثر الكتب العربية قد فقدت ولم يعثر إلا على عدد قليل منها، كما وجدت تراجم عديدة تحمل اسم جابر بن حيان يرجع عهدها إلى القرنين الثالث عشر والرابع عشر.

وعرض كلاوس في المجلد الثاني دور جابر العلم اليوناني – الفصول الخمسة في المذهب الجابري: الكيمياء وعلم التكوين وعلم الخواص وعلم الميزان وعلم الطبيعة ويتناول كتب جابر في هذه المواضيع فيبرز النقاط الهامة ويجلو الغامض منها ويبين الفروق بينها ثم يصل إلى نتيجة مهمة هي أن المجموعة الجابرية قليلة الشبه بمجموعة كيميائي اليونان القدماء إذ أنها أكثر اعتماداً على التجربة وأتقن تنظيماً وأقل رمزاً وغموضاً.

وعرف بالكيمياء العضوية ووصف المركبات والمواد وصفاً دقيقاً يتناول خواصها وتأثيرها بالعوامل الطبيعية كالحرارة والرطوبة.

وقد اعتمد روسكا في كتاباته عن جابر بن حيان على بعض المخطوطات

العربية التي وجدت في برلين ولا سيما كتاب السموم.

وقد قال ما ترجمته:

"لجابر في الكيمياء ما لأرسطو قبله في المنطق فهو أول من حضر حامض الكبريتيك من الزاج الأزرق ودعاه بزيت الزاج. وأول من اكتشف الصودا الكاوية وأول من حضر حامض النتريك والهيدروكلوريك وعلم من مزيجهما ماء الذهب (الماء الملكي).

وأشاد الكيمياوي الفرنسي برتلو بخبرة جابر وعلمه في الكيمياء. وتنسب إليه تحضيرات مركبات أخرى مثل كربونات البوتاسيوم وكربونات الصوديوم وقد درس مركبات الزئبق واستحضرها.

وقد حاول بعض المؤرخين أن يضع جابر بن حيان في الدور الأول ووصف ما جاء به من معرفة علمية المستقاة من العلوم اليونانية القديمة.

واعتبر جابراً قد حضر العدد الكبير من المركبات الكيمياوية التي لم يعرف بعضها إلا في مطلع القرن التاسع عشر.

لقد كتب جابر عن صناعة الذهب وهو بذلك اشتغل بما كان السائد في الدول الاول ودافع عن رايه في هذه الصناعة ووضع في ذلك نظرية في تكوين المعادن، ان الاجساد كلها في الجواهر زئبق انعقد بكبريت المعدن المرتفع اليه في بخار الارض، وانما اختلفت (لاختلاف اعراضها واختلاف اعراضها لاختلاف نسبها).

ثم ان جابر اشتغل في صنع الاكسير وقد زعم بانه قد حصل عليه وكان شفاء لكثير ممن عالجهم وذكر ذلك في كتابه (كتاب الحواص الكبير (ص٥٤-٥٨) فقد ذكر ما نصه:

وكان معي من هذا الاكسير شيء فسقيتها منه حبتين وعاد إلى اكمل ما كان عليه في اقل من نصف ساعة زمانية فانكب يحبي على رجلي مقبلا لها ...

وقد الف جابر بن حيان كتبا ورسائل عديدة.

وقد صنف في السموم وأعادها إلى أصلها وذكر عدداً كبيراً منها ما استخرج من أصل حيواني وآخر من النبات والثالث من الحجر.

ثم وصف كلاً منها وصفاً دقيقاً واضحاً وقال بمقدار ما يعطى من كل سم

للمريض ولذلك يكون جابر قد اشترك في الدور الثاني للكيمياء.

وقد أشار جابر في كتابيه (الخواص الكبير) (وكتاب الخواص) إلى تفاعلات كيميائية وعمليات فنية منها التقطير والتبلور والتصعيد والترشيح والصهر.

كما درس خواص بعض المواد دراسة علمية دقيقة وتعرف على أيون الفضة النشاذري المعقد وذكره في كتابه الخواص الكبير ما نصه:

- والفضة اذا شمت رائحة الكبريت أسودت فإذا أصابها الملح ابيضت وصفت وزاد حسنها ومنها النشادر، وهذا يدل على ذوبان أملاح الفضة في ماء النشادر (هيدروكسيد الأمونيوم) لتكوينها آيوناً معقداً يذوب في الماء.
- وقد عبر عن كبريتيد الهيدروجين برائحة الكبريت.

وتجمع المصادر أن جابر قد حصل على زيت الزاج (حامض الكبريتيك) من تقطير الزاج الأزرق (كبريتات النحاس المائية) ووصفه بأنه الزيت المذيب.

وقد ذكرت بغداد التي عاش فيها ابن حيان أول حياته والكوفة التي اختبأ فيها بعد نكبة البرامكة لأن الآجر (الطابوق) يؤلف الجزء الأكبر من المواد البنائية.

إذ تكثر الشورة (نترات البوتاسيوم) في البنايات التي تبنى بالأجر وتتعرض للرطوبة.

إن النظرية التي جاء بها جابر بن حيان من أن العناصر تتألف من الزئبق والكبريت لأعظم بكثير من نظرية الفلوجستون التي جاءت بعد جابر بعشرة قرون.

أما نظرية جابر بن حيان في تكوين العناصر فهي ذات دلائل وأسباب منها:

١- إن أغلب العناصر التي عرفت في عهد جابر قد استخرجت من كبريتاتها بالتحميص أو (التشويه) كما ذكرها جابر، وينبعث غاز ثاني أوكسيد الكبريت وغيره أثناء التعدين.

٢- إن السبب الذي يدعو المفكر أن يعتقد بأن الكبريت موجود في جميع العناصر،وقد درس جابر صور الكبريت جميعها.

٣- إن اعتباره للزئبق من العنصرين الرئيسيين في تكوين المعادن يرجع إلى أن الزئبق يتحد بجميع العناصر تقريباً، اتحاداً كيمياوياً عن طريق تكوين الأصرة المعدنية.

اذ أن الزئبق يغير الكثير من صفات العناصر فهو يكون الملاغم فتظهر وكأنها عناصر جديدة.

ومما يذكر أن جابر قد صنع بنفسه الميزان الحساس ووصفه وصفاً دقيقاً.

كما صمم الكثير من الأجهزة التي تستعمل في الكيمياء.

كما وضع عدة أبحاث في العلوم الفيزيائية فاهتم بتقطير السوائل كالماء والخل والزيت والدم وعصير الفاكهة وغيرها.

واكتشف صناعة الزجاج انطلاقاً من استخدامه ثاني أوكسيد المنغنيز وذلك لإزالة الألوان وجعله شفافاً.ووصف تكوين الفولاذ والأقمشة والجلد.

وعلى المستوى الفلسفي جعل جابر بن حيان من حروف الأبجدية أساس الخلق باعتبار أنها رموز التجوهر المادي للكلمة الإلهية مما يقرب الفيلسوف إلى الغنوصية الإسماعيلية.كما نسبت له كتب في السحر والتنجيم.

وعكف جابر بن حيان على التأليف وتميز تصنيفه بأنه لا يسير على نمط واحد بل أنه أوجز في بعض الأحيان كما لجأ إلى استخدام الرموز.

ومن مؤلفاته في هذا الميدان نذكر:

١- كتاب الزئبق الشرقي.

٢- كتاب الخواص الكبير (في ستة أجزاء) وهو من أهم كتب جابر الكيميائية.

ومن أشهر أعماله:

- أدخل تحسينات على طرق التبخير.

- أدخل تحسينات على طرق التصفية.

- أدخل تحسينات على طرق الانصهار.

- أدخل تحسينات على طرق التقطير.

- أدخل تحسينات على طرق التبلور.

- أعد سلفيد الزئبق وأوكسيد الآرسين.

يقول ابن خلدون: وأما من المقربين فيها جابر حتى أنهم يخصونها به فيسمونها "علم جابر". (انظر المقدمة ص ٥٠٤).

وكان ابن حيان متقدماً في الطبيعة بارعاً منها في صناعة الكيمياء كما أسلفنا، كما كان له معمل في ناحية بوابة دمشق يجري فيها تجاربه وبحوثه مستعيناً بمختلف الأجهزة الكيميائية.

وتتضح مكانة الكيمياء من تصنيف ابن حيان للعلوم في كتاب (**الحدود**) وهو يقسم العلم إلى قسمين رئيسيين: علم الدين وعلم الدنيا.

ويقسم علم الدنيا إلى علم شريف وعلم وضيع.

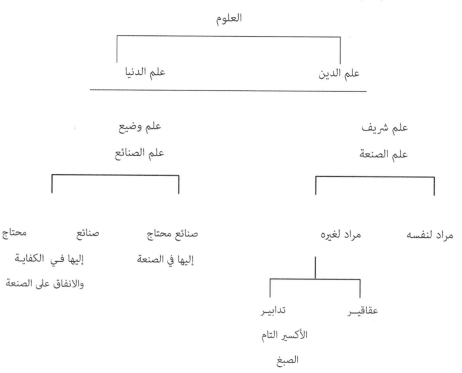

وعلم الكيمياء في نظر جابر لا يتم تحصيله ولا إدراك غايته إلا بعد تحصيل علوم عدة فهو يأتي بعد علم الطبيعيات لأن الظاهر في هذه الصناعة قد يجب أن يكون ذكياً شديد التصور لأحوال الحساب (الاتماطيقي) والهندسة والإدارة في صناعة النجوم

وعلم التأليف وعلم الطبايع وأحوال الطبيعيات. إنها الأنواع التي يتم فيها وبها العمل.

يقول كارادي فو:

أما الكيمياء فإن جابراً يخالف فيها كل ما وصل إلينا من كيمياء والقدماء، ذلك أن يستغني عن التشبيهات الهرمية التي ترجع في آخر أمرها إلى علوم المصريين القدماء والتي ترد في كتب زوسيموس وغيره من مؤلفي اليونان وهي الرموز التي أحياها في الإسلام معظم أصحاب الكيمياء من أمثال ابن أميل وصاحب (مصحف جماعة الفلاسفة) والطغرائي والجلدكي.

إن كيمياء جابر بن حيان هي علم تجريبي قائم على نظرية طبيعيات أرسطو الفلسفية.

عرف جابر المواد الكيميائية وخواصها ووصفها في أكثر كتبه وصفاً دقيقاً مبيناً ما يحدث بينها من تفاعلات وهو يقسمها أقساماً ثلاثة:

الأجساد والأرواح والأجسام.

وتحت عنوان (القول في الصنعة) يعرف جابر الأجساد بأنها هي:

"التي مقدار أرواحها وأجسامها واحد فلا أجسامها مفارقة لأرواحها ولا أرواحها مفارقة لأجسامها لأن الكون والمزاج والصلايين ذلك أتم وصلة فكان عنها الشيء المسى بالأجساد. وهذه الأجساد سبعة وهي المنطرقة لأن كل ما امتزجت روحه بجسمه على اعتدال أن يكون جسداً فهو جسد.. وهذه السبعة هي: الرصاص الأسرب - الرصاص القلعي - الحديد - الذهب النحاس - الفضة - الخارصين. والأرواح هي: الزئبق - الزرنيخ - الكبريت - النشاذر - الكافور - الدهن، فهذه تطير عن النار ولها فروق في ذواتها وذلك أن هذه الأرواح الستة انقسمت إلى ثلاثة أما طائر غير محترق ممازج وإما طائر غير محترق ولا ممازج وأما طائر محترق ممازج. فأما الطائر غير المحترق والممازج فالزئبق وحده وأما الطائر غير المحترق ولا الممازج. فالنشاذر والكافور وأما الطائر الممازج المحترق فالكبريت والزرنيخ والدهن.

أما عن الأرواح فيقول:

وجب أن تكون الأرواح تسعاً وهي زرينخان وأربعة كباريت وزيبقات وكافور

واحد. فأما الزرينخان فالأصفر والأخضر وأما الكباريت فالأحمر والأصفر والأسود والأبيض. وأما الزيبقان المعدني والمستنبط من جميع الأشياء ولأن ليس شكلها واحداً ما وجب أن نفرقهما.. وأما الكافور فواحد لا غير وأما النشاذر فأنا لم ننسبه إلى تلك لأنه غير ممازج لها.

وأما الأجسام فهي التي اختلطت في معادنها من الأرواح والأجساد على غير مزاج فهي التي تطير وتثبت لأن الطيار منها أرواحها والحال منها أجسادها وهي المرقشيشا والمغنيسيا والدهنج واللازورد والدوص وغير ذلك.

والأجسام هي ما ذاب في النار وانطرق وكان له بصيص ولم يكن أخرس. ويقول ابن حيان:

"إن خواص بعض الأرواح حين تتقوى بالأجساد تفقد شكلها وطبيعتها وتصبح غير ما كانت عليه وإنها في حالة التحليل أما أن تطير وحدها وتقود الأجسام التي امتزجت بها إلى ما كانت عليه وأما أن تطير هي وما امتزجت به من أجسام في آن واحد.

وذكر ابن حيان الكثير من المركبات كماء الفضة (حامض النتريك) وماء الذهب والبوتاس وملح النشاذر وكبريتيد الزئبق وسلفيد الزئبق وأوكسيد الزرنيخ والزاج النقي وكربونات الرصاص وملح البارود.

ومن اكتشافاته المهمة معرفته لطريقة فصل بها الذهب عن الفضة بواسطة الحامض وتمكن من تحضير مواد من بيرين الحديد ينفع في كتابة المخطوطات الثمينة وصنع ورقاً غير قابل للاحتراق. وحضر طلاء يقي الثياب من البلل ويمنع صدأ الحديد واستطاع أن يصل إلى طـريقة صبغ القماش والجلد وتقطير الخل لاستخراج حامض الأسيتيك المركز ACETIC ACID وأعد حامض الكبريتيك والنيتريك كماله أبحاث في التكليس وارجاع المعدن إلى أصله بالأوكسجين.

ولاحظ أثناء تجاربه أن قوة حجر المغناطيس تضعف بمرور الزمن. وإن دفع الماء يتناسب طردياً مع حجمه.

كما لإبن حيان مسألة (الاتحاد الكيميائي) آراء جديدة.

يقول في كتاب (الصنعة الإلهية والحكمة والفلسفة):

- إن الزئبق والكبريت يتحدان ليكونا مادة واحدة تحظى إن اعتبرناها جديدة تماماً وإن الزئبق والكبريت قد تغيرا كلية وإنما الحقيقة هي أنهما يحتفظان بصفاتهما الطبيعية وكل ما يحدث أن أجزاء المادتين قد تداخلت وامتزجت بحيث صعب التمييز بينهما بدقة. ولو أمكن الفصل بين دقائق النوعين بواسطة أحد الأجهزة لتبين لنا أن كل عنصر منهما لا يزال يحتفظ بهيئته النظرية المعروفة الآن وهي: إن الاتحاد الكيميائي يكون عن طريق اتصال الدائمة دون أن يتغير.

ومن الأسس الرئيسة في كيمياء جابر قوله بنظرية في المعادن.. خلاصتها: إن جوهر المعدن هو زئبق انعقد بكبريت وإن المعادن تختلف فيما بينها باختلاف نسبة اتحاد الزئبق بالكبريت وهو اختلاف في أعراضها المتغيرة وليس في خواصها الذاتية التي هي العناصر الأربعة على نحو ما قال أرسطو.

يقول جابر بن حيان في كتاب الإيضاح:

- إن الأجساد كلها في الجواهر زئبق انعقد بكبريت المعدن المرتفع إليه في بخار الأرض وإنما اختلفت لاختلاف أعراضها.. واختلاف أعراضها لاختلاف كباريتها واختلاف كباريتها لاختلاف تربها ومواضعها من حرارة الشمس الواصلة إليها عند تردها في دورها فكان الطف تلك الكباريت وأصفاهاوأعد لها الكبريت الذهبي فلذلك انعقد به الزئبق عقداً محكماً معتدلاً، ولاعتداله قاوم النار وثبت فلم تقدر على احراقه كقدرتها على احراق ساير الأجساد.

يقول جابر: فمن قدر أن يتلطف في تدبير الكبريت الذهبي حتى يستخرج منه الجوهر الصابغ المستحسن فيه حتى يتعذر صبغه وتتضاعف قوته وتظهر خاصيته فقد وقف على سر الحكماء.

ونجد لجابر في كتابه (الخواص الكبير) نصاً ذا دلالة في مناهج البحث إذ يثير أمراً طالما احتدم الجدال حوله، يقول:

"إنه ينبغي أن نعلم أولاً موضوع الأوائل والثواني في العقل كيف هي حتى لا

نشك في شيء منها ولا نطالب في الأوائل بدليل ونستو في الثاني منها بدلالته.

إن موضوع العلاقة بين (الفرض) و (التطبيق) من أوضح ما يميز ارتباط كل من الاستنباط والاستقراء الواحد بالآخر.

ويصف ابن حيان منهجه قائلاً:

"وقد علمته بيدي وعقلي من قبل وبحثت عنه حتى صح وامتحنته فما كذب".

كما يقول عن أهمية الفرض النظري في كشف زوايا التجربة العلمية واحتمالاتها وإضاءة الطريق أمام ما قد يعترضها من عشوائية أو تعثر:

- إن من لم يسبق إلى العلم لم يمكنه اتيان العمل وذلك لأن العلل إنما تبرز الصورة في المادة على قدر ما تقدم من العلم وإلا فما للعمل يا ليت شعري!.

وكذلك أمر الصناعة عنده هي قوة وعلم صحيح عن رأي وثيق يأتي في موضوع ما. وكل صناعة لابد من سبوق العلم في طلبها للعمل.

وكان جابر بن حيان يقول: انظر واعلم ثم اعمل.

وهو على نحو ما أقر به كثير من فلاسفة العلم المحدثين مثل كلودبرنار. ولما كان على الباحث في رأي جابر أن يتحقق في بحثه من وجود الظاهرة أو الشيء الذي يبحثه لزم أن يسأل: هل هو ؟.

فإذا تحقق من وجوده تقدم خطوة فتناول الشيء نفسه بالبحث والفحص لكي يعرف ما هو ؟ وكيف هو ؟.

يقول جابر: "إن الغرض بالحد هو الإحاطة بجوهر المحدود على الحقيقة حتى لا يخرج منه ما هو فيه ولا يدخل فيه ما ليس منه ولذلك صار لا يحتمل زيادة ولا نقصاناً ".

وعن الحد العلمي يقول:

"القول الوجيز الدال على كنة المحدود دلالة جاصرة لا تخرج عن المحدود شيئاً ولا تزيده شيئاً، وإن اعطاء الحد هو أعظم ما في الباب".

وأوجب ابن حيان أن تكون الألفاظ الدالة على معاني الفصول واضحة غير مشتركة بل دالة على الأمر الواحد. فإن العبارة عن أي الأمور كان دون الفصل بالأسماء المشتركة قد تحتاج إلى قسمة وتمييز شديد وإلا وقع الغلط.

يقول هولميارد:

"إن التأمل غير المفيد والبعد عن الملاحظة أمر لم نشهدهما في عبقرية جابر الذي كان يفضل العمل داخل المعمل تاركاً مجال الخيال ".

لقد كانت وجهات نظره واضحة متقنة. وبسبب أبحاثه الدقيقة الشاملة استحق لقب المؤسس الأول للكيمياء على قواعد راسخة وأسس سليمة.

ونصيحة جابر للكيميائي تتلخص بـ: اتعب أولاً تعباً واحداً وانتظر واعلم ثم اعمل فإنك لا تصل أولاً ثم تصل إلى ما تريد.

وفي كتابه الميزان يقول: "إن كل نظرية تحتمل التصديق والتكذيب لا يصح الأخذ بها إلا مع الدليل القاطع".

وفي كتابه الخواص الكبير يقول في المقالة الأولى:

" إننا نذكر في هذه الكتب خواص ما رأيناه فقط دون ما سمعناه أو قيل لنا وقرأناه بعد أن امتحناه وجربناه فما صح أوردناه وما بطل رفضناه وما استخرجناه نحن أيضاً قايسناه على أحوال هؤلاء القوم ".

وفي كتاب الصنعة الإلهية والحكمة الفلسفية يقول:

"يجب على المشتغل في الكيمياء أن يعرف السبب في إجراء كل عملية وأن يفهم التعليمات جيداً لأن لكل صنعة أساليبها الفنية، كما يجب عليه ألا يحاول عمل شيء مستحيل أو عديم النفع، ويجب أن يكون له أصدقاء مخلصون يركن إليهم ويجب أن يكون صبوراً مثابراً لا تخدعه الظواهر فيعجل في استنباط النتائج.

وفي كتاب الأحجار يقول ابن حيان:

"إن المادة التي يراد حمل الصورة عليها لغرض من الأغراض يجب أن تكون تلك الصورة فيها بالقوة التي هي بالإمكان ".والصفة هي التي تكملها وتهيئ لظهور ما فيها إلى الفعل وليس تفيدها شيئاً من غير ذاتها.

ويقول أيضاً في كتاب الرحمة الصغير (ص ٥٣):

"واقتف أثر الطبيعة فيما تريده من كل شيء طبيعي فاعتمد عليه".

ويؤكد جابر بن حيان في كتاب التجريد:

"ملاك كما لهذه الصنعة العمل والتجربة فمن لم يعمل ولم يجرب لم يظفر بشيء أبداً، إياك أن تجرب أو تعمل حتى تعلم ويحق لك أن تعرف البيان من أوله إلى آخره بجميع تنقيته وعلله ثم تقصد لتجرب".

لقد كان جابر بن حيان فيلسوفاً للعلم وإماماً للعلماء ورائداً للعلم الطبيعي كله.. وحجة في المنطق وعالماً في الكيمياء.

حدث بعد وفاة جابر أن هدمت الدور في الحي الذي كان يسكنه فكشفت الأنقاض عن الموضع الذي كان فيه منزله ووجد معمله كما وجد هاون من الذهب يزن مئتي رطل.

وتقول الرواية أن هذا حدث في أيام عز الدولة بن معز الدولة.

والظاهر أنه قد دعا جابر إلى الإقامة في الكوفة زمناً هو فراره من خطر كان محدقاً به في زمن هارون الرشيد و إلى يحيى البرمكي وابنيه الفضل وجعفر.

ولما قتل هارون الرشيد البرامكة اضطر جابر إلى الهرب خوفاً على حياته ولجأ إلى الكوفة حيث بقي مختبئاً حتى أيام المأمون فظهر بعد احتجابه.

أما ابن النديم فيقول:

وزعموا أنه كان من أهل الكوفة.. وحدثني بعض الثقات ممن تتعاطى الصنعة أنه كان ينزل في شارع باب الشمام في درب يعرف بدرب الذهب (في الكوفة) وقال لي هذا الرجل إن جابراً كان أكثر مقامه بالكوفة.. لصحة هوائها.

اتصل ذكر جابر بن حيان برجلين بارزين هما خالد بن يزيد بن معاوية والإمام جعفر بن محمد الباقر بن زين العابدين بن الحسين بن علي بن أبي طالب (رضي الله عنهم أجمعين).

فالأول هو أول من تكلم في علم الكيمياء ووضع فيها الكتب، ونظر في كتب الفلاسفة من أهل الإسلام.وقد أخذ ابن جابر عن خالد العلم في كتبه لا بلقائه المباشر

لأن وفاة خالد سبقت ولادة جابر.

ويقول كارادي فو أيضاً: ومعلماه خالد بن يزيد بن معاوية وجعفر الصادق.

وفي مقدمة كتاب (الحاصل)،يقول هو نفسه: وقد سميته كتاب الحاصل، وذلك أن سيدي جعفر بن محمد الباقر قال لي: فما الحاصل الآن بعد هذه الكتب التي ألفتها يا جابر ؟ وما المنفعة منها ؟ فعملت كتابي هذا وسماه سيدي بكتاب (الحاصل).

وقد جاء في كتاب التصريف لجابر بن حيان في أثناء كلامه على بنية الكون.

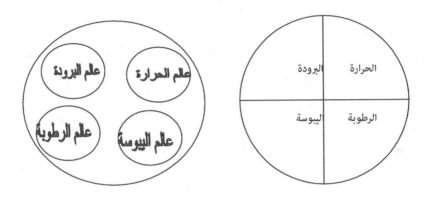

١- تقول طائفة إن دائرة الجوهر تنقسم بخطين متقاطعين إلى أربعة أرباع فيكون كل ربع منها مقاماً لواحد من العناصر الأربعة.

٢- وطائفة ثانية تذهب إلى أن دائرة الجوهر تضم في جوفها أربع دوائر منفصل بعضها في بعض، وكل دائرة منها تمثل واحدا من العناصر الأربعة.

٣- وطائفة ثالثة تقول:إن داخل دائرة الجوهر دوائر، الأوسع منها تضم في جوفها الأضيق، وهكذا، بحيث تكون أوسعها دائرة الحرارة - وهي أحد العنصرين الفاعلين: الحرارة والبرودة - وتليها دائرة العنصر الذي هو منفعل الحرارة، وأعني به اليبوسة، ثم تليها دائرة ثالثة هي دائرة العنصر الفاعل الثاني، وهي البرودة، وأخيراً تجيء دائرة رابعة للعنصر المنفعل للبرودة، وهي الرطوبة، وبهذا تكون الصورة على النحو التالي:

وفي داخل دائرة الرطوبة دائرة أخيرة قيل عنها إنها خلاء، وقيل إنها ليست خلاء، ويفضل جابر أن يختار لهاذا الفرض الأول.

وأما النفس التي هي الدائرة الثالثة بعد دائرة المبدأ الأول ودائرة العقل، فإنها قد تشبثت بالدائرة التي دونها وهي دائرة الجوهر تشبثاً جعلهما شيئاً واحداً مرئياً، وهو أول ما انفعل من أشياء، ويعد بدءاً للعالم المحسوس.

هكذا تكون بنية الكون كما يتصورها جابر بن حيان، دوائر يحوي بعضها بعضاً، فدائرة العلة الأولى، تتلوها من الداخل دائرة العقل، وهذه تتلوها من الداخل دائرة النفس، وهذه تتلوها من الداخل دائرة الجوهر، وهذه تتلوها من الداخل دوائر للعناصر الأربعة، وأخيراً تجيء دائرة خلاء، ولقد اتخذ الكون شكل الدائرة لأن الدائرة أكمل الأشكال الهندسية، وما جاء على صورتها يكون قليل الآفات وغير هالك.. وهو الذي فوقه العلة الأولى وتحت مركز الدائرة الصغرى من هذا العالم، ولذلك كان هو الأول والآخر.

الإمام جعفر الصادق (رض)

(٧٠٠-٧٦٦م)-(٨٠-١٤٩)

أبو عبد اللـه جعفر الصادق بن محمد الباقر بن علي زين العابدين بن الحسين بن علي بن أبي طالب (رضي اللـه عنهم).

كان من سادات أهل البيت، لقب بالصادق لصدقه في مقالته، وفضله أشهر من أن يذكر.

له كلام في صنعة الكيمياء والزجر والفأل. وكان تلميذه أبو موسى جابر بن حيان قد ألف كتاباً يشتمل على ألف ورقة تتضمن رسائل جعفر الصادق وهي خمسمائة رسالة.

وأم جعفر هي أم فروة بن القاسمين محمد بن أبي بكر الصديق (رضي اللـه عنه).

أخذ عنه جماعة منهم الإمامان أبو حنيفة النعمان ومالك بن أنس. وله أخبار مع الخلفاء من بني العباس. وكان جريئاً عليهم صداعاً بالحق.

اتجه منذ صغره إلى العلم فتتلمذ على كبار شيوخ عصره أبان نشأته. إضافة لتلقيه العلم على أبيه محمد الباقر (رض).

عرف الصادق بأمانته وصدقه في القول والخلق والنزاهة العلمية. عاش شطراً من حياته في المدينة المنورة وفيها لقي ربه سنة ١٤٩هـ ودفن في البقيع.

والإمام جعفر الصادق هو أستاذ جابر بن حيان فهو كيميائي بارع بصنع الذهب من المعادن الرخيصة علاوة على أنه ملم بالوحي وبعلوم الأمم الأخرى وله اطلاع وبراهين على العلوم الطبيعية.

قال الحافظ أبو نعيم:

" ولما كان الإمام الصادق طامياً لا يدرك عبابه، تتفجر منه ينابيع العلوم والحكمة كان يأوي إليه من لايدين الإسلام فيأخذون العلم عنه. فمنهم من يهتدي ومنهم من يبقى على ضلاله مع استفادته أنواع العلوم والحكم.

وقد روى محمد يحيى الهاشمي في كتابه "الكيمياء في التفكير الإسلامي" قصصاً عن مجادلة الإمام جعفر للملحدين والزنادقة في أمور العقيدة بطرق فلسفية وبراهين منطقية.

كما سرد روايات منقولة عن مصادر شتى تدل على معرفة جعفر الصادق المعادن والسبائك ومعالجة التخمير والخل.

كما للإمام جعفر الصادق مؤلفات كيميائية له، كتبها تلميذه جابر بن حيان.

قال ابن خلكان عنه:

وله كلام في صنعة الكيمياء والزجر والفأل، وكان تلميذه جابر بن حيان الصوفي قد ألف كتاباً يشتمل على ألف ورقة تتضمن رسائل الامام جعفر وهي خمسمائة رسالة.

وفي أوروبا طبع كتاب للإمام جعفر بعنوان (كتاب رسالة جعفر الصادق في علم الصناعة والحجر المكرم).

والكتب التي ألفها جابر بن حيان ينسبها كلها للإمام الصادق الذي يسميه (معدن الحكمة).

إن الإمام الصادق كانت له دراية واسعة بالفلسفة والمنطق بالإضافة إلى ما كان له من قدرة على عميق التفكير.

لقد قرأ جعفر جميع ما كتب في اللغة العربية عن علم الكيمياء.

وقد اهتم الإمام جعفر الصادق بتعليم طلابه مادة الكيمياء في مدرسته لما رأى لها من فائدة.

يقول محمد فياض:

إن الإمام جعفر الصادق يعتبر ثاني المشتغلين في علم الكيمياء وإن كان لايوجد مصادر واضحة وجلية توضح طبيعة العمل الذي قام به ولكن على الرغم من كل هذا فإن له تأثيراً عظيماً في تقدم هذا العلم المرموق وذلك بحكم منزلته المحترمة أمام الناس التي جعلت الطلاب يقدمون على دراسة علم الكيمياء بكل جدية وإخلاص وفي مقدمتهم علم الكيمياء جابر بن حيان.

قضى الإمام الصادق مدة غير قصيرة في الكوفة التي كانت مركز المعرفة آنذاك.

لقد كان الصادق من العلماء الأفاضل الذين يعقدون حلقات العلم في المسجد بجانب تدريسه بمدرسته التي بناها.

ويذكر أن جابر بن حيان قال في كتابه الرحمة ما نصه:

قال لي سيدي: ياجابر.

فقلت: لبيك سيدي

فقال: هذه الكتب التي صنفتها جميعاً وذكرت فيها الصنعة وفصلتها فصولاً، وذكرت فيها من المذاهب وآراء الناس وذكرت الأبواب وخصصت كل كتاب.. وبعيد أن يخلص منها شئ الا الواصل، والواصل على غير محتاج إلى كتبك، ثم وصفت قبلك، والآن يا جابر استغفر الـلـه وأرشدهم إلى عمل قريب سهل تكفر به ما تقدم لك وأوضح.

فقلت: يا سيدي، أشرعليَ أي الباب أذكر ؟

فقال: ما رأيت لك باباً تماماً مفرداً إلا رموزاً مدغماً في جميع كتبك مكتوماً فيها.

فقلت له: قد ذكرت في السبعين وأشرت إليه في كتب النظم وفي كتاب الملك من الخمسمائة وفي كتاب صنعة الكون وفي كتب كثيرة من المائة ونيف.

فقال: صحيح ما ذكرته من ذلك في أكثر كتبك وهي في الجمل مذكور غير أنه مدعم مخلوط بغيره، لايفهمه الا الواصل، والواصل مستغن عن ذلك.

ولكن يا جابر أفرد فيه كتاباً بالغاً بلا رمز واختصر كثرة الكلام بما تضيف إليه كعادتك فإذا تم فأعرضه عليَ.

فقلت: السمع والطاعة.

إن إهتمام الإمام جعفر الصادق بهذا العلم.. جعله في منزلة مرموقة من منازل العلم والمعرفة ونبغ في هذا المجال علماء وفلاسفة وكان على رأسهم العالم العبقري جابر بن حيان مؤسس علم الكيمياء عند العرب والمسلمين.

جبرائيل بن عبيد الله

طبيب عالم

(٣١١- ٣٩٦ هـ٩٢٣- ١٠٠٦م)

هو جبرائيل بن عبيد بن بختشيوع طبيب عالم من العصر العباسي ولد وتعلم ببغداد ورحل إلى شيراز، اتصل بعضد الدولة ثم بالصاحب ابن عباد سافر إلى القدس ودمشق ودعاه ملك مصر فاعتذر عائدا إلى بغداد حيث توفي عن عمر يناهز الخمس والثمانين سنة.

ومن تصانيفه:

- الكناش الكبير ويقع في خمس مجلدات ويلقب بالكافي، وألف للصاحب بن عباد.
- رسالة عصب العين.
- مقالة في ألم الدماغ ألّفها نخسور بن مبادر ملك الديلم.
- مقالة في أفضل أستقسات البدن هو الدم وألفها للصاحب بن عباد.

الجلدكي

هو عز الدين أيدمر علي الجلدكي كيمياوي حكيم.

وفي دائرة المعارف الإسلامية ورد اسم الجلدكي بأنه عز الدين أبدمر عبد الله الجلدكي.

وهكذا اختلفت المصادر في اسمه الأول واتفقت في اسمـه المعروف بـه أيدمر الجلدكي، وأشارت الذريعة بأنه لقب الجلدكي نسبة إلى (جلدك) من قرى خراسان على بعد فرسخين من مشهد الإمام الرضا (رضي الله عنه).

صنف أحد كتبه في دمشق عام (٧٤٠هـ) وآخر في القاهرة عام (٧٤٢هـ). واختلفت المصادر في تاريخ وفاته.

جاء في كشف الظنون أنه توفي عام ٧٤٣هـ وذكر بروكلمان بأنه توفي عام ٧٦٢هـ

وجاء في الإعلام للزركلي (ط٣، ج٥، ص ١٥٧) إن الجلدكي توفي بعد سنة ٧٤٢ هـ أما إسماعيل البغدادي في هدية العارفين لم يحدد سنة وفاته بل جعلها سنة ٧٦٢هـ ثم يقول ومثل ٧٤٣ هـ

وفي موسوعة المكتشفين والمخترعين فتقول أنه من علماء القرن الثامن من الهجري (الرابع عشر ميلادي) وبقي تاريخ ولادته مجهولاً.

ويؤكد كتاب الكيمياء عند العرب أنه من أشهر علماء المسلمين في الكيمياء وأن وفاته كانت سنة ١٣٦٣ م.

عاش الجلدكي مرتحلاً بين دمشق والقاهرة وركز جهوده على تعميق المعرفة بالكيمياء. وتنص دائرة المعارف الإسلامية على أن الجلدكي ألف كتابه نتائج الفكر في أحوال الحجر في القاهرة وكتاب "البدر المنير في معرفة الأكسير" في دمشق.

ويجمع المؤرخون الذين ترجموا للجلدكي على أنه ينتمي إلى القطر المصري. ونشير إلى أن بعض المصادر التاريخية تعرضت لإسهامات الجلدكي وذكرت أنه توفي سنة ٧٤٣هـ على التقريب.

درس العلوم عامة وكل أبواب المعرفة لكنه اشتهر بالكيمياء، كان يحب نشر العلم وبيته مفتوح لطلاب العلم وصدره واسع لمن يستفتيه، عرف بسعة اطلاعه. وإنه لم يترك كتاباً في حقل الكيمياء إلاّ درسه وعلق عليه. كما كان شغوفاً بالعلوم الطبيعية والنبات الذي كانت له فيه إشارات قيمة.

وقد قضى الجلدكي معظم حياته في جمع كتب الكيمياء وشرح ما أمكنه الوصول إليه منها.

ومن هنا كان الجلدكي أفضل مصدر لمعرفة الكيمياء والكيميائيين في الإسلام. وتظهر مشاركته الفاعلة في ميدان الكيمياء فيما حواه كتابه الشهير المسمى "نهاية الطلب" الذي علق فيه على كتاب أبي القاسم العراقي "العلم المكتسب في زراعة الذهب".

وفي هذا الكتاب الذي اشتمل على ثلاثة مجلدات اقتباسات كثيرة من كتب جابر ابن حيان ومن كتب غيره من الكيميائيين، استنتج من كل دراساته وأبحاثه أن المواد الكيميائية لا تتفاعل مع بعضها البعض إلا بأوزان معينة.

ومما لا يقبل الجدل أن هذه الفكرة هي أساس ابتكار قانون النسب الثابتة في الاتحاد الكيمياوي الذي ادعى ابتكاره جوزيف براوست الذي جاء بعد الجلدكي بخمسة قرون. وقد اعطى الجلدكي وصفاً مفصلاً لطريقة الوقاية والاحتياطات اللازمة من خطر استنشاق الغازات الناتجة عن التفاعلات الكيماوية فهو بذلك أول من فكر بابتكار واستخدام الكمامات في معامل الكيمياء ومختبراتها. كما درس القلويات والحمضيات وخواص الزئبق وتطرق لصناعة الصابون وأهميته في التنظيف وهو أول من فصل الذهب عن الفضة بواسطة حامض النتريك.

وللجلدكي كتاب ذكره وايدمان عنوانه (علم الميزان) وهو مطبوع ببرلين "والمصباح في علم المفتاح" تكلم في مقدمته عن أعلام الكيمياء والسابقين.

ومن كتبه كتاب معروف عنوانه "التقريب في أسرار التركيب" وهو أشبه بموسوعة علمية تضمنت كثيراً من المبادئ والنظريات والبحوث الكيميائية.

كما اشتمل على وصف للعمليات المستخدمة فيها كالتقطير والتصعيد والتكليس.

وعن صناعة الصابون قال:"الصابون مصنوع من بعض المياه الحادة المتخذة من القلي والجير (محلول الصودا الكاوية)، والماء الحاد يهرأ الثوب فاحتالوا على ذلك بأن مزجوا الماء الحاد بالدهن الذي هو الزيت وعقدوا منه الصابون الذي ينقي الثوب ويدفع ضرر الماء الحاد عن الثوب وعن الأيدي".

يقول الأستاذ الدكتور عزة مريدن في معرض حديثه عن العلماء العرب:

"... ومنهم هذا الجلدكي العجيب الذي ما قرأت قصيدته مرة إلا أقسمت غير حانث أن هذا هو مكتشف الذرة وواضع أسس الصواريخ..".

وهو يصف كنه الذرة في المعادن والعناصر الكيمياوية ويشبهها بالمجموعة الشمسية على نحو ما يفعل علماء الذرة اليوم حينما يبحثون في البتروتون والنورترون المركزيين والإلكترون الذي يحيط بهما".

يقول الجلدكي في فلسفته: "إن العلم هو خادم الشريعة الأول وهو لا يتنافى مع المأثور الديني فالكيمياء مثلاً علم روحي يتوافق مع العرفان النبوي".

ووردت آثار الجلدكي في الفهرس التمهيدي والذريعة.

وما جاء في الفهرس اليك هو:

١- البرهان في أسرار علم الميزان للشيخ أيدمرين على الجلدكي صاحب الكتابين المسمى كل منهما (البدر المنير)، قال في أول مصباحه المطبوع:"إن البرهان هذا كبير في أربعة أجزاء".

وقال في معجم المطبوعات:

"رأيت الجزء الثالث منه (مكتوب) في مكتبة الحجاج في القاهرة ". وتوجد المقالة الرابعة من الجزء الرابع منه في مكتبة الشيخ الحجة ميرزا محمد الطهراني، **وهي مشتملة على عدة كتب:**

(١) كتاب النبات.

(٢) كتاب الأسرب القلعي.

(٣) كتاب الحديد.

(٤) كتاب الذهب.

(٥) كتاب النحاس.

(٦) كتاب الزئبق.

(٧) كتاب الفضة وهو كتاب (القمر) ثم ذكر فيه جملة من (الموازين).
والنسخة ناقصة من آخرها.

٢- البرهان في الميزان وهو مختصر كتبه بعد البرهان الكبير الذي هو في أربعة أجزاء، كما صرح في أول
كتابه.. المصباح في المفتاح، وذكر أن شرح هذا البرهان المختصر بشرح سماه بـ (سراج الأذهان) في
شرح البرهان.

وورد في الفهرس التمهيدي بعض المؤلفات التي لم يذكرها صاحب الذريعة منها:

١- نهاية الطلب في شرح المكتسب في زراعة الذهب.

٢- كتاب التغريب (فصول من الجزء الرابع من البرهان).

٣- الجوهر المنظوم والدر المنثور في شرح ديوان الشذور.

٤- درة الخواص وكنز الاختصاص في معرفة الخواص.

وقد عثر على ثلاث مخطوطات لثلاث أجزاء من كتاب (نهاية الطلب في شرح المكتسب في زراعة
الذهب).

والمخطوطات محفوظة في المتحف العراقي برقم ٢٠٤ و ٢٠٥ و ٢٢٨٥ (نقلت مؤخراً إلى دار صدام
للمخطوطات ومكتبة وزارة الأوقاف المركزية (المخطوطات).

وقد كتبت هذه المخطوطات بخط مشوش لم يتمكن الباحث المحقق من الخروج منها بشيء
يستحق الذكر ما عدا ذكر المواد التي كتبها الرازي في مؤلفاته.

يقول فون ليبمان:

"إن علماء العرب الذين برزوا في علم الكيمياء يزيد عددهم على ستين كيمياوياً عاشوا بين القرنين
الثاني والثامن الهجريين".

ويضيف هذا الكاتب: إن الحضارة العربية والإسلامية كان لها دور عظيم في حقل الكيمياء فهم
الذين أرسوا قواعدها المتينة على التجربة والاستنتاج.

اشتهر الجلدكي بسعة اطلاعه وتبحره في علم الكيمياء، ودراسة مصنفات جابر

ابن حيان وأبي بكر الرازي.

وغيرهما من علماء الإسلام وكان في عمله هذا معروفاً بتعليقاته وتفسيراته وشروحه لبعض النظريات والآراء الكيمياوية العصية.

يقـول عمر رضا كحالة في كتابه (العلـوم البحتة في العصور الإسلاميـة):

"إن الجلدكي المتوفى سنة ٧٤٣هـ يعد من أعظم العلماء معرفة بتاريخ الكيمياء وما كتب فيها من قبله.

كان الجلدكي مغرماً بجميع المؤلفات الكيميائية وتفسيرها وكانت عادته أن ينقل عمن تقدمه من المشاهير كجابر بن حيان وأبي بكر محمد بن زكريا الرازي فقرات كاملة.

وبذلك يكون قد أدى لتاريخ الكيمياء في الإسلام خدمة جليلة إذ دوّن في كتبه الحديثة نسبياً ما يكون قد اندثر من كتب سابقيه.

يقول روحي الخالدي في كتابه "الكيمياء عند العرب":

"ويظهر أثر الجلدكي جلياً واضحاً في تفكيره العميق وعلمه الواسع فيما نسميه بآداب الكيمياء الإسلامية، فإنه على ما يظهر لنا من مؤلفاته قضى معظم حياته في جمع كتب الكيمياء التي استطاع الحصول عليها وتفسيرها والتعليق عليها.

وقد أجيزت جهوده العظيمة في عصرنا هذا إذ أصبحت مؤلفاته معيناً لا ينضب ومصدراً مهماً لأبحاثنا في علم الكيمياء الإسلامية ولدراستنا عن الكيميائيين الإسلاميين.

ونلاحظ أيضاً من خلال مؤلفاته أن الجلدكي كان يجري بنفسه تجارب عديدة في هذا الموضوع مع أن القسم الأكبر من مؤلفاته يحتوي على تعليقات وشروح.

وجاء في (كتاب المسلمون والعلم الحديث) لعبد الرزاق نوفل ما نصه: "إن الجلدكي أول عالم نبه الأذهان إلى خطر استنشاق الإنسان للغازات والأبخرة الناتجة من التفاعلات الكيميائية وضرورة الاحتياطات الكافية وهو إن كان أوصى بوضع قطعة من القطن والقماش في أنفه فلعل ذلك هو ما أوحى للعلماء حالياً أن يستعملوا الكمامات في معامل الكيمياء.

كما شرح طريقة التقطير التي تستعمل حالياً مثل أوراق الترشيح والتقطير تحت الحمام المائي والتقطير المزدوج.

وهو القائل بعد تجربة:"الرصاص جسم ثقيل بطباعه يذوب بالنار ذوباً سريعاً ويحترق فيها ويتولد بالاحتراق المرتك والاسرنج. وإذا طرق يحتمل التطريق حتى يسرع إليه التفتت والتقصب، ويسرع إليه التصديد بالحموضات وبخل العنب إلى أن يصير أسفيدجا".

كما بحث الجلدكي في الميكانيكا وعلم الصوت والتموج المائي والهوائي وسجل شروحاً وتعليقات علمية دقيقة لبعض النظريات الميكانيكية كما ورد في كتابه (أسرار الميزان). كما اشتغل في الطب والصيدلة والظواهر الطبيعية معتمداً على ما قرأه عن أساتذته ابن الهيثم والطوسي والشيرازي.

ومن أهم مؤلفاته:

١- البدر المنير في معرفة الأكسير.

٢- بغية الخبير في قانون طلب الأكسير.

٣- الدر المنثور.

٤- غاية السرور.

٥- كشف الستور.

٦- المصباح في علم المفتاح.

٧- مخمس الماء الورقي.

٨- نتاج الفكر في أحوال الحجر.

٩- نهاية الطلب في شرح المكتب.

١٠- التقريب في أسرار تركيب الكيمياء.

١١- علم الميزان.

١٢- كتاب البرهان في أسرار علم الميزان.

١٣- أنواع الدرر في ايضاح الحجر.

١٤- كنز الاختصاص في معرفة الخواص.

جميل الخاني

(١٣١٠- ١٣٧١هـ-١٨٩١- ١٩٥١م)

هو محمد جميل بن محي الدين بن أحمد بن محمد الخاني الدمشقي: طبيب، من أعضاء المجمع العلمي العربي بدمشق، مولده ووفاته بها، تخرج في الطب والعلوم الرياضية والطبيعية بباريس. ثم كان طبيبا في الجيش العرب. فأستاذا في المعهد الطبي بدمشق، انتخب رئيسا لنقابة أطباء سورية.

من تصانيفه:

"القطوف الينيعة من علوم الطبيعة " في ثلاثة أجزاء، وكتب أبحاثا علمية في المجلات العربية والفرنسية.

جورج بُسْط

(... - ...،... - ١٩٠٩م)

من أساتذة الكلية الأمريكية ببيروت، جاء سوريا مبشرا سنة ١٨٦٣ م فأتقن العربية في طرابلس (بلبنان) ولما أنشأت الملية الأمريكية سنة ١٨٦٦، تعيّن أستاذا فيها للنبات والجراحة والمادة الطبية.

ألف فيها الكتب وما زال عاملا في الكلية إلى سنة ١٩٠٨، ثم استقال، وتوفي في سنة ١٩٠٩ م.

من تآليفه:

- "المصباح الوضاح في صناعة الجراح ".
- "الأقراباذين والمادة الطبية ".
- " مبادئ التشريح والفسيولوجيا ".

جورج حنا

(١٣١١ـ ١٣٨٩ هـ ـ ١٨٩٣ـ ١٩٦٩م)

هو جورج حنا، الدكتور: طبيب نسائي من الكتّاب، مولده ووفاته في الشويفات (بلبنان) تخرّج بالجامعة الأمريكية طبيبا سنة ١٩١٦م، تخصص في باريس بالتوليد وأمراض النساء، وأنشأ في بيروت مستشفى للتوليد، له ٢٨ كتابا مطبوعا منها " العقم والسلالة البشرية " و "الوعي الإجتماعي".

جورجيس بن جبرائيل بن بختشيوع

طبيب (... ـ ١٥٢ هـ ـ ... ـ ٧٦٩ م)

هو صاحب الترجمة ومؤسس عائلة بختشيوع، كان رئيسا لبيمارستان جنديسابور، استدعاه الخليفة المنصور سنة ٧٦٥ م إلى بغداد لمعالجته من سوء استمراء في معدته، وأدخله في خدمته نقل للمنصور كتبا كثيرة من اليونانية للعربية وبقي طبيبا خاصا للمنصور حتى عام ٧٦٨م حيث استأذن الخليفة بالعودة إلى جنديسابور لشيخوخته حيث مات هناك.

من مؤلفاته الطبية:

- كناشه المشهور (ونقله حنين بن اسحق من السرياني إلى العربي).

- كتاب الأخلاط.

الجوهري اسماعيل بن حماد

لغوي ومخترع إسلامي

(... ـ ١٠٠٣)

هو أبو نصر تركي الأصل دخل العراق صغيرا وطاف في الحجاز والبادية وعاد إلى خراسان وأقام في نيسابور. وكان من مشاهير لغويي عصره، وله مؤلفات

في ذلك.

من أهم أعماله:

- ركز جهوده على الطيران فصنع لنفسه جناحين من خشب ربطهما بحبل وصعد إلى سطح داره محاولا التحليق في الهواء فسقط إلى الأرض قتيلا.

حاجي باشا

(... ـ٨٢٠ هـ .... ـ١٤١٧م)

هو خضر بن مروان بن علي، حسام الدين الأيديني، ويقال له الخطاب، ويعرف بحاجي باشا: طبيب متكلم، من علماء الحنفيّة، أصله من قونية، ومولده ومنشأه في آيدين، أقام بمصر وتوفي بها سنة ١٤١٧م. له كتب في الطب وغيره

أهم مؤلفاته الطبية:

" التسهيل " " الفريد في ذكر الأغذية المفيدة " و "شفاء الأسقام ودواء الآلام"، وهو مجلد ضخم في الطب موجود في خزانة الرباط، ومنه نسخة في دمشق وشستربتي، وله أيضا "اختيارات الشفاء".

الحارث بن كلدة

(... ـ نحو٥٠ هـ... ـ٦٧٠م)

هو الحارث بن كلدة الثقفي: طبيب العرب في عصره، وأحد الحكماء المشهورين، مولده قبل الإسلام، وبقي أيام رسول الله صلى الله عليه وسلم، وأيام أبي بكر وعمر وعثمان وعلي ومعاوية.

وقد اختلف الرواة في إسلامه، أصله من الطائف، تعلم الطب في اليمن وجندياسبور.

وكانت له معالجات كثيرة ومعرفة بما كانت العرب تحتاجه من المعالجة والمداواة، وكان النبي صلى الله عليه وسلم يأمر من به علة أن يأتيه فيطببه عنده.

وروي أن الحارث ابن كلدة قابل كسرى أنوشروان (٥٣١ - ٥٧٩م) ودار بينهما حوار مستفيض (نص الحوار في طبقات الأطباء) وردت فيه نصائح طبية كان عرب الجزيرة يمارسونها قبل الإسلام، وزبدة ما كان معروفا يومئذ في طب جنيسابور.

وفي الطب اليوناني، وفي المحاورة معلومات لم تكمن معروفة من العرب قبل أن يتعلمها الحارث في اليمن وجندياسبور، وكانت معروفة بمفهوم تطبيقي لا علمي، فطب الحارث على هذا الأساس ثورة علمية في المهنة بالنسبة لما كان لدى العرب من هذه الصفة قبل عصره، وله كلام في الحكمة وكتاب "محاورة في الطب" بينه وبين كسرى أنوشروان.

الحاسب الكرخي فخر الدين محمد بن الحسن

رياضي عربي (بين ١٠١٩ و١٠٢٩)

اعتمد في أعماله على مؤلفات الخوارزمي خاصة في الجبر وزاد عليه في المعادلات والبراهين:

كتب ثلاثة كتب:

- الكافي في الحساب.
- الفخري في الجبر.
- البديع في الجبر والمقابلة.

حامد بن سمجون

طبيب عربي

(... - نحو ٤٠٠ هـ، ... -١٠١٠م)

هو حامد بن سمجون أبو بكر تميز بصناعة الطب وقوى الأدوية المفردة وأفعالها.

من تأليفه:

- كتاب الأدوية المفردة، الذي وضعه في أيام المنصور الحاجب محمد بن أبي عامر.
- كتاب الأقراباذين.

حبيش الأعسم

طبيب عربي

(القرن الثالث الهجري، التاسع الميلاد)

هو حبيش بن الحسن الأعسم الدمشقي ابن أخت حنين بن اسحق ومنه تعلم صناعة الطب، عاش أيام المتوكل وبعده وكان من المترجمين من اللغتين اليونانية والسريانية إلى العربية،وهو الذي تمَّم كتاب (مسائل حنين) في الطب الذي كان مدخلا لصناعة الطب.

ومن بعض تآليفه:

- كتاب الأغذية.
- كتاب في الإستسقاء.
- مقالة في النبض على جهة التقسيم.

حسن الرشيدي

(نحو ١٢٧٠هـ نحو ١٨٥٤م)

هو حسن غانم الرشيدي: طبيب مصري من أهل "رشيد" نشأ طالبا في الأزهر وتعلم الطب في مدرسة أبي زعبل (بمصر).

وكان من عداد البعثة الأولى التي أرسلها محمد على باشا، لدراسة الطب في فرنسا، فتعلّم في معمل "بوريه" الكيميائي، وعاد إلى مصر سنة ١٨٣٨م، فعين مدرسا في القصر العيني.

وقد اشتغل بالتأليف والترجمة، ومن آثاره " الدر الثمين في الأقراباذين" سنة ١٢٦٥ هـ وترجم كتاب " الدر اللامع في النبات وما فيه من المنافع " للدكتور فيجاري بك من أساتذة مدرسة الطب، ساعده في ترجمته محمد عمر التونسي. ولم يعرف تاريخ وفاته بالضبط ويذكر أنها نحو ١٨٥٤م.

الحسن بن زيرك

طبيب عربي

هو الطبيب النصراني الذي كان في خدمة وصحبة أحمد بن طولون (صاحب مصر)،وكان ابن طولون أكثر من استعمال لبن الجواميس أثناء فتوحاته فأصيب بهيضة لم ينفع معها طب ابن توفيل فعاد إلى مصر ساخطا عليه.

وفي الفسطاط أحضر ابن زيرك فعالجه وخفّت عنه علّته بعد أن كان هدده بضرب عنقه إن لم ينجح في شفائه.

وقد أستمر إسهال أحمد فدعا الحسن زيرك وهدده فأرهبه فخرج منه خائفا فحميت كبده وامتنع عن الأكل والنوم واعتراه إسهال سريع وكان يهذي بعلة ابن طولون حتى مات في غد ذلك اليوم.

الحسن بن سوار

طبيب ومترجم (٣٣١هـ)

هو أبو الخير الحسن بن سوار بن بابا عالم نصراني لأصول الطب وخبير بالنقل من السريانية إلى العربية، قرأ الحكمة على يحيى بن عدي.

ومن تآليفه:

- مقالة في " امتحان الأطباء"، صنفها للأمير خوارزمشاه، أبي العباس مأمون بن مأمون.
- كتاب تدبير المشايخ " يحتوي على كلام جالينوس وروفس إضافة إلى ما زاد عليهما وجعله على طريق المسألة والجواب، ويقع في ستة وعشرين بابا.
- مقاله " في المرض المعروف بالكاهين"، وهو (الصرع).

حسن عبد الرحمن

(.... ـ١٢٩٢ هـ .... ـ١٨٧٥م)

حسن عبد الرحمن "بك": طبيب مترجم مصري، تعلم الطب في قصر العيني بالقاهرة، وتولى تدريس التشريح فيه.

ترجم عن الفرنسية كتاب "القول الصحيح في علم التشريح ".

حسن كامل الصبّاح

(١٣١٢-١٣٥٤ هـ)

حسن بن كامل بن حسن الصباح، اللبناني أصلاً، نشأ في بيروت وأقام في أمريكا وفيها توفي سنة ١٣٥٤ هـ لقب بـ " اديسون الشرق " و " فتى العلم ".

عالم لبناني من نوابغ المخترعين وكبار المستكشفين ورائد من رواد العلم البارزين. أولع بالرياضيات والطبيعيات. دُعي سنة ١٣٣٤ هـ للخدمة العسكرية فنقل إلى الآستانة، وعمل في التلغراف اللاسلكي تحت قيادة ضابط ألماني. عاد إلى سورية بعد الحرب. فدرّس الرياضيات في المدرسة السلطانية بدمشق، ثم الحساب في الجامعة الأمريكية ببيروت سنة ١٣٣٩ هـ.

هاجر إلى الولايات المتحدة الأمريكية لدراسة الهندسة والرياضيات، والتحق سنة ١٣٤١ هـ بمؤسسة جنرال الكتريك بنيويورك، وعمل فيها حتى أصبح المشرف على دائرة الاختراعات حيث سجل العديد من ابتكاراته واختراعاته العلمية، والتي بلغت حوالي السبعين اختراعاً. قتل في حادث سيارة بنيويورك سنة ١٣٥٤هـ نقل جثمانه إلى مسقط رأسه في لبنان (النبطية) حيث دفن.

يعتبر حسن الصباح أول من صنع جهازاً للتلفزة يخزن أشعة الشمس ويحولها إلى تيار وقوة كهربائية، وقد سجل هذا الاختراع في دائرة التسجيل بواشنطن تحت

رقم: ١٧٤٧٩٨٨ في ١٨ شباط سنة ١٩٣٠م وسجل أيضاً في إحدى عشرة دولة أخرى. ويعتبر هذا الاختراع من أهم اختراعات الصباح، لأنه فتح أمام العلماء والمخترعين أبواباً مغلقة. فهذه الأشعة الشمسية التي تتلقاها الكرة الأرضية، والتي تذهب هدراً، وخصوصاً في الصحارى الشاسعة، يمكن استخدامها في سبيل خدمة الإنسان وسعادته.

فكر الصباح في استخدام هذه الأشعة، واقتنع رياضياً بإمكانية استخدام النور وتحويله إلى طاقة كهربائية، ومن ثم ابتدأ تجاربه العلمية التطبيقية.

وبعد ستة أشهر قضاها في التجارب والاختبارات استطاع في ١٧ كانون الثاني في عام ١٩٣٠ أن يتوصل إلى صنع جهاز عظيم للتلفزة يحتوي على بطارية كهربائية ثانوية تتألف من سبع صفائح معدنية تشكل فيما بينها ثلاثة خزانات للكهرباء، ووضع بين تلك الصفائح مواد كيمياوية مشعة (Radiated).

وهذه البطارية متى تعرضت أقطابها الظاهرة لأشعة الشمس، فإن الإلكترونيات والفوتونات التي تحملها أشعة الشمس توثر في المواد الكيمياوية المشعة فتولد في البطارية شحنة كهربائية قوية، فتتحول بالتالي إلى تيار كهربائي قوي جداً يختزن في البطارية.

هكذا يتحول نور الشمس بعملية مستمرة إلى تيار كهربائي ثم إلى قوة ميكانيكية محركة تقوم مقام الوقود والفحم الحجري في إدارة الآلات الميكانيكية.

وقد كتب الصباح إلى الملك فيصل الأول يفاوضه لإنشاء مصانع لتوليد القوة الكهربائية وتوزيعها على الأقطار العربية ترتكز على أساس هذا الاختراع.

حسن محمود باشا

(١٢٦٣-١٣٢٣ هـ ١٨٤٧-١٩٠٦م)

هو محمد بن علي محمود: طبيب من نوابغ مصر، ولد بقرية الطالبية، من ضواحي القاهرة وبها توفي: تعلم بمصر وألمانيا وفرنسا، وتقلب في المناصب، فكان

مفتش صحة مصر، ثم مديرا للصحة، فناظرا للمدرسة الطبية، وطبيبا لقسم الأمراض الباطنية، بمستشفى القصر العيني.

من مؤلفاته ٢٦ كتابا أهمّها:

- الفوائد الطبية في الأمراض الجلدية.
- البواسير ومعالجتها.
- الاستكشاف العصري في الدمل المصري.
- الرمد الصديدي، (مترجم).
- الخلاصة الطبية في الأمراض الباطنية.
- تحفة السامع والقارئ في داء الطاعون البقري الساري.
- رسائل في حمى الدنج.
- الهيضة والكوليرا.
- النزلة الوافدة.
- كتاب داء الفقاع، والذي وضعه بالفرنسية.

الحسن المراكشي لأبو علي الحسن بن علي بن عمر

رياضي وفلكي

(القرن الثالث عشر للميلاد)

كان من أبرع الرياضيين

من أشهر كتبه:

- كتاب الغايات في علم الميقات ويشمل الحساب.
- كتاب وضع الآلات والعمل بالآلات ومطارحات تحصل بها الدربة والقوة على الإستنباط (يحتوي على معلومات متعلقة بآلات الرصد وطرقه وجدولا يضم مائتين وأربعين نجما رصدها حوالي سنة ١٢٢٠.

حسن هاشم بك

(١٨٢٥- ١٨٧٩م)

هو ابن السيد هاشم بن السيد على هاشم، ولد بالقاهرة، وتعلم بمكاتب مصر، والتحق بمدرسة الطب بقصر العيني في قسم الصيدلة، ثم أرسل إلى فرنسا سنة ١٨٤٧ للتخصص فتعلم أولا الصيدلة.

ثم التحق بمدرسة الطب وتخصص في أمراض النساء ونال إجازات علمية مختلفة ووسامين وبعد عودته إلى مصر وعين طبيبا في المستشفيات ومعلما للفسيولوجيا (علم وظائف الأعضاء) بمدرسة الطب، ولإمراض النساء بقسم الولادة.

وانتدبه الخديوي إسماعيل للسفر إلى الحجاز لتقصي أسباب انتشار الكوليرا بين الحجّاج.

وعين مدرسا بمدرسة الطب إلى أن اختاره الخديوي إسماعيل طبيبا خاصا لأسرته، فانفصل عن مدرسة الطب، وكانت وفاته في ١٣ آذار ١٨٧٩.

حسين عودة

(١٢٥٢-١٣٣ هـ ١٨٣٦-١٩١٤م)

حسين بن مصطفى أبي عودة: طبيب دمشقي: تعلم بمدرسة الطب بمصر، وأحرز شهادتها سنة ١٢٩١ هجرية، وأمضى آخر حياته في صيدا بلبنان، وبها توفي.

له من الكتب:

- فهرست المواد الطبية، وهو فهرست لكتاب " عمدة المحتاج في علمي الأدوية والعلاج " لأحمد الرشيدي.

- المرشدة العودية في إثبات الكيمياء الطبية " وهي رسالة نشرت في مجلة روضة المدارس.

- وكتاب " نبذة من الرحلة العودية إلى الديار المصرية ".

حسين عوف

(.... ـ ١٣٠١ هـ ـ .... ـ ١٨٨٣م)

حسين عوف " بك " الكحّال: طبيب مصري رمديّ، تعلم الطب في قصر العيني بالقاهرة، ثم انتقل لمتابعة دروسه في أوروبا.

وهناك اختار أن يتخصص بعلم "الرمد" يتألف من سبعة أجزاء، لكنه لم يطبع.

حكمة المُرادي

(١٣٠٦ـ١٣٤٧ هـ ـ ١٨٨٨ـ١٩٢٨م)

حكمة بن محمد بن المرادي: طبيب من طلائع اليقظة العربية في سورية، ولد في دمشق، وتخرج في معهدها الطبي وكان من أطباء الجيش العثماني في حرب البلقان.

ففي الحرب العالمية الأولى، رافق حملة جمال باشا لمهاجمة مصر، فأسره الإنكليز واعتقلوه بالقاهرة.

ولما ثار الحجاز على الترك سنة (١٩١٦م) سهّل الإنكليز للأسرى التطوع للعمل في الجيش العربي، فكان الدكتور حكمة من أطباء ذلك الجيش. وشهد المعارك مع فيصل بن الحسين إلى أن دخل العرب دمشق سنة (١٩١٨م) فعين رئيسا لصحّة الجند.

ثم أستاذا في مدرسة الطب، وانتخبه "المجلس العلمي العربي"، "عضو شرف" فيه في العام التالي فانقطع للبحث والتدريس والتطبيب، إلى أن توفي في قرية مضيافا، مصطافا، ونقل إلى دمشق.

له بحوث كثيرة في المجلات والصحف السورية، ترجم عن التركية كتاب " الطب الشرعي " لوصفي بك، في ستة أجزاء صغيرة.

الحلاجي

طبيب عربي (٠٠٠-٣٠٠ هـ ٠٠٠-٩١٣م)

ويعرف بيحيى بن أبي الحكيم الحلاجي البغدادي من أطباء المعتضد العباسي، صنفه ابن أبي أصيبعة في كتابه " طبقات الأطباء " بين الأطباء السريانيين.

من آثاره:

- كتاب " تدبير الأبدان النحيفة التي قد علتها الصفراء " وقد ألّفه للمعتضد العباسي

حُنين بن اسحق

مؤرخ ومترجم وطبيب عربي

(١٩٤-١٦٠ هـ ٨١٠ - ٨٧٣م)

هو أبو زيد حنين بن إسحاق العبادي ولد بالحيرة في العراق وتوفي في سامراء لأب مسيحي يشتغل بالصيدلة، والعباد قبائل من بطون العرب بالحيرة، تتلمذ حنين على يد يوحنا بن ماسويه وأتقن السريانية واليونانية، وقد ذهب إلى البصرة فأخذ العربية عن الخليل بن أحمد الفراهيدي وجعله المأمون رئيسا لديوان الترجمة وكان يعطيه من الذهب زنة ما ينقله إلى العربية من الكتب، كما أصبح رئيسا للأطباء في بغداد، وقد عاصر حنين تسعة من الخلفاء وله كتب ومترجمات تزيد على مائة.

أهم مؤلفاته الطبية:

- الفصول الأبقراطية.
- القول في حفظ الأسنان واستصلاحها.
- حيلة البرء.
- التشريح الكبير.
- كتاب المسائل في الطب للمتعلمين.

- المدخل لعلم الطب.

- كتاب المسائل في العين على طريقة السؤال والجواب.

- كتاب في تركيب العين.

- كتاب الأدوية المفردة.

- كتاب العشر مقالات في العين. وقد مات حنين في بغداد.

الخازن

٠٠٠-١١٥٥م

ولد الخازن في مَرْو بخراسان في النصف الأول من القرن الثاني عشر الميلادي وتوفي نحو سنة ١١٥٥م.

اهتم بالطبيعة - ولا سيما بحوث الميكانيكا- فبلغ الذروة، وأتى بما لم يأت به غيره من الذين سبقوه

من علماء اليونان والعرب.

وكذلك كانت له بحوث في الفلك على جانب كبير من الأهمية.

ولقد أحاطت بحياة (الخازن) غيوم كثيفة من الغموض والإبهام، وأصاب نتاجه الفكري أهمال، أدى

إلى ضياع معظمه، كما لحق بمآثره إجحاف لم يلحق بغيره من نوابغ المسلمين، مما أدى إلى الخلط بينه وبين

غيره من العلماء، فنسبت آثاره إلى غيره، كما نسبت آثار غيره إليه.

ولقد عثر على كتاب "ميزان الحكمة" للخازن في منتصف القرن التاسع عشر، وهو من أروع آثاره، بل

هو الكتاب الأول من نوعه في العلوم الطبيعية القديمة عامة وعلم "الهيدروستاتيكا" خاصة.

ولقد ثبت من كتاب "ميزان الحكمة" أن من بين الموضوعات التي بحثها (الخازن) موضوع الهواء

ووزنه، ولم يقف الأمر عند هذا، بل أشار إلى أن للهواء قوة رافعة كالسوائل، وأن وزن الجسم المغمور في الهواء

ينقص عن وزنه الحقيقي، وأن مقدار ما ينقصه من الوزن يتبع كثافة الهواء.

و(الخازن) بهذا يكون قد سبق (تورشيللي) الذي بحث في وزن الهواء وكثافته، والمنسوب إليه

اكتشاف الضغط الجوي.

وبين الخازن في كتابه (ميزان الحكمة) أن قاعدة أرشميدس الخاصة بالطفو لا تسري على السوائل

فحسب بل تسري أيضاً على الغازات. وأبدع في البحث في مقدار ما يُغمر من الأجسام الطافية في السوائل. ولا

شك أن هذه البحوث هي الأساس الذي

بنى عليه الأوروبيون - فيما بعد- بعض الاختراعات الهامة كالبارومتر، ومفرغات الهواء، ومضخات رفع المياه.

وبحث (الخازن) في الكثافة وكيفية إيجادها للأجسام الصلبة والسائلة، واعتمد في ذلك على كتابات البيروني وتجاربه فيها، وعلى آلات متعددة وموازين مختلفة استعملها خصيصاً لهذا الغرض.

ومن الغريب أن نجد كثيراً من الكثافات التي توصل إليها الخازن لكثير من العناصر والمركبات التي وردت في كتـابه المذكور، قد بلغت درجة كبيرة من الدقة لم يصلها علماء القرن الثامن عشر الميلادي.

كذلك تقدم (الخازن) ببحوث الجاذبية بعض التقدم وأضاف إليها إضافات لم يعرفها الذين سبقوه فقال بوجود قوة جاذبة على جميع جزيئات الأجسام، وأن هذه القوة هي التي تبين صفة الأجسام. وأجـاد في بحوث مراكز الثقل وفي شرح بعض الآلات البسيطة وكيفية الانتفاع بها.

وقد أحاط بدقائق المبادئ التي يقوم عليها اتزان إحاطة مكنته من اختراع نوع غريب من الموازين لوزن الأجسام في كل من الهواء والماء.

وإلى جانب نبوغ الخازن في الميكانيكا والفيزياء، كان نابغاً أيضاً في الفلك، ووفق في عمل زيج فلكي سماه (الزيج المعتبر السنجاري) وفيه حسب مواقع النجوم لسنة ١١١٥-١١١٦م، وجمع أرصاداً أخرى هي في غاية الدقة بقيت مرجعاً للفلكيين مدة طويلة. وفي هذا الزيج أو الكتاب الفلكي أيضاً جداول للسطوح المائلة والصاعدة ومعادلات لإيجاد الزمن من خطوط العرض لمدينة (مَرْو) التي كان يعيش بها.

خالد بن يزيد

هو الأمير خالد بن يزيد بن معاوية بن أبي سفيان القرشي أبو هاشم حكيم قريش وعالمها في عصره. (٦٣٥-٧٠٤م) هو أول من تكلم في صنعة الكيمياء وأول من ترجم كتب الطب والنجوم والكيمياء.

"كان أعلم أهل قريش بفنون العلم، وله كلام في صنعة الكيمياء والطب والنجوم. وكان بصيراً بهذين العلمين متقناً لهما وله رسائل دالة على معرفته وبراعته. أخذ الصنعة من رجل من الرهبان يقال له مريانس الرومي. كان موصوفاً بالعلم والدين والعقل.

يقول عنه صاحب الفهرست

"كان خالد بن يزيد بن معاوية يسمى آل مروان وكان فاضلاً في نفسه محباً للعلوم خطر بباله الصنعة من اللسان اليوناني والقبطي إلى العربي وكان هذا أول نقل في الإسلام.اذا ويذكر عنه حاجي خليفة:

"أنه أول من تكلم في علم الكيمياء ووضع فيها الكتب وبيّن صنعة الكيمياء. من مصنفاته التي أوردها ابن النديم وقال أنه رآها "كتاب الحرارات" و "كتاب الصحيفة الكبير " و "كتاب الصحيفة الصغير" و كتاب وصيته إلى ابنه في الصنعة.

ويذهب ابن خلكان إلى أن له ثلاثة رسائل تضمنت أحداهن:

- ما جرى له مع مرسانس الرومي الراهب وصورة تعلمه منه والرموز التي أشار إليها وله فيها أشعار كثيرة مطولات ومقاطع دالة على حسن تصرفه وسعة علمه

ولخالد فيما يرى الأستاذ بروكلمان صاحب "تأريخ الأدب العربي"، ديوان ويقول حاجي خليفة في كشف الظنون: ج٢ ص ١٢٤٥:

"لخالد بن معاوية الأمير الحكيم منظومة في قواف وعدد أبياتها ألف وثلاثمائة وخمسة عشر بيتاً ".

وهو ما أشار إليه ابن النديم في قوله:

"وله شعر كثير في هذا المعنى رأيت منه خمسمائة ورقة وذكره حاجي خليفة".

ومن مؤلفاته:

- (السر البديع في رمز المنيع) في علم الكافي.
- مزدوي الحكمة في علم الكيمياء.
- كتاب الحرارات.
- الصحيفة الصغرى.

- وصية إلى بانه في الصنعة.

ورغم وفرة معلومات خالد وكثرة مؤلفاته إلا أنه لا ينسب إليه أي اكتشاف في الكيمياء، لكن مساهمته في نقل العلوم القديمة إلى العربية كان لها أثرها الكبير في تطور الكيمياء عند العرب.

ذكر ابن النديم راوياً عن محمد بن اسحق الذي عني باخراج الكتب القديمة في الصنعة إن خالداً بن يزيد بن معاوية كان خطيباً وشاعراً فصيحاً، وحازماً ذا رأي وهو أول من ترجم له كتب الطب والنجوم، وكتب الصنعة والكيمياء.

وفاة خالد بمدة طويلة. وانبرى لهما كل من هولميار وستيبلتون وجاء ردهما مبنياً على أدلة تأريخية لا تقبل الجدل أو الشك.

هولميارد أورد أمثلة لملوك شغلوا أنفسهم في الصنعة كالإمبراطور (هيرقليوس) و (جيمس الرابع) في اسكتلندا.

ويقول هولميارد: وحتى في هذه الظروف التي أشار إليها روسكا فلا تزال كتب وأشعار لخالد في مكتبات الهند ومصر وأوربا لم تحقق بعد.

وقد قرأت لخالد كتابه الموسوم (ديوان خالد بن يزيد بن معاوية في الصنعة) وهو مخطوط مصور عن النسخة الأصلية محفوظة في مكتبة المتحف العراقي ببغداد/ الكرخ برقم ٣٢٢/ آ وهو بحجم ٣٠سم × ٢٠سم ويقف في ١١٦ ورقة أي في ٢٣٢ صفحة وتحتوي الصفحة الواحدة على اثنتي عشر بيتاً.

خضر بن علي بن الخطّاب

فيلسوف وطبيب (... ـ ٨٠٠ هـ)

هو المعروف بالحاج باشا من ولاية آيدين ارتحل للقاهرة ودرس فيها المنطق والطب، ولم يمارس الطب ولم يمهر به إلا بعد أن أصابه مرض شديد اضطره لذلك، وفوض إليه بمارستان مصر فأداره ودبّره.

صنف العديد من الكتب أهمها:

- كتاب الشفا.

- مختصر سماه التسهيل.

- صنف حواشي على شرح المطالع للقطب الرازي.

خلف الطولوني

طبيب عربي

(... - نحو ٣١٠ هـ ... - نحو ٩٢٢م)

هو أبو علي خلف الطولوني من أطباء مصر، كان مشتغلا بصناعة الطب وله معرفة وبراعة في علم أمراض العين ومداواتها.

له من الكتب:

- النهاية والكفاية في تركيب العينين وخلقتهما وأدويتهما، اطلع عليه ابن أبي أصيبعة ونُقل عنه أنه صنف في ٣٨ عام.

الخوارزمي

ينتسب الخوارزمي إلى القرن الثالث الهجري / التاسع الميلادي، فقد توفي سنة ٨٥٠م، أما سنة ميلاده فغير معروفة على وجه التحديد.

وأصله من خوارزم، وأقام في بغداد حيث اشتهر وذاع صيته وانتشر اسمه بين الناس. وكان موضع رعاية الخليفة العباسي المأمون، حيث ولاه منصب رئاسة بيت الحكمة، وجعله على رأس بعثة علمية إلى (الأفغان) بقصد البحث والتنقيب.

والخوارزمي أحد العباقرة الذين أنجبتهم الحضارة العربية الإسلامية فقد برز في علم الفلك والرياضيات، وكان لإنتاجه الفكري والعلمي فيهما أكبر الأثر في تقدمهما، وارتقائهما.

وهو أول من وضع أصول علم الجبر، وجعله علماً مستقلاً عن الحساب. كما وضع بحوثاً علمية غير مسبوقة في الحساب، وإليه يرجع الفضل في تعريفنا - وتعريف العالم بالأرقام الهندية.

وهو أول من استعمل كلمة "الجبر" للعلم المعروف بهذا الاسم وعنه أخذ الأوروبيون هذه الكلمة واستعملوها في لغاتهم بنفس اللفظ المنطوقة به (Algebra).

وكتابه : الجبر والمقابلة يعتبر الأول من نوعه في التراث العلمي العربي، بل في التراث العلمي العالمي.

ولقد كان من حسن حظ النهضة العلمية الحديثة في بلادنا أن قيض الله لنا المرحوم الدكتور "علي مصطفى مشرفة" العالم الشهير، وتلميذه الدكتور "محمد مرسى أحمد"، فنشرا كتاب "الجبر والمقابلة" بعد أن حققا مخطوطة الذي كان محفوظاً في مكتبة (بودلين) باكسفورد. وكان هذا المخطوط قد كُتب في القاهرة – نقلا عن نسخته الأصلية بالطبع – بعد موت الخوارزمي بنحوه ٥٠٠سنة.

وفي الحقيقة فإن ما قام به الدكتور مشرفة من نشر الكتاب بعد تحقيقه في الثلاثينات من هذا القرن – تقريباً، يحتاج منا إلى وقفة تأمل وملاحظة.

فالدكتور مشرفة كان قد أوفد في بعثة علمية بعد تخرجه من مدرسة المعلمين العليا سنة ١٩١٧م إلى إنجلترا ليكمل دراسته بها، فحصل منها على الدكتوراه في فلسفة العلوم سنة ١٩٢٣م . وكذلك الدكتوراه في العلوم سنة ١٩٢٥م، وعاد بعدها ليشغل منصب أستاذ مساعد الرياضيات في كلية العلوم المصرية عند انشائها في تلك السنة ثم شغل منصب أستاذ الرياضة التطبيقية سنة ١٩٢٦م، وأصبح أول عميد مصري للكلية سنة ١٩٣٦م.

ومن المؤكد أنه خلال دراسته بإنجلترا اطّلع – ربما بالصدفة- على مخطوط كتاب "الجبر والمقابلة" الذي كان محفوظاً في مكتبة (بودلين) باكسفورد فلم يضيّع وقتا، وعكف على دراسة المخطوط وتحقيقه ثم عاد إلى القاهرة ليكمل بعد ذلك، مع تلميذة الدكتور محمد مرسي أحمد ما كان قد بدأه مع المخطوط، ثم ينشره.. ليتسنى لنا نحن العرب – الاطلاع عليه ومعرفة ما يحتويه من أفكار – كانت في ذلك الوقت بالنسبة لنا نحن فقط مجهولة، بينما كان الإنجليز يعرفونها ويعرفون الكتاب، فقد سبقونا إلى نشره بلغتهم، ثم باللغة العربية أيضاً سنة ١٨٣١م – أي قبل العمل الجليل الذي قام به الدكتور مشرفة بنحو قرن كامل.

وأبسط ما يمكن أن نقوله تعليقا على هذا : أن بضاعتنا رُدت إلينا.. ولكن يجب أن نتساءل : إلى متى يظل تراثنا العربي، ومخطوطاته حبيسة بمكتبات العالم الخارجي ينتفعون بها ولا نعلم عنها شيئاً.. إلا حين يريدون هم وفي التوقيت الذي يحددونه، أو حين يكون هناك أحد المستشرقين الذين يتخصصون في الدراسات الشرقية والعربية ويتسمون بالنزاهة العلمية والأمانة، فيكشفون لنا عن مخطوط هنا ومخطوط هناك، كل حين.

ونعيد التساؤل بصيغة أخرى فنقول: لقد استولى الأغراب - والأولى أن نقول لقد سرق الأغراب - كنوز معرفتنا ومخطوطات تراثنا ضمن ما استولوا عليه من ثرواتنا المادية منذ قدم إلى المنطقة العربية غازياً (شيخ منصرهم) الأول "سليم الأول" العثماني، وعلق آخر مملوك حاكم في مصر (طومان باي) على باب زويلة.

كان ذلك في أوائل القرن السادس عشر الميلادي. بعده توالى النهب والسلب على أيدي الفرنسيين والإنجليز والأسبان.. وقبله كان الصليبيون وما نهبوه من بيت المقدس خلال حملاتهم عليه..

هذا غير ما تعرض له جزء كبير من هذا التراث من حرق وتدمير على أيدي التتار في بغداد.. هذا ما حدث، ولن نبكي على اللبن المسكوب كما يقال، ولكن أما آن الأوان لنبحث عن تراثنا ونحاول استرداد مخطوطاتنا المبعثرة في مكتبات برلين واكسفورد وباريس وبطرسبورغ واستانبول وغيرها.. أليس للأمر ما يستحقه من أهمية؟!.

ونعود بعد تلك الوقفة إلى الخوارزمي وكتابه "الجبر والمقابلة" فنجده يشير في مقدمة الكتاب إلى فضل الخليفة المأمون في تشجيعه ورعايته حتى أخرج كتابه إلى النور حيث يقول :

".. على أني ألفت من كتاب الجبر والمقابلة كتاباً مختصراً حاصراً للطيف الحساب وجليله لما يلزم الناس من الحاجة إليه في مواريثهم ووصاياهم وفي مقاسمتهم وأحكامهم وتجاراتهم وفي جميع ما يتعاملون به فيما بينهم من مساحة الأرضين وكرى الأنهار والهندسة وغير ذلك من وجوهه وفنونه مقدماً لحسن النية راجياً لأن ينزله أهل

الأدب بفضل ما استودعوا من نعم الله تعالى وجليل آلائه وجميل بلائه عندهم منزلته، وبالله توفيقي في هذا وفي غيره. عليه توكلت وهو رب العرش العظيم ".

ثم يقول: ".. ولم يزل العلماء في الأزمنة الخالية والأمم الماضية يكتبون مما يصنفون من صنوف العلم ووجوه الحكمة نظرا لمن بعدهم واحتسابا للأجر بقدر الطاقة ورجاء أن يلحقهم من أجر ذلك ذخره. ويبقى لهم من لسان الصدق ما يصغر في جنبه كثير مما كانوا يتكلفونه من المؤونة ويحملونه على أنفسهم من المشقة في كشف أسرار العلم وغامضة، إما رجل سبق إلى ما لم يكن مستخرجاً قبله فورثه من بعده. وإما رجل شرح مما أبقى الأولون ما كان مستغلقا، فأوضح طريقه وسهل مسلكه وقرب مأخذه، وإما رجل وجد في بعض الكتب خللاً فلم شعثه وأقام أزره وأحسن الظن بصاحبه غير راد عليه ولا مفتخر بذلك من فعل نفسه.. ".

ولا يتسع المجال هنا لشرح فصول الكتاب شرحاً تفصيلياً، لذلك نكتفي بالإشارة إلى أفكار الكتاب الرئيسية ، لما له من أهمية في تاريخ تقدم الفكر الرياضي.

قسم الخوارزمي الأعداد التي يُحتاج إليها في الجبر إلى ثلاثة أنواع: جذر .. أي (س) ، ومآل الجذر .. أي ($س^٢$) ، ومفرد.. وهو الخلي من (س).

وجعل المعادلات على أشكال أو أنواع ستة ، وضحها وبين حلولها. ومن هذه الأشكال أو الأنواع والحلول يتبين لنا أن الخوارزمي – والعرب بالطبع- عرفوا حلول معادلات الدرجة الأولى، والدرجة الثانية، وهي نفس الطرق أو الحلول الموجودة في كتب الجبر الحديثة.

ولم يجهلوا أن لهذه المعادلات (التي من الدرجة الثانية) جذرين، واستخرجوهما إذا كانا موجبين.

وتنبه الخوارزمي إلى الحالة التي يكون فيها الجذر كمية تخيلية. جاء في كتابه: " واعلم أنك إذا نصّفت الأجذار وضربتها في مثلها، فكان يبلغ ذلك أقل من الدراهم التي من المال فالمسألة مستحيلة..".

أي أنه حينما تكون الكمية التي تحت علامة الجذر سالبة، وفي هذه الحالة يقال

لها تخيلية - بحسب التعبير الرياضي الحديث- لا يكون هناك حل للمعادلة. وقد ابتكر الخوارزمي طرقاً هندسية لحل بعض المعادلات من الدرجة الثانية.

وفي "باب الضرب" بيّن الخوارزمي كيفية ضرب الجذور بعضها في بعض إذا كانت منفردة، أو كان معها عدد، أو كان يستثنى منها عدد، أو كانت مستثناة من عدد . وكيف تجمع بعضها إلى بعض . وكيف تُنقص بعضها من بعض.

ويعقب ذلك "باب الجمع والنقصان" (أو الطرح) .. وفيه وضع الخوارزمي عدة قوانين لجمع المقادير الجبرية وطرحها وضربها وقسمتها وبين كيفية إجراء العمليات الأربع على الكميات الصم، وكيفية إدخال المقادير تحت علامة الجذر أو إخراجها منها.

وفي باب "المسائل المختلفة" نجد مسائل تؤدي إلى معادلات من الدرجة الثانية، يبين الخوارزمي كيفية حلها. وهي على غرار المسائل الموجودة بكتب الجبر التي تدرس في المدارس الثانوية الآن.

ثم يأتي بعد ذلك "باب المعاملات" وفيه يقول الخوارزمي : ".. اعلم أن معاملات الناس كلها من البيع والشراء والصرف والإجارة وغير ذلك، على وجهين بأربعة أعداد وهي : المُسعَّر والسعر والثمن والمُثمن .. ".

ويوضح معاني الكلمات ويورد مسائل تتناول البيع والإجارات وما يتعامل به الناس من الصرف والكيل والوزن.

ويعقب المعاملات "باب المساحة" وفيه يوضح معنى الوحدة المستعملة في المساحات، كما يأتي على ذكر مساحات بعض السطوح المستقيمة الأضلاع والأجسام، وكذلك مساحة الدائرة والقطعة، ويشير إلى النسبة التقريبية وقيمتها.

وأورد برهانا لنظرية فيثاغورث، واقتصر على المثلث القائم الزاوية المتساوي الساقين واستعمل كلمة (سهم) لتدل على العمود النازل من منتصف القوس على الوتر، وأوجد من قطر الدائرة والسهم طول الوتر، كما أوجد حجوم بعض الأجسام، كالهرم الثلاثي، والهرم الرباعي، والمخروط.

وآخر أبواب الكتاب هو "باب الوصايا" وفيه يتطرق الخوارزمي إلى مسائل

عملية تتعلق بالوصايا وتقسيم التركات، وتوزيع المواريث.

ولكتاب "الجبر والمقابلة" الذي تعرضنا في عجالة لمحتويات أبوابه، شأن تاريخي كبير، فقد ظل عدة قرون المصدر الذي اعتمد عليه علماء العرب في بحوثهم الرياضية، كما أنه كان النبع الذي استقى منه علماء أوروبا في القرون الوسطى، بعد أن نقلوه إلى اللاتينية. وعلى أساس بحوث هؤلاء العلماء تقدمت الرياضيات وتوسعت موضوعات الجبر العالي.

وإلى جانب إنجاز الخوارزمي في الجبر أو (Algebra) كما سماه الأوربيون بنفس تسميته التي أطلقها الخوارزمي على هذا الفرع من الرياضيات، وضع الخوارزمي كذلك كتاباً في الحساب كان الأول من نوعه من حيث الترتيب والتبويب والمادة العلمية.

وهذا الكتاب هو أول كتاب في الموضوع دخل أوروبا بعد نقله إلى اللغة اللاتينية.

وقد بقى زمناً طويلاً مرجع العلماء والتجار والحاسبين الذي يعتمدون عليه في بحوثهم وعملياتهم الحسابية. وقد ظل الحساب قروناً عديدة معروفاً باسم (الجوارتمي) نسبة إلى الخوارزمي . ومن أكبر المآثر، بل من أكبر النعم التي جاد بها العرب على العالم – وللخوارزمي فضل كبير في ذلك – نقلهم الحساب الهندي وتهذيبهم الأرقام الهندية المنتشرة في العالم الآن.

ولكي نقدر جهد أو إنجاز العرب (والخوارزمي على وجه الخصوص) في ذلك، لا بد لنا من معرفة شيء عن تاريخ الترقيم واستعمال الصفر.

فقد كانت الأمم في القرون الماضية كالمصريين القدماء والبابليين وغيرهم محرومة من نظام الترقيم المعمول به حالياً، وكانوا يجدون صعوبة في إجراء العمليات الحسابية إلى أن استعار العرب الأرقام الهندية من الهنود وعرفوا نظامهم الترقيمي، وكونوا من تلك الأرقام سلسلتين عرفت إحداهما بالأرقام الهندية وهي التي بالشكل التالي: ١ ، ٢ ، ٣ ، ٤ ، ٥ ، ٦ ، ٧ ، ٨ ، ٩.

وعرفت الأخرى بالأرقام الغبارية وهي التي بالشكل التالي :

١ ,٢ , ٣ , ٤ , ٥ , ٦ , ٧ , ٨ , ٩

وشاع استعمال النوع الأول (الأرقام العربية الهندية) في بغداد والجانب الشرقي من العالم الإسلامي.

أما النوع الثاني (أو الأرقام الغبارية) فقد شاع في الجانب الغربي من العالم الإسلامي (الأندلس والمغرب وشمال أفريقيا).. وانتقل منه إلى أوروبا – وما زال مستعملاً حتى اليوم.

ولم يفطن أحد قبل الهنود لاستعمال "الصفر" في المنازل التي تخلو من الأرقام. وكانوا يطلقون عليه لفظ: سونيا .. ومعناه: فراغ.

واستعمل الضوء النقطة (.) كعلامة للصفر وقد أخذناها نحن العرب عنهم وما زلنا إلى اليوم نستعملها في المعاملات الحسابية، والفضل في ذلك يعود إلى الخوارزمي.

وتجدر الإشارة إلى أن الهنود لم يلبثوا أن عدلوا عن استعمال النقطة وأخذوا يكتبون الصفر بصورة دائرة هكذا : ٠ .. .

وهذا على الأرجح حدث بعد استعمار الإنجليز لبلادهم.

وكما أبدع الخوارزمي في الجبر وفي الحساب، كان مبدعاً وعالماً في الفلك. فقد وضع زيجا (أو جدولاً فلكيا) سمّاه زيج الخوارزمي، وهذا الزيج كان له أثر كبير من الأزياج الأخرى التي وضعها العرب فيما بعد، إذ استعانوا به واعتمدوا عليه وأخذوا عنه.

ووضع الخوارزمي كتابا في كيفية العمل بالإسطرلاب، وهو آله تشبه التلسكوب كانت تستخدم لرؤية السماء وتحديد مواقع النجوم.

وإلى جانب الإنجاز الرياضي والفلكي، يعتبر الخوارزمي من المجددين لجغرافية بطليموس، ولم يكن تجديده لها مجرد تقليد لآراء اليونانيين القدماء، وإنما جاء بأفكار وآراء جديدة.

وبعد.. كان هذا عرضا موجزاً لأحد نوابغ الحضارة العربية الإسلامية.. محمد بن موسى الخوارزمي الذي حلق عاليا في سماء الرياضيات، وكان نجماً متألقاً فيها، اهتدى بنوره علماء العرب وعلماء أوروبا.. وكلهم مدين له.

الخيام

١٠٤٨-١١٣١م

عاش عمر الخيام (واسمه بالكامل أبو الفتح عمر بن إبراهيم الخيام النيسابوري) فيما بين عامي ٤٤٠، ٥٢٥هـ/ ١٠٤٨،١١٣١م. أي أنه عاش نحواً من ٨٣ عاماً.

كان يشتغل وهو صغير في حرفة صنع وبيع الخيام، ومن هنا جاءت تسميته بالخيام.

كان كثير التنقل في البلاد المجاورة لموطنه نيسابور، والارتحال من أجل طلب العلم، في شبابه، حتى استقر به المقام في بغداد عام ٤٦٦هـ / ١٠٧٤م. وكانت بغداد في ذلك الوقت حاضرة الدنيا، وكعبة العلوم والفنون.

وقد أبدع الخيام في كثير من فنون المعرفة، مثل الرياضيات، والفلك، واللغة، والفقه، والتاريخ ، والأدب.

وقد يكون غريباً على البعض أن يعرف أن عمر الخيام المشهور برباعياته الشعرية (التي ترجمها إلى اللغة العربية الشاعر أحمد رامي وغنّت بعضها أم كلثوم) كان رياضياً بارعاً وفلكيا أصيلاً. وعن نبوغه في الرياضيات يقول المؤلف الغربي و.و.روس بول في كتابه: مختصر لتاريخ الرياضيات: إن عمر الخيام يعتبر بين علماء الرياضيات في القرن العشرين نابغة في الرياضيات ولا سيما في الجبر".

كما يقول المؤلف العربي سيد حسين نصر في كتابه العلوم والحضارة في الإسلام: " إن عمر الخيام يعتبر فلتة زمانه، حيث أنه كان شاعراً، ورياضياً بارعاً في آن واحد، وهاتان الخصلتان يندر وجودهما في شخص واحد، ومما لا شك فيه أن نتاج عمر الخيام في علم الجبر يدل على عبقريته، حيث أنه اشتغل في المعادلات ذات الدرجة الثانية، واقتدى بأستاذه الخوارزمي بالبحث في المعادلات ذات الدرجة الثالثة والرابعة، فتفنن في ذلك".

ولقد اهتم عمر الخيام اهتماماً خاصاً بالمقدار الجبري وهو يبحث في علم الجبر، ونجح في فك المقدار الجبري ذا الحدين المرفوع إلى أس ٢ أو ٣ أو ٤ أو ٥ أو ٦ أو ٧ أو ... أو ن . حيث ن أي عدد صحيح موجب. ولذلك يعتبر في نظر المؤرخين للرياضيات ومنهم "ديفيد يوجين سميث" مبتكر نظرية ذات الحدين. كما حل كثيرا مـن المعادلات ذات الدرجة الثانية والتي هي على صيغـة: أ$س^{٢}$ + ب س = هـ واستنتج القانـون التالــي :

$$س = \sqrt{\frac{١}{٤}\,ب^{٢} + حـ} - \frac{١}{٢}\,ب$$

ومثال ذلك :

أوجد قيمة س . إذا كانت $س^{٢}$ + ١٠س = ٣٩.

والحـل :

$$س = \sqrt{\frac{١}{٤}\,(١٠٠) + ٣٩} - \frac{١}{٢}\,(١٠)$$

$$= \sqrt{٢٥-٣٩}-٥$$

$$= \sqrt{٦٤}-٨$$

$$= ٨-٥$$

$$= ٣$$

كذلك اهتم عمر الخيام بالبحث في المعادلات ذات الدرجة الثالثة وصنفها بحسب درجاتها وبحسب الحدود المحصورة فيها إلى ١٣ نوعاً، وكان في ذلك مبدعاً

كبيراً بحسب جورج سارتون العالم الغربي الشهير ومؤرخ تاريخ العلوم، الذي يضيف : "وجاء بعد الخيام، سيمون ستيفن الذي عاش فيما بين ١٥٤٨- ١٦٢٠م، وهو هولندي الأصل، ويشتهر بعلم الميكانيكا، فتبع تقويم عمر الخيام نفسه مع إدخال بعض التعديلات الطفيفة عليه" .. ومن المؤسف حقاً أن علماء الغرب يدّعون خطأ أن ستيفن هو صاحب فكرة تصنيف معادلات الدرجة الثالثة التي أشرنا إليها، وينسون صاحب الابتكار الأول وهو : عمر الخيام.

ولم يكتف الخيام بتطوير علم الجبر كعلم مستقل، بل استمر بإدخال ذلك العلم على علم حساب المثلثات. محل كثيراً من المسائل المستعصية في علم حساب المثلثات مستعملاً معادلات جبرية من الدرجة الثالثة والرابعة.

والجدير بالذكر أن عمر الخيام هو أول من فكر أن المعادلات الجبرية ذات الدرجة الثالثة لها جذران، كما أوجد الجذور التربيعية والتكعيبية بطرق رياضية بحتة. وهذا يظهر من كتاب "جامع الحساب بالتخت والتراب" لنصير الدين الطوسي الذي استخدم فيه أفكار عمر الخيام.

وهكذا حقق الخيام علم الجبر تحقيقاً علمياً وأضاف إليه ابتكارات مهمة احتوت على المعادلات الجبرية، ولا سيما معادلات الدرجة الثالثة التي نجح في إيجاد جذورها هندسياً، وذلك بتقاطع قطاعين مخروطين، ولكن لم يبحث عن الحلول العديدة إلا في حالة الجذور الموجبة، وبحث الخيام في النظرية التي أسندت – ظلماً إلى العالم الغربي "فرما" الذي أتى بعده بقرون، والقائلة أن مجموع عددين مكعبين لا يمكن أن يكون مكعباً.

وفي مجال علم الهندسة اعتبر الخيام أن الهندسة من الموضوعات الأساسية لدراسة أي حقل من حقول الرياضيات، لذلك ركز على دراسة هندسة إقليدس، التي ترجمها وعلق عليها من قبله كثير من العلماء المسلمين، كما أولى عناية خاصة في تفهم ما قدمه الحسن بن الهيثم في برهانه للموضوعة الخامسة من موضوعات إقليدس.

وبالنسبة للهندية التحليلية ، نستطيع أن نجزم من اطلاعنا على براهينه الرياضية أن الخيام كان مدركاً إدراكا تاماً للأحداثيات السينية والصادية للهندسة

التحليلية، وليس ذلك غريباً عليه إذ ورثها من عملاق الرياضيات (ثابت بن قرة). وبذلك يكون قد سبق (ديكارت) في هذا الموضوع بزمن طويل.

وابتكاراته في مجال الرياضيات (الجبر وحساب المثلثات والتفاضل والتكامل والهندسة).

وحتى لا نثقل على قارئنا غير المتخصص، وحتى لا يكون حديثنا جافاً مملاً. ننتقل إلى جانب آخر من اهتمامات الخيام ألا وهو علم الفلك.. ففي عام ٤٧١هـ/ ١٠٧٩م استنتج الخيام طول السنة الشمسية وقدرها بـ٣٦٥يوماً و٥ساعات و٤٩دقيقة ، ٥.٧٥ ثانية . مستعملاً في حساباته أرصاده المتناهية الدقة. ولم يتجاوز خطؤه يوماً واحداً في كل خمسة آلاف سنة، في حين أن الخطأ في التقويم الجريجوري المتبع الآن في العالم أجمع مقداره يوم واحد في كل ثلاثين وثلاثمائة آلاف سنة. وجدير بالذكر هنا أن السلطان ملكشاه السلجوقي – أعظم ملوك المسلمين في ذلك الوقت (نحو سنة ١٠٧٤م)، قد كلف الخيام، بعدما أعجب بعبقريته ببناء مرصد لرصد النجوم والكواكب، وقدم له الأموال الكثيرة اللازمة لذلك. وشرع الخيام في بناء وتجهيز هذا المرصد، غير أن السلطان ملكشاه كان قد مات قبل أن يتم بناء المرصد.

وإلى جانب الرياضيات والفلك التي تبحّر الخيام فيهما، درس الخيام بكل اتقان قاعدة توازن السوائل فنقحها وحل كثيراً من المسائل التي استعصت على من سبقه من علماء المسلمين فيها. والخيام الذي لا يعرفه الجيل الحاضر إلا برباعياته الشعرية الشهيرة- التي سنفصل الكلام عنها بعد قليل- كان إلى جانب رسوخ قدمه ونبوغه في الرياضيات والفلك، راسخاً أيضاً في الفلسفة والأدب والتاريخ وغيره من المعارف، حتى أن (القفطي) في كتابه (تاريخ الخبر) وصفه بأنه إمام خراسان وعلامة الزمان.

ولم يكن الخيام من المكثرين في عالم الكتابة والتأليف، فلم يترك لنا إلا عشرة مؤلفات:

١-   رسالة في الجبر والمقابلة.

٢-   الزيج الملكشاهي.

٣-   رسالة في الوجود.

٤- رسالة في شرح ما أشكل من فرضيات كتاب إقليدس.

٥- رسالة في الطبيعيات.

٦- رسالة في جواب ثلاثة مسائل وفي كشف الحساب عن ضرورة القضاء في العالم.

٧- رسالة في الكون والتكليف.

٨- رسالة في لوازم الأمكنة (وهي عبارة عن بحث في اختلاف المواسم والفصول والأقاليم).

٩- رسالة في الاحتيال لمعرفة مقداري الذهب والفضة في جسم مركب منهما.

والعاشر من مؤلفات الخيام هو الذي يضم رباعياته الشعرية. ويبدو أنه كانت هناك أسباب جعلت الخيام مقلاً في تأليفه، أهمها على ما يبدو من مطالعة سيرة حياته ومما حكاه المؤرخون هو خوفه من رجال الدين من أهل زمانه الذين كانوا يرمون كل باحث حر الفكر بالكفر والزندقة، بالإضافة إلى وجود فئة من الجهال المتشبهين بالعلماء، والذين كانوا يستخفون بأهل العلم ويحقرون من شأنهم (وهؤلاء لا يخلو منهم أي عصر أو زمان).

يروي لنا (القفطي) صاحب كتاب (تاريخ الخبر) فيقول: " ولما قدح أهل زمانه في دينه (بعد أن شاعت عنه آراؤه وتأملاته الفلسفية في الحياة والكون) خشي على دمه، وأمسك عن عنان لسانه وقلمه، وحج متاقاة لا تقية، ولما حصل ببغداد سعى إليه أهل طريقته في العلم القديم فسدّ دونهم الباب سد القادم لا سد القديم، ورجع من حجه إلى بلده يروح إلى محل العبادة ويغدو ويكتم أسراره..".

ونأتي الآن إلى أروع وألمع ما تركه لنا الخيام وهو رباعياته الشعرية ذائعة الصيت.. والرباعيات جمع رباعية، والرباعية عبارة عن مقطوعة شعرية تتركب من أربعة مصاريع (والمصراع: نصف بين من الشعر)، والمصراع الأول والثاني والرابع له قافية واحدة، والثالث مطلق، أو مختلف. وقد تكون الأربعة مصاريع مقفيات. والمصراع الرابع هو الذي يحمل في طياته الفكرة المراد ابرازها أو الحكمة التي ينادي بها الشاعر. وكل رباعية مستقلة بذاتها ذات معنى خاص بها.

وليست - في الواقع- هذه الصيغة الشعرية، أو الشكل الشعري من ابتكار عمر الخيام، ولكنها ابتكار فارسي قديم.. الذي أكثر من استخدامه هو الشاعر الفارسي أبو سعيد أبو الخير الذي عاش في الفترة من ٩٦٨ إلى ١٠٤٩م، أي قبل الخيام بقليل. والظاهر أن هذه الصيغة الشعرية قد استساغها الناس وأعجبوا بها لسبكها المحبوك وحلاوة جرسها ودقة تعبيرها.. ولذلك ظلت شائعة حتى اليوم.

والخيام - كما يقول الشاعر أحمد رامي في تقديمه للترجمة التي قام بها لرباعياته – "عاش عيشة الشاعر الحكيم، نظر يمنة ويسرة فإذا دول تقوم ودول تفنى، وإذا النفوس قد خلت من كريم العواطف، والقلوب قد أقفرت من رقيق الاحساس، وإذا المتقربون إلى الملوك ينالون الحظوة لديهم وهم جهلاء، وإذا أدعياء الزهد والصلاح يجهرون بالتقوى وهم أخبث الناس طوية، وانجلى لعيهيه بطلان العالم، وبان له غرور الحياة، فقصر وقته على فئة من اصحابه سكن إليهم، وارتاحت نفسه إلى مجالسهم، خالياً بهم أمام داره في ضوء القمر، أو هائماً معهم في نواحي نيسابور بين الحدائق الوارفة الظلال. وتخلص من متاع الحياة الزائل وآثر أن يكون مذهوباً به في عالم الروح حتى يتصل بالخالق الذي منه وإليه كل شيء. وظل في أوقات نشوته يرسل رباعياته يبثها أفكاره ويودعها سخرة من عيش الغرور، تقذف به نفسه تارةً إلى اليقين فيجأر إلى الله أن يغفر ذنبه ويستر عيبه، وطوراً إلى الشك، فيسأل لم هبط الدنيا ولماذا الرحيل؟" .

"ولعل أظهر ما في رباعيات الخيام هو نزعة التشاؤم التي تسودها، والنعي على قصر الحياة وبطلانها، وهي شكوى الإنسان منذ خلق. والخيام في نظمها بين متفائل ومتشائم، وقدري ومتصوف، وتقي ومستهتر، ولكنه أميل ما يكون إلى اليأس إلى حد السخرية من الحياة، والسخرية إلى حد الضحك من كل شيء في الوجود".

ويضيف أحمد رامي قائلاً : "ولقد حار الأدباء في فهم الخيام، فمنهم من عدّه مستهتراً يهزأ من الأدباء، ولا يعتقد بالبعث، ومنهم من أنزله منزلة الصالحين، وعدّه طاهر الذيل راسخ اليقين" .. على أن الخيام كان جبرياً يعتقد أن الإنسان تسيّره قوة خفية لا يملك دفعها، ولا تدع له فرصة الاختيار بين النافع والضار. وهو بالرغم مما

يظهر في رباعياته من الشك في أمر الحياة والموت موحد يؤمن بوجود إله خلق الكون وهيمن عليه.. وعلى الرغم من رباعياته الشعرية في أورادهم واهتموا بدرسها".

وقبل أن نورد بعضاً من رباعيات الخيام، نشير إلى أن أول من كشف النقاب عنها في العصر الحديث وترجمها إلى اللغة الإنجليزية هو الشاعر الإنجليـزي فيتز جرالد وذلك سنة ١٨٥٩م. وكان لتلك الترجمة الفضل في انتشار وذيوع الرباعيات وذيوع اسم صاحبها: عمر الخيام.

وبلغ من شدة الإعجاب بالرباعيات وبصاحبها أن تشكلت في لندن سنة١٨٩٢م جمعية من جماعة من المثقفين والكتاب وبعض أصحاب دور النشر، حملت اسم : فيتز جرالد، كلفوا أحد أعضاء النادي وهو المستر وليم سمبسون بالسفر إلى نيسابور موطن الخيام وإحضار بعض عقد من شجر الورد النامي فوق مقبـرة الخيام وغرسوها بعناية بحدائق كيو بلندن، وبعدما أنبتت غرسوها إلى جانب مقبرة فتز جرالد ووضعوا إلى جانبها شاهد عليه هذه العبارة: "استنبتت شجرة الورد هذه في حدائق كيو من عقد أحضرها الرحالة الفنان وليم سمبسون مـن مقبرة عمر الخيام بنيسابور وزرعها نفر من المعجبين بادوارد فيتز جرالد باسم عمر الخيام في ٧ أكتوبر سنة ١٨٩٣".

وعلى غرار هذا النادي الذي أسسه البريطانيون، أسس في أمريكا نادي آخر يحمل اسم عمر الخيام، ويضم المعجبين به وذلك سنة ١٩٠٠.

وهذا إن دل على شيء ، فإنما يدل على عظم مكانة عمر الخيام وشهرة رباعياته التي لا تخلو منها مكتبة من مكتبات العالم.

وعن وفـاة الخيام قال الشهر زوري في كتابه (نزهة الأرواح) :

"كان عمر يقرأ في كتابه الشفاء لابن سينا حتى إذا وصل في قراءته إلى فقرة الوحدة والكثرة وضع الكتاب إلى جانبه وقام إلى الصلاة، ثم أمسك عن الطعام طول يومه حتى إذا فرغ من صلاة العشاء سجد لله سجدة طويلة قال فيها: "اللهم إني عرفتك

على مبلغ إمكاني فاغفر لي فإن معرفتي إياك وسيلتي إليك، ثم أســلم نفسه الأخير".

داوود الأنطاكي

طبيب وأديب

(٠٠٠-١٠٠٨ هـ ٠٠٠١٦٠٠م)

هو داوود بن عمر الأنطاكي الملقب بالشيخ عالم بالطب والأدب، حفظ القرآن وقرأ المنطق والرياضيات والطبيعيات، وأتقن اللغة اليونانية، هاجر للقاهرة واشتهر بها ورحل إلى مكة، وأقام بها سنة توفي في آخرها. اختص الشيخ داوود بالطب العلاجي وتحضير الأدوية والوصفات.

ومن أشهر مؤلفاته :

- تذكرة أولي الألباب.
- الجامع للعجب والعجاب (وقد احتوى على ثلاثة مجلدات في الطب والحكمة.
- " تذكرة داود " ويعد من أشهر كتبه.
- الألفية الطبية.
- كفاية المحتاج في علم العلاج.
- شرح عينية ابن سينا.
- تاريخ علم الأدوية.

وقد انتقد بأمانة كتب الأسبقين وعرض مئات من أنواع النباتات والحيوان والمعادن التي اتخذ منها العقاقير والأدوية، كما ذكر القواعد الأساسية في صناعة الدواء وطرق العلاج ووصفات عديدة من ابتكاره.

داوود بن أبي البيان

طبيب كحّال " طب العيون "

(٥٥٦ـ ٦٣٤هـ ١١٦١ـ١٢٤٥م)

هو سديد الدين أبو الفضل داود بن أبي البيان سليمان بن أبي الفرت إسرائيل

ابن أبي الطيب سليمان بن مبارك الإسرائيلي، طبيب كحال ولد بالقاهرة، وكان عالما متميزا في الصناعة الطبية خبيرا بالأدوية المركبة والمفردة ومقاديرها وأوزانها.

درس الطب والكحالة " طب العيون " في البامبرستان الناصري بالقاهرة وكان من أول تلامذته الطبيب موفق الدين بن أبي أصيبعة صاحب عيون الأنباء في طبقات الأطباء، خدم بطبه الملك العادل أبا بكر بن أيوب، وقد عاش فوق الثمانين سنة وكان قد ضعف بصره في آخر عمره.

من أشهر مصنفاته :

- كتاب الأقراباذين وهو في أثني عشر بابا واقتصر على الأدوية المركبة والمستعملة في بمارستانات مصر والشام والعراق وحوانيت الصيادلة، وقد عرف " بالدستور البيمارستاني ".
- كتاب " العلل والأعراض " لجالينوس.

داوود بن أبي المنى

طبيب (... ـ القرن الثاني عشر الميلادي)

هو أبو داود سليمان بن أبي المنى أبي فانة، عاش بمصر زمن الخلفاء وكان حظيا عندهم وكان عالما بأحكام النجوم، أصله من القدس لكنه انتقل إلى مصر وكان له خمسة أولاد.

فلما وصل الملك أموري الأول إلى مصر سنة ١١٦٧م أعجبه طبه فنقله هو وأولاده الخمسة من مصر إلى القدس.

وكان للملك أموري ولد مجذم فركّب له داود الترياق الفاروقي وترهّب تاركا ولده الأكبر أبا سعيد على منزله وإخوته.

ولما فتح الملك العادل القدس أكرم الحكيم أبو سليمان وأولاده وكان فتح القدس سنة ٥٨٣ هـ.

داوود الجلبي

(١٢٩٧-١٣٧٩ هـ، ١٨٧٩- ١٩٦٠م)

هو داود بن محمد بن سليم بن أحمد بن محمد الجلبي، الموصلي، طبيب، مؤرخ، عارف بالتركية والفرنسية، وملمٌ بالفارسية وشيء من الألمانية، ولد بالموصل في العراق وتخرج بالكلية العسكرية بالقسطنطينية، وخدم بالجيش العثماني ثم التحق بالجيش العراقي، عهدت إليه مديرية الشؤون الطبية في وزارة الدفاع العراقية، ومن بعدها أسندت إليه مديرية الصحة العالمة.

ثم عاد إلى مديرية الشؤون الطبية، وأحيل إلى التقاعد فاشتغل بالتطبيب في الموصل.

أصبح مراسلا في المجمع العلمي العربي بدمشق، فعضوا مراسلا في المجمع العلمي العراقي وتوفى بالناولة النصفية في الموصل.

من آثاره :

- " آراء نقدية حول المصطلحات الطبية " التي وضعها المجمع اللغوي.
- " محمد بن زكريا الرازي " الطبيب الكيميائي الفيلسوف.
- " معجم اصطلاحات أمراض الجلد ".

الرازي

(٨٦٤-٩٣٢م)

هو أبو بكر محمد بن زكريا الرازي، ولد أبو بكر الرازي في الرِّي من أعمال فارس سنة ٨٦٤م، وتوفى في بغداد سنة ٩٣٢م.

والرازي يعتبر حجة الطب في أوروبا حتى القرن السابع عشر الميلادي، وكان يُعده معاصروه طبيب المسلمين غير منازع، وهو في نظر المؤرخين أعظم أطباء القرون الوسطى، كما اعتبره غير واحد منهم أبو الطب العربي، وسماه ابن

أصبعية أوحد دهره وفريد عصره، قد جمع المعرفة بعلوم القدماء لاسيما الطب.

وكان الرازي منذ صغره يميل إلى العلوم الأدبية ويقول الشعر، وكان مولعاً بالموسيقى، وبعد أن صار شاباً انصرف عن الموسيقى والغناء وبدأ يهتم بالطب والعلوم العقلية، فعكف على دراسة كتب الطب والفلسفة، حتى تمكن منها وبدأ يمارس الطب ونبغ فيه وذاع صيته، ويقال أن الخليفة العباسي المعتضد استشاره عندما أراد أن يقيم بيمارستانا (أي مستشفى) بخصوص المكان الذي يجب أن يبنى فيه.

فكانت للرازي طريقة طريفة ومبتكرة، إذ وضع قطعاً صغيرة من اللحم الطازج في أنحاء مختلفة من العاصمة بغداد، ثم لاحظ سرعة تعفن تلك القطع، وفي المكان الذي تعفنت فيه آخر قطعة من اللحم أشار بالموضع المناسب أو المكان الصحي لبناء البيمارستان.

كما يقال أن الخليفة أراد بعد ذلك أن يختار بعض الأطباء للإشراف على هذا المستشفى الكبير بعد بنائه، فوضعت له قائمة بها مائة طبيب كان الرازي أحدهم، ثم أمر باختصارها إلى خمسين ثم إلى عشرة ثم إلى ثلاثة.

فكان الرازي من بين المختارين في كل مرة، ولما أراد الخليفة تفضيل واحد من الثلاثة، كان هذا الواحد هو الرازي، فاختاره الخليفة مديراً للبيمارستان (أو المستشفى).

ولما قامت الدولة السامانية في أيام المعتضد، وصار لها شأن كبير في دعم ونهوض الحركة العلمية، انعقدت بين الرازي وبين المنصور بن إسماعيل أحد ملوك تلك الدولة صداقة قوية. وهذا المنصور هو الذي ينسب إليه كتاب المنصوري الذي ألفه الرازي ويعتبر من أشهر كتبه الطبية.

كان الرازي شديد التعلق والاهتمام بالطب والرحلة في طلبه، وعن مدى اهتمامه بدرس الطب ومثابرته على تحصيل المعرفة يقول الرازي عن نفسه في مقدمة إحدى كتبه: "وكنت إذا رأيت كتاباً لم أقرأه أو رجل لم ألقه من قبل - لا ألتفت إلى شغل - ولو كان ذلك على عظيم ضرر - حتى آتي على الكتاب وأعرف ما عند

الرجـل، وبلغ من صبري واجتهادي أني كتبت بمثل خط التعاويذ في عام واحد أكثـر من عشرين ألف ورقة، وبقيت في عمل الجامع الكبير (كتاب في الطب) خمس عشرة سنة أعمل بالليل والنهار حتى ضعف بصري وحدث لي فسخ في عضل يديّ يمنعاني في وقتي هذا القراءة والكتابة، وأنا على حالي لا أدعهما بقدر جهدي فأستعين دائماً بمن يقرأ ويكتب لي..".

هذا هو الرازي الذي لم يدخر جهداً ولا طاقة في تحصيل العلم والإلمام بأكبر قدر منه.

وكان من أساتذته الذي قرأ عليهم بعض كتب الطب أبو الحسن الطبري الذي كان يهودياً ثم أسلم وله كتاب مشهور في الطب يسمى (فردوس الحكمة).

كما قرأ كتب الفلسفة على البلخي. وما لبث بعد أن قرأ جميع الكتب اليونانية والهندية والفارسية، وبدأ يسلك أول الأمر مسلك قدامى الأطباء في ممارسة الصنعة، إلى أن انفـرد بطريقته الخاصة في مزاولة الطب. وبعد أن عُين مديراً للبيمارستان العضدي في بغداد تجاوزت شهرته البلاد القاصية والدانية فكان يأتيه المرضى من الهند والسند والصين وبلاد الإفرنج يلتمسون عنده الشفاء من أمراضهم.

ونأتي الآن إلى منزلته في الطب، فنقول : إن الرازي كانت له منزلة رفيعة في الطب تجلت في ابتكاره أشياء في الطب لم يسبقه إليها أحد من قبل، من ذلك أنه استخدم الموسيقى لـوناً من ألوان العلاج لبعض الأمراض، كذلك كان من أول الذين عرفوا تأثير الضوء في حدقة العين وأنه يجعلها تتسع ليلاً وتضيق أو تنكمش نهاراً، وقد استغل هذا الكشف - الذي لم يكن معروفاً - فيما قام به من بحوث عصبية وفي مداواة أمراض الحصبة وكان الرازي صاحب الفضل في طب الأطفال، إذ جعله فـرعاً من الطب قائماً بذاته، كما كتب فيه كتابةً مستقلة، وكان يسلك في علاج المرضى مسلكاً علمياً يشهد له بالنبوغ والعبقرية، فلم يكن يسمح لمرضاه بتناول الدواء إلا بعد قيامه بتجربته على الحيوان. وكان نبوغه في علوم الكيمياء من الأسباب التي عاونته على إعداد الأدوية بنفسه، فكان يعمل طبيباً وصيـدلياً في آن واحد، ومن أجل ذلك نراه يفسر شفاء المريض بأنه نتيجة تفاعل كيميائي يحدثه الدواء في جسم

المريض. وهو أول من استخدم مركبات الرصاص في صنع المراهم، وأول من توصل إلى استخدام الخيوط المصنوعة من أمعاء الحيوانات في خياطة الجروح المفتوحة بعد إجراء العمليات الجراحية، ويبين سبب صنعها من أمعاء الحيوانات بقوله : "إن الجسم يمتصها فتصير جزءاً منه".

وهو أول من عالج الحمى بالماء البارد سابقاً بذلك أطباء العصر الحديث الذين يلجأون إلى الماء البارد أو المثلج في علاج الحمى وخَفض درجة حرارة المريض المرتفعة، كذلك كان الرازي من أوائل الأطباء الذين تنبهوا إلى العدوى الوراثية ومن أوائل من وصفوا بدقة مرض الجدري والحصبة وميزوا بينهما. كما امتاز الرازي بدقة الملاحظة السريرية وهي التي تقوم على دراسة سير المرض وتتبع حالة المريض ومدى استجابته للعلاج. وقد سجل له المستشرق (ما يرهوف) حوالي ثلاثة وثلاثين ملاحظة سريرية وردت في كتبه. وللرازي فضلاً عن ذلك ابتكارات طبية تعد من أسس المعالجة الحديثة في الأمراض التناسلية والولادة وجراحة العيون. ومن وصفه الدقيق لحالة مريض من مرضاه نستشف أنه كان نابغة في الفحص الطبي وتشخيص المرض، فقد كان يفحص المريض الذي يُعرض عليه بكل دقة وبالوسائل التي توصل إليها والتي لا تقل في دقتها عما هو معروف اليوم. ونبه الرازي إلى أثر العامل النفسي في صحة المريض، حيث قال : "إن مزاج الجسم تابع لأخلاق النفس" وكان يرى من الواجب على طبيب الجسم أن يكون أولاً طبيباً للروح، وكان ذلك مما حمله على وضع قانون للطب الروحاني الذي هو ضرب من التدبير للنفس. ولا يخفى مما للعلاج النفسي اليوم من منزلة كبيرة بجانب العلاج بالعقاقير الطبية، ومن هنا اعتبار الرازي واحداً من الرواد في هذا المجال.

ومن أرائه في الطب – وهي كثيرة ومبعثرة في كتبه – والتي تعتبر دستوراً طبياً ما زال يُنتفع بتطبيق الكثير منها إلى اليوم قوله: "إذا كان الطبيب عالماً والمريض مطيعاً، فما أقل لبث العلة"، و "ما اجتمع الأطباء عليه وشهد عليه القياس وعضدته التجربة، فليكن أمامك" و "إذا استطعت أن تعالج بدواء مفرد فلا تعالج بدواء مركب"، و"الحقيقة في الطب غاية لا تُدرك والعلاج بما تصفه الكتب دون إعمال الماهر الحكيم

برأيه الذي يمليه عليه العقل خطر".

كذلك قال : "إن العمر يقصر عن الوقوف على فعل كل نبات في الأمراض، فعليك بالأشهر مما اجتمع عليه الأطباء، ودع الشاذ وغير ذلك المألوف".

وقال : "الأطباء الأميون والمقلّدون والأحداث الذين لا تجربة لهم، ومن قلت عنايتهم وكثرت شهواتهم قتالون".

وقال :" ينبغي للطبيب ألا يدع مساءلة المريض عن كل ما يمكن أن تتولد عنه علته من الداخل ومن الخارج ثم يقضي بالأقوى، وينبغي للمريض أن يقتصر على طبيب واحد ممن يوثق بهم، فخطؤه إلى جانب صوابه يسير جداً، ومن تطبب عند كثير من الأطباء يشك في خطأ كل واحد منهم".

وقال أيضاً: "متى اقتصار الطبيب على التجارب دون القياس وقراءة الكتب خذل، وينبغي أن تكون حالة الطبيب معتدلة لا مقبلا على الدنيا كليةً ولا مُعرضا عن الآخرة كلية، فيكون بين الرغبة والرهبة".

- ومما قاله ناصحاً طالب الطب أو من يزاول مهنة الطب :"أن يزور على الدوام البيمارستانات (أي المستشفيات) ودور العلاج وأن يوجه انتباها لا يفتر إلى أحوال من فيها وظروفهم، وهو في صحبة أعظم أساتذة الطب ذكاء، وان يكثر من الاستفسار عن حالة المرضى والأعراض الظاهرة عليهم ذاكراً ما قرأه عن تلك الحالات وعما تدل عليه من خير أو شر ".

وقال : "إذا استطاع الحكيم أن يداوي بالأغذية دون الأدوية فقد وافق السعادة".

ومثلما كان الرازي نابغاً في الطب، كان نابغاً في الكيمياء، وهذا ما جعله ماهراً في الأدوية التي ساعدته في علاج مرضاه ويتجلى نبوغ الرازي في الكيمياء في تقسيمه المواد المعروفة في زمانه إلى أربعة أقسام أساسية هي: المواد المعدنية، والمواد النباتية، والمواد الحيوانية، وأخيراً المواد المشتقة، ثم قسّم المواد المعدنية لكثرتها واختلاف خواصها إلى ست طوائف، ولا يخفى ما في هذا التقسيم من جهد بحثي ومعملي كبير.

كما استحضر الرازي بعض الحوامض - ولا تزال الطرق التي اتبعها في

ذلك مستعملة إلى اليوم. من تلك الحوامض، حمض الكبريتيك وكان أول من أتى على ذكره وسمّاه "زيت الزاج أو الزاج الأخضر" كذلك استخرج الرازي الكحول بتقطير مواد نشوية وسكرية مختمرة.

كما كانت له جهود في حساب الكثافة النوعية للسوائل المختلفة، واستعمل في ذلك ميزاناً خاصاً سمّاه الميزان الطبيعي.

وجاء الرازي بفكرة جديدة - تعارضت في زمانه مع الأفكار الفلسفية القديمة والتي كانت سائدة وهي أن الجسم يحوي في ذاته مبدأ الحركة.. وتلك الفكرة تشبه ما توصل إليه (ليبنتز) في القرن السابع عشر الميلادي، أي بعد الرازي بثمانية قرون.

ونأتي الآن إلى استعراض التراث الطبي والفكري الذي خلفه لنا الرازي في مؤلفاته الكثيرة التي ذكر منها ابن النديم في "الفهرست" ما يقرب من مائتي كتاب ورسالة، سنكتفي بالكلام عن بعضها:

١- كتاب المنصوري :

وفي هذا الكتاب يصف الرازي وصفاً تشريحياً دقيقاً أعضاء الجسم كلها، كما يتضمن الكتاب بحوثاً على جانب كبير من الأهمية الطبية في بيان أنواع الأغذية والأدوية ومواد الزينة والتعطير، بالإضافة إلى طائفة كبيرة من الإرشادات الصحية العملية التي كشفت عنها تجاربه. وهذا الكتاب مقسم إلى عشرة مقالات كالتالي :

المقالة الأولى : مدخل إلى الطب وشكل الأعضاء وخلقها.

المقالة الثانية : في التعرف على مزاج الأبدان وهيئتها والأخلاط الغالبة عليها واستدلالات وجيزة جامعة من الفراسة.

المقالة الثالثة : في قوى الُذية والأدوية.

المقالة الرابعة : في حفظ الصحة.

المقالة الخامسة : في الزينة.

المقالة السادسة : في تدبير المسافرين.

المقالة السابعة : في صناعة الجبر والجراحات والقروح.

المقالة الثامنة : في السموم والهوام.

المقالة التاسعة : في الأمراض الحادثة من القرن إلى القدم.

المقالة العاشرة : في الحميات وما يحتاج إلى معرفته في تحديد علاجها.

وقد ترجم هذا الكتاب إلى اللاتينية، كما طبع مرات كثيرة في أوروبا حيث كان مع "القانون" لابن سينا من أعظم المراجع التي يعتمد عليها في تدريس الطب بالمدارس الطبية الأوروبية حتى القرن السابع عشر.

٢- رسالة في الجدري والحصبة:

وهذه الرسالة تعد بحق زينة الآداب الطبية العربية، إذ تتجلى فيها عبقرية الرازي بوصفه طبيباً مختبراً مدققاً ومجرداً من الأوهام والاعتقادات الزائفة. يتحدث فيها الرازي عن أسباب نشأة الجدري فيقول: إنه ينشأ بسبب فوران الدم، ويشبّهه بفوران الخمر أثناء تخمرها.

وقد أثبت العلم الحديث صحة هذا التشبيه حيث أن كلاً من المرض، والتخمر يسببهما ميكروب.

وقال في وصف أعراض الجدري: يسبق ظهور الجدري حمى مستمرة ووجع في الظهر وأكلان في الأنف وقشعريرة أثناء النوم واحتقان في الوجه وتقبضه أحياناً مع حمرة حادة في الخدين والعينين وألم في الحلق والصدر وصعوبة في التنفس وصداع وضغط في الدماغ وتهيّج وقلق وغثيان والحصبة تشترك مع الجدري في تلك الأعراض إلا أن التهيج والقلق والغثيان أظهر في الحصبة منها في الجدري، كما أن وجع الظهر يكون اشد في الجدري منه في الحصبة.

٣- كتاب منافع الأغذية :

ويتكون هذا الكتاب من ١٩ فصل. في الفصل الأول يتحدث عن سبب تأليفه لهذا الكتاب.

وفي الفصل الثاني يتحدث عن منافع الحنطة (أو القمح) والخبز الذي يصنع منه وأصنافه وما يناسب منها في حال من الأحوال وما لا يناسب.

وفي الفصل الثالث يبين منافع ماء الشرب وأنواعه (مجمد وبارد وحار).

وفي الفصل الرابع يتحدث عن منافع الشراب المسكر ومضاره. وفي الفصل الخامس يتكلم عن الأشربة غير المسكرة.

وفي الفصل السادس يتكلم عن اللحوم ومنافعها ومضارها. وفي الفصل السابع يتحدث عن القديد وهو اللحم المجفف والمملح.

وفي الفصل الثامن يتحدث عن السمك ومنافعه ومضاره. وفي الفصل التاسع يتحدث عن أعضاء الحيوان واختلافها وطبائعها ومنافعها ومضارها.

وفي الفصل العاشر يتحدث عن ألوان الطعام المطبوخ والبارد. وفي الفصل الحادي عشر يتكلم عن الجبن العتيق والقنبيط والزيتون والمخللات. وفي الفصل الثاني عشر يتحدث عن اللبن وما يُتخذ منه وما يجري مجراه.

وفي الفصول التالية يتحدث عن البيض والبقول والتوابل والأباريز التي تستعمل مع الطبيخ وأخيراً الفواكه والحلوى.

٤- كتاب من لا يحضره الطبيب :

وهذا الكتاب وضعه الرازي ليؤدي به خدمة للفقراء الذين لا يستطيعون إحضار الطبيب لفحص مرضهم وعلاجهم. ولذلك أطلق على هذا الكتاب: كتاب طب الفقراء. ويشرح فيه كيفية معالجة المرضى من أمراضهم.

وهذا الكتاب إن دل على شيء فإنما يدل على عمق المشاعر الإنسانية في شخصية الرازي.

٥- كتاب سر الأسرار :

ويتضمن هذا الكتاب المنهج الذي كان يسير عليه الرازي في إجراء تجاربه الكيميائية، وتجاربه في تحضير الدواء. كما وصف في هذا الكتاب ما يزيد عن عشرين جهازاً كان يستخدمها في تجاربه، منها الزجاجي، ومنها المعدني.

وقد جاء وصفه لتلك الأجهزة غاية في الدقة على غرار ما نجده اليوم في كتب المعامل والمختبرات.

كما شرح في هذا الكتاب أيضاً كيفية تركيب الأجهزة المعقدة داعماً شرحه بالتعليمات التفصيلية الواضحة.

وغير هذه الكتب التي ذكرناها للرازي في مجالي الطب والكيمياء، هناك :

١- رسائل الرازي الفلسفية.

٢- مقالة في ما بعد الطبيعة.

٣- مناظرات بين أبي حاتم الرازي وأبي بكر الرازي. (وأبو حاتم الرازي من كبار دعاة الإسماعيلية، وكان معاصراً لأبي بكر الرازي وكانت بينه وبين الرازي الطبيب مناقشات ومحاورات أوردها في كتابه : أعلام النبوة).

ويأتي على رأس كل تلك الكتب والرسائل، أهم كتاب للرازي وهـو :

كتاب "الحاوي" وهو كتاب في الطب، بل هو موسوعة طبية كما وصفه كثير من المؤرخين.

وقد سمى الرازي كتابه: الحاوي لأنه يحتوي على جميع كتب وأقاويل القدماء من أهل صناعة الطب.

ويقول ابن النديم في الفهرست عن هذا الكتاب: يسمى الجامع الحاصر لصناعة الطب وينقسم إلى اثني عشر قسماً:

الأول في علاج المرضى والأمراض.

والثاني في حفظ الصحة.

والثالث في الرقية والجبر.

والرابع في قوى الأغذية والأدوية وجميع ما يحتاج إليه من مواد في الطب.

والخامس في الأدوية المركبة.

والسادس في صنعة الطب.

والسابع في صيدلية الطب والأدوية وألوانها وطعومها ورائحتها.

والثامن في الأبدان.

والتاسع في الأوزان والمكاييل.

والعاشر في التشريح ومنافع الأعضاء.

والحادي عشر في الأسباب الطبيعية من صناعة الطب.

والثاني عشر في المدخل إلى صناعة الطب وهو مقالتان : الأولى في الأسماء الطبية والثانية في أوائل الطب.

فالكتابان كما يبدو من أقسامه الكثيرة سجل دقيق حافل تناول فيـه الحديث عن كثير من المعلومات الطبية المعروفة في عصره.

وقد فاقت شهرة هذا الكتاب غيره من الكتب الطبية، ولقيمته العظيمة اختصره كثير من الأطباء منهم علي بن داود حوالي سنة ١١٣٠م.

كما ترجم إلى اللاتينية سنة ١٤٨٦م، وطبع بعدها بقليل في إيطاليا وكان أضخم كتاب يطبع بها بعد اختراع المطبعة مباشرة، ثم أعيد طبعه مراراً في القرن السادس عشر الميلادي.

وتوجد من الكتاب المذكور نسخة مخطوطة غير كاملة بدار الكتب المصرية.

وقبل أن نختم حديثنا عن الرازي نسوق حكاية طريفة عن كتابه: (الحـاوي) تبين مدى إجلال الأوروبيين في العصور الوسطى وكيف كانوا يعدونه أعظـم مرجع في الطب.

وملخص تلك الحكاية أن جامعة باريس في القرن الرابع عشـر كان قد وقع ببعض أبنيتها خلل وأراد مجلس إدارتها أن يقـوم بإصلاح هذه المباني، ولكن المال اللازم لذلك.

كان غير متوفـر، فاضطر المجلس إلى الاستدانة من أحد الأثرياء المعروفين بباريس، ولما طلب الرجل ضماناً لماله الذي سيقرضه للجامعة، تحير مجلس الإدارة، إذ لم يكـن لديهم ضمان غير الكتب.

وهنا طلب الرجل كتاب (الحاوي) ضماناً لماله الذي سيقرضهم إياه.. وهذا إن دل على شيء فإنما يدل على ما كان لكتـاب الحاوي من أهمية وشهرة كبرى فر أوروبا في ذلك الوقت.

وأخيـراً نقول : إن الرازي لم يقف جهده على الجمع، وإنما أضاف إضافات مهمة دفعت البحوث الطبية والكيميائية خطوات كبيرة إلى الأمام.

رشيد الدين أبو حليقة

طبيب وعالم وأديب

(٥٩١ـ نحو ٦٦٠هـ ١١٩٥ـ ١٢٦٢م)

هو رشيد الدين أبو الوحش بن الفارسبن داود يعرف بأبي حليقة لوجود حلقة بأذنه، اشتغل بالطب على عمه مهذّب الدين أبي سعيد بدمشق وعلى الشيخ مهذب الدين عبد الرحيم بن علي في مصر، واتّصل بالملك الكامل فخدمه ثم خدم ابنه الملك الصالح ثم ابنه الملك المعظم ثم الملك الظاهر بيبرس.

من أهم أعماله :

- ألّف كتاب " المختار في ألف عقار " في الأدوية المفردة.
- رسالة " في حفظ الصحة ".
- كتاب في " الأمراض وأسبابها ومداواتها "
- أخبار ونوادر وشعر.

رشيد الدين الصوري

عالم بالنبات والطب

(٥٧٣ ـ ٦٣٩هـ ١١٧٧ـ ١٢٤١م)

هو رشيد الدين بن أبي الفضل بن على الصوري، اتصل بالملك العادل الأيوبي

فاستصحبه إلى مصر وعمل في خدمته، ثم خدم ابنه الملك المعظم فالناصر ابن المعظم الذي جعله رئيسا للأطباء.

ترجم له ابن أبي أصيبعة، وكان رشيد قد أتى على ذكر كثير من الأعشاب في كتبه من نباتها وتمام نضجها وظهور أبرازها وفي ذبولها ويبسها.

له من المصنفات :

- كتاب الأدوية المفردة.

- الرد على كتاب التاج للغاوي في الأدوية المفردة.

- تعاليق وفوائد ووصايا طبية.

زاهد العلماء

(... ـ٤٩٠هـ ... ـ ١٠٦٨م)

هو منصور بن عيسى النسطوري الشهير بزاهد العلماء بصناعة الطب نصير الدولة بن مروان، وقد اعتمد عليه وأحسن إليه، وهو الذي بنى بيمارستان (مستشفى) ميافارقين.

من آثاره :

- كتاب البيمارستانات.
- كتاب في الفصول والجوابات.
- كتاب فيما يجب على المتعلمين لصناعة الطب تقديم علمه.
- كتاب في أمراض العين ومداواتها.

ومن مؤلفاته :

- الطب المملوكي.
- الرد على الفلاسفة.
- زبدة الطبّ (وهو في مجلد واحد)، وله بالفارسية : ذخيرة خوارزمشاهي ومختصر الأغراض ولقد تداول الناس كتبه في أيامه.

الزرقاني ابراهيم

(١٢٠٩-١٠٨٧)

عالم فلكي وصانع أدوات ومخترع عربي أندلسي، كتب بالفلك والإسطرلاب، وهو أول من قال بدوران الكواكب في مدارات بيضاوية أهليجية.

من أعماله :

- كتاب باسم " الصحيفة الزرقالية "عن استعمال الإسطرلاب وعن الفلك وحساب مواقع النجوم.

- هو أول من أثبت أن حركة ميل أوج الشمس هي ١٢,٠٤ ثانية بالنسبة للنجوم الثوابت، ويقدر الزرقاني الرقم الحقيقي بـ ١١,٠٨.

الزهراوي

٩٣٦-١١٠٣م

ولد الزهراوي حوالي سنة ٩٣٦م بالزهراء إحدى ضواحي قرطبة عاصمة الدولة الإسلامية بالأندلس، وتوفي بها سنة ١١٠٣م.

وهو أول من نبغ في الجراحة من العرب المسلمين. ويقال أنه كان يعمل طبيباً في بلاط عبد الرحمن الثالث حاكم قرطبة في ذلك الوقت.

أجرى العمليات الجراحية مستعيناً بالآلات والأدوات الجراحية. وقد وضع كتاباً في الطب والجراحة سماه "التصريف لمن عجز عن التأليف"، كان له أكبر الأثر في النهضة الأوروبية على مدى خمسة قرون.

وهذا الكتاب يحتوي على ثلاثين فصلاً مقسمة ثلاثة أقسام:

القسم الأول : يتناول الطب الداخلي.

القسم الثاني : يتناول الأقراباذين (أو الأدوية) والكيمياء.

القسم الثالث : يتناول الجراحة.

ويتضمن الكتاب وصفاً شيقاً لبعض العمليات الجراحية منها : عملية استخراج الحصى ـ من المثانة بالشق والتفتيت. وعملية بتر بعض الأعضاء.

كذلك يتضمن الكتاب وصفاً للكسور والخلع، وكذلك وصفا لحالة الشلل الناشئ عن كسر ـ في العمود الفقري. ويتضمن أيضاً فصلاً خاصاً بتعليم القوابل وإخراج الجنين الميت.

ويمتاز الكتاب بكثرة رسومه ووفرة أشكال الآلات وأدوات الجراحة التي كان يستعملها الزهراوي، وأكثرها من ابتكاره، ولقد ترجم هذا الكتاب بكل من العبرية واللاتينية أكثر من مرة خلال القرنين الخامس والسادس عشر الميلاديين.

وتجدر الإشارة إلى أن الدكتور أمين خير الله في كتابه : "الطب العربي" قد وصل إلى نتيجة مؤداها أن الزهراوي يعتبر أول من فرّق بين الجراحة وغيرها من المواضيع الطبية، وجعل أساسها قائماً على دراسة التشريح، إذ قال : ".. ومن يطالع كتاب التصريف لا يملك إلا الاعتقاد بأنه قد شرّح الجثث بنفسه، لأن وصفه الدقيق لإجراء العلميات المختلفة لا يمكن أن يكون نتيجة نظريات فقط.. ".

ابنازيله

هو الحكيم " أبو منصور الحسين بن محمد ـ أو ابن طاهر ـ بن زيله أصفهاني الأصل والمولد. درس على يد ابن سينا فأصبح عالماً بالعلوم الطبيعية والرياضية وماهراً بالموسيقى.

من أهم أعماله :

- اختصر طبيعيات الشفاء لابن سينا.

- كتاب في النفس.

- الكافي في الموسيقى.

زين الدين الجرجاني

(... ـ٥٣١هـ.... ـ١١٣٧م)

هو إسماعيل بن حسين الحسيني، أبو إبراهيم، زين الدين الجرجاني من أهل جرجان. طبيب وباحث، أقام في خوارزم، وبها صنّف كتبه.زوكر. أ

قام هذا الأمريكي مع زملائه (ل.ب ماسر و س. لانول) بإيجاد أكاديمية الفنون للعلوم السينمائية، وظهرت على إثرها جائزة الأوسكار لأفضل الممثلين والمخرجين والفنانين السينمائيين.

شمس الدين القُوُيْضي الصالحي

(٨٩٠ ـ٩٧٩هـ)

هو محمد بن عبد القادر بن محمد بن محمد بن محمد الشيخ العلامة شمس الدين بن العلامة زين الدين القويضي الصالحي الحنفي، الطبيب ابن الطبيب.

ولد بصالحية دمشق سنة ٨٩٠ هجرية، وتخرّج في الطبّ والعلاج على والده الطبيب، وكان ماهرا في الطب الطبائعي.

وسافر إلى بلاد الروم فأعطي رئاسة الطب بدمشق ونظر الرشدية والصالحية، ثم وليّ إحدى الوظيفتين بالمارستان القُيْمَري.

واقتصر علاجه على الحكّام والأكابر وترك الفقراء، عكس ما كان عليه والده. وسافر إلى مصر والإسكندرية، وتوفي سنة ٩٧٩ هجرية ودفن قرب والده.

شمس الدين محمد الكلي

هو أبو عبد الله محمد بن ابراهيم بن أبي المحاسن، أندلسي، من أهل المغرب، كان والده قد أقام بدمشق إلى أن توفى.

فنشأ الحكيم شمس الدين محمد بدمشق، وقرأ صناعة الطب على يد الشيخ مهذّب الدين عبد الرحيم بن على (الدخوار) ولازمه طويلا.

وأتقن حفظ الكتاب الأول من القانون، ولذلك قيل له الكلي (لأن الكتاب الأول من القنون هو الكليات جميعها).

خدم بطبه الملك الأشرف موسى ابن الملك العادل، بدمشق، حتى وفاة الأخير.

بعد ذلك خدم في البيمارستان النوري الكبير بدمشق، يتردد إليه ويعالج المرضى فيه.

الشيخ السديد

(.... ـ ٥٩٢هـ.... ـ....)

هو القاضي الأجلّ أبو المنصور عبد الله بن الشيخ السديد إبي الحسن على، وكان لقب القاضي أبي المنصور شرف الدين، وإنّما غلب عليه لقب أبيه، وعُرف به، وسار له عَلماً، بأن يقال الشيخ السديد، كان عالما بصناعة الطب وخدم بها خلفاء مصر الفاطميين، ابتداء من الآمر بأحكام الله (١٠٠١-١١٣٠م) وقد نال منهم بالإنعام والتقدير، ويروى أنه نال أكثر من خمسين ألف دينار لدى تطهيره ولدي الحافظ لدين الله (١١٣٠-١١٤٩م) وكان الشيخ السديد طبيب الخلفاء الفاطميين حتى الأخير منهم، العاضد لدين الله، وكان رئيسا للأطباء، تعرض آخر عمره، لمحنة حين احترقت داره بما فيها، وكان ذلك سنة ٥٧٩هـ وكانت وفاته في القاهرة سنة ٥٩٢ هجرية.

الشيرازي

٦٣٤-٧١٠هـ

قطب الدين محمود بن مسعود بن مصلح الفارسي الشيرازي، قاض عالم بالعقليات، مفسر. ولد بشيراز سنة ٦٣٤ هـ وكان أبوه طبيباً فيها فقرأ عليه، ثم قصد نصير الدين الطوسي وقرأ عليه. ودخل بلاد الروم فولى قضاء سيواس ومطية، وزار الشام، ثم سكن تبريز وتوفي بها سنة ٧١٠ هـ كان ظريفاً لا يحمل هماً ولا يغير زي الصوفية، يجيد لعب الشطرنج ويديمه، ويضرب بالرباب ويجلس في حلقات المساخر.

نال قطب الدين شهرة واسعة في العلوم الطبيعية والرياضية والفلكية والطبية، ولكنه برز في علم الفيزياء بشكل خاص، حيث تتلمذ على الطوسي وعلى كتب ابن الهيثم، وكان يهتم كثيراً للظواهر الطبيعية، كما كان طبيباً بارعاً، وهي الحرفة التي أخذها عن والده كما تقدم، وقد بقي يمارس هذه المهنة حتى بلغ الرابعة والعشرين من

عمره، حيث توجه إلى دراسة فروع العلم الأخرى فلمع في علمي الفيزياء والفلك يقول جورج سارتون عنه في "المدخل إلى تاريخ العلوم" : "يعتبر قطب الدين شيرازي من علماء الرياضيات والفلك والفيزياء والفلسفة البارزين، كتب في كل من اللغتين العربية والفارسية، وينتمي إلى عائلة فارسية عريقة في العلم والتعليم، لذا فقد تلقى علمه بالطب من والده وعمه، أما في حقلي الهندسة والفلك فقد درسهما على يد نصير الدين الطوسي، ومما لايقبل الجدل أن قطب الدين يعتبر من علماء الفيزياء الأفذاذ".

وبما امتاز به قطب الدين من حنكة في السياسة ومهارة في التشريع، فقد تمكن من توطيد علاقته مع ولاة الأمر في زمنه إلى أن استطاع تنفيذ مخططاته العلمية، فقد حظي من ملوك فارس سنة ٦٨٨ هـ كل احترام وتقدير، حتى إنه أرسل في تلك السنة مع وفد في مهمة رسمية تتعلق بأمن البلاد، وكان ذا دراسة بالعلوم الشرعية والتطبيقية والعلاقات الدولية. وفي خبر هذا البعثة يقول قدري طوقان في " تراث العرب العلمي" : "عين قاضياً في إحدى مدن فارس، ثم دخل في خدمة ملوكها، وقد أرسله أحدهم في بعثة إلى المنصور سيف الدين قلاوون سلطان المماليك لعقد معاهدة سلم بين الطرفين، وقد مكث بعض الوقت في مصر ورجع أخيراً إلى تبريز حيث كانت وفاته"

كان من العلماء الذين أحبوا الترحال طلباً للعلم وترجمة الكتب العلمية. فترجم إلى اللغة الفارسية خلاصة مخروطات أبولونيوس الذي ألفه أبو الحسن عبد الملك الشيرازي، وألحق الترجمة بشروح وتعليقات مفيدة جداً. وقد زار معظم بلاد فارس والعراق وتركية للبحث عن كبار العلماء والإفادة منهم، وقضى شطراً من عمره في مصر لطلب العلم، واتصل هناك بأكابر العلماء لاستلهام آرائهم في كثير من المواضيع العلمية في الفيزياء والفلك وغيرها. وعندما لمع قطب الدين في هذين العلمين دعاه نصير الدين الطوسي لزيارة مرصده في مراغة ليبحث معه في موضوعات مهمة.

عكف قطب الدين على دراسة علم الفيزياء، فأولى عناية شديدة بدراسة مسببات قوس قزح، يقول الدكتور عمر فروخ في كتابه "عبقرية العرب في العلم والفلسفة " : "استطاع قطب الدين محمود بن مسعود الشيرازي.. أيضاً تعليل قوس قزح تعليلاً دقيقاً فقال : (ينشأ قوس قزح من وقوع أشعة الشمس على قطرات الماء

الصغيرة الموجودة في الجو عند سقوط الأمطار، وحينئذ تعاني الأشعة انعكاساً داخلياً، وبعد ذلك تخرج إلى الرائي)".

قدر قطب الدين الشيرازي أعمال نصير الدين الطوسي العلمية، ولذلك فقد حذا حذوه وتبعه في مسلكه العلمي حتى إنه أكمل الكثير من التجارب الفلكية التي لم يكملها الطوسي. فقد طور أنموذجاً فلكياً لعطارد الذي بدأ به الطوسي، كما علق وشرح كتاب القانون لابن سينا، واكتشف مسببات قوس قزح، وعلق على كروية الأرض تعليقاً علمياً، وشرح النقاط الغامضة في مؤلفات أستاذه في الفلك والهندسة. وكان في كل هذا يعتمد اعتماداً كلياً على التجربة والاستنباط في بحوثه وكشوفه، ولم يكن يستند أبداً على المحاكاة المنطقية كما كان يفعل علماء اليونان.

كان الشيرازي في منهجه العلمي وحيد عصره، وذلك بمواصلة تطوير علم الفيزياء، حيث تابع أفكار استاذه ابن الهيثم ووصل بعلم البصريات إلى أعلى المراتب العلمية. وقد تحدث كثير من المؤرخين في تاريخ العلوم عن مؤلفات الشيرازي، يقول عمر رضا كحالة في كتابه "العلوم البحتة " بأن له " نهاية الإدراك في دراية الأفلاك "، وهو كتاب في الهيئة على أربع مقالات، الأولى مقدمة، والثانية هيئة الإجرام، الثالثة في الأرض، والرابعة مقادير الأجرام، وعليه حاشية لسنان باشا".

مؤلفات الشيرازي :

- كتاب نزهة الحكماء وروضة الأطباء (شرح وتعليق على قانون ابن سينا).
- رسالة في بيان الحاجة إلى الطب وآداب الأطباء ووصاياهم.
- كتاب خريدة العجائب.
- كتاب شرح التذكرة النصيرية في الهيئة.
- كتاب التحفة الشاهية في الهيئة.
- كتاب نهاية الإدراك في دراية الأفلاك.
- كتاب التبصرة في الهيئة.
- رسالة في البرص.

- كتاب درة التاج لغرة الديباج.

- رسالة في حركة الدحرجة والنسبة بين المستوى والمنحنى.

- كتاب خلاصة إصلاح المجسطي لجابر بن أفلح.

- كتاب تحرير الزيج الجديد الرضواني.

- كتاب في بعض مشكلات المجسطي.

- وضع طريقة حساب التيارات المتعاقبة.

- ابتكر جهاز ايقاف البرق لوقاية خطوط نقل التيارات الكهربائية القوية.

صاعد بن توما

(... ـ ٦٢٠هـ ـ ١٢٢٣م)

هو الطبيب أبو الفرج صاعد بن يحيى بن هبة الله بو توما النصراني من أهل بغداد وأطبائها المختارين، كان طبيب نجاح الشرابي ثم صار وزيره وكاتبه، وفي أيام الخليفة الناصر الدين الله تقدم إلى أن كان بمنزلة الوزراء واستوثقه على حفظ أمواله وخواصه.

وكان الخليفة يرسله في الأمور الخفيّة إلى وزرائه، قلاه جنديان ببغداد سنة ٦٢٠هـ الموافق سنة ١٢٢٣م.

صاعد بن هبة الله الحظيري

(٥٩١هـ ـ ١١٩٥م)

هو أبو الحسن صاعد بن هبة الله بن المؤمل الحظيري كناه ابن أبي أصيبعة بأبي الحسين، وكان اسمه أيضا ماري وهو من أسماء الكنيسة عند النصاري، أصله من الحظيرة.

أقام في بغداد وأخذ الأدب عن أبي الحسين علي بن عبد الرحيم العصّار وعن ابن الخشاب النحوي وعن شرف الكتاب ابن حيّا.

وكانت له معرفة تامة بالطب والمنطق والفلسفة وأنواع الحكمة وقد خدم الخليفة الناصر لدين الله (١١٨٠-١٢٢٥) وكسب الكثير من الأموال.

قال ابن العبري : وصنّف كتابا صغير الحجم سمّاه " الصفوة "، جمع فيه أجزاء الطب علميا وعمليا وألحق فيه ثلاثة فصول في الختانة لكونها منوطة بالأطباء ببغداد آنذاك.

توفي سنة ٥٩١ هـ ١١٩٥م، ودفن ببيعة النصارى ببغداد.

صدقة السامري

(... -٦٢٠هـ .... -١٢٢٣م)

هو صدقة بن منجا بن صدقة السامري: طبيب كان يعرف بابن الشاعر، خدم الملك الأشرف الأيوبي سنين كثيرة في الشرق، وكان الأشرف يحترمه ويكرمه ويعتمد عليه، توفي صدقة في مدينة حران سنة ستماية وعشرين سنة هجرية (١٢٢٣م) وهو في الخدمة.

من كتبه :

- " تعاليق في الطب "، ذكر فيها الأمراض وعلاماتها
- شرح كتاب " الفصول الأربعة "لأبقراط.
- مقالة في " أسامي الأدوية المفردة ".
- مقالة أخرى " أجاب فيها عن مسائل طبية سأل عنها الأسعد المحلي اليهودي".

طاهر السِّجزِي

(القرن الخامس الهجري ـ القرن الحادي عشر الميلادي)

هو الشيخ طاهر بن ابراهيم بن محمد بن طاهر السجزي (أبو الحسين) طبيب، من أهل فارس.

من كتبه :

- كتاب " إيضاح منهاج محجّة العلاج، ألفه للقاضي ابي الفضل بن حمويه.
- كتاب في شرح البول والنبض.
- تقسيم كتاب الفصول لأبقراط.

الطغرائي

هو الحسين بن علي بن محمد بن عبد الصمد ابو اسماعيل مؤيد الدين الأصبهاني الطغرائي (٣٥٤-٥١٥هـ) = (١٠٦١-١١٢١م).

ولد في مقاطعة أصبهان في مدينة جي.

والطغرائي عربي الأصل من أحفاد أبي الأسود الدؤلي. شاعر من الوزراء الكتاب البارعين وكان ينعت بالأستاذ لغزارة علمه.

اهتم بتحويل المعادن الرخيصة إلى ذهب وبحث عن دواء يطيل العمر. حاول الطغرائي الرد على ابن سينا في استحالة تحويل المعادن الرخيصة إلى ذهب وذلك بطريقته الجدلية ولكن ردوده كانت نظرية وكانت ردود ذكية جداً.

كانت للطغرائي اكتشافات كيميائية كثيرة أورد بعضها مؤلف كتاب مكانة العلم والعلماء في الإسلام يقول :

والعلماء العرب الجلدكي والطغرائي وابن حيان وابن سينا والرازي هم أول من اكتشفوا ووضعوا الزئبق والكبريت والزرنيخ ونترات الفضة وبعض مركبات الكبريت مع الحديد والذهب والأمونيا وحامض الأيدوكلوريك والقلويات وحامض

الطرطريك والصودا الكاوية وكاربونات الصوديوم.

وأضاف الطغرائي له اليد الطولى في كثير من الابتكارات الكيميائية التي قام بها علماء العرب والمسلمين.

اهتم الطغرائي بالنظريات الكيمياوية التي كانت معروفة وكثيرة التداول آنذاك والتي تعتبر جزءاً لا يتجزأ من نظريات الكيمياء الحديثة.

ويقول السيد عبد الرزاق نوفل في كتابه المسلمون والعلم الحديث :

أبو اسماعيل الحسين مؤيد الدين الأصبهاني الذي وضع كتابي (المصابيح والمفاتيح) و (حقائق الاستشهادات) في الكيمياء وقد ضمنها أهم النظريات العلمية المعروفة الآن في الكيمياء.

وقد بقي كتابه المصابيح والمفاتيح مرجعاً في حقل الكيمياء لما حواه من نظريات في علم الكيمياء.

ورغم أنه كان يزعم الوصول إلى أسرار الحكمة وامتلاك مفاتحي كنوزها إلا أنه عجز عن ذلك لأنه اكتفى بالنواحي النظرية.

ورِوي أنه عندما عزم السلطان محمود على قبل الطغرائي أمر أن يربط إلى الشجرة وأن يقف أمام جماعة يحملون السهام وأن يقف شخص خلف الشجرة ليكتب ما يقوله الطغرائي في حالته هذه، وأمر السلطان الرجال أن لا يرموا حتى يشير إليهم. فرق له السلطان محمود وأمر بإطلاق سراحه، ثم أن الوزير السميرمي أغراه بقتله فقتله.

من أهم مؤلفاته :

١- جامع الأسرار وتركيب الأنوار في الإكسير.

٢- جامع الأسرار في الكيمياء.

٣- سر الحكمة في شرح كتاب الرحمة.

٤- الجوهر النضير في صناعة الإكسير.

٥- مفاتيح الرحمة ومصابيح الحكمة في الكيمياء.

٦- حقائق الاستشهادات في الكيمياء.

٧- الرد على ابن سينا في الكيمياء.

٨- كتاب ذات الفوائد.

٩- رسالة مارية بنت سابه الملكي القبطي في الكيمياء.

١٠- قصدية طويلة في اللغة الفارسية وشرحها باللغة العربية في صناعة الكيمياء.

١١- تراكيب الأنوار في الكيمياء.

ويذهب وايدمان إلى أن الطغراني قد يكون هو مؤلف كتاب الجوهر المنيفي صنعة الإكسير.

يقول ابن خلدون في مقدمته :

بعد أن ذكر مذهب ابن سينا في أفكار الصنعة واستحالة التحويل.. وغلطه الطغرائي، من أكابر هذه الصناعة في هذا القول ورد عليه بأن التدبير والعلاج ليس في تخليق الفصل وإبداعه وإنما هو في إعداد المادة لقبوله خاصة والفصل بما يأتي من بعد الإعداد من لدن خالقه وبارئه كما يفيض النور على الأجسام بالصقل والأمهاء.

ذكر الفهرس التمهيدي تصانيف الطغرائي في الكيمياء ما يأتي :

١- جامع الأسرار في الكيمياء لمؤيد الدين الحسين الطغرائي (٥٥ق. (١٠×١٥سك) خط، ضمن مجموعة (٢١) – ٠١٠٣٤٢٥ عن دار الكتب المصرية ٠٧٣١، طبيعة).

٢- حقائق الاستشهاد، للوزير مؤيد الدين الطغرائي (١٦ق. (٢٠×٣٠سم) خط، ق ١٠٤١ عن دار الكتب المصرية ١٧٠ طبيعة).

٣- رسالة مارية بنت سابه القبطي في الكيمياء وهي جوابها لا راس عن سؤاله لها (٣ ق. ١٠×١٥سم) خط ضمن مجموعة ١٠، يليها فوائد في الكيمياء عن الطغرائي وذي النون المصري، ف ١٠٣٤، عن دار الكتب المصرية ٧٣١، طبيعية.

٤- قصيدة باللغة الفارسية وشرحها باللغة العربية في صناعة الكيمياء لمؤيد الدين أبي اسماعيل الحسين بن علي الوزير الطغرائي (ورقة واحدة (٩) ١٠ ×١٥ سم، خط ضمن مجموعة (٤)، ف ١٠٣٤ عن دار الكتب المصرية ٧٣١، طبيعية ومخطوطة جامع الأسرار (الجزء الأول) عدد الصفحات ٢١ وهي بحجم ٢١×١٧ سم كانت موجودة في مكتبة متحف الآثار العراقي ونقلت إلى دار صدام للمخطوطات ببغداد كما نقلت مخطوطات أخرى إلى المكتبة الوطنية ببغداد والمكتبة المركزية لوزارة الأوقاف.

والحروف التي كتبت بها هذه المخطوطة صغيرة وكل ورقة تحتوي على صحيفتين وجاءت ورقتان من الجزء الثاني.

لقد تطرق الطغرائي في هذه المخطوطة إلى الصنعة وإلى امكان تحقيقها وقال ما نصه :

إن العلم لما كان الفرض فيه الكتمان وإلحاء الأذهان الصافية إلى الفكر الطويل استعمل فيه جميع ما سمي عند حكمائهم مواضع مغلطة من استعمال الأسماء المشتركة والمترادفة والمشكلة وأخذ فصل الشيء أو عرضه الخاص أو العام مكان الشيء وحذف الأوساط المحتاج إلى ذكرها، وتبديد المعنى الواحد في الكلام الطويل واهمال شرائط التناقض في أكثر المواضع حتى يحار الذهن في أقاويلهم المتناقضة الظواهر وهي بالحقيقة غير متناقضة لأن شرائط التناقض غير مستوفاة فيها واستعمال القضايا مهملة غير محصورة وكثيراً ما تكون القضية الكلية المحصورة شخصية، فإذا جاء في كلامهم تصبغ أو تحل أو تعقد كل جسد فإنما هو جو واحد واذا قالوا أن لم يكن مركبنا من كل شئ لم يكن منه شئ فإنما هو شئ واحد.

وتأتي موسوعة الحضارة العربية الاسلامية على طريقة الطغرائي التي تؤدي إلى الاكسير (الصنعة) ويذكر ان الذي يريد أن يحذو حذوى عليه أن يفهم الطريقة فهماً جيداً ويتقن العمل اتقاناً محكماً فلا يقدم على الصنعة ويبذر أمواله ثم ينتهي إلى لا شيء فيعود باللائمة على أهل الصنعة.

وشبه الطغرائي هؤلاء بمن حاول الوصول إلى مكان بعيد قد وصفه لـه دون

أن يتمون بالعدة ويقدر عناء الطريق وطوله وما إن يصل إلى منتصف الطريق حتى يحار في أمره فيلوم من وصف له ذلك المكان.

وجاء الطغرائي على ذكر أرسطو وتلامذته القدماء والمحدثين وعلى اساتذته من سقراط وأفلاطون وذكر اغاديمون وفيثاغورس وهرقل وفوفوريوس وماريه وزوسيموس وبليناس وغيرهم.

ثم يأتي على ذكر الرازي ومؤلفاته الاثنى عشر كتاباً في الصنعة ويكبر بما كتبه الرازي ويمجد جابر بن حيان في تمكنه من الصنعة.

الطغرائي بعض كلام بليناس على تكوين الأفلاك فيقول :" الأفلاك والكواكب فلكاً بعد فلك وكوكباً بعد كوكب بزمان طويل، وإن القمر روح زحل وزحل جسد القمر والشمس نفس زحل وزحل جسد الشمس والزهرة روح المريخ وعطارد روح المشتري وأشياء كثيرة لهذه الرموز المجهولة عند أصحاب النجوم.

حاروا وتبلبلوا ولم يكن عندهم الا الوقيعة في أصحابنا.

إن التي ذكرت آنفاً ما هي الا في كلامنا في (الزوابق والكباريت والزرانيخ والزاجات والشبوب والأملاح والحجارة والطلق والاجساد المعدنية والدم والمرارة والبيض والشعر والاكلاس والأرمدة).

ويذكر الطغرائي المحاليل والعقود والتصاعيد والتشاميع والتصديات والاسفيداجات والزنجفرات والزنجارات.

والطغرائي كان قد اطلع على أكثر كتب الصنعة من الكتب اليونانية المترجمة وكتب جابر بن حيان والرازي.

ابن طفيل

٥٠٠ هـ-٥٨١ هـ

١١٠٦م-١١٨٥م

ابن طفيل - أبو بكر محمد، بن عبد الملك، بن محمد.. بن طُفيل القيسي. ولد

في أوائل القرن الثاني عشر للميلاد، في وادي آش، قرب غرناطة، لا نعلم كيف نشأ، ولا على من تعلم، إنما نعلم انه أصبح فيما بعد طبيب أبي يعقوب يوسف، ونرى في رسالته، حي بن يقظان، معلومات طبية، وفلكية، ورياضية، بالإضافة إلى مذهبه الفلسفي، مما يدل على ثقافته العميقة والشاملة.

وهذه الثقافة هي التي فرضته على الخليفة، أبي يعقوب يوسف، المعروف بحبه للعلم والحكمة، فاتخذه طبيباً، ووزيراً.

وفي سنة ١١٦٩، طلب الخليفة من ابن طفيل رجلاً يشرح له كتب أرسطو الغامضة. وقد وجد ابن طفيل أن هذا الرجل الذي سيشرح أرسطو أحسن ما شرحه العرب، هو ابن رشد.

مثل ابن رشد في حضرة الخليفة أبي يعقوب يوسف، واطلع على رغبته، وشرع في العمل.وأن ابن طفيل لم يقدم بنفسه على شرح أرسطو، لتقدمه في السن، وانهماكه في أمور الوزارة.

تقدمت السن بابن طفيل، وثقلت عليه الأشغال، فاتخذ الخليفة ابن رشد طبيباً، واحتفظ ابن طفيل بالوزارة فقط.

مات الخليفة، فخلفه ابنه يعقوب، الملقب بالمنصور، وابقى ابن طفيل على ما كان عليه من مقام واكرام. على أن ابن طفيل لم تطل به الأيام بعد موت الخليفة، فتوفى بعده بسنة، في مراكش سنة ٥٨١هـ.

رسالـة "حي بن يقظان" :

لم يصل إلينا من كتب ابن طفيل سوى رسـالة حـي بن يقظان. إليك تلخيصاً

لقصـة "حيّ بن يقظان" :

يصور لنا ابن طفيل، طفلاً رضيعاً يسمى "حيّ بن يقظان"، أُلقيَ به في جزيرة خالية من الناس، فحنت عليه ظبية، فقدت ولدها، فأرضعته وتعهّدته، حتى ايْفع وتعلم أصوات الحيوانات. ورآها كاسية مسلحة، وهو عار اعزل، فاتخذ من الورق والريش ستراً وكساءً، ومن العصي سلاحاً..

ثم ماتت الظبية، فهاله سكوتها وسكونها، فأراد أن يعرف علتها، فلم يجد فـي

ظاهرها تغيّراً، فترجح عنده أن العلة في عضو محجوب عن بصره، فشق صدرها، بالمحدّد من الحجارة وشقاق، القصب اليابس، حتى اهتدى إلى قلبها، فلم يجد في ظاهره آفة، فلما شقه وجد البيت الأيسر منه خالياً، فقال : إن هذا الشيء، الذي كان في هذا البيت وارتحل عنه، هو الذي افقد الظبية حياتها. وأخذ يفكر في هذا الشيء، فأدرك أن الظبية هي، في الحقيقة، ذلك الشيء المرتجل. وما جسدها إلاّ آلة. وزاده يقينا بهذا، أنه رأى الجسد يُنتن. ثم رأى غراباً يواري أخاه الميت، فوارى هو مثله، الظبية في التراب.

ثم اكتشف النار، وقَبَسَ منها، وأخذ يمتحنها، وجرب أن يلقي فيها بعض ما طرحه البحر من الحيوانات، فاهتدى إلى شيّ اللحوم وانضاجها.. وزاد عجبه من هذه النار التي لها قوى كثيرة، وخطر بباله أن الشيء الذي ارتحل من قلب الظبية قد يكون من جوهر النار، فأخذ يبحث عن ذلك بتشريح الحيوانات، فتعلم كثيراً من وظائف أعضائها. ثم بدا له أن يُعمِّر بيتاً يأوى إليه، وأن يتخذ أسلحة يدافع فيها عن نفسه، ويصطاد بها الحيوانات.

وكان قد بلغ العام الحادي والعشرين من عمره فأخذ يتأمل في هذا الكون، وما فيه من حيوانات ونباتات ومعادن، فرأى لها أوصافاً كثيرة وأفعالاً مختلفة، وانها تختلف ببعض الصفات، وتتفق في بعضها، فتكونت عنده فكرة (الكثرة). ثم أخذ ينظر إلى الحيوانات والنباتات، وما يتفق فيه كل منها، وما يختلف، فتكونت عند فكرة (النوع) وفكرة (الجنس). ثم رأى الحيوان والنبات جنسين متفقين في بعض الأمور كالتغذي، فاعتقد انها شيء واحد. ثم نظر إليها وإلى الجماد فرأى أن الثلاثة تتفق في (الجسمية)، ولكن تختلف في الخواص الأخرى، فاعتقد أن الكل شيء واحد، وان عمّته الكثرة.

ثم تأمل في هذه الأشياء كلها، فوجد انها تتحد في معنى (الجسمية) وتختلف في الصورة، ولاح له أن الروح الحيواني لا بد أن يكون شيئاً زائداً على هذه الجسمية، وهو الذي يصلح لأن يعمل تلك الأعمال الغريبة، ويفهم ضروب هذه الادراكات، فعظم في عينه أمر (الروح)، وعلم انها أعظم وأسمى من الجسد الفاني. ثم أخذ يفكر في أصل الأشياء فزعم أن أبسطها الماء والتراب والهواء والنار، فنظر لعله يجد وصفاً

جامعاً لهذه الأجسام، فلم يجد إلاّ معنى (الامتداد) ولكن وراء هذا الامتداد معنى آخر وهو (صورة) الشيء الذي تبدّل وتحوّل، فتكونت عنده فكرة (المادة والصورة)، فأشرف بذلك على تخوم العالم العقلي.

ثم عاد إلى الأجسام البسيطة، فرأى صورها تتغير، كالماء يكون ماءً، فيصبح بخاراً، ثم يرجع ماءً، فأدرك أن اختلاف الصور لا يمكن أن يكون من أصل الشيء، وعلم أن كل حادثٍ لا بد له من محدث. وتحقق له أن لفاعل يفعل بها. فحدث له شوق لمعرفة هذا الفاعل، فجعل يطلبه من جهة المحسوسات، ولكنه لم ير في المحسوسات شيئاً بريئاً عن الحدوث، والافتقار إلى الفاعل، فاطرحها كلها، وانتقل إلى الأجرام، وتفكر فيها وتساءل: هل هي ممتدة إلى ما لا نهاية؟ فتحير عقله، ثم أدرك بقوة نظره، أن جسماً لا نهاية له باطل وشيء لا يمكن، ومعنى لا يُعقل. ثم تفكر في العالم بجملته، هل هو شيء حدث بعد أن لم يكن، وخرج إلى الوجود بعد العدم، أو هو أمر كان موجوداً ولم يسبقه العدم؟ فتشكك في ذلك، ولم يترجح عنده أي الحكمين، وذلك انه كان إذا أزمع على اعتقاد (القِدم)، اعترضته عوارض كثيرة، من استحالة وجود لا نهاية له، وأنّ هذا الوجود لا يخلو من الحوادث، فهو محدث أيضاً، وإذا أزمع على اعتقاد (الحدوث)، اعترضته عوارض آخر، وذلك انه كان يرى أن معنى حدوثه، بعد ان لم يكن، لا يُفهم إلاّ على معنى أن الزمان تقدّمه، والزمان في جملة العالم، وغير منفك عنه، فإذاً لا يُفهم تأخر العالم عن الزمان. ثم كان يقول: لم أحدثه المحدثُ الآن، ولمْ يحدثهُ قبل ذلك، الطارئ طرأ عليه، أم لتغير حدث في ذاته، ولا شيء هنالك.

وما زالت تتعارض عنده الحجج، حتى تحيّر، وجعل يفكر ما الذي يلزم عن كل واحد من الاعتقادين؟ فلعل اللازم عنهما يكون واحداً. فرأى انه ان اعتقد حدوث العالم وخروجه إلى الوجود بعد العدم، فاللازم عن ذلك ضرورةً، انه لا يمكن أن يخرج إلى الوجود بنفسه، وانه لا بد له من فاعل يخرجه إلى الوجود، وأنّ ذلك ليس بجسم، لأنه لو كان جسماً لاحتاج إلى محدث، ولو كان المحدث الثاني جسماً، لاحتاج إلى محدث ثالث، والثالث إلى رابع، وبتسلسل إلى غير نهاية، وهو باطل. وان اعتقد قدم العالم، فان اللازم عن ذلك ان حركته قديمة، وكل حركة لا بد لها من محرك ضرورةً.

والمحرك إما أن يكون قوة سارية في جسم من الأجسام، واما ان لا يكون كذلك. وكل قوة سارية في جسم تنقسم بانقسامه، فتضعف بضعفه، وكل جسم لا محالة متناه، فكل قوة متناهية، فلا بد أن يكون المحرك بريئاً عن المادة وعن صفات الأجسام. فانتهى نظر (حي بن يقظان)، من هذا الطريق، إلى ما انتهى إليه بالطريق الأول. ولم يضره تشككه في قدم العالم وحدوثه.

ثم رأى انه يتوجب، عقلاً لهذا الفاعل العظيم، جميع صفات الكمال: من علم وقدرة وإرادة واختيار ورحمة وحكمة.

ولما حصلت له المعرفة بهذا الفاعل العظيم أراد أن يعرف بأي شيء عرقه؟ فلم يجد في الحواس وسيلة لإدراكه، لأنها إنما تدرك الأجسام، وهو بريئ من صفات الأجسام، فتبين له أن ذاته التي أدرك بها هذا الفاعل، بريئة من الجسم، ثم تحقق له هذه الذات البريئة من الجسم لا يعتريها الغناء، وانها ستبقى في حياة خالدة، منعّمة أو معذبة، بحسب ما كان لها من حظ الاقبال في حياة الدنيا، على ملاحظة الفاعل العظيم ومراقبته، فحمله هذا الاعتقاد على أن يفكر بطريقة ينظم بها حياته لينصرف إلى التأمل في هذا الخالق.

ولما نظر إلى نفسه، رأى فيها شيئاً من سائر أنواع الحيوان، بجزئه الخسيس، وهو البدن المظلم الكثيف، الذي يطالبه بالمحسوسات، وعلم أن هذا البدن لم يُخلق له عبثاً، وانه يجب عليه أن يُصلح من شأنه، وهذا لا يكون الا بفعل يشبه أفعال سائر الحيوانات..

ورأى انه يشبه، من جهة ثانية، الكواكب، من حيث أن لها أجساماً، وذرات عارفة تعرف (الموجود الواجب الوجود). ورأى من جهة ثالثة، انه بجزئه الاشرف، الذي عرف به (واجب الوجود)، فيه شبهٌ ما منه، فوقر في نفسه وجوب التشبّه بهذه الثلاثة! فيتشبه بالحيوانات في فعل ما يضمن صلاح جسده وبقائه بقدر الضرورة والكفاية، ويقتصر على التغذي بالنباتات، وأن لم يجدها أخذ من الحيوانات، على شرط أن يحتفظ ببذور النبات، وان يختار من الحيوانات أكثرها وجوداً، وأن لا يستأصلها. ويتشبّه بالأجرام السماوية، من حيث انها شفافة ومنيرة وطاهرة، ومتحركة بالدوران،

ومن حيث انها تعطي، ما تحتها، النور والحرارة، ومن حيث كونها تشاهد (واجب الوجود)، وتتصرف بحكمته، ولا تتحرك إلا بمشيئته، فألزم نفسه أن لا يرى ذا حاجة أو عاهة أو مضرة، من الحيوان والنبات وهو يقدر على إزالتها، إلا ويزيلها، فمتى وقع بصره على نبات قد حجبه عن الشمس حاجب، أو تعلق به نبات آخر يؤذيه، أو عطش عطشاً يكاد يفسده، أزال عنه ذلك، ومتى وقع بصره على حيوان قد أرهقه سبع، أو نشب به ناشب، أو تعلق به شوك، أو همّه ظمأ أو جوع، تكفّل بإزالة ذلك، وأطعمه واسقاه. ومتى وقع نظره على ماء يسيل إلى سقي نبات أو حيوان، وقد عاقه عن ممرّه عائق، أواله. وألزم نفسه التشبه بالكواكب بالطهارة والنظافة في جسده ولباسه. وألزم نفسه من ضروب الحركة، الاستدارة مثلها، فكان يطوف بالجزيرة، ويدور على ساحلها، أو في بيته، أدواراً متعددة، اما مشياً أو هرولةً، ويديم التشبه بها، بالتفكير بالموجود الواجب الوجود، ويحاول أن ينقطع عن عالم المحسوس، وأن يستغرق في التفكير، مستعيناً، على ذلك، بسدّ حواسه، والدوران على نفسه، حتى يغيب عن احساساته، ويتخلص من عوائقها، ويتاح له مشاهدة الموجود الواجب الوجود.

أما التشبه بالله، فرأى حي بن يقظان انه لا يتيسّر، في صفات الإيجاب، الا في صفة العلم، وهو أن يعلمه ولا يشرك به شيئاً.

وأما في الصفات السلبية، التي تتنزه عن الجسمية فقد حاول (حيّ) أن يتجرد من جسمانيته، منقطعاً إلى التفكير في الـلـه، فكانت تمضي عليه أيام، وهو مستسلم إلى هذه الغيبوبة. وما زال يطلب الغناء عن نفسه، والإخلاص في مشاهدة الحق، حتى تأتّى له ذلك، وغابت ذاته في جملة الذوات، ولم يبق إلا الواحد الحق الموجود الثابت الوجود. وحصل له من اللذة، ما لا عين رأت، ولا أذن سمعت، ولا خطر على قلب بشر. وتلك حال، يقول (حيّ) انه لا يمكن وصفها، ولا التعبير عنها، ومن رام شيئاً من ذلك، فهو بمنزلة من يريد أن يذوق الألوان، أو يطلب أن يكون السواد حلواً أو حامضاً..

ثم يذكر ابن طفيل، بلسان حي بن يقظان، وصفاً خيالياً غريباً لما شاهده في الفلك الأعلى، والأفلاك الأخرى، بكلام يعترف هو نفسه، انه كلام غير مفهوم. ويقول

فيه أن مجال العبارة ضيّق، وأن الألفاظ توهم غير الحقيقة.

ثم ينتقل ابن طفيل، في القصة إلى وصف جزيرة قريبة من جزيرة حيّ بن يقظان، فيها ملّة تدين بدين بعض الأنبياء (ويعني بذلك الملّة المحمدية)، وانه كان من جملة المؤمنين، بهذا الدين الجديد، فتيان أحدهما يدعي "ابْسال" والآخر "سلمان". فأخذا يتفقهان في الدين الجديد، ويحاولان إدراك ما وراء تلك الشريعة من صفات الله وملائكته وأخبار المعاد. فكان أحدهما (ابسال) أشدّ غوصاً على الباطن، واطمع في التأويل فانصرف ابسال إلى اعتزال الناس، أخذاً بما ورد في الشريعة، من أقوال تحمل على (العزلة). وانصرف سلمان إلى معاشرة الناس، أخذاً بما ورد فيها من أقوال تحمل على (مداراة الجماعة).وكان اختلافهما سبب افتراقهما. ثم ارتحل (ابسال) إلى الجزيرة التي فيها حي بن يقظان، ليعتزل الناس وينقطع إلى العبادة، واجتمع (سجيّ) فلما سمع (حيّ)، قراءة ابسال، ورأى صلاته وتسبيحه ودعاءه، أدرك أنه من الذوات العارفة وانْ لم يفهم كلامه. وعلمّه (ابسال) أسماء الأشياء كلها، حتى استطاع النطق والكلام. وأخبر (حيّ) صديقه الجديد بتاريخ حياته وكيف أنه ترقى بالتفكير حتى انتهى إلى معرفة الله تعالى. فلما سمع منه (ابسال) وصفه لذات الحق، لم يشك في أن جميع الأشياء التي وردت في شريعته، هي نفس ما عرفه حب بن يقظان وأدركه بعقله، فتطابق عنده (المعقول والمنقول)، وقُربت عليه طرق التأويل. ولما أخبر (ابسال) صديقه (حيّاً) بما ورد في شريعته، لم ير حيّ فيه شيئاً على خلاف ما شاهده، وعرفه بنفسه، فعلم أن الذي وصف ذلك، وجاء به محق في وصفه، صادق في قوله، رسول من عند ربه، فآمن به وصدقه وشهد برسالته. ثم تعلم ما جاء به هذا الرسول من أمر ونهي فالتزمه كله. الا انه بقي في نفس حيّ أمران، لم يتضح له وجه الحكمة فيهما: أحدهما لمَ ضربَ هذا الرسول الأمثال للناس، في أكثر ما وصفه، من أحوال العالم الإلهي، ولم اضْربَ عن المكاشفة، حتى وقع بعض الناس في التجسيم، واعتقدوا في ذات الحق أشياء هو منزّه عنها؟ والثاني : لم اقتصر هذا الرسول على هذه الفرائض، وأباح اقتناء الأموال، والتوسع في المكاسب، حتى تفرغ الناس للباطل، واعرضوا عن الحق.

وحدّثت (حيّ بن يقظان) نفسه، أن يتصل بالناس، ويحدثهم بما اتضح له، من

الحق، بالمشاهدة، وفاوض صديقه (ابسال) بذلك، وقيّض الـلـه لهما سفينةً مارةً بالقرب من الجزيرة، فأقلتهما إلى جزيرة ابسال. واجتمع (ابسال) بأصحابه، وعرّفهم بحال (حيّ بن يقظان) ومقامه، فأعظموه وبجّلوه وأقبلوا عليه، فشرع (حيّ) في تعليمهم، وبثّ أسرار الحكمة إليهم، فما خرج عن الظاهر إلا قليلاً، حتى جعلوا ينقبضون عنه فيئس من اخلاصهم - وهم خاصة القوم- فكيف بحال العامة، الذين وجدهم متكالبين على الدنيا، منغمسين في الجهالة، فتحقق له أن مخاطبة الناس بطريق المكاشفة لا ينفعهم، وأن تكليفهم من العمل فوق القدْر الذي كُلّفوا به لا يمكن. وأدرك أن الحكمة كلها والهداية والتوفيق فيما نطق به الرسل، ووردت به الشريعة، وأن لكل عمل رجالاً، وأن كلاً ميسر لما خُلقَ له. فانصرف إلى (سلمان) واصحابه، من أهل الظاهر، واعتذر إليهم عما تكلم به معهم، واعلمهم انه قد رأى مثل رأيهم، واهتدى لمثل هديهم، وأوصاهم بالتزام ما همْ عليه من الوقوف عند حدود الشرع، والإيمان بالمتشابهات، والتسليم بآياتها، واجتناب الخوض فيما لا يعنيهم، والاعراض عن البدع، والاهواء، والاقتداء بالسلف الصالح، وانه لا نجاة إلا بهذه الطريق. وانهم أن ارتفعوا إلى بقاع الاستبصار.

اختلّ ما هم عليه من أمر دينهم، وتذبذبوا، وانتكسوا وساءت عاقبتهم، وان هم بقوا على ما هم عليه من أمر دينهم فازدا.

ثم ودعهم وعاد مع صاحبه (أبسال) إلى جزيرته، وبقيا فيها، يعبدان الـلـه تعالى حتى أتاهما اليقين.

غاية الرسـالة :

أراد ابن طفيل أن يبين في قصة حي بن يقظان الحقائق التاليـة:

- المراتب التي يتدرج بها العقل، في سلّم المعرفة، من المحسوسات الجزئية إلى (الأفكار الكلية).
- ان العقل الإنساني قادر، من غير تعلم أو إرشاد، على إدراك وجود الـلـه، بآثاره في مخلوقاته، وإقامة الأدلة الصادقة على ذلك.
- إن هذا العقل قد يعتريه الكلال والعجز في مسالك الأدلة، عندما يريد تصور

الأزلية المطلقة، والعدم المطلق، واللانهاية، والزمان، والقدم، والحدوث، وما شاكل ذلك.

- إن العقل سواء ترجح لديه (قدم العالم أو حدوثه)، فإن اللازم من كل واحد من الاعتقادين شيء واحد، وهو وجود الله.

- إن الإنسان قادر، بعقله على إدراك أسس الفضائل، وأصول الأخلاق العملية والاجتماعية، والتحلّي بها، واخضاع الشهوات الجسدية لحكم العقل، من غير إهمال لحق الجسد، أو تفريط فيه.

- ان ما تأمر به الشريعة الإسلامية، وما يدركه العقل السليم بنفسه، من الحق والخير والجمال، يلتقيان عند نقطة واحدة بلا خوف.

- إن الحكمة كل الحكمة هي فيما سلكه الشرع من مخاطبة الناس على قدر عقولهم، دون مكاشفتهم بحقائق الحكمة وأسرارها، وأن الخير كل الخير للناس، هو في التزام حدود الشرع، وترك التعمق.

ويرمي ابن طفيل، في رسالته إلى عرض حكمة ابن سينا المشرقية. وقد أخذ ابن طفيل كثيراً عن ابن سينا، دون أن يتقيد به في كل آرائه، أو تكون رسالته دراسة تاريخية. وأهم ما استقى من ابن سينا أمران: الإشراق، وتحديد صلات الفلسفة بالدين.

ويبدو في أول الرسالة، أن الإشراق وحده هو المقصود، وان مشاهدة الله عن طريقه هي الهدف.

ولذلك نرى أن ابن طفيل يستعرض الفلاسفة الذين تكلموا في الموضوع، ويتطرق إلى بعض أحكام عامة فيهم.

فابن باجه تكلم عن مشاهدة الله كلام العالم الباحث، فقدّم المقدمات واستنتج النتائج، وما تجاوز هذا الحد. أما ابن سينا فوصف هذه المشاهدة على انها ذوق، والذوق أوضح وألذ.

وعلى كل حال، لم يخلف ابن باجه بحثاً كافياً في الموضوع، كما أن ما وصل إلى الأندلس من كتب الفارابي وابن سينا والغزالي ناقص لا يروي الغليل.

لهذا يستند ابن طفيل خاصة على ما خبره هو نفسه من ذوق ومشاهدة يؤهلانه

لوضع كلام يؤثر عنه، ويدفع قارئه إلى الاقتداء به، وسلوك مسالكه، واتباع طرقه. وهذا الكلام هو قصة حيّ بن يقظان، والتي قدمت لك بصورة مختصرة.

الطوسي

١٢٠١-١٢٧٣م

ولد الطوسي في طوس بالقرب من نيسابور بفارس سنة ١٢٠١م، وتوفى في بغداد سنة ١٢٧٣م.

وهو من الذين برعوا في البحث والابتكار، وكان له شأن كبير في الفلك والرياضيات.

أنشأ مرصداً عظيماً في "مراغـة"، كان يشتمل على آلات كثيرة، بعضها لم يكن معروفاً عند الفلكيين في زمانه.

وقد جمع فيه جماعة من كبار الحكماء وأصحاب العقول النيرة من كافة الأنحاء ليقوموا بالرصد والبحث في مسائل الفلك والنجوم.

كما أنشأ مكتبة ضخمة من الكتب المنهوبة من بغداد ودمشق بعد زحف التتار عليهما.

وللطوسي حكاية عجيبة بعض الشيء – رواها الرواة فيما رووا عنه – فبعد

أن كان ذو خطوة ومكانة عند الخلفاء وأولي الأمر من الأمراء والوزراء، وكان المقدم عندهم وصاحب الرأي والمشـورة. أبت عليه الحياة ألا يظل في عز وجاه وعاكسته الظروف، فوشى به الواشون وكادوا له حتى أمر الحاكم بحبسه في إحدى القلاع.

ولئن كان الحبس نقمة عليه، قيد حريته، إلا أنه كان نعمة على العلم، إذ أنجز الطوسي وهو في حبسه أهم تآليفـه في الرياضيات، وهي التي خلدته وجعلته عالماً بين العلماء.

وعندما استولى هولاكو وجحافل التتار على بغداد، وأعملوا فيها النهب والحرق

والسلب، كان الوحيد المستفيد من هذه الهجمة التتارية البربرية هو الطوسي، إذ خرج من حبسه وأصبح حراً طليقاً.. واستطاع أن يكسب منزلة عالية عند (هولاكو)، الذي كان يطيعه في كل ما يشير به عليه - إذ كان المنجمون والمشتغلون بالفلك في ذلك الزمان من ذوي الحظوة والمكانة الرفيعة لدى الحكام.

وقد بلغت منزلته درجة جعلته الأمين على أوقاف المماليك التي استولى عليها القائد التتاري المنتصر (هولاكو)، ولأنه كان محباً للعم، راغباً في البحث والدرس، فقد استغل أموال تلك الأوقاف وبنى المرصد- الذي أشرنا إليه- بعد أن ضمن ما يصرف على أبحاثه وضمن ما يدفعه من رواتب للعاملين به. ويقال أن المكتبة التي أسسها احتوت على كل نفيس ونادر وكانت الأولى من نوعها في ذلك الزمان وتجاوز عدد كتبها الأربعمائة ألف مجلد.

وللطوسي منزلة كبرى في تاريخ الحياة العقلية الإسلامية عند الفرس، فهو من كبار علمائهم وفرسفتهم الذين كتبوا بالعربية وآثروها على الفارسية.

وقد ترك لنا الطوسي تراثاً من المؤلفات نذكر منها:

١- **تجريد العقائد**، ويعرف باسم "تجريد الكلام" - وهو في الفلسفة، وقد شرحه تلميذه "عبد الرازق اللاهجي" باسم "شوارق الإلهام".

٢- **أساس الاقتباس**. في المنطق.

٣- **أخلاق ناصري**. في التصوف.

٤- **أوصاف الأشراف.**

٥- **شرح الإشارات لابن سينا.**

٦- **تلخيص المحصل للفخر الرازي.**

٧- **بقاء النفس بعد بوار البدن.**

٨- **إثبات العقل.**

٩- **تحرير أصول إقليدس**. في الهندسة.

١٠- **تحرير المجسطي**. في الفلك.

١١- **الجبر والمقابلة.**

١٢- التذكرة في علم الهيئة.

١٣- المتوسطات الهندسية.

١٤- شكل القطاع.

ويتجلى لنا من مؤلفات الطوسي في الفلك أنه أضاف إليه إضافات هامة، فقد تمكن من إيجاد مبادرة الاعتداليين، ومن استنباط براهين جديدة لمسائل فلكية عويصة، كما حاول أن يوضح بعض النظريات، ولكنه لم يوفق في تبسيطها، وهذا هو السبب في كثرة الشروح التي وضعها علماء العرب والمسلمين لأزياجه (جداوله الفلكية) وسائله. ويتبين من تلك المؤلفات أنه انتقد كتاب المجسطي لبطليموس، وأنه اقترح نظاماً جديداً للكون أبسط من النظام الذي وضعه في هذا الكتاب. وفي الواقع فإن انتقاده هذا إنما يدل على عبقرية وطول باع في الفلك، وقد كان خطوة تمهيدية لازمة للإصلاحات التي قام بها "كوبرنيكس" فيما بعد.

وللطوسي مؤلفات قيمة في الرياضيات، أهمها على الإطلاق كتاب "شكل القطاع" فهو أول كتاب يفصل المثلثات عن الفلك ويجعلها علماً مستقلاً.

والكتاب ينقسم إلى خمس مقالات، كل واحدة منها تتضمن عدة أشكال وفصول.

المقالة الأولى : تشتمل على النسب المؤلفة وأحكامها.

المقالة الثانية : في شكل القطاع السطحي والنسب الواقعة فيها.

المقالة الثالثة: في مقدمة القطاع الكرى وفيما لا تتم فوائد الشكل إلا بها.

المقالة الرابعة: في القطاع الكُرى والنسب الواقعة عليها.

المقالة الخامسة : في بيان أصول تنوب عن شكل القطاع في معرفة قسمي الدوائر العظام.

وبعض فصول هذا الكتاب مقتبس من بحوث علماء اشتهروا بالرياضيات أمثال ثابت بن قرة والبوزجاني، كما أن بعضها الآخر اشتمل على براهين مبتكرة واستنتاجات من وضع الطوسي نفسه.

والطوسي أول من استعمل الحالات الست للمثلث الكرى القائم الزاوية، وفي

وسعنا القول – بلا مبالغة- أن العلماء فيما بعد لم يزيدوا شيئاً هاماً على ما جاء بكتاب "شكل القطاع" من نظريات متعلقة بالمثلثات. ومن هنا تتجلى لنا عظمة الطوسي وأثره في تاريخ الفكر الرياضي، إذا وضعنا في الاعتبار ما للمثلثات من قيمة كبرى وأهمية في المباحث الفلكية والهندسية.

وقد ترجم هذا الكتاب إلى اللغات اللاتينية والفرنسية والإنجليزية وبقى قروناً عديدة مصدراً لعلماء أوروبا يستقون منه معلوماتهم في المثلثات الكرية والمستوية.

وللطوسي علاوة على إنجازه في المثلثات، إنجازاً آخر في الهندسة يتعلق بالمتوازيات. فوضع مبادئ وبرهن على قضايا في المتوازيات في أوضاع مغايرة للأوضاع التي استعملها من سبقوه وصاغ كل ذلك في شكل مبتكر.

وخلاصة القول : إن مؤلفات الطوسي ورسائله في الرياضيات والفلك وغيرهما من فروع المعرفة تكوّن مكتبة قيمة زادت من الثروة الإنسانية العلمية ودفعت بها إلى الارتقاء والتقدم.

عباس بن فرناس

(١٩٤-٢٧٤ هـ)

أبو القاسم عباس بن فرناس بن ورداس التاكرتي، أحد عباقرة العالم والفيزياء والأدب والفن في الأندلس. لم يرد ذكر تاريخ ولادة هذا العالم في كتب التواريخ، والذين ترجموا له أجمعوا على أنه توفي سنة ٢٧٤ هـ (٨٨٤ م)، وأنه جاوز الثمانين من السنين، فتكون ولادته على هذا الإجماع في نهاية القرن الثاني الهجري، أي حوالي سنة ١٩٤ هـ

يعود أصله إلى برارة (تاكرتا)، نشأ في قرطبة وكانت إذ ذاك منارة العلم والفن والأدب، يُشد إليها الرحال للاقتباس من معارف أبنائها العرب وعلومهم وفنونهم وصناعاتهم التي كانت تأخذ بالعقول وتبهر العيون، وفي هذا الجو العابق بالعلوم والمعارف شبّ عباس بن فرناس متوقد الذهن شديد الحفظ ناعم النظر دقيقه.

وكعادة أبناء وطنه تعلم القرآن الكريم ومبادئ الدين الحنيف في كتاتيب قرطبة، وكانت كثيرة عهدئذ، ثم بدأ يرتاد حلقات العلم التي كانت تعقد في مسجد قرطبة، فكان ينصت إلى ما يجري فيها من مباحثات ومناظرات ومجادلات علمية، ويستمع إلى ما يلقيه العلماء الأندلسيون من طريف ما أخذوه عن علماء المشرق. ثم كان يقصد المجالس الأدبية ليستمع إلى شيوخها استماعاً متبصراً يريد به أن يفيد مما يجري في الحلقات والمجالس من شعر شعراء الأندلس وأدب أدبائها في مستحسن الصناعتين النثر والشعر، وما كان يلقى في هذه المجالس من غريب الأخبار ودقائق اللغة التي حملت من بلاد المشرق.

وكان ابن فرناس بالإضافة إلى ذلك كثير التردد إلى أصحاب الفنون الرفيعة، ينعم السمع إلى الأصوات التي يضعونها، ويراقب الآلات الموسيقية التي يوقعون عليها ألحانهم. ودرس مصنفات الطب، وقرأ خصائص الأمراض وأعراضها وتشخيصها، وطالع طرق الوقاية منها وعلاج المصابين بها ومداراتهم. ودرس خصائص الأحجار

والأعشاب والنبات ووقف على خواصها المفيدة في المعالجة، وكان في سبيل ذلك يقصد المتطببين والصيادلة ويناقشهم فيما بدا له من إطلاعه في هذه الصنعة الجليلة التي تحفظ البدن وتقي من آفات الأدواء والأعراض.

وقد شهر ابن فرناس بين أطباء عصره، فأتخذه الأمراء الأمويين طبيباً خاصاً لمعالجة أبناء الأسر الحاكمة والإشراف على صحتهم وطعامهم، وإرشادهم إلى أنجع الطرق في المداواة من الأمراض والأسقام.

وكان إلى هذه العلوم قد أضاف دراسة الفلسفة والمنطق والنجوم والعلوم الروحانية، وجمع المصنفات التي تبحث في هذه العلوم، والتي كان يصعب الحصول عليها، فقرأها قراءة علمية دقيقة فاحصة، فاستفاد منها الكثير وأفاد بها أبناء قومه وجنسه. ثم اشتغل بعلم النحو وقواعد الإعراب، وشذا طرفاً من آراء نحاة العربية في التعليل، فصار من نحاة عصره في ربوع الأندلس، يؤخذ عنه ويعول عليه، مما دفع الزبيدي صاحب الطبقات إلى تصنيفه في الطبقة الثالثة من نحاة الأندلس، وقد قال عنه " كان متصرفاً في ضروب من الإعراب ".

وكثيراً ما كان يلم بأماكن أهل الصناعات الرفيعة، فيدقق بأعمالهم وصناعاتهم وفنونهم العجيبة، وكان يسائلهم ويشافههم عن سر ما لم يهتد إلى معرفته بنفسه، فاقتبس منهم صناعات الآلات العلمية الدقيقة. وهكذا برز ابن فرناس ضليعاً في علوم وصناعات شتى وآداب مختلفة، فكان له السبق بين علماء زمنه بما انفرد به من معارف وعلوم لم تتهيأ لغيره من الأندلسيين، مما حمل الناس على أن يطلقوا عليه لقب " حكيم الأندلس ".

وإذا كان جل الذين قنعوا من المعارف بالأمور الظاهرة المبسطة التي يمكن فهمهما. وبالنظريات المجردة المنقولة عن تواليف المتقدمين، فلم يكلفوا أنفسهم عناء البحث والتمعن فيما تعلموه، أو الغوص في تحقيق ما فقهوه، ولم يحاولوا تطبيق النظريات العلمية على منهج علمي صرف للتأكد من صحة ما نقل إليهم وما وصل إليهم. وبالنظريات المجردة المنقولة عن تواليف المتقدمين، فلم يكلفوا أنفسهم عناء البحث والتمعن فيما تعلموه، أو الغوص في تحقيق ما فقهوه، ولم يحاولوا تطبيق

النظريات العلمية على منهج علمي صرف للتأكد من صحة ما نقل إليهم وما وصل إليهم، فإن أبا القاسم لم يكن من هؤلاء القانعين بما دون من هذه العلوم يتعلمونها ويعلمونها. بل كان مثال العالم المدقق المحقق، فكان يطبق عملياً ما يحتاج إلى العمل ليتأكد من صحة المنقول. ويستفيد مما أخذ، وكان بذلك أحد العلماء العاملين الذين أسسوا قواعد الحضارة العلمية العملية في الأندلس. فقد عكف على تحقيق المسائل العلمية التي درسها، وهيأ لنفسه ما يحتاج إليه عمله من دقيق الآلات ومختلف الأدوات والأجهزة التي مكنت له إظهار نبوغه وألمعيته عملياً.وهو في هذا المضمار رائد محاولة تطبيق العلم على العمل، فقد فاق أهل عصره في طريقته العلمية وبرز في علوم ومعارف شتى أوجدها من تجاربه في التوليد والاختراع والابتكار. وكان مما سبق إليه.

صناعة الكيمياء :

فقد قام بتجارب وتحاليل مختلفة، واهتدى إلى حقائق علمية لم تكن معروفة عند الأندلسيين، ومنها أنه استنبط صناعة الزجاج من نوع من الحجارة، وسهل بعمله هذا على الأندلسيين صناعته من مادة بخسة الثمن، سهلة المتناول، فانتشرت بعده صناعة الزجاج في ديار الأندلس وتفوقوا بها.

- عانى صناعتي الفلك والتنجيم، فراقب الكواكب والنجوم في مطالعها وأفلاكها ومداراتها ومنازلها، واستحدث لنفسه الآلات التي تساعده على رصد حركاتها. ومما صنعه تلك الآلة المعروفة بـ " ذات الحلق ".

- عمل الميقاتة لمعرفة الأوقات، وهي التي تقوم مقام الساعة في عصرنا الحاضر.

- اتخاذه في دارته هيئة السماء، وصور فيها الشمس والقمر والكواكب ومداراتها، والغيوم والبرق والرعد، فكان ذلك من عجائب الصنعة وبديع الابتكارات.

- وكان من جملة ما قام به على صعيد التجارب والتحقيق أنه كان أول من طار وحلق في الهواء كما تطير الطيور، وكان هذا الاختراع من

الاختراعات المدهشة التي قام بها في ذلك العصر هذا الحكيم الأندلسي كما أطلقوا عليه.

ابن فرناس ومحاولة الطيران.

قام عباس بن فرناس بتجارب كثيرة، درس في خلالها ثقل الأجسام ومقاومة الهواء لها، وتأثير ضغط الهواء فيها إذا ما حلقت في الفضاء، وكان له خير معين على هذا الدرس تبحره في العلوم الطبيعية والرياضة والكيمياء، فأطلع على خواص الأجسام، واتفق لديه من المعلومات ما حمله على أن يجرب الطيران الحقيقي بنفسه، فكسا نفسه بالريش الذي اتخذه من سرقي الحرير (شقق الحرير الأبيض) لمتانته وقوته، وهو يتناسب مع ثقل جسمه، وصنع له جناحين من الحرير أيضاً يحملان جسمه إذا ما حركهما في الفضاء. وبعد أن تم له كل ما يحتاج إليه هذا العمل الخطير، وتأكد من أن باستطاعته إذا ما حرك هذين الجناحين، فإنهما سيحملانه ليطير في الجو، كما تطير الطيور ويسهل عليه التنقل بهما كيفما شاء.

بعد أن أعد العدة أعلن للملأ أنه يريد أن يطير في الفضاء، وأن طيرانه سيكون من الرصافة في ظاهر مدينة قرطبة، فاجتمع الناس هناك لمشاهدة هذا العمل الفريد والطائر الآدمي الذي سيحلق في فضاء قرطبة. وصعد أبو القاسم بآلته الحريرية فوق مرتفع وحرك جناحيه وقفز في الجو، وطار في الفضاء مسافة بعيدة عن المحل الذي انطلق منه والناس ينظرون إليه بدهشة وإعجاب وعندما هم بالهبوط إلى الأرض تأذى في ظهره، فقد فاته إن الطائر إنما يقع على زمكه (ذيله)، ولم يكن يعلم موقع الذنب في الجسم في أثناء هبوطه إلى الأرض، فأصيب في ظهره بما أصيب من أذى.

عبد الحميد الخُسروُ شاهي

(٥٨٠ـ ٦٥٢هـ ١١٨٤ـ ١٢٥٤م)

هو عبد الحميد بن عيس الخسروشاهي التبريزي، الشافعي (شمس الدين)، طبيب، حكيم، فقيه، أصولي، ولد بخسروشاه من قرى تبريز، وإليها نسبته، أتقن العلوم

الشرعية، والصناعة الطبية وتتلمذ على الشيخ فخر الدين بن خطيب الري، توجه إلى دمشق والكرك حيث أقام عند الملك الناصر داود، سنين كثيرة، فعظمت منزلته عنده، ونال منه الإحسان الكثير، توفي بدمشق، ودفن بجبل قاسيون.

من كتبه :

- " مختصر الشفاء للرئيس ابن سينا ".

عبد الرحمن إسماعيل

(.... ـ ١٣١٥هـ .... ـ ١٨٧٩م)

هو عبد الرحمن إسماعيل : طبيب مصري، تعلم في مدرسة الطب بالقاهرة، واختص بطب العيون، فمارسه مدة، ثم عين طبيبا في الجيش المصري.

توفي في القاهرة ولم يتجاوز الثلاثين من عمره، ومما كتب " كتاب طب الركة " جزءان، يشتمل على ما تستعمله العامّة في علاجها، " التقويمات الصحية عن العوائد الصحية ".

عبد الرحمن بن الهيثم

(.... ـ ٣٤٠هـ ... ـ ٩٥١م)

هو عبد الرحمن بن إسحاق بن الهيثم القرطبي المالكي، طبيب توفي في حدود سنة ٣٤٠ هجرية.

من تصانيفه :

- " الأرصاد الكلية ".
- " الاقتصاد والإيجاد في خطأ ابن الجزار في الاعتماد ".
- " الاكتفاء بالدواء بخواص الأشياء ".
- " الكمال والتمام في الأدوية المسهّلة والمقيئة ".
- " كتاب السمائم "، أيضا لكنه يختلف عن كتاب ابن الهيثم القرطبي.

عبد الرحمن وافد

(٣٨٩-٤٦٧هـ ٩٩-١٠٧٥م)

عبد الرحمن بن محمد بن عبد الكبير بن يحيى بن وافد بن مهند اللخمي (أبو المطرف)، طبيب، فقيه، عالم بالفلاحة، وزير، من إشراف طليطلة بالأندلس، رحل إلى قرطبة فلقي بها أبا القاسم خلف بن عباس الزهراوي، واخذ عنه علم الطب، وتولى غرس جنة المأمون بن ذي النون بطليطلة.

لابن وافد من الكتب :

- " كتاب الأدوية المفردة ".
- " كتاب الوساد في الطب ".
- " مجربات في الطب ".
- " كتاب تدقيق النظر في علل حاسة البصر ".
- " كتاب المغيث ".

عبد الرحمن بن أبي صادق

(كان حيا٤٥٩هـ ١٠٦٧م)

هو أبو القاسم عبد الرحمن بن علي بن أحمد بن أبي صادق النيسابوري، ولقب " بأبقراط الثاني "، طبيب حكيم، كثير الدراية للصناعة الطبية، واسع الإطلاع، على كتب جالينوس، كان تلميذا للشيخ الرئيس ابن سينا، اجتمع به وأخذ عنه.

من تصانيفه الطبية :

- شرح كتاب المسائل في الطب لحنين بن إسحاق.
- شرح كتاب الفصول لأبقراط.
- شرح كتاب منافع الأعضاء لجالينوس.

عبد الرحيم الدخوار

(٥٦٥-٦٢٨هـ ١١٦٥-١٢٣٠م)

هو عبد الرحيم بن على بن حامد، المعروف بالدخوار، (مهذّب الدين) طبيب أديب، ولد في دمشق ونشأ فيها، وكد في تحصيل العلم حتى فاق أهل زمانه.

فصار "أوحد عصره وفريد دهره، وعلاّمة زمانه وإليه انتهت رياسة صناعة الطب، ومعرفتها على ما ينبغي"، على ما جاء في "طبقات الأطباء".

اتصل بالملك العادل (أبي بكر بن أيوب)، فارتفعت منزلته عنده حتى جعله غي جلسائه وأصحاب مشورته وأغدق عليه إنعامه، كان طبيبا لأمراض العين (كحالا) وأستاذا بالمارستان الكبير النوري بدمشق وتتلمذ عليه كثير من الأطباء بدمشق، منهم ابن النفيس، وابن أبي أصيبعة، ولما ملك دمشق المالك الأشرف سنة ٦٢٦هـ ولاه رئاسة الطب.

يعتبر أول من أنشا المدارس الطبية النظرية العامة في بلاد الشام حيث أوقف داره وجعلها مدرسة للطب، ووقف لها ضياعا وعدة أماكن، وكان ذلك في سنة ٦٢٨هـ ١٢٣٠م، وهي السنة التي توفي فيها بدمشق ودفن بقاسيون.

ومن كتبه :

- " اختصار كتاب الحاوي في الطب للرازي "
- مقالة في الاستفراغ، ألفها بدمشق سنة ٦٢٢هـ
- " كتاب الجنينة في الطب ".
- تعاليق ومسائل في الطب.
- مقالة رد فيها على أبي الحجاج يوسف الإسرائيلي في " ترتيب الأغذية اللطيفة والكثيفة في تناولها.

عبد العزيز إسماعيل

(١٣٠٦ـ ١٣٦١هـ ١٨٨٩ـ ١٩٤٢م)

عبد العزيز إسماعيل "باشا" طبيب مصري، ولد في " بلقاس" من أعمال الغربية ودرس الطب في القاهرة، ثم في إنجلترا، ودرس الأمراض الباطنة ثم كان أستاذا للدراسات العالية بمدرسة الطب المصرية، وتوفي بالقاهرة.

من مؤلفاته :

- في مجال الطب " الإسلام والطب الحديث ".
- رسالة في " الطب والقرآن ".
- مقالات في المجالات الطبية الإنجليزية، وفي المجلة الطبية المصرية.

عبد العزيز الجيلي

(....ـ ٦٤١هـ ....ـ ١٢٤٤م)

هو القاضي عبد العزيز بن الواحد بن إسماعيل بن عبد الهادي بن محمد بن حامد الجيلي، الشافعي (رفيع الدين، أبو حامد)، من أهل فيلمان شهر من الجيلان، أقام بدمشق وكان فقيها في المدرسة العذراوية، وكان له مجلس للمشتغلين عليه في أنواع العلوم والطب.

شغل منصب قاضي بعلبك وعينه الملك الصالح قاضي قضاة مدينة دمشق، وارتفعت منزلته وأثري، وتشكى منه كثيرون، فقبض عليه وقتل أيام الملك الصالح إسماعيل، سنة ٦٤١هـ (١٢٤٤م).

لرفيع الدين الجيلي من الكتب :

- شرح الإشارات لابن سينا.
- اختصار الكليات من كتاب القانون لابن سينا.

عبد العزيز نظمي

(١٢٩٥-١٣٤٦هـ ١٨٧٨-١٩٤٥م)

هو عبد العزيز بن عبد الرزاق نظمي : طبيب مصري باحث، من أهل القاهرة مولدا ووفاة، تعلم بمصر وفرنسا، تخصص بأمراض الأطفال، ثم كان الطبيب الأول بمستشفيات الأوقاف، ومن أعضاء جمعية تاريخ الطب الفرنسية، وأصدر مجلة الحكمة، وانتخب عضوا في مجلس النواب.

من كتبه :

- " قانون الصحة الأساسي ".

- " خواطر طبيب "، وهي عبارة عن ثلاث رسائل.

- " تربية الأطفال "

- " صحة الأبدان ".

- " نصائح طبيب للشبان ".

- " واجبات الطبيب ".

- " العناية بالطفل في الصحة والمرض ".

عبد السلام العلمي

(١٢٤٦-١٣٢٣هـ ١٨٣٠-١٩٠٥م)

هو عبد السلام بن محمد العلمي، وهو طبيب مغربي، عالم بالميقات، من أهل فاس مولدا ووفاة، تخرج من مدرسة الطب بالقاهرة، وأنشأ مصحة صغيرة في بلده.

من مؤلفاته :

- في الطب " ضياء النبراس في حل مفردات الإنطاكي بلغة فاس "، فسر فيه المفردات الواردة في تذكرة الشيخ داود الإنطاكي، وأضاف إليها في نهاية الكتاب بعض المفردات الطبية الحديثة وتفسيرها.

- ومن تآليفه الطبية الأخرى " البدر المنير في علاج البواسير "، على هامش ضياء النبراس.

عبد القادر بن شقرون

(كان حيا ١١٤٠هـ ١٧٢٨م)

عبد القادر بن العربي المنبهي، المدغري المعروف بابن شقرون المكناسي، فقيه، أديب، نحوي، شاعر، وحكيم، رحل إلى الحج وزار الإسكندرية ومصر، وعرف الأمراض وركب لها الأدوية، أخذ الطب عن الطبيب أبي العباس أحمد بن الطيب أبو اسحق إبراهيم بن القائد، وبمصر وتتلمذ على الشيخ أحمد الزيداني.

من مؤلفاته :

الأرجوزة في علم الطب المعروفة بالشقرونية نظمها عام ١١١٣هـ في مكناسة الزيتون.

عبد اللطيف البغدادي

(٥٥٧ ـ ٦٢٩هـ ١١٦٢ـ١٢٣١م)

هو عبد اللطيف بن يوسف بن محمد بن علي البغدادي وموفق الدين ويعرف بابن اللباد وبابن نقطة، من فلاسفة الإسلام، وأحد العلماء المكثرين في التصنيف في الحكمة وعلم النفس والطب والتاريخ والبلدان والأدب، موصلي الأصل بغدادي المولد، اعتنى بدراسة الطب أثناء إقامته بدمشق وزار القاهرة والقدس وحران وبلاد الروم، وبدمشق نزل بالمدرسة العزيزية وشرع بالتدريس والاشتغال وكان يأتيه خلق كثير يشتغلون عليه ويقرأون أصنافا من العلوم، وتميز في صناعة الطب، وصنف في هذا الفن كتبا كثيرة وعرف به.

من تصانيفه :

- " شرح أحاديث ابن ماجة في الطب ".

- " شرح كتاب الفصول لأبقراط ".

- " اختصار وشرح جالينوس لكتب الأمراض الحادة لأبقراط ".

- " كتاب النخبة وهو خلاصة الأمراض الحادة ".

- " اختصار كتاب منافع الأعضاء " لجالينوس.

- " اختصار كتاب البول ".

- " كتاب الحميات "

- " كتاب النبض " للإسرائيلي.

- " مقالة في حقيقة الدواء والغذاء ومعرفة طبقاتها ".

- " اختصار كتاب الأدوية المفردة " لابن وافد.

- " كتاب كبير في الأدوية المفردة ".

- " مقالة في ميزان الأدوية المركبة من جهة الكميات ".

- " مقالة في موازنة الأدوية والأدواء من جهة الكيفيات ".

- " مقالة في تعقب أوزان الأدوية ".

- " مقالة في حد الطب ".

- " مقالة في البادئ بصناعة الطب ".

- ومن آثاره الطبية أيضا " كتاب النصيحتين للأطباء والحكماء ".

- " كتاب اختصار القولنج"، لابن أبي الأشعث، توفي موفق الدين البغدادي ببغداد سنة ستمائة وتسع وعشرين هجرية (١٢٣١م).

عبد الله بن يوسف

(٧٦٨ـ٧٨٢هـ ١٣٨٠ـ ١٤٦٤م)

هو عبد الله بن علي بن يوسف، جمال الدين القادري المخزومي، المعروف بابن أيوب متطبب، من الكتّب، ولد وتعلم في دمشق، واستوطن القاهرة وتوفي بها، عرف بابن أيوب، وهو لقب لجده لكثرة بلاياه.

تصانيفه :

- "سد الذرائع من القول بتأثير الطبائع "، وهو مخطوط محفوظ في شستربتي.

- رسالة سماها : " دواء النفس من النكس " في الطب. توفي سنة ٨٦٨ هـ ١٤٦٤م.

عبد الله الحريري البغدادي

(٥٩٠-٦٤٦هـ ١١٩٥- ١٢٤٨م)

هو أبو محمد عبد الله بن قاسم الحريري الإشبيلي البغدادي، ولد بجزيرة شقر القريبة من ساحل الأندلس، موطن أسلافه، انتقلت عائلته إلى مدينة إشبيلية وهو في العاشرة من عمره، فيها شب ودرس مختلف العلوم على مشائخها.

ألف عدة مصنفات في السير والأعلام، أعجب بفن الكحالة (طب العيون) فجعل له النصيب الأوفر في دراساته وتتبعاته، زار العراق وفارس ثم بلاد الشام ومصر وشمال إفريقيا باحثا، مستقصيا ومتصلا بشيوخ هذا الفن.

وقضى في بغداد معظم وقت رحلته هذه، لذا لقبه أهله بالبغدادي، ولما عاد واستقر في إشبيلية، عكف على التدوين وتبويب ما جمعه من هذه الصناعة (الكحالة) مضيفا إلى ذلك خلاصة تجاربه الخاصة في كتاب أسماه " نهاية الأفكار ونزهة الأبصار "والذي يمكن اعتباره أكمل وأحسن ما كتب في طب العيون عند العرب والمسلمين.

عبد الله الذهبي

(... - ٤٥٦هـ ... -١٠٦٤م)

عبد الله بن محمد الأزدي ويعرف بابن الذهبي (أبو محمد) عالم مشارك في الطب والفقه والكيمياء. اتصل بخدمة السلطان محمد خان وأكرمه لطبه، وصلاحه وزهده. وكان ناهرا في معرفة العشب غاية المعرفة، ولم يؤتى إليه بشيء منها إلا وقد

عرفه باسمه ورسمه ومنافعه، وتوفي ببلنسيه سنة ٤٦٥هـ ١٠٦٤م.

من آثاره :

- مقالة في أن الماء لا يغذو.

عبد الله بن عزُّوز

(.... ـ١١٩٤هـ ـ .... ـ بعد ١٧٨٠م)

هو عبد الله بن أحمد بن عبد العزيز (عزوز) المراكشي داري ومنشأ السوسي أصلا، العباسي نسبا،
التلمساني، أبو محمد : طبيب يعرف بسيدي بلّه، من أهل مراكش.

من كتبه :

- " لباب الحكمة في علم الحروف وعلم الأسماء الإلهية ".

- " ذهاب الكسوف ونفي الظلمة في علم الطب والطبائع والحكمة ". وقد فرغ من تأليفه في رمضان
  ١١٩٤ هجرية.

- " قهر العقول وتغلّبها إلى فهم الحقائق والأصول "

- " الأجوبة النورانية "، وجميع التآليف مخطوطات محفوظة في أماكن متعددة.

عبد الله الفسّاني

الفساني الأندلسي الجيلاني، طبيب وشاعر وأديب من أهل "جيلانه"، قدم إلى الشام وأقام فيها، وكانت
معيشته من الطب، يجلس على دكان بعض العطارين، خدم المالك الناصر صلاح الدين يوسف بن أيوب.

وكان له منه الإحسان والإنعام الكثير، وصنف له كتبا، وبدمشق التقى بأبو الفضل ياقوت الحموي، وزار
بغداد سنة ٦٠١هـ وتوفي بدمشق، وذكر له ابن أبي أصيبعة، " تعاليق في الطب " و " وصفات أدوية مركبة ".

عبد الواحد بن الدلاّج

(... ـ ١٠٩٩هـ .... ـ ١٦٨٨م)

عبد الواحد بن محمد بن عبد الواحد، أبو محمد بن الدلاّج.

من كتبه :

"زبدة المنحة في علمي العلاج والصحة"، "الروض المأنوس في الدرياق"، "عقد الجمان في ما يلزم من ولي البيمارستان"، "تحفة الطالب في أحكام العرفق الضارب". وهي لا تزال مخطوطات وتوجد في خزائن كتب الأوقاف.

عبد الوهاب آدراق

(... ـ١١٥٩هـ ...ـ١٧٤٦م)

هو عبد الوهاب بن أحمد بن محمد آدراق، أبو اليمن : طبيب المولى إسماعيل وأسرته (في المغرب)، من أهل فاس، ووفاته بها، فال صاحب " سلوة الأنفاس " أخذ الطب عن أهله إذ هو حرفتهم.

له كتب منها :

- " تعليق " على النزهة المبهجة لداود الإنطاكي.
- " قصيدة في منافع النعناع أورده صاحب " إتحاف أعلام الناس ".
- " أرجوزة " ذيل بها أرجوزة ابن سينا في الطب.
- " هز السمهري " وهي عبارة عن رسالة رد بها على من فال أن الجدري ليس من عيوب الرقيق.

عبدوس بن زيد

(... ـ نحو ٣٠٠هـ ـ ٩١٢م)

كان طبيبا مشهورا في بغداد، حسن المعالجة، جيّد التدبير، له تجارب حميدة.

وتصرّفات بليغة في صناعة الطب.

كان طبيبا حاذقا، خبيرا بعلاجات الأمراض، منذرا بها قبل وقوعها، جيل التخيل للبراء، اشتهر ببغداد، عالج المعتضد بالله العباسي.

ثم تآمر عليه مع داود بين سديلم حسبما ورد في " طبقات الأطباء " لابن أبي أصيبعة، كما عالج القاسم بن عبيد اللـه من القولنج، وهو زير المعتضد.

ومن كتبه :

- " التذكرة في الطب ".

عبيد اللـه بن جبرائيل

(... ـ٤٥٣هـ .... ـ١٠٦١م)

هو عبيد اللـه بن جبرائيل بن عبيد اللـه بن بختشيوع، أبو سعيد : طبيب وباحث من أهل ميافارقين.

عاصر ابن بطلان الطبيب وكان بينهما أنس وصحبة.

من تصانيفه :

- " كتاب منقب الأطباء ".
- " كتاب الروضة الطبية ".
- " كتاب نوادر المسائل "، مقتضبة من علم الأوائل في الطب.
- " كتاب تفسير تحريم دفن الأحياء لجالينوس ".
- " وكتاب في طب الأخلاق ".
- " كتاب وجوب النظر إلى الطبيب في الأحداث النفسانية وفي كون العشق مرضا، وقد نشره فيلكس كلاين كرانكة، بعنوان " رسالة في الطب والأحداث النفسانية"
- " كتاب طب النفس ومداواة الأخلاق ".

عبيد الـلـه المغربي الباهلي

(٤٨٦ـ ٥٤٩هـ ١٠٩٣ـ١١٥٤م)

عبيد الـلـه بن المظفر بن عبد الـلـه الباهلي، أفضل الدولة أبو المجد محمد بن أبي الحكم الأندلسي المغربي، عالم بالطب، والهندسة والحكمة، ولد بالمرية، وانتقل إلى المشرق، فدخل دمشق، وحج وقرأ بصعيد م صر والإسكندرية، ثم مضى إلى العراق فاشتهر ببغداد.

عاش في دولة السلطان نور الدين زنكي الذي كان يقدر مقدار علمه، ولما أنشأ البيمارستان الكبير، جعل أمر الطب إليه فيه.

وكان يتردد إليه ويعالج المرضى فيه، ويدور عليهم، ويتفقد أحوالهم، وبعد فراغه من ذلك كان يصعد إلى القلعة، فيتفقد المرضى من أعيان الدولة، فقد جهز السلطان نور الدين البيمارستان بخرستانين من الكتب الطبية، يطالعها تلامذة عبيد الـلـه من الأطباء.

توفي أبو المجد بن أبي الحكم سنة ٥٤٩هجرية (١١٥٤م) بدمشق.

عثمان بن أبي الحوافر

(... ـ نحو ٦٢٠ هـ ... نحو ١٢٢٣م)

عثمان بن هبة الـلـه بن أحمد بن عقيل القيسي، جمال الدين المعروف بابن أبي الحوافر، أكبر أطباء عصره.

ولد ونشأ في دمشق، واشتغل بصناعة الطب على مهذّب الدين بن النقاش، ورضيّ الدين الرحبي.

وخدم الملك العزيز بن عثمان الملك الناصر صلاح الدين، وأقام معه في مصر، فولاّه رئاسة الأطباء، وبعد وفاة الملك العزيز (٥٩٥هجرية) خدم الملك الكامل وبقي معه سنين.

له من الآثار :

- " مقالة في القولنج "، ألّفها للملك الناصر صلاح الدين يوسف بن أيوب سنة ٥٨٤هجرية (١١٨٨م).

عثمان غالب

(١٢٦١ـ ١٣٣٨هـ ١٨٤٥ـ١٩٢٠م)

عثمان غالب بن محمد حسن الخربوطلي، طبيب مصري، ولد بالجيزة من (ضواحي القاهرة) وتعلم بالمدرسة الحربية.

ثم الطبية، وأرسل في بعثة إلى فرنسا لإتمام دروسه في الطب سنة ١٨٧١-١٨٧٩م، وعاد فتولى أعمالا اقتصر منهمكا على تدريس التاريخ الطبيعي إلى سنة ١٨٦٦.

منح " الباشوية " ورحل من مصر إلى فرنسا، ثم إلى سويسرا ومات بها.

من مصنفاته :

- " كتاب علم الحيوانات".
- " مختصر تركيب أعضاء النبات ووظائفها ".
- " أبحاثا في " علم الديدان " وغيره باللغات العربية والفرنسية والإنكليزية.

عَريب بن سعد

(... ـ٣٦٩هـ... ـ٩٧٩م)

عريب بن سعد القرطبي، طبيب ومؤرخ من أهل قرطبة، من أصل نصراني، أسلم آباؤه واستعربوا، وعرفوا ببني التركي، استعمله الناصر سنة ٣٣١هجرية، على كورة أشونة.

من كتبه :

- " خلق الجنين وتدبير الحبالى والمولودين "، بإشارة من المستنصر سنة ٣٥٣

هجرية، ويعتبر البعض كتابه هذا أقدم ما وصلنا في طب الأطفال باللغة العربية،وخاصة إذا تذكرنا بأن رسالة الرازي في طب الأطفال، التي هي أقدم، والتي لا يوجد منها نسخة باللغة العربية.

عفيف بن سُكْرَة

(كان حيا سنة ٥٨٤هـ ١١٨٨م)

هو عفيف بن عبد القادر سكره، يهودي من حلب، ينتمي إلى عائلة حلبية، اشتغل كثير من أفرادها بصناعة الطب.

من كتبه :

- " الحالب "، " منشأ الحصوات "، " خراجات الكبد "، وموضوعات أخرى، نشرت كلها في المجلدات (١٣،١٢،٨،٧،٦،٥،٤،١) من " المجلة الطبية المصرية "

علاء الدين الكحّال

(٦٥٠ـ٧١٩هـ أو ٧٢٠هـ)

هو علي بن عبد الكريم بن طرخان بن تقي الشيخ علاء الدين الحموي الصفدي، وكيل بيت المال بصفد (بفلسطين)، ويعرف بعلاء الدين الكحال.

عاش بصفد فولد فيها بحدود سنة ٦٥٠هـ على ما ذكر صاحب " "الوافي بالوفيات ".

من تصانيفه :

- " كتاب القانون في أمراض العيون ".
- " الأحكام النبوية في الصناعة الطبية "، وله غير ذلك من المجاميع الحديثية،

كانت وفاته بصفد في حدود سنة سبعماية وعشرين تقريبا.

علي إبراهيم

(١٢٧٩ـ ١٣٦٦هـ، ١٨٨٠ـ ١٩٥٢م)

علي إبراهيم " باشا "، أكبر جراح مصري في عصره، من الوزراء، أصله من " فوّة "، بقرب الإسكندرية، ومولده في الإسكندرية، تعلم بمدرسة الطب بالقاهرة، وترأس الجمعية الطبية المصرية، وعيّن عميدا لكلية الطب، ثم وزيرا للصحة، وتوفي بالقاهرة.

من تصانيفه :

- " المضاعفات الجراحية للحمى التيفودية ".
- " وحصوات الحوافر "، بالقاهرة في حدود سنة ٦٢٠ هجرية (١٢٢٣م).

علي ابراهيم رامز

(.... ـ ١٨٧٥هـ ١٩٢٨م)

هو الدكتور علي إبراهيم رامز " بك "، ولد في القاهرة وتربى في بيئة طبية، (والده كان طبيبا)، صحبت عائلته الخديوي إسماعيل المنفي إلى إيطاليا، فتلقى على التربية المدرسية الأولى في نابولي، ثم سافر إلى ميونيخ بألمانيا لدراسة الطب، فنبغ في دراسته

وظل يعمل فترة طويلة في مستوصفات ميونيخ ومستشفيات لندن إلى أن عاد الدكتور علي إلى مصر سنة ١٩٠١، فاشتغل بادئ الأمر جراحا مساعدا في مستشفى القصر العيني.

ثم عين أستاذا للجراحة الوضعية بمدرسة الطب، فاكتسب شهرة واسعة، وكانت له في الطب مشاهدات كثيرة ودراسات واسعة، وكرّس نفسه، عدا التعليم، للمرضى أغنياء وفقراء، وفي أثناء إجرائه العمليات الجراحية في جرح متعفن، جرح

إصبعه وتلوث دمه وأصيب بحمى عفنة سممت جسمه، فراح ضحية علمه، ومات في ٩ حزيران ١٠٢٨م.

علي بن أبي أصيبعة

(٥٧٩ـ ٦١٦هـ، ١١٨٣ـ١٢١٩م)

علي بن خليفة بن يونس الخزرجي الأنصاري، أبو الحسن، رشيد الدين، من أل أبي أصيبعة، طبيب موسيقي، عارف بالأدب، وهو عم ابن أبي أصيبعة (أحمد بن أبي القاسم) صاحب كتاب " طبقات الأطباء "، ولد بحلب وانتقل إلى القاهرة ولازم جمال الدين بن أبي الحوافر واشتغل عليه بصناعة الطب، وكان آنذاك رئيس الأطباء بالديار المصرية، في عهد الملك العزيز عثمان بن عبد الملك الناصر صلاح الدين، وراح رشيد الدين يباحث الأطباء، ويلازم مشاهدة المرضى بالبيمارستان، لمعرفة أمراضهم وما يصف الأطباء لهم.

وقرر أثناء ذلك علم صناعة الكحل، وباشر أعمالها عند القاضي نفيس الدين الزبير، متولي الكحل بالبيمارستان في ذلك الوقت، وباشر معه أعمال الجراحة.

ثم عاد إلى دمشق، ودخل في خدمة الملك المعظم عيس ابن الملك العادل أبي بكر بن أيوب، انعم عليه، كذلك استدعاه صاحب بعلبك، الملك الأمجد، فألف له كتابا في الحساب يحتوي على أربع مقالات، وخدم الملك المعظم أيضا

ومن بعده الكامل، والملك الأشرف، ولاّه الملك العادل طب البيمارستان النوري بدمشق.

من كتبه :

- " كتاب في الطب "، ألفه للملك المؤيد نجم الدين مسعود، وقد استقصى فيه ذكر الأمور الكلية من صناعة الطب، ومعرفة الأمراض وأسبابها، ومداواتها.
- " كتاب طب السوق "، ألفه لبعض تلامذته، ويشتمل على ذكر الأمراض التي تحدث كثيرا ومداولتها بالأشياء السهلة الوجود التي قد اشتهر التداوي بها.

- " مقالة في نسبة النبض وموازنته إلى الحركات الموسيقارية ".

- " تعاليق ومجربات الطب ".

علي بن رضوان

(...ـ٤٥٣هـ، ...ـ١٠٦١م)

هو أبو الحسن علي بن رضوان بن علي بن جعفر، ولد ونشأ في مصر حيث تعلّم الطب، طبيب، رياضي، منجّم.

عاش في مصر أيام الدولة الفاطمية، وكان أبوه فرّاناً، ونشأ هو منجّما " يقعد على الطريق ويرتزق "، على ما قال ابن العبري، تقدم في الطب ونعته بعضهم بالفيلسوف.

من تصانيفه :

- " رسالة في دفع مضار الأبدان " وهي مطبوعة.

- " النافع في الطب ".

- " كفاية الطبيب ".

- " أصول الطب ".

- " رسالة في الفالج ".

- " حل شكوك الرازي على كتاب جالينوس ".

علي بن زين الطبري

(توفي بعد ٨٥٥م، في حدود ٢٣٦هـ،٨٦١م)

هو أبو الحسن علي بن سهل بن زين الطبري (أبو الحسن) عالم بصناعة الطب، وكان طبيب ركن الدولة، ولد بمرو في حدود ١٩٢هـ، ٨٠٨م، من أب سرياني الأصل واللغة.

ولما بلغ العاشرة من عمره انقل أبو الحسن مع أبيه إلى طبرستان حيث دخل

في خدمة أميره، وبعد نكبة أميره المرتد عن الإسلام إلى المزدكية عاش في سامرّا، حيث أتم كتابه في الرد على النصاري، ولا بدّ أنه توفي بعد ذلك بوقت غير طويل.

من كتبه :

- عدة كتب، ذكرها ابن أبي أصيبعة منها " كتاب منافع الأطعمة والأشربة والعقاقير "

- " كتاب حفظ الصحة ".

- " كتاب في الحجامة ".

- " كتاب في الأغذية ".

علي بن سلمان

(القرن الرابع الهجري ـ العاشر الميلادي)

طبيب أتقن الحكمة والعلوم الرياضية وتميز في صناعة الطب والفلك، كان في أيام العزيز بالله وولده الحاكم، ولحق أيام الظاهر لإعزاز دين اللـه (٩٩٦-١٠٢٠) ولد الحاكم.

كتبه الطبية :

- " اختصار كتاب الحاوي في الطب ".

- " كتاب الأمثلة والتجارب والأخبار والخواص الطبية المتنوعة "، من كتب أبقراط وجالينوس وغيرهما.

علي بن عيسي

(توفي بعد سنة ٤٠٠ هـ بعد ١٠١٠ م)

هو علي بن عيسى البغدادي الكحال، أشهر أطباء العيون العرب والمسلمين، عاش ومارس الطب في بغداد في النصف الأول من القرن الحادي عشر الميلادي، أي

في الخامس للهجرة، كان مشهورا بالحذق في صناعة الكحل متميزا فيها وبكلامه يقتدى في أمراض العين ومداواتها.

ويعتبر كتابه المشهور " تذكرة الكحالين " خير ما كتب في موضوع الكحالة عند العرب، ولابد لكل من يعاني صناعة الكحل أن يحفظه، وقد اقتصر عليه الناس دون غيره من سائر الكتب التي قد ألفت في هذا الفن، كما قال ابن أبي أصيبعة.

ويتألف الكتاب من ثلاثة أقسام، القسم الأول في تشريح العين، القسم الثاني في أمراض العين الظاهرة أي الواقعة تحت الحسّ، القسم الثالث في أمراض العين الباطنة التي لا تقع تحت الحسّ.

وقد اكتسب هذا الكتاب شهرة واسعة في أوروبا، وقد ترجم إلى اللاتينية والعبرية، كما وأن الطبيب الألماني هرش برج قال في مقدمة ترجمته لكتاب " تذكرة الكحالين " بأن علي بن عيسى أول كحال اقترح التنويم والتخدير بالعقاقير في العمل الجراحي، ولم يكن معروفا عند اليونانيين.

علي المجوسي

(... ـ ٤٠٠هـ... ـ نحو ١٠١٠م)

هو علي بن أبي العباس المجوسي، ولد بالأهواز ببلاد فارس مجوسي الأصل، اعتنق الإسلام وعاش في حاشية بني بويه، من أساتذة أبو ماهر موسى بت سيّار، اتصل بعضد الدولة بن بويه، وصنف كتابا له مشهورا في الطب اسمه " كامل الصناعة الطبية الضرورية "، ويسمى "الكتاب الملكي"، وفيه عشرون مقالة ولا يزال مخطوطا.

قال عنه ابن أبي أصيبعة : "وهو كتاب جليل مشتمل على أجزاء الصناعة الطبية عملها وعلمها"، وقال القفطي" مال الناس إليه في وقته، ولزموا درسه، إلى أن ظهر "كتاب القانون لابن سينا فمالوا إليه وتركوا الملكي، بعض الترك "والملكي " في العمل أبلغ" القانون في العلم أثبت "، والكتاب يقع في مجلدين كبيرين واعتبر من أحسن الكتب الطبية النظرية وأوفرها باللغة العربية حتى زمانه.

وبقي عمدة الدرس لحين ظهور قانون ابن سينا، وذاعت شهرته فترجم للاتينية مرتين، وكان وفاة ابن المجوسي حوالي السنة ٤٠٠هـ (١٠١٠م).

علي بن هَبَل

(٥١٥ ـ٦١٠هـ ، ١١٢٢ـ١٢١٣م)

هو أبو الحسن علي بن احمد بن علي بن هبل البغدادي، المعروف بالخلاطي، كان أوحد عصره في صناعة الطب وتميز في الأدب والشعر وحفظ القرآن الكريم، ولد ببغداد، حفظ القرآن الكريم ودرس الفقه في المدرسة النظامية بها.

وتعلم الطب على أبي البركات عليّ ملكا، فعرف ببغداد فقيها أديبا وطبيبا ماهرا، ثم صار إلى الموصل حيث عمل له مجلسا يعلم فيه الحكمة والطب وهو فاقد البصر، وعاش أكثر من مائة سنة، وتوفي بالموصل .

أشهر مؤلفاته :

- " كتاب المختار في الطب "، ويقع في أربعة أجزاء ويتميز بحسن التبويب وسهولة العثور على المراجع ، والاختصار.
- "كتاب الطب الجمالي"، وقد صنّفه لجمال الدين محمد الوزير المعروف بالجواد.

علي هيّبةّ

(... ـ نحو١٢٥٦هـ... ـ نحو١٨٤٨م)

علي هيبة، كطبيب مصري، تخرج بمدرسة قصر العيني بالقاهرة، وأرسل إلى فرنسا في إحدى البعثات الحكومية، وعاد سنة ١٨٣٣م.

من أعماله :

- ترجم عن الفرنسية " طالع السعادة والإقبال في علم الولادة وأمراض النساء والأطفال "

- كتاب " إسعاف المرضى في علم منافع الأعضاء ".

- " فيزيولوجيا ".

عمار الموصلي

(... ـ نحو ٤٠٠هـ ... نحو ١٠١٠م)

عمار بن علي الموصلي (أبو القاسم) كحال مشهور، وعالج مذكور، أصله من الموصل في شمال العراق، وإليها نسبته.

سافر إلى مصر أقام فيه في أيام الحاكم الفاطمي واشتهر.

من كتبه :

- " كتاب المنتخب في علم العين وعللها ومداواتها بالأدوية والحديد " وقد ألفه للحاكم بأمر اللـه الفاطمي، وقد ترجم بالألمانية.

عمران بن صدقة الإسرائيلي

(٥٦١هـ٦٣٧م)

هو أوحد الدين عمران بن صدقة الإسرائيلي، ولد بدمشق سنة ٥٦١ هجرية، وكان أبوه طبيبا مشهورا، اشتغل عمران على الشيخ رضي الدين الرحبي بصناعة الطب، فاعتمد عليه الملوك في المداواة، والمعالجة، وكان عنده من الكتب الطبية ما لا يكاد يوجد عند غيره.

رفض عروضا ملكية لاستخدامه. وكان وهو مقيم في دمشق، يتردد إلى الدور السلطانية بالقلعة، وعلى البيمارستان الكبير لمعالجة المرضى.عالج أمراضا مزمنة غريبة يصفها، ومعالجات بديعة عرفها. توفي الحكيم عمران في مدينة حمص سنة ستمائة وسبع وثلاثين هجرية وقد استدعاه صاحبها لمداواته.

عمر القلعي

(... ــ ٥٧٦هـ)

أبو جعفر المغربي، طبيب عالم بالأدوية المركبة والمفردة، أقام بدمشق سنينا

كثيرة، وتوفي بها سنة ٥٧٥هجرية، (١١٧٩م) بعد عمر طويل.

اشتهر ابن البذوخ بتحضير أدوية كثيرة مركبة يصنعها من سائر المعاجين والأقراص والسفوفات،

وكانت له دكان عطر باللبادين يعالج فيها من يأتي إليه.

وكان معتنيا بالكتب الطبية والنظر فيها وتحقيق ما ذكره المتقدمون من صفة الأمراض ومداواتها.

من تصانيفه :

- " شرح كتاب الفصول الأربعة لأبقراط ".

- " أرجوزة شرح كتاب مقدمة المعرفة لأبقراط.

- " أرجوزة كتاب ذخيرة الألباء ".

- " المفرد في التأليف عن الأشباه، وحواش على كتاب القانون لابن سينا.

عمرو الكرخي

(... ــ ٤٥٨هـ ...)

هو أبو الحكم عمرو بن أحمد بن علي الكرماني من أهل قرطبة، أحد الراسخين في علم العدد

والهندسة، رحل إلى بلاد المشرق فنزل بحران من بلاد الجزيرة وعنى هناك بطلب الهندسة والطب، ثم رجع إلى

الأندلس واستوطن مدينة سرقسطة، له عناية بالطب واختبارات مشهورة في الكي والقطع والشق والبط، وغير

ذلك من أعمال الصناعة الطبية،توفي أبو الحكم الكرماني بسرقسطة سنة أربعمائة وثمان وخمسين هجرية، وقد

بلغ التسعين سنة أو جاوزها بقليل.

عيسى بن حكم

(كان حيا ٢٢٥هـ ٨٤٠م)

عيسى بن حكم الدمشقي، طبيب من أهل دمشق، خبير بالطب، حسن المعالجة، عاش في دمشق في زمن الرشيد، ويعرف بأبـي الحسن له " كتاب منافع الحيوان " و " كناش كبير يعرف به وينسب إليه.

عيسى الرقي

(القرن الرابع الهجري - القرن العاشر الميلادي)

طبيب مشهور في أيامه، دخل في خدمة سيف الدولة ابن حمدان، من جملة أطبائه، وذكر عبيد اللـه بن جبرائيل أن سيف الدولة كان إذا أكل الطعام، أحضر على مائدته أربعة وعشرين طبيبا، وكان فيهم من يأخذ رزقين لتعاطيه علمين، ومن يأخذ ثلاثة لتعاطيه ثلاثة علوم، وكان من جملتهم عيسى الرقي المعروف بالتفليسي، وكان له على ما ذكر ابن أبي أصيبعة " كتب في المذهب وغيرها " وكان ينقل من السريانية إلى العربية، ويتقاضى أربعة أرزاق، رزق بسبب الطب، ورزق بسبب النقل ورزق بسبب علمين آخرين.

عيسى بن ماسة

(القرن الثالث للهجرة ـ القرن التاسع للميلاد)

عيسى بن ماسة، طبيب مصنف، ذكره ابن أبي اصيبعة، وجعله من الأطباء الفضلاء في وقته، ولكنه لم يعين له تاريخا، ثم قال : وكان أحد المتميزيين من أرباب هذه الصناعة، مارس الطب في بيمارستان مرو في القرن الثالث الهجري.

من مؤلفاته :

- في الطب، "كتاب قوى الأغذية".

- كتاب " من لا يحضره طبيب ".

- " كتاب مسائل في النسل والذرية ".

- " كتاب الرؤيا "، ذكر فيه أسباب امتناعه عن معالجة الحوامل.

- " رسالة في استعمال الحمام ".

- " كتاب في طلوع الكواكب " التي ذكرها أبو قراط.

- " كتاب في الفصد والحجامة ".

عيسى بن يحيى بن ابراهيم

(القرن الثالث الهجري ـ القرن التاسع الميلادي)

عيسى بن يحيى بن ابراهيم من تلاميذ حنين بن اسحق والناقلين المجوّدين، واشتغل عليه بصناعة الطب، كان بارعا في الترجمة اليونانية إلى العربية نقل إلى العربية.

- " الخصائص " لديوسقورس.

- " وتدبير الأمراض الحادة ".

- " الأخلاط " لأبقراط.

- " الأوراق هل يجري فيها الدم بالطبع أم لا ".

- " كتاب العضد ".

- " كتاب الأدوية المقابلة للأدواء " لجالينوس.

غالب الشقوري

(... ـ ٧٤١هـ .... ـ١٣٤٠م)

غالب بن علي بن محمد اللخمي، أبو تمام الشقوري طبيب منم العلماء، ولد بغرناطة بالأندلس، رحل إلى المشرق فحجّ وقرأ الطب في القاهرة، وزاول العلاج، وعاد إلى المغرب فولي الحسبة بمدينة فاس، توفي بسبتة عندما اتجه مخدومه أبي الحسن المريني، إلى الأندلس بقصد الجهاد، ذكر ابن القاضي أن له تآليف طبية كثيرة.

غزال بن أبي سعيد

(كان حيا سنة ٦٤٣هـ)

هو الصاحب أمين الدولة أبو الحسن بن غزال بن ابي سعيد، كان سامريا وأسلم، ولقب بكمال الدين.

خدم بطبه أولا الملك الأمجد مجد الدين ابن عز الدين فرخشاه بن أيوب، وبعد وفاة الأخير، خدم الملك الصالح، وكان أمين الدولة في مدة وزارته.

جمع المال وقبض على الكثير من أموال أملاك أهل دمشق، وقبض عليه وهو خارج من دمشق سنة ٦٤٣ هجرية، وأودع السجن في القاهرة، ثم شنق هناك.

للصاحب أمين الدولة : كتاب النهج الواضح في الطب وقد قال عنه ابن أبي أصيبعة أنه " أجّل كتاب صنّف في الصناعة الطبية، وأجمع لقوانينها الكلية والجزئية ".

وهو ينقسم إلى خمسة كتب :

- في الكتاب الأول، ذكر الحالات الثلاث للأبدان وأجناس الأمراض.
- الكتاب الثاني يبحث في الأدوية المفردة وقواها.
- الكتاب الثالث يتناول الأدوية المركبة ومنافعها.
- أما الكتاب الرابع فمخصص لتدبير الأصحاء وعلاج الأمراض الظاهرة وأسبابها وعلامَها.

- ويتناول الكتاب الخامس الأمراض الباطنة وأسبابها وعلائمها وعلاجها..

الغزالي

(١٠٥٩-١١١١م)

ولد "حجة الإسلام" الإمام أبو حامد محمد بن محمد بن أحمد الغزالي سنة (٤٥٠ هـ - ١٠٥٩ م) بمدينة "طوس" في "خراسان"، وكان والده يشتغل بغزل الصوف، توفي وهو لا يزال صغير السن، وقد أوصى الغزالي الوالد بمحمد وبأخيه أحمد إلى صديق له متصوف، وزوده بما لديه من مال لينفقه عليهما، قائلاً: "إن لي لتأسفاً عظيماً على عدم تعلم الخط، وأشتهي استدراك ما فاتني في ولديَّ هذين".

وأشرف عليهما الوصي المتصوف، وعلمهما الخط، وأدبهما إلى أن نفد المال، وكان الوصي فقيراً أيضاً، فنصح الأخوين بأن يدخلا مدرسة يأكلان فيها ويتأدبان، ثم يتعلمان في أثناء ذلك، ففعلا، فكان هذا الصوفي الصالح السبب في سعادتهما وعلو درجتهما. وكثيراً ما كان أبو حامد يحكي هذا ويقول: "طلبنا العلم لغير الله وأبى أن يكون (العلم) إلا لله".

وقد ظهرت على "محمد الغزالي" أنار النبوغ والذكاء منذ الصغر، فكان فكره الجوال، وخياله الواسع، يدفعانه إلى الخروج من آفاق الفقه الضيقة، وأخذ وهو لا يزال شاباً، يبدي عدم اطمئنان إلى أدلة المتفقهين الملفقة. وقد سافر إلى "نيسابور" للتبحر في علم الكلام على أحد كبار الصوفيين، وهو "إمام الحرمين" عبد الملك الجويني، أعلم المتأخرين من أصحاب الشافعي، وهناك درس المذاهب واختلافها، وتعلم الجدل والمنطق، وقرأ الفلسفة، وابتدأ منذ ذلك الوقت بالكتابة والتأليف. وربما كانت نشأة شكوكه في العلم هناك أيضاً.

وبعد موت "إمام الحرمين" (سنة ١٠٨٥) تعرف الغزالي بوزير السلجوقيين "نظام الملك"، الذي أسس في بغداد المدرسة النظامية، وهي تعد أول جامعة للعلوم بالمعنى الحديث، فعين الغزالي أستاذاً فيها سنة (٤٨٤ هـ - ١٩٠١ م). ونال هناك

شهرة واسعة، "لفصاحة لسانه، ونكته الدقيقة، وإشاراته اللطيفة".

وفي بغداد درس الغزالي الفلسفة دراسة عميقة، فطالع كتب الفارابي، وابن سينا، وألف كتابه "مقاصد الفلاسفة"، الذي يدل على إطلاع واسع، ومعرفة دقيقة بالفلسفة. وقد قال الإمام الغزالي: أنه أراد الابتداء بشرح آراء الفلاسفة، قبل الإقدام على نقدها، ولئن امتاز كتاب "مقاصد الفلاسفة" ببحثه العلمي والتزامه الحياد التام، لقد أشارت جميع الدلائل إلى أن الغزالي لم يؤلف هذا الكتاب عن رغبة مجردة في العلم، بل سعياً لطمأنه شكوكه الفكرية وتهدئه اضطرابه الباطني، والدليل على هذا أيضاً أنه ألف بعد ذلك كتابه المشهور "تهافت الفلاسفة" لإبداء شكوكه في قيمة العلم، وبراهينه المنطقية.

ولقد بلغت شكوك الغزالي درجة جعلته يعتزل التدريس، ويترك الأهل، والولد، والمال. ويخرج من بغداد في سنة (١٠٩٥) بعد إتمام تهافت الفلاسفة. ولم يستقر رأي الغزالي على رفض ما ناله من جاه، وتقدم، وشهرة، إلا بعد تردد طويل ومجاهدات نفسية عنيفة. لقد كان مثله الأعلى أسمى هذه الدنيا، وقد عرف كيف يستطيع مكافحة رذائلها، وإبطال علومها عن غير طريق العلم، إلا أن يتيقن أنه يجب عليه سلوك طريق أخرى، ترتفع به فوق هذا العلم، وينفد بها إلى أعماق الحقيقة.

وقد أصيب الغزالي في هذه المدة بمرض شديد قطع عنه كل أمل في الحياة، وانكشف له أثناء ذلك مهمته الحقيقية، فأخذ في تهذيب نفسه بالرياضة، والتمارين الصوفية، حتى يستطيع التأهب للمستقبل، والقيام بمهمة الإصلاح الديني والاجتماعي والسياسي في العالم الإسلامي. وقد كان الإسلام في حاجة ماسة إلى قيام رجل كالغزالي، يهيئ نفسه للدفاع عن العقيدة الدينية، في الوقت الذي كان فيه الفرسان الصليبيون في أوروبا يتأهبون للهجوم على بلاد المسلمين، وكان أبو حامد الغزالي يعتقد اعتقاداً راسخاً أنه يستطيع إصلاح غيره بعد إصلاح نفسه، وأنه يقدر أن يكون من المجددين للدين، الذين يقول الحديث فيهم: "إن الـلـه يرسلهم على رأس كل سنة".

خرج أبو حامد الغزالي من بغداد قاصداً الحج إلى بيت الـلـه الحرام، فظل مدة عشر سنوات تائهاً، يتنقل في زي الفقراء، من دمشق إلى القدس ثم إلى مصر ثم إلى

الإسكندرية، وكان يقضي كل أوقاته في العبادة منعكفاً، زاهداً، يجاهد نفسه، ويقهرها، يجول في البلدان، ويأوي إلى القفار، في المغارات، ويتعرض لمختلف أنواع المشاق والمحن".

انتهى الغزالي من هذه الرحلة، بعد أن عزم على الدعوة إلى الإصلاح بطريق العمل، وقام يؤلف كتابه إلى الدرس، والوعظ، والعبادة، ومات في موطنه طوس (سنة ٥٠٥ هـ - ١١١١ م).

وتدل سيرة الغزالي على أن هناك صلة وثيقة بين حياته وتطوره الفكري، فكما دفعته اضطراباته الباطنية وشكوكه الفكرية، إلى تغيير مجرى معيشته، كذلك أثرت رحلته، واعتكافه، ورياضته، في توجيه أفكاره، وتحديد طريقته، وشوقه الشديد إلى الإصلاح العلمي في الدين.

ولم يترك الغزالي الكتابة والتأليف، حتى في فترة السنوات العشر، التي قضاها في التنقل والعبادة.. وقد كتب في تلك المدة قسماً كبيراً من "إحياء علوم الدين"، مباحثها كلها حول الفكرة الدينية، التي شغلت حياته. وهذا ما يجعل لها ميزة نادرة، وهي وحدة الموضوع، ووضوح الفكرة الأساسية، وقوة التعبير في الدفاع عن نظرياته. وفي الحقيقة لقد كان للغزالي أسلوب واضح تتدفق منه الحياة، بعيد عن الصناعة اللفظية، غاية في الصراحة والوضوح. يشعر القارىء، في كل جملة من كلامه، بأن هناك قلباً يخفق، وفكراً يجول، وإرادة تملي. وقد استلفتت أنظار الغزالي إلى أغلاطه اللغوية، وطلب منه العناية بألفاظه وتراكيبه، فأجاب أن قصده إنما هو "المعاني وتحقيقها دون الألفاظ، وتلفيقها".

ومن مؤلفات الغزالي التي لها علاقة بالفلسفة، كتاب "المنقذ من الضلال" الذي ألفه في أواخر أيامه، والذي لا تجد في الآداب العالمية إلا قليلاً من أمثاله من ناحية الموضوع، فهو يشرح تطور الغزالي في التفكير، والسعي وراء الحقيقة، ويترجم عن حياته الفكرية، ويشرح شكوكه، ومباحثه في مختلف المذاهب، قبل الوصول إلى الرأي الذي يطمئن إليه.

ومنها أيضاً كتاب "مقاصد الفلاسفة"، و "تهافت الفلاسفة"، و "معيار النظر" في

المنطق، ثم كتاب "ميزان العمل" في الأخلاق. وأهم مؤلفات الغزالي وأكبرها كتاب "إحياء علوم الدين"، الذي شرح فيه طرق النجاة للمسلمين، ببيان حقيقة العقائد، وتفصيل المعاملات، والعبادات.

فلسفة الغزالي

يرجع الأمر العظيم الذي تركه الغزالي في التفكير الإسلامي، بالدرجة الأولى، إلى أنه كان المفكر الأول، والوحيد الذي لم يكتف، مثل علماء الكلام، باقتباس بعض مسائل الفلاسفة ومحاولة نقض بعض آدائهم، بل قام يسعى لتهديم كل البناء الذي أنشأه الفلاسفة الإسلاميون، على أساس الفلسفة اليونانية، فشرح لهذه الغاية جميع نظرياتهم من الوجهة العامة.

وحاول إظهار ضعف براهينها وفساد نتائجها، مستنداً في كل ذلك إلى نظرية خاصة له في المعرفة، تدل على دقة المشاهدة، وعمق النظر، وقوة التفكير. إن قيمة الغزالي الفلسفية تظهر في قوة نقده للنظريات الفلسفية.

وهو في ذلك كثير الشبه بالفيلسون الإنكليزي "دافيد هيوم". لكن الغزالي لم يقف عند النقد والتهديم، كما هو الحال عند معظم المشككين، بل تعداها إلى تشييد صرح ديني وأخلاقي شامخ له مكانته في الحضارة الفكرية الإسلامية.

وقد نجح الغزالي خاصة في معالجة الخلاف بين الفلسفة والدين، وهي التي شغلت الأفكار عصوراً طويلة، واستطاع أن يتوصل إلى حل فيه إبداع، وطرافة، وقوة حجة، يثير الإعجاب، والاطمئنان إليه.

لقد ظلت أفكار الغزالي في بادئ الأمر تقر "مدة طويلة بين الدين والفلسفة، رغم أن الناحية الدينية كانت أقوى عنده من الناحية العلمية والفلسفية. ولم تتجاذبه الشكوك، إلا لأنّ فكرة الثاقب، وعاطفته القوية، لم تطمئن إلى مذاهب المتكلمين، وأدلتهم المصطنعة.

إن شكوك الغزالي لم تستمر إلا فترة محدودة توصل بعدها إلى معرفة اليقين. وهذه الشكوك تستحق اهتماماً من الوجهة الفلسفية، لأنها تدل على نظرة عميقة في نظام الكون وتطوره، كما أنها تتعلق بمسائل أساسية في الفلسفة، لم ينتبه لها القدماء.

وقد بحث الغزالي في نظرية المعرفة، ومعيار اليقين، وتوصل بعد الشك إلى بيان حقيقة العلم، بطريقة "الحدس الباطني" وبأسلوب يذكرنا بأعلام الفلسفة الحديثة.

لقد تفوّق الغزالي على المتكلمين والفلاسفة والصوفية، الذين اقتبس عنهم، بأنه سعى لإعطاء كل شيء حقه. فهو لم يحاول، مثل المتكلمين، إخضاع العقل ومدركاته لعقائد الدين. ولم يعمل كالفلاسفة، على حصر الإيمان الديني في قوانين العقل وأحكامه، ولم ينصرف كالصوفيين، إلى ناحية الكشف، والنظر الباطني، مهملاً العلوم العقلية والعبادات الدينية.

والغزالي لا ينكر الحقائق العلمية، سواء كانت رياضية أم طبيعية، بل يقول إن الحساب، والهندسة والفلك، والطبيعيات، علوم حقيقية لا شك في صحة براهينها، وفائدة استنتاجاتها وتطبيقاتها.

ويقول الغزالي إن العلم مجدد النطاق، فكما أنه لا يجوز بنا، بناء العلوم على الاعتقاد كذلك لا يجوز حصر الدين في أحكام العقل وبراهين المنطق بل أن لكل من هاتين الناحيتين مصدراً خاصاً: العلم يستند إلى العقل، والدين ينبجس من القلب.

وقد رأى الغزالي، لإثبات هذا الرأي، أن يناقش الفلاسفة مناقشة عفيفة في مدّعياتهم، وفي محاولاتهم إخضاع الدين للعقل: فاعترض عليهم في كتابه "تهافت الفلاسفة" في عشرين مسألة رآها مخالفة للدين ينبغي تفكيرهم في ثلاث مسائل أساسية وهي:

١- قدم العالم وأزليته.

٢- اقتصار علم اللـه على الكليات دون الجزئيات.

٣- إنكار حشد الإخبار.

من المسائل الفلسفية التي تعرّض لها الغزالي مسألة المكان والزمان. فهو لا يريد أن يجعل فرقاً بينهما كما يفعل الفلاسفة: إذ يعتقدون أن العالم له نهاية، وأن المكان محدد، فيما هم يقولون إن الزمان لا مبدأ له ولا نهاية، إزاء ذلك يلاحظ الغزالي أنه لا فرق بين الزمان والمكان فيقول: "كما أن البعد المكاني تابع للجسم، فالبعد الزماني تابع للحركة، فإنه امتداد الحركة، كما أن ذلك امتداد أقطار الجسم...

غياث الدين الكاشي

هو غياث الدين جمشيد بن مسعود بن محمود الكاشي، ولد الكاشي في القرن الخامس عشر في مدينة كاشان، توجه إلى سمرقند بدعوة من أولغ بك الذي يحكم باسم معين الدين سلطان شاه.

في سمرقند كتب أكثر مؤلفاته يقال: أن الفضل في إنشاء مرصد سمرقند يرجع إلى غياث الدين وقاضي زاده الرومي، وبعد وفاة الاثنين، أكمل المرصد على القوشجي.

الفارابي

(٨٧٢-٩٥٠م)

ولد أبو نصر الفارابي في فاراب من أعمال خراسان سنة ٨٧٢ ميلادية وتوفى في دمشق سنة ٩٥٠ ميلادية.

ولقد عكف الفارابي – بعد بلوغه سن التعليم – في مسقط رأسه فاراب على دراسة طائفة من العلوم والرياضة والآداب والفلسفة واللغات وعلى الأخص التركية، وهي لغته الأصلية، بالإضافة إلى الفارسية واليونانية والعربية.

وبعد أن وصل إلى الخمسين من عمره خرج من بلده قاصداً العراق حيث أتم ما كان قد بدأ في دراساته في مسقط رأسه. فدرس في حران الفلسفة والمنطق والطب وكان أستاذه فيها " يوحنا بن حيلان" الطبيب. ودرس في بغداد الفلسفة والمنطق على يد "أبي بشر متي بن يونس" الذي كان حينئذ من أشهر مترجمي الكتب اليونانية ومن أشهر المنطقيين، كذلك درس في بغداد العلوم اللسانية العربية على يد " ابن السراج".

وأتم دراسة الطب والعلوم والرياضيات. ولا غرابة أن يتتلمذ في هذه السن المتقدمة، فقد كان هذا دأب العلماء في هذه العصور ، يطلبون العلم من المهد إلى اللحد.

ولأنه كان محباً للعلم مخلصاً له، فلم يأل على نفسه بهذا في الارتحال والسفر من أجل تحصيله فانتقل من العراق إلى الشام حين كان عمره حوالي سبعين عاماً حيث اتصل بسيف الدولة الحمداني الذي كان يعرف قدره، فاحتفى به وأكرم وفادته، فعاش في كنفه منقطعاً إلى التعليم والتأليف حوالي تسعة أعوام تنقل خلالها بين حلب – عاصمة الحمدانيين- ودمشق، كما سافر خلالها مرة إلى مصر.

كان الفارابي يؤثر حياة الزهد والتقشف، فلم يتزوج، ولم يقتن مالاً، ويذكر كثير من الرواة أنه كان لا يأخذ من سيف الدولة إلا أربعة دراهم فضية في اليوم. رغم أنه كان يستطيع – وهو الأثير عند سيف الدولة الحمداني المشهور بالكرم- أن يكتنز

الذهـب والفضة ويقتني ما يشاء من ضياع. كما يُروى أنه قد بلغ به التقشف أنه كان يسهر في الليل للمطالعة والتأليف مستضيئا بقنديل الحارس، لأنه لم يكن يملك قنديلاً خاصاً به.

وكان بالإضافة إلى زهده وتقشفه يؤثر العزلة والوحدة ليخلو إلى التأمل والتفكير، لذلك كان طوال إقامته بدمشق يقضي معظم أوقاته في البساتين وعلى شواطئ الأنهار.

والفارابي يعتبر أحد مؤسسي الفلسفة الإسلامية وأحد كبارها، يأتي في المرتبة التالية للكندي، ويأتي بعده ابن سينا وابن طفيل وابن رشد وكما أطلق على الكندي - وبحق - فيلسوف العرب، أطلق على الفارابي "المعلم الثاني" .. على اعتبار ما درج عليه العرب من تسميتهم لأرسطو "المعلم الأول "..

فقد كان في نظرهم ونظر كثير من المستشرقين الذين اهتموا بالتراث العربي، خليفةً لأرسطو. ونحن كذلك ننظر إليه نفس النظرة ولا نخالفهم فيها.

فالفلسفة بمعناها الواسع الذي كان مستخدماً في عصر الفارابي. القرنين التاسع والعاشر الميلاديين /الثالث والرابع الهجريين - "أي العلم الجامع الذي يضع أمامنا صورة شاملة للكون" ، كانت أوضح ناحية من نواحي نبوغ الفارابي، وأبرز مظهر من مظاهر ألمعيته وتخصصه. فمعظم جهوده كانت متجهة إلى تجويد بحوثها وشرح ما استغلق منها وخاصة ما تعلق منها بالفلسفة اليونانية، واستأثرت فلسفة أرسطو ومؤلفاته بقسط كبير من نشاطه الفكري ومثل سلفه الكبير "الكندي" حاول التوفيق بين الفلسفة اليونانية وما قال به أرسطو وبين الشريعة الإسلامية، أو التوفيق بين الدين والعقـل. وانصرف جهده لمحاولة إثبات عدم التعارض بين الدين والعقل.

قال عنه ابن خلكان في كتابه "وفيات الأعيان" : "ولم يكن فيهم من بلغ رتبته في فنونه، والرئيس ابن سينا بكتبه تخرّج وبكلامه انتفع".

كما يروى في هذا الكتاب أنه قد وجد "كتـاب النفس" لأرسطاطاليس وعليه بخط يد أبي نصر الفارابي: إني قد قرأت هـذا الكتاب مائة مرة، ويقول أنه أُثر عن الفارابي قوله : "قرأت - السماع الطبيعي- لأرسطاطاليس الحكيم أربعين مرة وأرى أنني محتاج إلى معاودة قراءته".

قد يكون الزمان أو العصر الذي عاش فيه الفارابي يسمح بذلك، ولكن أي روح تلك وأي مثابرة وجهاد في سبيل العلم والمعرفة ذلك الذي يجعله يقرأ كتاباً مائة مرة، وآخر أربعين مرة ؟!

لا شك أنه كان عبقرية فذة وقمة من قمم نوابغ الفكر الحضاري الإسلامي.

وقال عنه "ماسينيون" المستشرق الفرنسي الذي كان مهتماً بالتراث العربي وبتحقيقه : "إن الفارابي أفهم فلاسفة الإسلام وأذكرهم للعلوم القديمة، وهو الفيلسوف فيها لا غير".

واثنى عليه "روجر باركن" ، وهو مستشرق آخر، قائلاً إن مؤلفات الفارابي مهدت السبيل لظهور ابن سينا وابن رشد، وكانت نبراساً لحكماء الشرق والغرب، وسراجاً وهاجاً يستضيئون بنوره ويسيرون على هداه.

كما قال "دى فو" : "إن الفارابي شخصية قوية وغريبة حقاً وهو عندي أعظم جاذبية وأكثر طرافة من ابن سينا، لأن روحه كانت أوفر تدفقاً وجيشانا، ونفسه أشد تأججا وحماساً، لفكره وثباتٌ كوثبات الفنان ، وله منطق مرهف بارع متفاوت، ولأسلوبه مزية الإيجاز والعمق".

وأنصفه "ابن صاعد" في كتابه طبقات الأمم، واعترف بأنه برَّ في صناعة المنطق جميع أهل الإسلام وقال إنه : "شرح غامضها وكشف سرها وقرب تناولها وجمع ما يحتاج إليه منها في كتب صحيحة العبارة لطيفة الإشارة منبهة على ما أغفله الكندي وغيره من صناعة التحليل وأنحاء التعليم، وأوضح القول فيها عن مواد المنطق الخمس وإفراد وجوه الانتفاع بها. وعرف طرق استعمالها وكيف تُعرف صور القياس في كل مادة منها، فجاءت كتبه في ذلك الغاية الكافية والنهاية الفاصلة".

ولقد وضع الفارابي ما يزيد عن المائة مؤلف ورسالة تناول فيها نواحي المعرفة المختلفة، من فلسفة ومنطق ورياضة وعلوم وموسيقى.

وللأسف ضاعت أكثر تلك المؤلفات أثناء الفتن والاضطرابات التي تعرضت لها الدولة العربية الإسلامية، ولم يسلم منها إلا القليل، ومن هذا القليل ترجم الأوروبيون ما وقع في أيديهم، ومنهم من نقل محتويات بعض رسائله وادعاها لنفسه،

ثم ظهر فيما بعد أنها مأخوذة عن الفارابي.

ولم يصل إلينا من هذه المؤلفات إلا أربعون مؤلفاً، منها اثنان وثلاثون في أصلها العربي، وست رسائل مترجمة إلى العبرية، واثنتان مترجمتان إلى اللاتينية.

وقد طبع نصف المؤلفات المكتوبة باللغة العربي في كل من ليدن وحيدرآباد والقاهرة وبيروت وغيرها، وما زال الباقي مخطوطاً.

وأهـم تلك المؤلفات :

١. كتاب الواحدة والوحدة.

٢. كتاب الجوهر.

٣. كتاب الزمان.

٤. كتاب المكان.

٥. كتاب الخلاء.

٦. مقالة في معاني العقل.

٧. رسالة فيما ينبغي أن يقدم قبل تعلم الفلسفة.

٨. عيون المسائل.

٩. فصوص الحكم.

١٠. رسالة في جواب مسائل سئل عنها.

١١. نكت أبي نصر الفارابي فيما يصح ولا يصح من أحكام النجوم.

١٢. كتاب التنبيه على سبيل السعادة.

١٣. كتاب تحصيل السعادة.

١٤. رسالة في إثبات المفارقات.

١٥. كتاب الجمع بين رأي الحكيمين أفلاطون وأرسطو.

١٦. آراء أهل المدينة الفاضلة.

١٧. كتاب السياسات المدنية.

١٨. كتاب صناعة علم الموسيقى.

١٩. كتاب إحصاء العلوم.

هـذا غير المؤلفات التي تمثل شروح وتعليقات على مؤلفات أرسطو ومنها :

- شرح كتاب المقولات.

- شرح كتاب المنطق.

- شرح كتاب الجدل.

- شرح كتاب السفسطة.

- شرح كتاب الخطابة.

- شرح كتاب الشعر.

- شرح رسالة النفس والعالم.

- شرح كتاب الميتافيزيقا.

- شرح كتاب العلم الطبيعي.

- شرح كتاب الآثار العلوية.

وإذا كان الفارابي قد اهتم بشرح وتفسير آراء أرسطو، سيما فيما يتعلق بالفلسفة والمنطق، واشتهر بذلك حتى سُمى المعلم الثاني - كما أشرنا من قبل، فإن جهود الفارابي لم تتوقف عن حدود التفسير، بل تعدت ذلك إلى الإدلاء بآراء ووجهات نظر خاصة به فقد اعتبر المنطق آلة الفلسفة وأداتها التي يمكن بواسطتها الوصول إلى التفكير الصحيح .. قال في هذا الشأن :

" .. وأقول لما كانت الفلسفة إنما تحصل بجودة التمييز، وكانت جودة التمييز إنما تحصل بقوة الذهن على إدراك الصواب، وكانت قوة الذهن حاصلة لنا قبل جميع هـذه وقوة الذهن إنما تحصل متى كانت لنا قوة بها نقف على الحق أنه حق يقين فنعتقده، وبها نقف على الباطل أنه الباطل يقين فنتجنبه.

ونقف على الباطل الشبيه بالحق فلا نغلط فيه، ونقف على ما هو حق في ذاته وقد أشبه بالباطل فلا نغلط فيه ولا نخدع والصناعة التي بها نستفيد هذه القوة تسمى صناعة المنطق " وانتهى إلى تعريف المنطق التعريف التالي : "المنطق هو العلم الذي نعلم به الطرق التي توصلنا إلى تصور الأشياء، وإلى تصديق تصورها على حقيقتها..".

وفي نظرة أن المنطق قانـون للتعبير بلغة العقل الإنساني عند جميع الأمم.

"فنسبة صناعة المنطق إلى العقل والمعقولات كنسبة صناعة النحو إلى اللسان والألفاظ، فكل ما يعطينا علم النحو من القوانين في الألفاظ، فإن علم المنطق يعطينا نظائرها في المعقولات.. وعلم النحو إنما يعطى تخصص ألفاظ أمة ما، بينما علم المنطق يعطي قوانين مشتركة تعم ألفاظ الأمم كلها..".

وإيمان الفارابي بالمنطق وأثره البالغ على اليحاة العقلية، وفائدته في معرفة الآراء الصحيحة أو الفاسدة سواء كانت لنا أو لغيرنا، جعله يقول :

.. فإنا إن جهلنا المنطق، لم نقف من حيث نتيقن على صواب من أصاب منهم كيف أصاب، ومن أي جهة أصاب، وكيف صارت حجته توجب صحة رأيه، ولا على غلط من غلط منهم أو كيف غلط، ومن أي جهة غالط أو غلط، وكيف صارت حجته لا توجب صحة رأيه.

فيعرض لنا عند ذلك إما أن نتحير في الآراء كلها حتى لا ندري أيها صحيح وأيها فاسد، وإما أن نظن أن جميعها على تضادها حق، أو نظن أنه ليس في شيء منها حق، وإما أن نسرع في تصحيح بعضها وتزييف بعضها..".

وكان الفارابي مخلصاً للحقيقـة محباً لها ويدعو إلى محبتها والإخلاص لها. جاء في كتابه "ما ينبغي أن يقدم قبـل تعلم الفلسفة" في الفصل الذي يبحث في معرفة الحال التي يجب أن يكون عليها الرجل الذي يؤخذ عنه علـم الفلسفة ما يلي: "وأما الحال التي يجب أن يكون عليها الرجل الذي يؤخذ عنه علم الفلسفة، فهي أن يكون في نفسه قد تقدم وأصلح الأخلاق من نفسه الشهوانية كيما تكون شهوته للحق فقط لا للذة، وأصلح مع ذلك قوة النفس الناطقة كيما يكون ذا إرادة صحيحة..".

ويرى الفارابي أن الفلسفة ليست علماً جزئياً كعلوم الرياضة والطبيعة والطب وما شاكلها، وإنما هي علم كلي يرسم لنا صورة شاملة للكون في مجموعة، وهذا ما قال به فلاسفة اليونان، لكن الفارابي يزيد عليه ويقول : "..إن الفيلسوف الكامل هو الذي يحصل هذا العلم الكلي، ويكون له قوة على استعماله، أو الذي يحصل الفضائل النظرية أولاً ثم الفضائل العلمية ببصيرة يقينية أما الفيلسوف الزور أو الباطل فهو الذي

يشرع في تعلم العلوم دون أن يكون مستعداً لها" .

ولقد دفعت محبة الفارابي للحق وإخلاصه للحقيقة إلى أن يقول ببطلان صناعة التنجيم مخالفاً في ذلك الكثيرين من علماء عصره، وكذلك من كانوا قبله ومن أتوا بعده. ووضع في ذلك رسالة سماها: "النكت فيما يصح وفيما لا يصح من أحكام النجوم"، وبين في هذه الرسالة فساد علم أحكام النجوم الذي يعزو كل ممكن وكل خارق إلى فعل الكواكب والنجوم، لأن – حسب رأيه – الممكن متغير لا يمكن معرفته يقينية. وفي رسالة أخرى بين الفارابي أنه من الخطأ الكبير ما يزعمه الزاعمون من أن بعض الكواكب تجلب السعادة وأن بعضها يجلب النحس، وانتهى إلى القول : "بأن هناك معرفة برهانية يقينية إلى أكمل درجات اليقين نجدها في علم النجوم التعليمي. أما دراسة خصائص الأفلاك وفعلها في الأرض فلا نظفر منها إلا بمعرفة ظنية، ودعاوى المنجمين ونبوءاتهم لا تستحق منا إلا الشك والارتياب".

وتعرض الفارابي لنظرية المعرفة، وأنواعها فقال : ".. المباينة أي اختلاف شيء عن شيء آخر في ناحية تشعر بها الحواس، كالاختلاف في الحجم والملمس واللون والطعم والرائحة، ومنها المعرفة ببادئ الرأي، أي أن معرفة هذه الأشياء (معقولة في نفوسنا) وقد استقرت منذ زمن الطفولة الأولى . ومنها التخيل، أي قياس ما لا نعرف على ما نعرف ..".

ومن الكتب الجديرة بالذكر للفارابي، كتاب "آراء أهل المدينة الفاضلة" الذي بث فيه مذهبه الفلسفي وآرائه في الإلهيات والنفس الإنسانية والأخلاق والسياسة. و"مدينة الفارابي" ليست كما قد يتصور البعض صورة مصغرة لجمهورية أفلاطون، اليوناني ، على الرغم من بعض التشابه بينهما .

فلقد استعان الفارابي بفلسفة اليونان وجمهورية أفلاطون، كما استعان بالإسلام وأحكامه وأضاف مدينة جديدة أحسن فيها الاختيار والاقتباس، وأحسن فيها المزج والاستنباط، ولونها بالألوان الأفلاطونية والإسلامية، وعمل على امتزاجها وأحكم هذا! الامتزاج، فظهرت فيها قواعد سامية وأصول علمية يجدر بكل أمة السير عليها والاقتراب من نموذجها.

من هذه القواعد والأصول ما يتصل بالأمة وأنها جسم واحد لا يستقيم أمره إلا بالتضامن والتعاون وتوزيع الأعمال وتنسيقها على أساس الاستعدادات والمواهب والقابليات، وأن الدولة لا تتقدم ولا تسير نحو السعادة قدما إذا لم يكن على رأسها الحكماء والفلاسفة المعروفون بكمال العقل وقوة الإدراك وقوة الخيال، وخصال أخرى سردها الفارابي على النحو التالي:

"أن يكون الرئيس تام الأعضاء سليم البدن جيد الفهم والتصور لكل ما يقال له، جيد الحفظ لما يفهمه، ولما يراه ويسمعه، ولما يدركه، جيد الفطنة ذكياً، إذا رأى الشيء بأدنى دليل فطن له، محباً للتعليم والاستفادة، منقاداً له، سهل القبول، لا يؤلمه تعب التعليم، ولا يؤذيه الكد الذي ينال منه، غير شره على المأكول والمشروب، محباً للصدق وأهله، مبغضاً للكذب وذويه، كبير النفس، محباً للكرامة محتقراً للمال، ولسائر أعراض الدنيا، محباً للعدل، وأهله، ومبغضاً للجور والظلم، عدلاً غير صعب القياد، لا لجوجاً ولا جموحاً إذا دعى للعدل، بل صعب القياد إذا دعى إلى الجور وإلى القبح، قوي العزيمة على الشيء الذي يرى أنه ينبغي أن يفعل، جسوراً مقداماً، غير خائف ولا ضعيف النفس".

وإضافة لإنجاز الفارابي في الفلسفة والمنطق وعلم السياسة كان له اهتمام بارز بإحصاء العلوم وتصنيفها، يتجلى ذلك في كتابه :"إحصاء العلوم" الذي يعتبر أول ما عرف من موسوعات العلوم في العربية، كما يعتبر الفارابي بهذا الكتاب أول من وضع النواة لدوائر المعارف في العالم.

وحسبنا لبيان مكانة هذا الكتاب عند علماء الغرب في القرون الوسطى أن نذكر أنه قد ترجم إلى اللغة اللاتينية أكثر من مرة إبان القرن الثاني عشر الميلادي، كما أن له ترجمة عبرية مختصرة تعود إلى القرن الرابع عشر.

وينقسم كتاب إحصاء العلوم إلى خمسة فصول :

الفصل الأول : في علم اللسان وفروعه من اللغة والنحو والصرف والشعر والكتابة والقراءة.

الفصل الثاني : في علم المنطق.

الفصل الثالث : في علم التعاليم، أي الرياضيات، وقد قسمها الفارابي إلى سبعة أجزاء : علم العدد، وعلم الهندسة، وعلم المناظر (أو البصريات) وعلم النجوم التعليمي (أو علم الفلك) ، وعلم الأثقال، وعلم الحيل (أو الميكانيكا التطبيقية)، وعلم الموسيقى.

الفصل الرابع : في العلم الإلهي (أو ما بعد الطبيعة) ، والعلم الطبيعي (الفيزيقا).

الفصل الخامس : في العلم المدني (أو علم الأخلاق وعلم السياسة) ، وعلم الفقه، وعلم الكلام.

وسنكتفي بهذا العرض السريع الموجز لكتاب "إحصاء العلوم" حيث أنه يحتاج إلى دراسة مستقلة لا يتسع لها المجال هنا.

وننتقل الآن إلى جانب آخر من جوانب نبوغ الفارابي وألمعيته، ألا وهو الموسيقى. فقد كان الفارابي نابغة عصره في الموسيقى وله فيها مؤلف مشهور ومخترعات كذلك.

"فابن خلكان" يذهب إلى أنه المخترع للآلة المسماة القانون وأنه أول من ركبها هذا التركيب المعروف اليوم، ويذهب غيره إلى أنه اخترع آله أخرى تشبه القانون.

ويقول "كارادي فو" في "دائرة المعارف الإسلامية" أن دراويش المولوية (في المغرب) لا تزال تحتفظ بأغانٍ قديمة منسوبة إليه.

ويذكر ابن خلكان حكاية عنه أقرب إلى الأساطير منها إلى التاريخ: ففي أحد مجالسه مع سيف الدولة لم يعجبه عزف العازفين الذين عزفوا أمامه.

وأظهر أخطاء فنية كثيرة لكل واحد منهم فتعجب سيف الدولة من ذلك وسأله إن كان يحسن هذه الفنون، فأجاب بالإيجاب.

ثم أخرج من وسطه خريطة ففتحها وأخرج منها عيداناً وركبها ثم عزف بها فضحك كل من كان في المجلس.

ثم فكها وركبها تركيباً آخر وضرب بها فبكى كل من كان في المجلس، ثم

فكها وغير تركيبها وضرب بها ضرباً آخر فنام كل من كان في المجلس حتى البواب، فتركهم نياماً وخرج.

فخر الدين المارديني

(٥١٢ـ٥٩٤هـ١١١٨ـ١١٩٨م)

هو فخر الدين أبو عبد الله محمد بن عبد السلام بن عبد الرحمن بن عبد الساتر

الأنصاري،المارديني، عالم بالحكمة والطب، ولد في ماردين (بتركيا)، وأجداده في القدس وكان أبوه

قاضيا.

انتقل إلى دمشق حيث قرأ صناعة الطب على أمين الدولة ابن التلميذ، وراح يدرس الطب وكان

تلامذته مهذب الدين عبد الرحيم بن علي، وسافر إلى حلب، فاستحضره الملك الظاهر غازي، صاحب حلب،

وأنعم عليه فأقام عنده سنتين، واصل بعدها سفره إلى ماردين. فاستقر فيها ووقف كتبه، توفي بآمد، له من

الكتب شرح قصيدة الشيخ الرئيس ابن سينا التي أولها : هبطت إليك من المحل الأرفع....

وقد ساهم الكاشي في مساعدة أولغ بك للعناية بالرياضيات والفلك، اختلف المؤرخون في تاريخ وفاة

الكاشي، فبعضهم يقول انه توفي حوالي سنة ١٤٢٤م، وآخرون حوالي السنة ١٤٣٦.

من أهم كتبه :

- رسالة الجيب والوتر.

- كتاب زيج الخاقاني في تكميل الإيلخاني.

- كتاب نزهة الحدائق وهو يبحث في استعمال الآلة المسماة " طبق المناطق ".

- رسالة سلم السماء وهي تبحث في بعض المسائل المختلفة عليها فيما يتعلق بأبعاد الأجرام.

- كتاب مفتاح الحساب.

- رسالة المحيطية وهي تبحث في كيفية تعيين نسبة محيط الدائرة إلى قطرها.

- زيج التسهيلات .

- رسالة في استخراج جيب الدرجة الأولى بين فيها كيفية أيجاد جيب الدرجة الواحدة باستعمال معادلة من الدرجة الثالثة .

- نجد في أحد كتبه قانونا لإيجاد مجموع الأعداد الطبيعية المرفوعة إلى القوة الرابعة .

أما القانون فهو :

مجـ ب٤ = (مجـ ب -١ =مجـ ب) مجـ ب٢

فريد عبد الله

(١٢٨٨ـ بعد ١٣٣٠هـ ، ١٨٧١ـ بعد١٩١١)

فريد بن عبد الله زكي ، طبيب مصري ، من أصل قبطي ، مولده ووفاته بالقاهرة .

تعلم بها الطب في المدرسة الأمريكية ثم الطبية الخديوية ، عمل في بعض المستشفيات .

من آثاره :

- " الفرائد السنية في الفزيولوجيا الحيوانية " طبعت في القاهرة سنة ١٨٩٦ في حياة المؤلف .

- ترجم إلى العربية " نصائح الأمهات " ويتألف من ثلاثة أجزاء طبع الجزء الأخير منها سنة ١٩١١م .

قاسم بن محمد الغساني

(٩٥٥ـ ١٠١٩هـ ١٥٤٨ـ١٦١١)

قاسم بن محمد بن إبراهيم الغساني الشهير، بالوزير، طبيب أعشاب من العلماء، أندلسي الأصل، من أهل فاس، تفرد بمشيخة الطب فيها وفي مراكش.

من كتبه:

- " مغني اللبيب عن كتب أعداء الحبيب " وهي مخطوطة من ٢٦ ورقة، وقد ترجمه عن اليونانية للمنصور السعدي،
- وقد له أيضا كتابه "حديقة الأزهار في شرح ماهية العشب والعقار".
- وله " الروض المكنون " شرح به أرجوزة في الحميات والأورام، المنسوبة إلى موسى هارون بن اسحق بن عزرون.

قسطا بن لوقا البعلبكي

(٠٠٠-٩١٢م ـ ٠٠٠ -٣٠٠ هـ)

اشتهر هذا العالم بعلم الطب كما برع في علوم عديدة أخرى كالفلسفة والهندسة والإعداد والموسيقى، كما أجاد اللغة اليونانية.

من مؤلفاتـه:

- كتاب المرايا المحرقة.
- كتاب في الأوزان والمكاييل.
- كتاب العمل بالكرة النجومية.
- كتاب المدخل إلى علم الهندسة.
- له عديد من الكتب الرياضية والفيزيائية والفلسفية عدا الترجمات.

القطب المصري

هو الإمام قطب الدين ابراهيم بن علي بم محمد السلمي، كان أصله مغربيا، لكنه انتقل إلى مصر وأقام بها مدة، فدعي بالمصري، ثم سافر بعد ذلك إلى بلاد العجم، واشتغل على فخر الدين بن خطيب الري، فصار من أجلّ تلامذة ابن الخطيب وألمعهم، صنّف كتبا كثيرة في الطب والحكمة، وجده ابن أبي أصيبعة يفضل المسيحي وابن الخطيب علما وعملا، قتل القطب المصري بمدينة نيسابور، وذلك عندما استولى التتر على بلاد العجم وقتلوا أهله، فكان من جملة القتلى.

من كتبه:

- " شرح الكليات من كتاب القانون للشيخ الرئيس ابن سينا ".

الكندي

(٨٠١م-٨٦٥م)

هو أبو يوسف يعقوب بن إسحاق بن الصباح الكندي ولد في الكوفة التي كان والده والياً عليها وتوفي في بغداد.

أعطي له في البصرة قرية درس فيها مطالعات عديدة ثم انتقل إلى بغداد وتقرب من المأمون ومن بعده المعتصم فالمتوكل.

اشتهر بالطب والفلسفة والكيمياء والموسيقى والهندسة والفلك والحساب والمنطق وعلم النجوم والجدل والطبيعيات والكريات والنفس والمعرفة والأبعاديات والأحداثيات وقد بلغت مؤلفات الكندي هذه ٣٦١ كتاباً ورسالة. ولهذا كان الكندي فاضل دهره وواحد عصره في معرفة العلوم بأسرها وفيلسوف العرب.

وقد توصل إلى فكرة نفي التقاليد السائدة للبحث عن إمكانية تحويل المعادن البخسة إلى معادن ثمينة وأكد وجود الذهب والفضة في المناجم فقط.

ووضع طريقة لحفظ السيوف من الثلم والصدأ وهي طريقة لم تكن معروفة من قبل كما صنع العطور عن طريق التقطير والترشيح وله رسائل في كيفية صناعة الفولاذ والسيوف واستخدام الحديد وتطويعه.

ويذكر أن لديه كتب ورسائل أيضاً وهي:

١- كتاب إلى المعتصم بالله في الفلسفة الأولى.

٢- رسائل إلى أحمد بن المعتصم في الإبانة عن سجود الحرم الأقصى وطاعته لله.

لقد تأثر الكندي بفلسفة أرسطو وهو القائل:

١- لا يكون الإنسان فيلسوفاً حتى يدرس الرياضيات ويبدأ بتحديد الفلسفة لينتقل منه إلى دراسة ما بعد الطبيعة والعالم وعلم النفس والأحزان.

٢- وقد أورد ستة تعريفات لا ترجيح بينهما وهي:

٣- تحديد يعتمد الاشتقاق اللفظي فيعرف الفلسفة كونها حب الحكمة.

٤- تحديد أخذه الكندي عن أفلاطون وهو يعتمد على تأثير الفلسفة في ردها بكونها التشبه بأفعال بقدرة طاقة الإنسان الذي يريد متمنياً أن يكون كامل الفضيلة.

٥- تحديد الفلسفة بأن غايتها العناية بالموت (أي ترك النفس لاستعمال الجسد) وهو (الموت الطبيعي) وإماتة الشهوات ورفض اللذة لأنها شر للوصول إلى الفضيلة وهو (الموت الأخلاقي).

٦- يعرف الفلسفة كونها صناعة الصناعات وحكمة الحكم.

٧- اعرف نفسك بنفسك.. إن هذه الفلسفة هي معرفة الإنسان نفسه.

٨- الفلسفة بجوهرها الخاص هي علم الأشياء الأبدية الكلية بقدر طاقة الإنسان، وقد أكد الكندي أن الفلسفة الأولى والأنبل بين أجزاء الفلسفة هي ما بعد الطبيعة لأنها (كما يقول): علم نبيل شريف يقوم على معرفة الحق الأول الذي هو كل حق. وأوجب الكندي لزاماً على كل فيلسوف إذا اراد أن يكون كاملاً التعمق بأمورها. ويضيف أن العلم بالعلة أشرف منه بالمعلول ولأن العلم بالشيء لا يكون إلا بمعرفة علته معرفة كاملة.

وفلسفة ما بعد الطبيعة (والكلام له) هي المكانة الأولى في المرتبة واليقين والزمان تدرج باقي فروع الفلسفة فيها.

لقد حدد الكندي موضوعها بالموجودات المعقولة كالأجناس التي لاتقع تحت الحس ولا وجود محسوس لها وهي التي تقع تحت العقل.

وانتقد الكندي منهج العلم الطبيعي وقال عنه أنه غير يقيني.

أما اللامتناهي فقد أفرد له دراسة موجزة تتلخص عن طبيعة الأزلي الذي هو ما لم يكن ليس ولا يحتاج في قوامه إلى غيره لأنه لا علة له ودائم أبداً وهو لا جنس له ولا جسم لأن لا يمكن أن يكون أزلياً وهو لا يستحيل ولا يفسد وأبدى التمام اضطراراً.

أما عن البرهان المنطقي:

إن الجسم وإن كان لا متناهياً بالقوة أو الإمكان لايمكن أن يكون لا متناهياً بالفعل لذلك فإن للزمان بداية ونهاية وهو كمية متصلة ولا يختلف باختلاف الأشياء وهو عدد يعد الحركة ولا يكونها.

وإن العالم متناه لأن جرم الكل (جرم الحركة والكمية والزمان والمكان) كلها متناهية لأنها توجد في الجسم.. والجسم بطبيعته لا يمكن أن يكون الا متناهياً. أما عن (الواحد) فينتقل الكندي إلى اعتبار ان اللـه سبحانه وتعالى واحد.

أنه يقول أن الواحد بالعرض في الألفاظ المشتركة والمترادفة من حيث الموضوع تدل عليه أو من حيث اللفظ الواحد الذي يدل على مدلولات مختلفة. ويقال بالجوهر في الأشياء ذات الماهية الواحدة بحسب أربع أحوال:

١- الاتصال الذي ينتمي إلى العنصر.

٢- الصورة التي تنتمي إلى النوع.

٣- الاسم الذي ينتمي إلى العنصر والصورة معاً.

٤- الجنس الذي ينتمي إلى العنصر.

إن الكندي قد اعتبر أن الواحد انقسم بحسب أحوال تعاكسها أحول انقسام الكثير إلى أقسام ناقشها وتوصل إلى تحديد سلبي للواحد ينفي كونه ما يطلق على الألفاظ المشتركة أو المترادفة، وما يقال بحسب العنصر والقابلية للقسمة ولا عرضاً عاماً ولا حركة ولا نفساً ولا عقلاً ولا كلاً ولا جزءاً ولا مادة ولا صورة ولا كماً ولا ينعت ولا يتصف بأية مقولة ولا يتكسر أبداً ولا ينقسم مطلقاً.

والواحد ليس زماناً ولا مكاناً ولا موضوعاً ولا محمولاً ولا كلاً جزءاً ولا جوهراً ولا عرضاً بل هو الواحد على الإطلاق، الواحد الأول والوحدة المحصة.

والواهب الأعلى للوحدة ومصدرها ومصدر الخليقة كلها ومبدأ كل الحركة أي ما خلق أن كل ماعدا اللـه يوصف بالوحدة مجازاً لأن اللـه وحده جدير بوصف الواحدة وهو العلة العليا الفاعلة لإيجاد العالم والعلة الكلية والأولى لكل المعلولات وهو فاعل فعال دائماً دون أن ينفع فهو خالق أبدع من العدم.

الكون الذي يخضع لسلسة تنازلية تبدأ من اللـه وتنزل حتى العالم الذي تحت فلك القمر وتخضع الموجودات إلى تتابع انفعالي ينفعل أول كائناته بفعل الخلق ليفعل في غيره الموجودات التي ينفعل في غيره من الموجودات التي ينفعل بعضها ببعض.

و الـلـه غير قابل للاضمحلال ولا للنقص وهو مبدع الكل وممسك الكل ومحكم الكل.

وحول انقسام العالم أخذ الكندي بآراء أرسطو بأن العالم ينقسم إلى فلكين يفصل بينهما فلك القمر وهما الأرض الخاضعة للكون والفساد وفلك فوق فلك القمر وهو لا يخضع لعوامل الكون والفساد.

وقد برهن الكندي ببراهين رياضية مفصلة حول تناهي العالم وانكار الخلاء وكروية العالم والأرض والسماء وقد أخذها عن بطليموس.

وللكندي رسالة في (الإبانة) يقول فيها:

" إن طبيعة الفلك مخالفة لطبائع العناصر الأربعة بكونها الشيء الذي جعله الـلـه علةً وسبباً لعلة جميع المتحركات والساكنات عن حركة ".

وأثبت الكندي إن الفلك لا تصف بأي صفة من صفات العناصر الأربعة لا في الكيفية ولا السرعة والإبطاء ولا الخفة ولا الثقل فالعالم ليس خفيفاً ولا ثقيلاً وهو لاحار ولا بارد كما أنه لا رطب ولا يابس وهو بسيط كما أن حركته بسيطة دائمة مستمرة وثابتة الموضع.

ويتحدث عن العناصر الأربعة التي هي الأرض والماء والهواء والنار فيقول: إنها متضادة الحركة وبالكيفيات.

فالنار وهي اسبق الأشياء حركة من الوسط تضاد الأرض التي هي أسبق الاشياء في الحركة إلى الوسط بالكيفية الفاعلة الثقل والخفة فتكون حارة يابسة في حين أن الأرض باردة يابسة وكذلك يضاد الهواء الماء بالقوة الفاعلة من حيث الثقل والخفة ويتفق معه بالرطوبة.

أما الماء والنار فهما يتضادان بالكيفيتين الفاعلة والمنفعلة فيتعاكسان من حيث الحرارة واليبوسة أو الرطوبة.

والهواء يضاد الأرض أيضاً بالكيفيتين الفاعلة والمنفعلة وبالخفة والثقل والسرعة والإبطاء فهو حار رطب في حين أنها باردة يابسة.

والمكان عند الكندي هو السطح الذي هو خـارج الجسـم الذي يحويه وهـو

الهيولي ذات الطول والعرض دون العمق وهو ما يتكون منه المكان الذي هو " نهايات الجسم ".

يقول الكندي: "إنه التقاء أفقي المحيط والمحاط له ".

أما الفلك فيطلق عليه الكندي اسم " الجرم الأقصى " ويقول:

انه ليس عنصراً للكائنات أو صورة أو غاية للكون.

انه بلا حواس الذوق والشم واللمس ولا يحتاج للغذاء.

انه الجسم الحي أبداً بالفعل، لأنه واهب الحياة اضطراراً للكائنات. وبالعقل وبعدم التحول وعدم

التغير.

انه العلة الفاعلة القريبة لكل ما يكون ولكل ماهو حادث وفاسد داخله وللحياة في الجسم الحي

المتنفس.

يقول: الفلك جسم يحدث الحياة في الكائنات التي تحته يوجدها اما بالضرورة أو بالمحبة أو بالقوة.

ان الفلك خلق من عدم وأنه يتحلى بحاستين تحصل بهما الفضائل وهما السمع والبصر وهما علة

للعقل والتمييز لدي الأجرام السماوية الحية العاقلة والمميزة والتي لا تتغير في طبيعة خاضعة لمبدأ السببية

وضمن كل ما هو على هيئة حيوان واحد.

والنفس عند الكندي اذا تحررت من البدن وشهواته واستولت بقوتها المنطقية على الإنسان الذي

يتجرد عندئذ للتفكير والبحث عن حقائق الأشياء واكتنانه الأسرار فيصير فاضلاً قريباً من التشبه بالله تعالى.

تصبح غير قادرة على معرفة كل ما في العالم لأنها تصير مصقولة متحدة بصورة نور الله الذي ينعكس فيها

فيظهر لها صور جميع الأشياء والمحسوسات.

ولكن النفوس الملطخة بالأدناس لا تبلغ العالم الهي بعد الموت مباشرة بل تذهب إلى فلك القمر

لتتصاعد منه بمراحل تطهيرية إلى عطارد ثم الفلك الأعلى لتصير نقية من كل أوناس الحواس لتصعد إلى عالم

العقل وتتجاوز الفلك الأقصى فتبلغ العالم الإلهي.

وللكندي في العقل نظرية تعتبر أنه يدرك الكلي والصورة العقلية وتتصل بنظرية ارسطو والاسكندر الافروديسي فتنقسم في العقل أربعة أقسام هي:

١- عقل بالفعل دائماً وهو العقل الأول الذي هو علة كل معقول في الوجود (الله).

٢- عقل بالقوة في نفس الإنسان.

٣- عقل بالملكة (العقل المستفاد) وينتقل في النفس من القوة إلى الفعل فيكتسب تلك الملكة.

٤- عقل مبين يمارس الملكة التي اكتسبها العقل فتبين به النفس عم فيها بالفعل.

وقد درس الكندي (الأحزان) وحدد الحزن بكونه ألماً نفسانياً ينتج عن فقدان أشياء محبوبة أو عن عدم تحقق رغبات مقصورة وهما ضروريان لامهرب منهما في عالم الكون والفساد.

يقول الكندي " يتوجب على الإنسان اذا أراد الا يفقد محبوباته وأن يحقق مطلوباته أن يختارها من العالم المعقول فتكون مرغوبات فعلية يؤازر بعضها بعضاً ودائمة، لايطرأ عليها آفة ولا ينالها موت.

فهرس يحوي كل ماوجد اليه سبيلاً من العلم بالتصانيف المنسوبة إلى أبي يوسف يعقوب بن اسحق الكندي الملقب بـ " فيلسوف العرب "

١- كتاب الفلسفة الأولى فيما دون الطبيعيات والتوحيد.

٢- كتاب الفلسفة الداخلة والمسائل المنطقية والمعتاصة ومافوق الطبيعيات.

٣- كتاب رسالته في أنه لا تنال الفلسفة الا بعلم الرياضيات.

٤- كتاب الحث على تعلم الفلسفة.

٥- كتاب ترتيب كتب ارسطوطاليس.

٦- كتاب في قصد ارسطو طاليس في المقولات اياها قصداً والموضوعة لها.

٧- كتاب مائية العلم وأقسامه.

٨- كتاب أقسام العلم الإنسي.د

٩- كتاب رسالته الكبرى في مقياسه العلمي.

١٠- كتاب رسالته بإيجاز في مقياسه العلمي.

١١- كتاب في أن افعال الباري جل اسمه كلها عدل ولا جور فيها.

١٢- كتاب في مائية الشيء الذي لا نهاية له وبأي نوع يقال الذي لا نهاية له.

١٣- كتاب رسالته في الإبانة انه لا يمكن أن يكون جرم العالم بلا نهاية وان ذلك انما هو في القوة.

١٤- كتاب في الفاعلة والمنفعلة من الطبيعيات الأولى.

١٥- كتاب في عبارات الجوامع الفكرية.

١٦- كتاب مسائل سئل عنها في منفعة الرياضات.

١٧- كتاب في بحث قول المدعي ان الأشياء الطبيعية تفعل فعلاً واحداً بإيجاب الخلقة.

١٨- كتاب في أوائل الأشياء المحسوسة.

١٩- رسالته في الترفق في الصناعات.

٢٠- رسالته في رسم رقاع إلى الخلفاء والوزراء.

٢١- رسالته في قسمة القانون.

٢٢- رسالته في مائية العقل والإبانة عنه.

٢٣- كتاب رسالته في المدخل المنطقي باستيفاء القول فيه.

٢٤- كتاب رسالته في المدخل المنطقي باختصار وايجاز.

٢٥- كتاب رسالته في المقولات العشر.

٢٦- كتاب رسالته في الإبانة عن قول بطليموس في أول كتابه المجسطي عن قول ارسطو طاليس في انا لوطيقا.

٢٧- كتاب رسالته في الاحتراس من خدع السوفسطائيين.

٢٨- كتاب رسالته بإيحاز واختصار في البرهان المنطقي.

٢٩- كتاب رسالته في الأصوات الخمسة.

٣٠- كتاب رسالته في سمع الكيان.

٣١- كتاب رسالته في عمل آلة مخرجة الجوامع.

٣٢- كتاب رسالته في المدخل إلى الارثماطيقي: خمس مقالات.

٣٣- كتاب رسالته في استعمال الحساب الهندي: اربع مقالات.

٣٤- كتاب رسالته في الإبانة عن الأعداد التي ذكرها افلاطون في كتابه السياسة.

٣٥- كتاب رسالته في تأليف الأعداد.

٣٦- كتاب رسالته في التوحيد من جهة العدد.

٣٧- كتاب رسالته في استخراج الخبئ والضمير.

٣٨- كتاب رسالته في الزجر والفأل من جهة العدد.

٣٩- كتاب رسالته في الخطوط والضرب بعدد الشعير.

٤٠- كتاب رسالته في الكمية المضافة.

٤١- كتاب رسالته في النسب الزمانية.

٤٢- كتاب رسالته في الحيل العددية وعلم إضمارها.

٤٣- كتاب رسالته في أن العالم وكلما فيه كروي الشكل.

٤٤- كتاب رسالته في الإبانة عن انه ليس شئ من العناصر الأولى والجرم الاقصى غير كروي.

٤٥- كتاب رسالته في ان الكرة أعظم الأشكال الجرمية والدائرة أعظم من جميع الأشكال البسيطة.

٤٦- كتاب رسالته في ان سطح الماء البحر كروي.

٤٧- كتاب رسالته في تسطيح الماء.

٤٨- كتاب رسالته في الكريات.

٤٩- كتاب رسالته في عمل السمت على كرة.

٥٠- كتاب رسالته في عمل الحاق الست واستعمالاتها.

٥١- كتاب رسالته الكبرى في التأليف.

٥٢- كتاب رسالته في ترتيب النغم الدالة على طبائع الأشخاص العالية وتشابه التأليف.

٥٣- كتاب رسالته في الإيقاع.

٥٤- كتاب رسالته في المدخل إلى صناعة الموسيقى.

٥٥- كتاب رسالته في خبر صناعة التأليف.

٥٦- كتاب رسالته في صناعة الشعر.

٥٧- كتاب رسالته في الأخبار عن صناعة الموسيقى.

٥٨- كتاب رسالته في ان رؤية الهلال لا تضبط بالحقيقة وانما القول فيها بالتقريب.

٥٩- كتاب رسالته في مسائل سئل عنها من أحوال الكواكب.

٦٠- كتاب رسالته في جواب مسائل طبيعية في كيفيات نجومية.

٦١- كتاب رسالته في مطرح الشعاع.

٦٢- كتاب رسالته في الفصلين.

٦٣- كتاب رسالته فيما ينسب اليه كل بلد من البلدان إلى برج من البروج وكوكب من الكواكب.

٦٤- كتاب رسالته فيما سئل عنه من شرح ما عرض له الاختلاف في صور المواليد.

٦٥- كتاب رسالته فيما حكي من اعمار الناس في الزمن القديم وخلافها في هذا الزمن.

٦٦- كتاب رسالته في تصحيح عمل نمودارات المواليد والهيلاج والكنخداه.

٦٧- كتاب رسالته في ايضاح علة رجوع الكواكب.

٦٨- كتاب رسالته في الشعاعات.

٦٩- كتاب رسالته في سرعة ما يرى من حركة الكواكب اذا كانت في الافق وابطائها كلما علت.

٧٠- كتاب رسالته في الإبانة عن الإختلاف الذي في الأشخاص العالية.

٧١- كتاب رسالته في فصل ما بين التسيير وعمل الشعاع.

٧٢- كتاب رسالته في علل الأوضاع النجومية.

٧٣- كتاب رسالته المنسوبة إلى الأشخاص العالية المسماة سعادة ونحاسة.

٧٤- كتاب رسالته في علل القوى المنسوبة إلى الاشخاص العالية الدالة على المطر.

٧٥- كتاب رسالته في علل أحداث الجو.

٧٦- كتاب رسالته في العلة التي لها يكون بعض المواضع لا تكاد تمطر.

٧٧- كتاب رسالته في أغراض كتاب اقليدس.

٧٨- كتاب رسالته في اصلاح كتاب اقليدس.

٧٩- كتاب رسالته في اختلاف المناظر.

٨٠- كتاب رسالته فيما نسب القدماء كل واحد من المجسمات الخمس إلى العناصر

٨١- كتاب رسالته في تقريب قول ارخميدس في قدر قطر الدائرة من محيطها

٨٢- كتاب رسالته في عمل شكل الموسطين

٨٣- كتاب رسالته في تقريب وتر الدائرة

٨٤- كتاب رسالته في تقريب وتر التسع

٨٥- كتاب رسالته في مساحة ايوان

٨٦- كتاب رسالته في تقسيم المثلث والمربع وعملهما

٨٧- كتاب رسالته في كيفية عمل دائرة مساوية لسطح اسطوانة مفروضة

٨٨- كتاب رسالته في شروق الكواكب وغروبها بالهندسة

٨٩- كتاب رسالته في قسمة الدائرة ثلاثة أقسام

٩٠- كتاب رسالته في اصلاح المقالة الرابعة عشر والخامسة عشر من كتاب إقليدس

٩١- كتاب رسالته في البراهين المساحية لما يعرض من الحسابات الفلكية

٩٢- كتاب رسالته في تصحيح قول اسقلاوس في المطالع.

٩٣- كتاب رسالته في اختلاف مناظر المرآة.

٩٤- كتاب رسالته في صنعة الاسطرلاب بالهندسة.

٩٥- كتاب رسالته في عمل الرخامة الهندسية.

٩٦- كتاب رسالته في استخراج خط نصف النهار وسمت القبلة بالهندسة.

٩٧- كتاب رسالته في استخراج الساعات على نصف كرة بالهندسة.

٩٨- كتاب رسالته في السوانح.

٩٩- كتاب رسالته في عمل الساعات على صفيحة تنصب على السطح الموازي للأفق خير من غيرها.

١٠٠- كتاب في امتناع وجود مساحة الفلك الأقصى المدبر للأفلاك.

١٠١- كتاب رسالته في ظاهريات الفلك.

١٠٢- كتاب رسالته في أن طبيعة الفلك مخالفة لطبائع العناصر الأربعة وانه طبيعة خامسة.

١٠٣- كتاب رسالته في العالم الأقصى.

١٠٤- كتاب رسالته في سجود الجرم الأقصى لباريه.

١٠٥- كتاب رسالته في الرد على المنانية في العشر مسائل في موضوعات الفلك.

١٠٦- كتاب رسالته في الصور.

١٠٧- كتاب رسالته في انه لا يمكن ان يكون جرم العالم بلا نهاية.

١٠٨- كتاب رسالته في المناظر الفلكية.

١٠٩- كتاب في امتناع الجرم الأقصى من الاستحالة.

١١٠- كتاب رسالته في صناعة بطليموس الفلكية.

١١١- كتاب رسالته في تناهي جرم العالم.

١١٢- كتاب رسالته في المعطيات.

١١٣- كتاب رسالته في مائية الفلك واللون اللازم اللازوردي المحسوس في جهة السماء.

١١٤- كتاب رسالته في مائية الجرم الحامل بطباعه للألوان مع العناصر الأربعة.

١١٥- كتاب رسالته في البرهان على الجسم السائر ومائية الأضواء والأظلام.

١١٦- كتاب رسالته في الطب البقراطي.

١١٧- كتاب رسالته في الغذاء والدواء المهلك.

١١٨- كتاب رسالته في الأبخرة المصلحة للجو من الأوباء.

١١٩- كتاب رسالته في الأدوية المشفية من الروائح المؤذية.

١٢٠- كتاب رسالته في كيفية اسهال الأدوية وانجذاب الاخلاط.

١٢١- كتاب رسالته في علة نفث الدم.

١٢٢- كتاب رسالته في اشفية السموم.

١٢٣- كتاب رسالته في تدبير الأصحاء.

١٢٤- كتاب رسالته في علة بحارين الأمراض الحادة.

١٢٥- كتاب رسالته في نفس العضو الرئيس من الأنسان والإبانة عن الألباب.

١٢٦- كتاب رسالته في كيفية الدماغ.

١٢٧- كتاب رسالته في علة الجذام واشفيته.

١٢٨- كتاب رسالته في عضة الكلب الكِلِب.

١٢٩- كتاب رسالته في الأعراض الحادثة من البلغم وعلة موت الفجأة.

١٣٠- كتاب رسالته في وجع المعدة والنقرس.

١٣١- كتاب رسالته إلى رجل في علة شكاها إليه.

١٣٢- كتاب رسالته في أقسام الحمّات.

١٣٣- كتاب رسالته في قدر منفعة صناعة الطب.

١٣٤- كتاب رسالته في أجساد الحيوان اذا فسدت.

١٣٥- كتاب رسالته في قدر منفعة صناعة الطب.

١٣٦- كتاب رسالته في صنعة أطعمة من غير عناصرها.

١٣٧- كتاب رسالته في تغيير الأطعمة (وكتاب في صنعة الأطعمة وعناصرها).

١٣٨- كتاب رسالته في المقدمة المعرفة بالاستدلال بالاشخاص العالية على المسائل

١٣٩- كتاب رسالته الأولى والثانية والثالثة إلى صناعة الأحكام بتقاسيم.

١٤٠- كتاب رسالته في مدخل الأحكام على المسائل.

١٤١- كتاب رسالته في المسائل.

١٤٢- كتاب رسالته في دلائل النحسين في برج السرطان.

١٤٣- كتاب رسالته في قدر منفعة الإختبارات.

١٤٤- كتاب رسالته في قدر منفعة صناعة الأحكام ومن الرجل المسمى منجماً باستحقاق.

١٤٥- كتاب رسالته المختصرة في حدود المواليد.

١٤٦- كتاب رسالته في تحويل سني المواليد.

١٤٧- كتاب رسالته في الاستدلال بالكسوفات على الحوادث.

١٤٨- كتاب رسالته في الرد على المنانية.

١٤٩- كتاب رسالته في الرد على الثنوية.

١٥٠- كتاب رسالته في نقص مسائل الملحدين.

١٥١- كتاب رسالته في تثبيت الرسل عليهم السلام.

١٥٢- كتاب رسالته في الفاعل الحق الأول التام والفاعل الثاني بالمجاز.

١٥٣- كتاب رسالته في الاستطاعة وزمان كونها.

١٥٤- كتاب رسالته في الرد على من زعم ان للإجرام في هويتها في الجو توقفات.

١٥٥- كتاب رسالته في بطلان قول من زعم ان بين الحركة الطبيعية والعرضية سكون.

١٥٦- كتاب رسالته في ان الجسم في أول ابداعه لا ساكن ولا متحرك ظن باطل.

١٥٧- كتاب رسالته في التوحيد تفسيرات.

١٥٨- كتاب رسالته في بطلان قول من زعم ان جزءاً لا يتجزأ.

١٥٩- كتاب رسالته في جواهر الأجسام.

١٦٠- كتاب رسالته في أوائل الجسم.

١٦١- كتاب رسالته في افتراق الملل في التوحيد وانهم مجمعون على التوحيد وكل خالف صاحبه.

١٦٢- كتاب رسالته في التمجيد.

١٦٣- كتاب رسالته في البرهان.

١٦٤- كتاب رسالته في ان النفس جوهر بسيط غير دائر مؤثر في الأجسام.

١٦٥- كتاب رسالته في مائية الإنسان والعضو الرئيس منه.

١٦٦- كتاب رسالته في خبر اجتماع الفلاسفة على الرموز العشقية.

١٦٧- كتاب رسالته في ما للنفس ذكره وهي في عالم العقل قبل كونها في عالم الحس.

١٦٨- كتاب رسالته في علة النوم والرؤيا وما يرمز به للنفس.

١٦٩- كتاب رسالته في عله النوم والرؤيا وما يرمز به للنفس.

١٧٠- كتاب رسالته الكبرى في السياسة.

١٧١- كتاب رسالته في تسهيل سبل الفضائل.

١٧٢- كتاب رسالته في دفع الأحزان.

١٧٣- كتاب رسالته في سياسة العامة.

١٧٤- كتاب رسالته في الأخلاق.

١٧٥- كتاب رسالته في خبر فضيلة سقراط.

١٧٦- كتاب رسالته في ألفاظ سقراط.

١٧٧- كتاب رسالته في محاورة جرت بين سقراط وارشيجانس.

١٧٨- كتاب رسالته في خبر موت سقراط.

١٧٩- كتاب رسالته في ما جرى بين سقراط والحرانيين.

١٨٠- كتاب رسالته في خبر العقل.

١٨١- كتاب رسالته في الإبانة عن العلة الفاعلة القريبة للكون والفساد في الكائنات الفاسدات.

١٨٢- كتاب رسالته في العلة التي قيل ان النار والهواء والماء والأرض عناصر لجميع الكائنة الفاسدة وهي وغيرها يستحيل بعضها إلى بعض.

١٨٣- كتاب رسالته في اختلاف الأزمنة التي يظهر فيها قوى الكيفيات الأربع الأولى.

١٨٤- كتاب رسالته في علة اختلاف أنواع السنة.

١٨٥- كتاب رسالته في مائية الزمان والحين والدهر.

١٨٦- كتاب رسالته في العلة التي يبرد أعلى الجو ويسخن ما قرب من الأرض.

١٨٧- كتاب رسالته في أحداث الجو.

١٨٨- كتاب رسالته في الأثر الذي يظهر في الجو ويسمى كوكباً.

١٨٩- كتاب رسالته في كوكب الذوابة.

١٩٠- كتاب رسالته في الكوكب الذي ظهر ورصده أياماً حتى اضمحل.

١٩١- كتاب رسالته في علة البرد المسمى برد العجوز.

١٩٢- كتاب رسالته في علة كون الضباب والأسباب المحدثة له في أوقاته.

١٩٣- كتاب رسالته فيما رصد من الأثر العظيم في سنة اثنتين وعشرين ومائتين للهجرة.

١٩٤- كتاب رسالته في ابعاد مسافات الأقاليم.

١٩٥- كتاب رسالته في المساكن.

١٩٦- كتاب رسالته الكبرى في الربع المسكون.

١٩٧- كتاب رسالته في اخبار ابعاد الأجرام.

١٩٨- كتاب رسالته في استخراج بعد مركز القمر من الأرض.

١٩٩- كتاب رسالته في استخراج آلة وعملها يستخرج بها أبعاد الأجرام.

٢٠٠- كتاب رسالته في عمل آلة يعرف بها بعد المعاينات.

٢٠١- كتاب رسالته في معرفة ابعاد قلل الجبال.

٢٠٢- كتاب رسالته في أسرار تقدمة المعرفة.

٢٠٣- كتاب رسالته في تقدمة المعرفة بالأحداث.

٢٠٤- كتاب رسالته في تقدمة الخبر.

٢٠٥- كتاب رسالته في تقدمة الأخبار.

٢٠٦- كتاب رسالته في تقدمة المعرفة في الاستدلال بالأشخاص السماوية.

٢٠٧- كتاب رسالته في أنواع الجواهر الثمينة وغيرها.

٢٠٨- كتاب رسالته في أنواع الحجارة.

٢٠٩- كتاب رسالته في تلويح الزجاج.

٢١٠- كتاب رسالته فيما يصبغ فيعطي لوناً.

٢١١- كتاب رسالته في أنواع السيوف والحديد.

٢١٢- كتاب رسالته فيما يطرح على الحديد والسيوف حتى لا تثلم ولا تكل.

٢١٣- كتاب رسالته في الطائر الإنسي.

٢١٤- كتاب رسالته في تمويخ الحمام.

٢١٥- كتاب رسالته في الطرح على البيض.

٢١٦- كتاب رسالته في أنواع النحل وكرائمه.

٢١٧- كتاب رسالته في عمل القمقم النباح.

٢١٨- كتاب رسالته في العطر وأنواعه.

٢١٩- كتاب رسالته في كيمياء العطر.

٢٢٠- كتاب رسالته في الأسماء المعماة.

٢٢١- كتاب رسالته في التنبيه على خدع الكيميائيين.

٢٢٢- كتاب رسالته في اركان الحيل.

٢٢٣- كتاب رسالته الكبيرة في الأجرام الغائصة في الماء.

٢٢٤- كتاب رسالته في الاثرين المحسوسين في الماء.

٢٢٥- كتاب رسالته في المد والجزر.

٢٢٦- كتاب رسالته في الأجرام الهابطة.

٢٢٧- كتاب رسالته في عمل المرايا المحرقة.

٢٢٨- كتاب رسالته في سعار المرآة.

٢٢٩- كتاب رسالته في اللفظ وهي ثلثه أجزاء أول وثاني (كذا) وثالث.

٢٣٠- كتاب رسالته في الحشرات وصور عطاردي.

٢٣١- كتاب رسالته في علم حدوث الرياح في باطن الأرض المحدثة كثير من الزلازل والخسوف.

٢٣٢- كتاب رسالته في جواب أربع عشرة مسألة طبيعيات سأله عنها بعض اخوانه

٢٣٣- كتاب رسالته في جواب ثلث مسائل سئل عنها.

٢٣٤- كتاب رسالته في قصة المتفلسف بالسكوت.

٢٣٥- كتاب رسالته في علة الرعد والبرق والثلج والبرد والصواعق والمطر.

٢٣٦- كتاب رسالته في بطلان دعوى المدعين صنعة الذهب والفضة وخدعهم.

٢٣٧- كتاب رسالته في الوفاء.

٢٣٨- كتاب رسالته في الإبانة ان الاختلاف الذي في الأشخاص العالية ليس علة الكيفيات الأولى كما هي علة ذلك في التحد تحت الكون والفساد.

٢٣٩- كتاب السمومات ودفع ضرها.

٢٤٠- كتاب الفأل الفلكي.

٢٤١- تفسير كتاب اثولوجيا.

٢٤٢- مختصر في كتاب ابو طيقا (الشعر).

٢٤٣- تفسير كتاب سوفسطيقا (المغالطين).

٢٤٤- شرح كتاب أو ديقطيا (انا لوطيقا الثاني) - البرهان.

٢٤٥- تفسير انا لوطيقا الأولى (تحليل القياس).

٢٤٦- مختصر كتاب باري ارمينياس (العبارة).

٢٤٧- مختصر (أو جامع) لكتاب قاطيفورياس (المقولات).

٢٤٨- اصلاح كتاب الكرة المتحركة لاوطولوقس.

٢٤٩- كتاب السيوف وصفاتها.

٢٥٠- كتاب التوحيد المعروف بنعم الذهب.

٢٥١- كتابه في الرد على المنائية احدى فرق الضلالة القائلة بالأصلين القديمين.

٢٥٢- رسالته في ما بعد الطبيعة في الرد على المنانية.

٢٥٣- كتابه في إثبات النبوة.

٢٥٤- كتابه في علوم الموسيقى المعروف بامؤنس.

٢٥٥- كتاب آداب النفس.

٢٥٦- كتاب الطب الروحاني

٢٥٧- كتاب في القرباذين.

٢٥٨- رسالته في الرئاسة.

٢٥٩- كتاب في الخيل والبيطرة.

٢٦٠- رسالة إلى المأمون في العلة والمعلول.

٢٦١- اختصار كتاب ايساغوجي لفرفوريوس.

٢٦٢- مسائل كثيرة في المنطق وغيره وحدود الفلسفة.

٢٦٣- مختصر الموسيقى في تأليف النغم وصنعة العود.

٢٦٤- رسالة في أجزاء جبرية (أجزاء خبرية في الموسيقى).

٢٦٥- رسالة إلى زرنب تلميذه في أسرار النجوم وتعليم مبادئ الأعمال.

٢٦٦- رسالة في العلة التي ترى من الهالات للشمس والقمر والكواكب والأضواء النيرة أعني النيرين.

٢٦٧- رسالة في اعتذاره في موته دون كما له لسني الطبيعة التي هي مائة وعشرون سنة.

٢٦٨- كلام في الجمرات.

٢٦٩- رسالة في النجوم.

٢٧٠- مسائل في مساحة الأنهار وغيرها.

٢٧١- كلام في المرايا التي تحرق.

٢٧٢- كلام في العدد.

٢٧٣- رسالة في تركيب الأفلاك.

٢٧٤- رسالة في الأجرام الهابطة من العلو وسبق بعضها بعضاً.

٢٧٥- رسالة في العمل بالآلة المسماة الجامعة.

٢٧٦- رسالة في كيفية رجوع الكواكب المتحيرة.

٢٧٧- رسالة في تدبير الأطعمة.

٢٧٨- رسالة في الحياة.

٢٧٩- كتاب الأدوية الممتحنة.

٢٨٠- رسالة في الفرق بين الجنون العارض من مس الشياطين وبين ما يكون من فساد الإختلاط.

٢٨١- رسالة في الفراسة.

٢٨٢- رسالة في ايضاح العلة في السمائم القاتلة السمائية وهو على المقال المطلق الوباء.

٢٨٣- جوامع كتاب الأدوية المفردة لجالينوس.

٢٨٤- رسالة في الإبانة عن منفعة الطب اذا كانت صناعة النجوم مقرونة بدلائلها.

٢٨٥- رسالة في اللثغة للأخرس.

٢٨٦- رسالة في الأخبار عن كمية ملك العرب وهي رسالته في اقتران النحسين في برج السرطان.

٢٨٧- رسالة في المتجسد.

٢٨٨- كلام له مع ابن الرواندي في التوحيد.

٢٨٩- كلام رد به على بعض المتكلمين.

٢٩٠- رسالة في مائية ما لانهاية له وماالذي يقال لانهاية له وبأي نوع يقال ذلك.

٢٩١- رسالة إلى محمد بن الجهم في الإبانة عن وحدانية اللـه عز وجل وعن تناهي جرم الكل.

٢٩٢- رسالة في الاكفار والتضليل.

٢٩٣- رسالة في ان ما بالإنسان اليه حاجة مباح له في العقل قبل أن يحظر.

٢٩٤- رسالة في نوادر الفلاسفة.

٢٩٥- رسالة في الآثار العلوية.

٢٩٦- رسالة إلى ابنه احمد في اختلاف مواضع المساكن من كرة الأرض.

٢٩٧- رسالة في علة اختلاف الأزمان في السنة وانتقالها بأربعة فصول مختلفة.

٢٩٨- كلام في عمل السمت.

٢٩٩- رسالة لأحمد بن محمد الخراساني فيما بعد الطبيعة وايضاح تناهي جرم العالم.

٣٠٠- رسالة في قلع الآثار من الثياب وغيرها.

٣٠١- رسالة إلى يوحنا بن ماسويه في النفس وأفعالها.

٣٠٢- رسالة في ذات الشعبتين.

٣٠٣- رسالة في علم الحواس.

٣٠٤- رسالة في صفة البلاغة.

٣٠٥- رسالة في قدر المنفعة باحكام النجوم.

٣٠٦- كلام في المبدع الأول.

٣٠٧- رسالة في صنعة الأحبار والليق.

٣٠٨- رسالة إلى بعض اخوانه في رموز الفلاسفة في المجسمات.

٣٠٩- رسالة في عناصر الأخبار.

٣١٠- كتاب في الجواهر الخمسة.

٣١١- رسالة إلى أحمد بن المعتصم في تجويزاً اجابة الدعاء من اللـه عز وجل لمن دعا به.

٣١٢- رسالة في الفلك والنجوم ولم قسمت دائرة فلك البروج على اثني عشر قسماً وفي تسميتهم
السعود والنحوس وبيوتها واشرافها وحدودها بالبرهان الهندسي

٣١٣- رسالة أبي يوسف يعقوب بن إسحاق الكندي في القول في النفس المختصر من كتاب أرسطو
وأفلاطون وسائر الفلاسفة.

٣١٤- القول في الرد على النصارى وابطال تثليثهم على أصل المنطق والفلسفة.

٣١٥- اصلاح كتاب اثولوجيا ارسطوطاليس.

٣١٦- كتاب الحروف.

٣١٧- كتاب التفاحة.

٣١٨- كتاب الخير المحض.

٣١٩- الرسالة الحكمية في أسرار الروحانية.

٣٢٠- رسالة في استحضار الأرواح.

٣٢١- اصلاح المناظر.

٣٢٢- رسالة في القضاء على الكسوف.

٣٢٣- رسالة في صلة روحانيات الكواكب.

٣٢٤- اختيارات الأيام.

٣٢٥- كتاب في قرانات النجوم.

٣٢٦- مقالة تحاويل السنين.

٣٢٧- رسلاة في ملك العرب وكميته.

٣٢٨- كتاب في الصناعة العظمى إلى ابنه أحمد.

٣٢٩- رسالة في خبر تأليف الألحان.

٣٣٠- رسالة في معرفة قوى الأدوية المركبة.

٣٣١- كتاب الباه.

٣٣٢- رسالة في استخراج الأعداد المضمرة.

٣٣٣- رسالة الكندي في ايضاح وجدان أبعاد ما بين الناظر ومركز أعمدة الجبال وعلو أعمدة الجبال.

٣٣٤- رسالة رسم المعمور في الأرض.

٣٣٥- مختصر الموسيقى في تأليف النغم وصناعة العود.

٣٣٦- الكتاب الأعظم في التأليف.

٣٣٧- رسالة الترفق في العطر.

٣٣٨- رسالة في علم الكتب.

٣٣٩- رسالة الكندي في أنه (توجد) جواهر لا أجسام.

٣٤٠- رسالة الكندي إلى أحمد بن المعتصم في أن العناصر والجرم الأقصا (كذا) كرية الشكل.

٣٤١- كلام للكندي في النفس مختصر وجيز.

٣٤٢- جواب عن السؤال: هل يجوز أن يتوهم ما لا يرى ؟.

٣٤٣- كتاب الكندي إلى المعتصم بالله في الفلسفة الأولى.

٣٤٤- رسالة الكندي في حدود الأشياء ورسومها.

٣٤٥- رسالة في استخراج المعمي إلى أبي العباس أحمد بن المعتصم.

٣٤٦- كتاب الجفر.

٣٤٧- كتاب في نضد العالم ومشاكله أكره.

٣٤٨- القول عن طبيعة الحيوان.

٣٤٩- كتاب على المباينة.

٣٥٠- رسالة في أنه لا سبيل إلى التفلسف إلا بعلم الرياضيات.

٣٥١- كتاب المصوتات الوترية من ذات الوتر الواحد إلى ذات العشرة الأوتار.

٣٥٢- رسالة في آلة اختراعها.

٣٥٣- تفسير كتاب المجسطي.

٣٥٤- في معنى البروج الأثنى عشر.

٣٥٥- رسالة في التنجيم.

٣٥٦- إلهيات أرسطو.

٣٥٧- كتاب للكندي في التركيب.

٣٥٨- رسالة في المواضع التي يظن فيها الدفين.

٣٥٩- كتاب في الأقاويل العددية.

٣٦٠- رسالة إلى أبي يوسف يعقوب بن اسحق الكندي للمعتصم أمير المؤمنين في اتخاذ جواهر الحديد للسيوف وغيرها من الأسلحة وسقيانها وأنواع الحديد التي تطبع بها السيوف وسقيانها وما يطرح فيها.

٣٦١- رسالة في أوصاف السيوف وأجناسها وتلك مما يجب حفظه.

المجريطي

٩٥٠م-١٠٠٧م

بعد ابن سينا بزمن قصير ظهر في ميدان الكيمياء علم من أعلام الإسلام هو أبو القاسم المجريطي.

ولد ابو القاسم مسلمة بن أحمد بن قاسم بن عبد الله المجريطي بمدينة مجريط (مدريد) في الأندلس عام ٩٥٠م وعاش في قرطبة أيام الحاكم الثاني وتوفي سنة ١٠٠م عن سبعة وخمسين عاماً.

اهتم بدراسة العلوم الرياضية فتعمق بها حتى صار إمام الرياضيين في الأندلس. كما أنه اشتغل بالعلوم الفلكية وكانت له مواقف وآراء فضلاً عن الكيمياء وسائر العلوم. كان محباً للأسفار بحثاً عن كبار العلماء للنقاش معهم والمداولة في آخر ما توصل إليه من أبحاث في الكيمياء والرياضيات وعلم الفلك. سافر إلى بلاد المشرق واتصل بعلماء العرب والمسلمين هناك وكانوا إذ ذاك رواد الفكر والمعرفة.

ترك المجريطي مؤلفات علمية متنوعة أهمها:

"رتبة الحكم" في الكيمياء وهو من أهم المصادر المتعلقة بتأريخ علم الكيمياء في الأندلس، "غاية الحكيم" في الكيمياء وقد نقل إلى اللاتينية في القرن الثالث عشر للميلاد بأمر من ملك إسبانيا.

يقول ابن خلدون في مقدمته:

"وكتب مسلمة المجريطي من حكماء الأندلس، كتابه الذي سماه رتبة الحكيم وجعله قريناً لكتابه الآخر في السحر والطلسمات الذي سماه (غاية الحكيم) ".

ورغم أن هاتين الصناعتين هما نتيجتان للحكمة وثمرتان للعلوم ومن لم يقف عليهما فهو فاقد ثمرة العلم والحكمة أجمع.

وقد تتلمذ على يديه عدد كبير من علماء الرياضيات والفلك والطب والفلسفة والكيمياء وعلم الحيوان ومن أبرزهم الفرناطي والكرماني.

والمجريطي فيما يراه هولميارد:

"من أذكى حكماء الأندلس، كان مبرزاً في الرياضيات والفلك، شهيراً بمهاراته العلمية، تلقى علومه في الشرق، ومن المرجح أنه اتصل بأصحاب الموسوعة الإسلامية "إخوان الصفا" (الذين حوت رسالتهم مختلف جوانب العلوم والحكمة المعروفة في عصرهم) ونقل رسائلهم معه إلى أوروبا.

وعلى الرغم من عنايته برصد الكواكب وشغفه بدراسة كتاب بطليموس الذي نقل إلى العربية، فإن المجريطي وقفت أعماله في مجال الفلك عند حساب الزمن وعمل الجداول الفلكية.

فشأنه في ذلك شأن سائر علماء الفلك في عصره، فهم لم يتخطوا الحسابات التي تهم المسلمين في تحديد أوقات الصلاة ونحوهـا، إلى مرحلة التعرف على الحركة الظاهرية لأجرام السماء واعتبار أن السماوات من موجودات عالم الحس التي تخضع للرصد والتتبع، وليست من المبهمات التي لا سبيل إلى دراستها.

والـذي حال دون البحث عن أصل المجموعة الشمسية، مثلاً، ربما هو الخلط بين عالمي الطبيعة وما وراء الطبيعة وقد عرف في أوربا بأنه أول من على الخريطة الفلكية لبطليموس ورسائل إخوان الصفا والجداول الفلكية لمحمد بن موسى الخوارزمي.

عني المجريطي بزيج الخوارزمي وزاد عليه، وله رسالة في آلة الرصد، وبالإسطلاب واهتم المجريطي كذلك بتتبع الحضارات القديمة، وما تمخضت عنه جهود الأمم من مكتشفات ساعدت على تقدم ركب الحضارة وانتشار العمران وازدياد معرفة الإنسان. كان المجريطي إمام الرياضيين وأوسعـهم إحاطة بعلم الفلك وحركات النجوم وهو أول من لمع من علماء العرب والمسلمين في الأندلس في الرياضيات والفلك. وشغف بدراسة كتاب المجسطي لبطليموس.

ومـن الدراسات المهمة التي ركز عليها المجريطي علم البيئة، وتأثير النشأة وعناصر البيئة الطبيعية على الكائنات الحية من إنسان وحيـوان ونبات.

وفي مجال علم الحيل اشتغل المجريطي بالمربعات السحرية. وكانت من قبل تستغل في التنجيم. وكان المعتقد أن لمجموعات الأعداد خواص لا تتوفر لمفرداتها، إلا أن الغرض منها ليس في الواقع سوى مجرد تسلية فكرية ومتعة عقلية.

ويظهر من كتاب المجريطي أنه كان يرى الكيمياء علماً شريفاً هو في الحقيقة خير ما يمكن للإنسان أن يحصله.

وينصح المجريطي طالب الكيمياء أن يبدأ بدراسة الرياضيات، فيقرأ إقليدس ثم يدرس "المجسطي" لبطليموس و "السماء والعالم" و "الكون والفساد" و"الطبيعيات" لأرسطو، وبعد أن يتم له تحصيل النظريات الأساسية في العالم الطبيعي عليه أن يدرب يديه على إجراء التجارب ونظره على الفحص الثاقب وعقله على التفكير في المواد الكيميائية ما يحدث بينهما من تفاعل يشكل صوراً جيدة.

وبما أن سلوك الطبيعة لا يتغير لأنها لا تفعل الشيء بطرق مختلفة، فعلى الكيميائي أن يجاريها ويتبع خطواتها وهو في ذلك كالطبيب الذي يشخص المرض ويصف الدواء، على حين أن الطبيعة هي التي تحقق بعد ذلك فعل الشفاء.

وما احتواه كتاب رتبة الحكيم من مبادئ ونظريات كيميائية لا يمثل عموماً - تقدماً ملحوظاً عما جاء في كتابات جابر والرازي وإنما تتبرى قيمته الكبرى في أنه يظهرنا على التقديم الذي حظيت به الكيمياء خلال قرن ونصف من الزمان، وخاصة في المناهج "التجريبية" والمعرفة "الخبرية" كما نجد في هذا الكتاب، لأول مرة، تحديداً وصفاً دقيقاً لمادة كيميائية قدر لها أن تلعب دوراً هاماً في أبحاث بريستلي ولافوازييه وهي مادة "أكسيد الزئبق" يصف المجريطي طريقة تحضيرها بقوله:

أخذت الزئبق الرجراج النقي ووضعته في وعاء زجاجي شبيه بالبيضة ثم أدخلته في آخر شبيه بأواني الطبخ وتركته يسخن على نار هادئة، بحيث كان في مستطاعي أن أضع يدي على السطح الخارجي للإناء، واستمر التسخين أربعين يوماً. ولما فتحته وجدت أن الزئبق (الذي كان وزنه ¼ رطل) قد تحول إلى مسحوق أحمر ناعم دون أن يحدث تغيراً في الوزن الكلي (ولعلنا لا ندهش لعدم ملاحظة المجريطي

لحدوث زيادة في وزن الزئبق، إذ أن هذه الزيادة الناتجة عن تأكسد الزئبق تعادل ما اتحد به أوكسجين الهواء).

ومما هو جدير بالإعجاب، في حد ذاته أن يكون المجريطي قد توصل بتجربته هذه إلى أصل القاعدة الكيميائية المعروفة، التي لم يلتفت إليها إلا بعد قرن عند مجيء لافوازييه "قاعدة بقاء الكتلة" أو (بقاء المادة).

وهذا القانون يقضي بأن مجموع كتل المواد الداخلة في أي تفاعل كيميائي مساو لمجموع كتل المواد الناتجة عن التفاعل، الأمر الذي اشاد به هولمبارد كثيراً.

والمجريطي يرى رأي جابر بن حيان (ستجد في مكان آخر من الموسوعة دراسة عنه) في أصل المعادن وأن اختلافها، راجع إلى اختلاف نسب الطبائع الأربعة التي هي أصل لكل الموجودات.

وعلى هذا الاساس كان في مقدور الكيميائي أن يتم بطريق التدبير المتصل عمل الطبيعة فيحول المعادن من أخسها إلى أعلاها وأشرفها بواسطة "الأكسير" ولذلك يقول: الكيمياء دواء شريف وجوهر لطيف ينقل الجواهر من أدناها إلى أعلاها، كما قيل أنه ينقل الأسرب (الرصاص) الذي هو أقل المعادن قيمة وأزراها منظراً إلى افضل الغايات وأتم النهايات، إلى الذهب الذي هو أشرف المعادن وأعظمها ومنه ما ينقل الزجاج إلى الياقوت.

وقد أثبت حاجي خليفة في "كشف الظنون" ج ٣ - ص ١٥٣٠- ١٥٣١ رأي المجريطي في صنعة التحويل وما صنفه فيها.

وقد شارك المجريطي في وضع الموسوعة الإسلامية المعروفة (برسائل إخوان الصفا وخلان الوفاء) وخاصة "الرسالة الجامعية" منها ونقلها إلى إسبانيا وربما فعل ذلك تلميذه الكرماني.

والمجريطي يُعّد صاحب مدرسة مهمة في حقل العلوم. تأثر بآرائها العديد من العلماء اللاحقين أمثال الزهراوي الطبيب الأندلسي المشهور. والغرناطي والكرماني وابن خلدون الذي نقل عن المجريطي بعض الآراء التي أدرجها في مقدمته.

وللمجريطي رسالة في الأسطرلاب ترجمها إلى اللاتينية جون هسبالينسيس وكذلك تعليق على إنتاج بطليموس ترجمه أيضاً إلى اللاتينية رودولف أوف برجس وكتاب الحساب التجاري.

واهتم المجريطي بالكيمياء فكتب كتابين في هذا الحقل أصبحا مرجعين أساسيين لعلماء الشرق والغرب وهما "رتبة الحكيم" و "غاية الحكيم".

ويذكر أن كتابه "رتبة الحكيم"، "في الكيمياء " هو كتاب تكلم فيه عن السيمياء والكيمياء وفرّق بينهما.

فالكيمياء هي معرفة الأرواح الأرضية وإخراج لطائفها للانتفاع بها. والسيمياء هي معرفة الأرواح العلوية واستخراج قواها للانتفاع بها.

وقد ورد في هذا الكتاب ذكر لتحضير أوكسيد الزئبق بالحرارة وتنقية الذهب من الفضة بحامض الآزوت.

وقد علق على انتاج اليونايين في الرياضيات ومن ثم التأليف فيها فكان بذلك من علماء العرب المسلمين الذين طوروا نظريات الأعداد وهندسة اقليدس.

ثم كتب كتاباً في الحساب التجاري أصبح مرجعاً في العالم أجمع. ويذكر فلورين كاجوري في "تأريخ الرياضيات":

" إن أبا القاسم المجريطي نبغ في نظريات الإعداد ولا سيما فيما يتعلق الأعداد المتحابة وله مؤلفات قيمة في علمي الحساب والهندسة.

ولم يقتصر ابو القاسم على صنعة الكيمياء ولكن تفنن في الفروع الأخرى من العلوم البحتة والتطبيقية مثل الرياضيات والفلك.

لقد كان المجريطي أمام الرياضيين في المغرب العربي بينما كانت له شهرة واسعة في المشرق العربي في الكيمياء كما ذكر أبو القاسم صاعد الأندلسي في (طبقات الأمم) قال: "أبو القاسم.. كان إمام الرياضيين في الأندلس في وقته وأعلم ممن كان قبله بعلم الأفلاك وكانت له عناية بأرصاد الكواكب وشغف بتفهم كتاب بطليموس المعروف بالمجسطي كما ذكرنا وله كتاب حسن في تمام علم العدد وهو المعنى المعروف لدينا بالمعاملات.

حرر المجريطي علم الكيمياء ومن الخرافات التي لصقت به ومن السحر والطلسمات التي كانت مسيطرة عليها عهدئذ.

وقد جهد بكل نشاط أن يبرز هذا العلم على أنه علم شريف وهو أحسن علم يصبو إليه طالب العلم.

يقول أبو القاسم المجريطي:

"لا يجوز لأي رجل أن يدعي العلم إذا لم يكن ملماً بالكيمياء، وطالب الكيمياء يجب أن تتوفر فيه شروط معينة لا ينجح بدونها إذ يلزمه أن يتثقف أولاً في الرياضة بقراءة إقليدس وفي الفلك بقراءة المجسطي لبطليموس.

وفي العلوم الطبيعية لأرسطو ثم ينتقل إلى جابر بن حيان والرازي ليفهمهما، وبعد أن يكون قد اكتسب المبادئ الأساسية للعلوم الطبيعية يجب عليه أن يدرب يديه على إجراء التجارب وعينيه في ملاحظة المواد الكيميائية وتفاعلاتها وعقله على التفكير فيها ".

وقد اتفق المجريطي في الرأي مع جابر بن حيان على أن المعادن تختلف ولكن هذا الاختلاف يعود إلى نسبة الطبائع الأربع - النار باردة وحارة والماء رطب وبارد والهواء حار ورطب والتراب بارد ويابس - التي هي أساس لكل الموجودات، كما وافقه أنه بالإمكان تحويل المعادن الخسيسة إلى ثمينة بواسطة الإكسير.

وهو القائل:

"الكيمياء دواء شريف وجوهر لطيف ينقل الجواهر من أدناها إلى أعلاها". وتبنى نظرية ابن حيان التي تقول:

"إن المعادن تتكون من اتحاد الزئبق والكبريت".

أما تجربته التي أجراها على الزئبق فتعد من أشهر التجارب وتتلخص بأنه قد تناول ربع رطل من الزئبق ووضعه في زجاجة داخل إناء ثان ووضعه فوق نار هادئة مدة أربعين يوماً وكان يلاحظ من وقت لآخر ما يطرأ على الزئبق من تغيير فوجده يتحول في النهاية إلى مسحوق أحمر وذلك نتيجة التفاعل بين الزئبق والأوكسجين (اوكسيد الزئبق).

كما أولى المجريطي عناية بالتجارب الخاصة بالاحتراق والتفاعلات التي تنتج من ذلك.

والتي كانت أساساً لمختلف النظريات الكيميائية الخاصة بأوزان المواد وتغييرها بالاحتراق.

لقد عكف أبو القاسم على التصنيف فألف في فروع المعرفة المختلفة كالفلك والرياضيات والكيمياء والحيوان.

ومن أهم كتبه:

- كتاب غاية الحكيم في الكيمياء.
- كتاب رتبة الحكيم في الكيمياء.
- كتاب الأحجار.
- كتاب شرح المجسطي لبطليموس.
- كتاب مفخرة الأحجار الكريمة.
- كتاب روضة الحدائق ورياض الخلائق.
- كتاب تمام العدد في الحساب (كتاب المعاملات).
- كتاب اختصار تعديل الكواكب من زيج البتاني.
- رسالة في الأسطرلاب.
- كتاب في التأريخ.
- كتاب في الطبيعيات وتأثير النشأة والبيئة في الكائنات الحية.
- كتاب الرسالة الجامعة.
- كتاب الإيضاح في علم السحر.

محمد بن الأكفاني

(... - ٧٤٩هـ ... - ١٣٤٨م)

هو أبو عبد الله شمس الدين محمد بن ابراهيم بن ساعد الأنصاري السنجاري

المعروف بابن الأكفاني، نسبه إلى الأكفان، ولعل والده أو أحد أجداده كان يتاجر بها، طبيب وباحث، عالم بالحكمة والرياضيات، جمع مختلف المعارف في عصره، وهو القرن الثامن للهجرة، ولد في سنجار، من أعمال الموصل، ونزل في مصر وسكن في القاهرة، وزاول صناعة الطب الروحاني والجسماني، فكان ماهرا بالتعزيم، وكتابة الرقى، واستحضار الأرواح بقدر ما كان حاذقا في تشخيص المرض، وتركيب الدواء.

واشتهر بمعرفة الجواهر والعقاقير، توفي بمصر، بالوباء الجارف، المعروف بالطاعون الأسود، سنة ٧٤٩هـ (١٣٤٨م).

ترك آثارا عديدة في الرياضيات والفلسفة والجواهر.

أما تصانيفه الطبية:

- " غنية الطبيب في غيبة الطبيب ".

- " كشف الرين في أمراض العين "، وقد شرحه نور الدين على المناوي وسماه " وقاية العين ".

- " نهاية القصد في صناعة الفصد ".

- " روضة الألبا في أخبار الأطبا " اختصر بها عيون الأنباء لابن أبي أصيبعة.

محمد بن أبي حليقة

(٦٢٠ ـ ٦٧٩هـ ١٢٢٣ـ١٢٨٠م)

هو مهذب الدين أبو سعيد بن أبي سليمان داود بن أبي منى، عالم حكيم، طبيب، ولد بالقاهرة سنة ٦٢٠هـ ١٢٢٣م، وسمي محمدا لما أسلم في أيام الظاهر ركن الدين بيبرس، وخدم بطبه الملك الظاهر بيبرس الصالحي، وأكرمه الملك العادل غاية الإكرام حين أمر ألا يدخل قلعة من قلاعه الأربع: الكرك وجعبر والرها ودمشق، إلا راكبا، وخدم الناصر صلاح الدين، والملك العادل أيضا بالطب، وظل مقيما بمصر وحتى وفاته سنة ٢٧٩هـ (١٢٨٠م)، ودفن بدير الخندق، عند القاهر.

من آثاره:

- كتاب في الطب.
- كتاب في الكحل.

محمد الإيلاقي

(.... ـ ٤٥٨هـ .... ـ ١٠٩٢م)

محمد بن يوسف، أبو عبد الله الإيلاقي، شمس الدين: طبيب من تلاميذ ابن سينا، نسبته إلى إيلاق بنواحي نيسابور.

من كتبه:

- " شرح الملكيات القانون لابن سينا " مخطوطة محفوظة في طوبقبو.
- " والأسباب والعلامات " في الطب.

محمد بن باجة

(.... ـ ٥٣٣هـ.... ـ ١١٣٨م)

محمد بن يحيى بن الصائغ، ويعرف بابن باجة (أبو بكر) حكيم، رياضي، عارف بالطب والموسيقى والفلسفة والعربية والأدب وغير ذلك.

ولد بمدينة سرقسطة، وذهب إلى فاس، فاتهم، ومات فيها، وقتل مسموما قبل سن الكهولة. شرح كثيرا من كتب أرسطوطاليس، وصنّف كتبا ذكرها ابن أبي أصيبعة في " طبقات الأطباء " ضاع أكثرها، وبقي ما ترجم منها إلى اللاتينية والعبرية.

من آثاره:

- " مجموعة في الفلسفة والطبيعيات والطب ".
- " الكلام على الأدوية المفردة "
- " التجربتين على أدوية ابن وافد ".
- " اختصار الحاوي للرازي ".

- " كلام في المزاج بما هو طبي ".

محمد بدر

(... -١٣٢٠هـ ... - ١٠٩٢م)

محمد بدر "بك"، من عائلة تسمى القفيعة، من أهل زاوية البقلي بالمنوفية، طبيب مصري،تعلم في القاهرة، ثم في إنجلترا - تدرج في وظائف التعليم والتطبيب، ووجه في رحلات طبية إلى الصعيد الأعلى واليمن والحبشة ثم كان مدرسا بمدرسة الطب في القاهرة وطبيبا في القصر العيني.

من كتبه:

- " الفرائد الدرية في علم الشفاء والمادة الطبية ".
- " الدرر البدرية النضيدة في شرح الأدوية الجديدة ".
- " الصحة التامة ".
- " النفحة الزهرية في الأمراض الزهرية، الجزء الأول " ثم توفي في القاهرة.

محمد بن تمليح

فاضل، له معرفة بالطب والنحو واللغة والشعر والرواية، أقام بقرطبة بالأندلس، وخدم الناصر بصناعة الطب، ولاّه الناصر خطبة الرد وقضاء شذونو، وأدرك صدرا من دولة الحكم المستنصر بالله، الذي خدمه بطبّه، فنال عنده خطوة.

من كتبه: " كتاب في الطب ".

محمد البقلي

(١٢٢٨-١٢٩٣، ١٨١٣- ١٨٧٦)

محمد على "باشا" وأصل اسمه محمد بن علي ين محمد الفقيه البقلي، طبيب وجراح من نوابغ مصر، ولد في زاوية البقلي (بقرب المنوفية)، وتلقى مبادئ العلوم

والطب بالقاهرة، أرسل في بعثة إلي باريس لأتمام دروسه، وعاد إلى مصر وعين أستاذا للعمليات الجراحية الكبرى والصغرى والتشريح الجراحي، فرئيسا لجراحي القصر العيني، فأستاذا للجراحة الكبرى والصغرى والتشريح الجراحي، فرئيسا لجراحي القصر العيني، فأستاذا للجراحة، وجعله الخديوي إسماعيل رئيسا للمدرسة الطبية المصرية، ورافق الحملة المصرية إلى الحبشة، وتوفي في تلك الرحلة.

من آثاره:

- " روضة النجاح " في فن الجراحة.
- " غرر النجاح ".
- " غاية الفلاح في أعمال الجراح "، وهو جزءان.
- " نشر الكلام في جراحة الأقسام ".
- " قانون الطب "، ومات قبل أن يكمله.
- ورسالة في " الرمد الصديدي ".
- أول من أصدر مجلة عربية بمصر سنة ١٨٦٥ وسماه " اليعسوب "

محمد الجيلاني

(٠٠٠-١٠٨٨هجرية، ٠٠٠-١٦٧٧م)

محمد صالح الجيلاني، الفارسي ثم اليمني، طبيب حكيم، نشأ بإيران وأخذ الطب عن أهلها، ورحل إلى الهند أخذ بالعمل فأثرى، وركب البحر يريد الحج، فانكسر المركب، فنجا بنفسه وغرقت ثروته وكتبه، وأثناء عودته إلى الهند استدعاه إمام اليمن المتوكل إسماعيل بن القاسم، فأكرمه واستبقاه إلى أن توفى.

خدم بطبه بعض الأطباء في بيمارستان أصفهان، وأخذ عن بهاء الدين العاملي، قال الشوكاني: رأيت مجموعا في " الطب " ذكر مؤلفه أنه جمع فيه مجربات صاحب الترجمة.

محمد حافظ

(١٣٠٥،١٢٥٦هـ-١٨٤٠-١٨٨٨م)

هو ابن الدكتور السيد محمد طائع العاصي، ولد بالإسكندرية حيث كان أبوه طبيب دار الصناعة بها، وتلقى علومه الطبية بمدرسة الطب بالقاهرة، ثم أرسل إلى ميونيخ بألمانيا في أوائل سنة ١٨٦٢ لإتقان علومه بها، ثم رحل إلى فرنسا بعد مدة، فأتم دراسته بباريس وعاد إلى مصر في خريف ١٨٧٠، فعين طبيبا للرمد بمستشفيات مصر، ثم مدرسا بمدرسة الطب للولادة والرمد، توفي سنة ١٣٠٥ هجرية ١٨٨٨م.

من مصنفاته:

- " كتاب مطمح الأنظار في تشخيص أمراض العين بالمنظار " طبع بمصر سنة ١٨٨٢م.

محمد الخونجي

(٥٩٠ ـ ٦٤٦هـ-١١٩٤-١٢٤٨م)

هو محمد بن ناماور بن عبد الملك الخونجي الشافعي (فضل الدين، أبو عبد الله).

حكيم منطقي، طبيب مشارك في العلوم الشرعية، اجتمع به ابن أبي أصيبعة بالقاهرة فوجده " الغاية القصوى في سائر العلوم "، تولى القضاء بمصر وصار قاضي القضاة بها وبأعمالها، وتوفي بالقاهرة، ودفن بالقرافة.

من كتبه:

- شرح ما قاله الرئيس ابن سينا في النبض.

- مقالة في " الخدور والوروم ".

- كتاب " أدوار الحميات ".

محمد بن الخطيب

(٧١٣ ـ ٧٧٦هـ ، ١٣١٣ـ ١٣٧٤م)

محمد بن عبد الله بن سعيد بن عبد الله بن سعيد بن أحمد بن علي السلماني، اللوشي، الغرناطي، الأندلسي (أبو عبد الله، لسان الدين، ابن الخطيب، ذو الوزارتين، ذو العمرين) أديب شاعر، مؤرخ، مشارك في الطب وغيره من الوزراء، ولد بلوشة، ونشأ بغرناطة واستوزره سلطانها أبو الحجاج يوسف بن إسماعيل ثم ابنه ، فعظمت مكانته، وكثرت وشايات حاسديه فترك الأندلس إلى جبل طارق، خلسة ثم عبر إلى المغرب واستقر بفاس، لكن السلطان المستنصر قبض عليه، ووجهت إليه تهمة الزندقة، وقتل بفاس خنقا سنة ٧٧٦ هجرية (١٣٧٤م) .

محمد دريّ

(١٢٥٧ـ ١٣١٨هـ ١٨٤١ـ١٩٠٠م)

محمد دري باشا ابن عبد الرحمن ابن أحمد، طبيب جراح، مشارك في بعض العلوم، ولد وتعلم بالقاهرة، ودخل في مدرسة الطب، وأرسل إلى باريس، فأحرز شهادة الطب، وعاد إلى مصر، فتقلب في مناصب التعليم والتطبيب، وأنشا " المطبعة الدرية "، انشر تآليفه وغيرها، وتوفي بالقاهرة في ٣٠ تموز ١٩٠٠م.

له تآليف طبية عديدة منها:

- " رسالة في الهيضة الوبائية ".
- " بلوغ المرام في جراحة الأقسام "، أربعة أجزاء.
- " جراحة الأنسجة " ثلاثة أجزاء.
- " مختصر الأورام ".
- " تذكار الطبيب ".

- " الإسعافات الصحية في الأمراض الوبائية "، الطارئة على مصر سنة ١٣٠٠ هجرية.
- " الجراحة العامة ".
- وفي مدرسة قصر العيني بالقاهرة، معرض لما استخرجه من الحصوات المثانية والنواسير والسراطين وما أشبهها.

محمد الدنيسري

(٦٠٦-٦٨٦هـ ١٢٠٩-١٢٨٧م)

محمد عباس بن أحمد الدنيسري (عماد الدين، أبو عبد اللـه) طبيب، أديب، ناظم، ناشر، ولد بمدينة جنيسر، ونشأ بها، درس صناعة الطب حتى برع بها، واجتمع به ابن أبي أصيبعة، صاحب " طبقات الأطباء" في دمشق، فوجده " في علم الطب قد تميز عن الأوائل والأواخر " وسافر من دنيسر إلى مصر ثم رجع إلى الشام وأقام بدمشق، وخدم الآدر الناصرية اليوسفية بقلعة دمشق، ثم خدم في البيمارستان النوري الكبير، بالميدينة المذكورة، وبها توفي.

من آثاره:

- " المقالة المرشدة في درج الأدوية المفردة ".
- " كتاب نظم الترياق الفاروق ".
- " نظم مقدمة أبقراط ".

محمد الرازي

(٥٤٣-٦٠٦هـ١١٤٩-١٢١٠م)

هو الإمام فخر الدين أبو عبد اللـه محمد بن العمر بن الحسين الرازي المعروف بالفخر الرازي، وبابن خطيب الري، مفسر متكلم، فقيه، أصولي، حكيم، أديب، شاعر، طبيب، مشارك في كثير من العلوم الشرعية والعربية والحكمية والرياضية.

ولد بالري من أعمال فارس، ورحل إلى خوارزم وما وراء النهر وخراسان، وكان ذا ثروة واحترام لدى الملوك، اتصل بسلطان غزة، شهاب الدين الفوري وبالسلطان علاء الدين خوارزم شاه، وتوفي بهراة مخلفا تركة ضخمة.

من كتبه:

- " كتاب الأشربة ".

- " كتاب الجامع الكبير، لم يتم، ويعرف لكتاب الطب الكبير ".

- " كتاب في النبض ".

- " شرح كليات القانون، لم يتم "

- " كتاب التشريح من الرأس إلى الحلق " لم يتم.

- " مسائل في الطب ".

محمد بن الرقام

(... ـ٧٥١هـ ... ـ ١٣١٥م)

محمد بن ابراهيم بن على الأوسي المرسي، أبو عبد اللهع ابن الرقام، مهندس طبيب أندلسي، من أهل مرسية، توفي بغرناطة عن سن عالية.

من كتبه:

- "التكسير".

- " خلاصة الاختصاص في معرفة القوى والخواص " وهو في الطب، وهو محفوظ في الرباط (١٦٨١م).

محمد بن سحنون

(٥٨٠... ـهـ... ١١٨٤م...م)

هو أبو عبد اللـه محمد بن سحنون، ويعرف بالندرومي منسوبا إلى ندرومة مدينة

جزائرية نشأت في مقاطعتها دولة الموحدين، ولد بقرطبة، ونشأ بها ثم انتقل إلى إشبيلية.

اشتغل بالطب على القاضي أبي الوليد بن رشد، وكان يوسف بن موراطير ممن قرأ عليهم بصناعة الطب،خدم بطبه النتصر، ومن بعده ولد المستنصر ؟، ثم خدم بعد ذلك سالم بن هود وأخيه أبي عبد اللـه بن هود صاحب الأندلس.

من آثاره:

- " اختصار كتاب المستصفي " للغزالي.

محمد بن سعد

(كان حيا سنة ٥١٦هـ،١١٢٢م)

محمد بن سعد بن زكريا بن عبد اللـه بن سعد (أبو بكر): عالم بالطب، أندلسي الأصل، من ساكني دانية.

من كتبه:

- " التذكرة "، وتعرف بالسعدية، نسبه إليه، كان حيا سنة ٥١٦هجرية (١١٢٢م).

محمد السمرقندي

(... ـ٦١٩هـ، ... ـ ١٢٢٢م)

هو محمد بن على بن عمر أبو حامد، نجيب الدين السمرقندي، طبيب عالم، قتل مع جملة الناس الذين قتلوا بمدينة هراة لما دخلها التتر، وكان معاصرا لفخر الدين الراوي بن الخطيب.

ومن كتبه:

- " كتاب الأسباب والعلامات "، جمعه لنفسه ونقله من القانون لأبي على بن سينا

- " أصول تركيب الأدوية ".

- " الدوية المفردة ".

- " قوانين تركيب الأدوية القلبية ".

- " ورسالة في مداواة وجع المفاصل ".

- " مقالة في كيفية تركيب طبقات العين ".

- " الأقراباذين الكبير ".

- " الأقراباذين الصغير ".

- " كتاب أغذية المرضى"، وقسمه على حسب ما يحتاج إليه في التغذية لكل واحد من سائر الأمراض.

- "غاية الأغراض في معالجة الأمراض والأغذية والأشربة للأصحاء"، وهو من تصانيفه الطبية.

محمد الشباسي

(.... ـ١٨٩٤م)

أصله من تلاميذ الأزهر، ثم دخل مدرسة الطب بأبي زعبل، ولما أتم دروسه فيها سافر في عداد بعثة علمية إلى فرنسا، أيام محمد على باشا، سنة (١٨٣٢م)، وبعد إنجاز علومه عاد إلى مصر سنة ١٨٣٨م.

فعين معلما لعلم التشريح الخاص، في مدرسة الطب، وكلّف فوق ذلك بعيادة المستشفيات العسكرية والملكية، وبعد إنشاء ترعة السويس.

اختير طبيبا لموظفيها لعدة سنوات واعتزل بعدها.ونال رتبة "بك"، توفي سنة ١٨٩٤ نحو تسعين سنة.

من مؤلفاته:

- " كتاب التنقيح الوحيد في التشريح الخاص الجديد "

- " كتاب التنوير في قواعد التحضير ".

محمد الشرواني

(... ـ ٩١٢هـ ـ ... ـ ١٥٠٦)

محمد بن محمود بن حاجي الشرواني، ثم القسطنطيني، طبيب مستعرب، له معرفة بالتفسير والحديث وعلوم العربية.

من أهل شيروان في بخاري خدم بطبّه السلطان محمد خان (المتوفى سنة ٨٨٦هـ)، وحج وأقام فيها على بعض علمائها، وعاد إلى الروم.

من كتبه:

- له كتاب " روضة العطر " مخطوطة، في الطب مجلّد ضخم (محفوظ في مكتبة الفاتيكان تحت رقم ٨٧٧عربي)، ومنه نسخة غير مسمّاة أو لعله كتاب آخر في الطب أيضا).

محمد الشيرازي

(٦٣٤ـ٧١٠هـ ـ ١٢٣٧ـ١٣١٠م)

هو محمد بن مسعود بن مصلح الفارسي الشيرازي (قطب الدين) حكيم، فلكي، طبيب، ولد بشيراز وتخرّج بالنصير الطوسي، عمل وزيرا لبعض ملوك العجم ثم ارتحل إلى أثر بلاد الروم، وأكرمه السلطان محمد خان، وعاش في كنفه في غاية الإكرام، وكان يعرف علم الطب غاية المعرفة. زار بغداد ودمشق ومصر، واستوطن تبريز حتى كانت وفاته سنة ٧١٠هـ (١٣١٠م).

من آثاره:

- " رسالة في بيان الحاجة للطب و الأطباء ووصاياهم ".
- " رسالة في البرص ".
- " شرح قانون ابن سينا ".
- " رسالة في أمراض العيون وعلاجاتها ".

محمد شلبي

(١١٩٠-١٢٦٣هـ ١٧٧٦-١٨٤٦م)

محمد شلبي ين يوحنا الموصلي، طبيب، سرياني الأصل، هو جد "آل الشلبي" المعروفين بالموصل بالطب، كان اسمه القس عبد الأحد.

وتسمى محمدا لما أسلم (سنة ١٢٣١هجرية) ولقب بشلبي، طبيب مشارك في بعض العلوم ولد وتوفي في بالموصل.

من آثاره:

- " شرح أرجوزة ابن سينا " في الطب.
- " الطب المختار ".
- " مفردات الطب المختار ".
- " أقراباذين الطب المختار ".
- " رسالة في النبض ".

محمد صدقي

(١٢٩٨-١٣٣٨هـ ١٨٨١-١٩٢٠م)

محمد توفيق صدقي، دكتور في الطب، من أهل مصر، تخرّج بمدرسة الطب المصرية.

وأولع بالأبحاث الدينية وتطبيقها على العلوم الكونية، وتقلب في الوظائف الطبية إلى أن كان طبيب مصلحة السجون بالقاهرة وقد ترك من الكتب. "دروس الكائنات في الكيمياء والطبيعة والتشريح ووظائف الأعضاء "،" الدين في نظر العقل الصحيح ".

محمد طلعت

(١٢٧٨-١٣٤١هـ ١٨٦٢-١٩٢٣م)

محمد طلعت باشا، طبيب مصري، ولد بالقاهرة، وتعلم الطب بقصر العيني، ثم بفرنسا وعاد إلى مصر فعين مدرسا بمدرسة الطب للأمراض الباطنية، ثم تولى وكالة وزارة الداخلية للصحة العامة، توفي بالقاهرة في١٦حزيران سنة ١٩٢٣م.

من تصانيفه:

- " الطالع الشرقي في التشريح الدقي ".
- " أصول تشريح المنسوجات ".
- " كتاب المادة الطبية ".
- " علم العقاقير ".
- " إرشاد الأنام في تشريح الأورام ".

محمد القربلياني

(... ٧٦١هـ ... -١٣٦٠م)

محمد بن على القربلياني، أبو عبد اللـه " طبيب وجراح، عالم بالأعشاب والنبات، من أهل قربليان بقرب أريوة، سكن مراكش مدّة، وتصدر مدة العلاج، وعاد إلى الأندلس فتوفى بغرناطة.

محمد القطاوي

تربّى في مدارس القاهرة ثم التحق بمدرسة الطب بقصر العيني، ثم اختير في سنة ١٨٦٢ للسفر إلى فرنسا لإتمام علومه بها، لكنه لم يلبث أن عاد إلى بلده في أول تموز ١٨٦٣ بأمر من الخديوي إسماعيل، وتقلب في عدة وظائف، وعين مدرسا

للأمراض العامة (الباثالوجيا) في مدرسة الطب بقصر العيني، وتولى نظارة مدرسة الطب مدة قليلة سنة ١٨٨٣، وتوفي سنة ١٩٠٠م.

له من المؤلفات:

- " الأقوال التامة في علم الباثالوجيا العامة " وهو في جزئين، ولم يطبع.

محمد القزويني

(القرن التاسع الهجري، القرن الخامس عشر)

محمد القزويني (الحكيم شاه) مفسر، حكيم طبيب منطقي متكلم، قرأ العلوم على جلال الدين الدواني.

وكان ماهرا! في علم الطب لأنه كان من أولاد الأطباء، قصد مكة ومن هناك استدعي إلى القسطنطينية ليخدم السلطان بايزيد خان، وتقرب إلى السلطان سليم وبلغ عنده المراتب العليا.

له كتب عدة في العلوم الحكمية والتفسير، أما في الطب فقد وضع شرحا "للموجز في الطب ".

محمد القوصوني

(٠٠٠-٩٣١هـ-٠٠٠-١٥٢٥م)

محمد بن محمد بن محمد، شمس الدين بن بدر الدين القوصوني، طبيب مصري من أهل القاهرة.

زار بلاد الترك بعد استيلائهم على مصر، وتوفي في "رشيد".

له كتب منها:

- " زاد المسير في علاج البواسير ".

- " كمال الفرحة في دفع السموم وحفظ الصحة ".

- " المصباح في الطب ".

- " دستور البيمارستان ".

- " منافع الحمام ".

- " الدرة المنتخبة في الأدوية المجربة ".

محمد القلانسي

(كان حيا حوالي ٦٢٠هـ ١٢٢٣م)

محمد بن بهرام بن محمد القلانسي، السمرقندي (بدر الدين) طبيب، مجيد في صناعة الطب. عارف بمعالجات الأمراض ومداواتها.

من تآليفه الطبية:

- " كتاب القراباذين " ويقع في تسعة وأربعين بابا تضمن ذكر ما يحتاج إليه من الأدوية المركبة التي جمع أسماءها من الكتب الطبية المعتمد عليها،مثل القانون، والحاوي، والكامل والمنصوري، والذخيرة، والكفاية.
- مولده، ووفاته بالقاهرة، درس الطب فيها بقصر العيني ثم في فرنسا وعاد إلى القاهرة سنة ١٨٧٠م، فعين مدرسا للتشريح بمدرسة الطب.ألف مع الدكتور محمود صدقي.
- " كتاب إرشاد الخواص في التشريح الخاص".

محمد عبد الخالق

(...ـ١٣٦٩هـ .... ـ١٩٥٠م)

محمد خليل عبد الخالق، طبيب مصري، عالم بالجراثيم، تعلم بالقاهرة ولندن، ودرّس في مدرسة الطب بالقاهرة، ثم كان مديرا لمعهد " الأبحاث" فوكيلا لوزارة الصحة وتوفي بالقاهرة. كتب نحو٢٥٠بحثا نشرت في المجلات الطبية والعلمية.

من كتبه:

- " الالتزام العلاجي ".

- "رسالة فضل محمد الكبير في إنشاء الإدارة الصحية الحديثة وتعليم الطب في مصر".

كما جاهد في مكافحة البلهارسيا، واكتشف نحو ثلاثين طفيليا أطلق اسمه على نحو عشرة منها.

محمد العنتري

(...ـ٥٧٠هـ ـ ... ـ١١٧٥م)

هو أبو المؤيد محمد بن المجلي بن الصائغ الجزري، الشهير بالعنتري، طبيب،

عالم بالحكمة والفلسفة، أديب شاعر، من أهل " الجزيرة " بين دجلة والفرات، كان في أول أمره يكتب أخبار

" عنترة العبسي " فاشتهر بنسبته إليه.

وصنف كتبا متنوعة:

- "كتاب الأقراباذين" وهو من أقراباذين كبير استقصى فيه ذكر الأدوية المركبة وأجاد في تأليفه.

- " كتاب النبات ".

- "كتاب الإستقصاء والإبرام في علاج الجراحات والأورام"، لا يزال مخطوطة.

محمد علوي

(...ـ١٣٣٧هـ ـ ... ـ١٩١٨م)

محمد علوي "باشا"، طبيب مصري، ولد بمصر ودرس فيها الطب، ثم تابع دراسته الطبية في فرنسا، بعد عودته إلى بلاده، تولى أعمالا كثيرة، فعين مدرسا لأمراض العيون بمدرسة الطب المصرية، وكان رئيس قسم الرمد في المؤتمر الطبي المصري الأول سنة ١٩٠٢، ومن أعضاء الجمعية التشريعية، ومجلس المعارف الأعلى ثم عين مراقبا عاما للجامعة بالقاهرة إلى أن توفي بها.

من مؤلفاته: " النخبة العباسية في الأمراض العينية ".

محمود البقلي

(... -١٣٠٧هـ ... - ١٨٩٠م)

محمود رشدي البقلي، طبيب مصري، ولد في زاوية البقلي بالمنوفية، درس الطب بالقاهرة، وأرسل في بعثة إلى ميونيخ بألمانيا، ومنها إلى باريس، عاد بعدها إلى مصر، فعين طبيبا ومدرسا للتشريح في المدرسة الطبية، فرئيسا للأطباء بالمنوفية، وتوفي فيها، بعد أن أصيب بمرض عصبي، ترك "معجم فرنسي عربي للمصطلحات الطبية".

محمودحسن باشا

طبيب وعالم مصري(١٨٤٧-١٩٠٦)

ولد حسن بن على محمود في قرية الطالبية من ضواحي القاهرة، تلـقى تعليمه المدرسي في مصر ثم درس الطب في ألمانيا وفرنسا وتقلب في عدد من لمناصب الهامة في مصر بعد عودته، فشغل منصب مفتش صحة مصر، ثم مديرا للصحة، فناظرا للمدرسة الطبية وطبيبا لقسم الأمراض الباطنية بمستشفى القصر العيني. يعتبر حسن محمود من نوابغ أطباء مصر.

إذ كانت له بالإضافة إلى مهاراته الطبية القدرة الفائقة على التأليف، إذ ترك ستة وعشرين كتابا معظمها مطبوع.

من كتبه:

- " الفوائد الطبية في الأمراض الطبية في الأمراض الجلدية، والبواسير ومعالجتها ".
- " الاستكشاف العصري في الدمل المصري ".
- " الخلاصة الطبية في الأمراض الباطنية ".
- " الهيضة والكوليرا ".

- " الفقاع " وهو باللغة الفرنسية.

محمود بن رقيقة

(٥٦٤-٥٦٣هـ،١١٦٩-١٢٣٨م)

محمود بن عمر بن محمد بن إبراهيم بن شجاع الشيباني، ويعرف بابن رقيقـة (سديد الدين، أبو الثناء) حكيم، طبيب، ناظم، عارف بالنحو واللغة وغيرهما، ولد بمدينة حيني من بلاد ديار بكر، ونشأ بها، ولازم فخر الدين محمد بن عبد السلام المارديني، وصحبه كثيرا، واشتغل عليه بصناعة الطب، وكان لسديد الدين بن رقيقة أيضا معرفة بالكحل والجراحة.خدم عددا من الملوك والأمراء آخرهم الملك الأشرف صاحب دمشق، فأكرمه واحترمه، وأمر بأن يتردد إلى الدور السلطانية بالقلعة، وأن يواظب أيضا على معالجة المرضى بالبيمارستان الكبير، وكانت وفاته سنة ٦٥٣هجرية (١٢٣٨م) في مدينة دمشق.

من تصانيفه:

- " قانون الحكماء وفردوس الندماء ".
- " الفرض المطلوب في تدبير المأكول والمشروب ".
- " أرجوزة الفصد ".
- " لطف السائل في نظم مسائل حنين، وموضحة الاشتباه في أدوية الباه".
- بقيت من أوراق متفرقة، وله رسالة سماها "المنافع الحاضرة في النوازل الحادرة".

محمود السيالة

(... ـ ١٢٦٣هـ ... ـ١٨٤٧م)

محمود بن محمد السيالة الصفاقسي، متطبب، من العدول، تعلم بجامع الزيتونة، وانتصب عدلا موثقا بصفاقس، بتونس.

من كتبه:

- " الجوهر النوراني في الدواء الجسماني والروحاني "، شرح فيه تذكرة داود الأنطاكي واستدرك عليها مفردات وأدوية من الطب الحديث، وأضاف إلى كثير من مفرداتها، أسمائها التركية والبربرية وباللهجتين التونسية والمغربية، وعين مكان وجود بعضها في تونس، وذكر في مقدمة الكتاب أنه من ثلاثة أجزاء
- "وقدم مجلدان" و "معجم طبي عربي فرنسي"، ما يزال مخطوطا ويشتمل على ٤٠ ألف لفظة طبية.

مدين القوصوني

(٩٦٩ـ ١٠٤٤هـ١٥٦٢ـ ١٦٣٤م)

مدين بن عبد الرحمن القوصوني، رئيس الأطباء بمصر، في عصره له باع في الأدب والتاريخ.

من كتبه:

- "قاموس الأطباء وناموس الألباء"، في المفردات الطبية فرغ منه سنة ١٠٤٤هجرية.
- " طيبات الأنباء في طبقات الأطباء ".
- " وفي خزانة الرباط مخطوط باسم " تحفة المحب في صناعة الطب " تأليف بدر الدين القوصوني رئيس الأطباء.
- " هدية المحب في صناعة الطب ". توفي القوصوني بمصر.

مروان بن جناح

(... ـ٥١٥هـ ... ـ ١١٢١م)

مروان بن جناح القرطبي، عالم يهودي له عناية بصناعة المنطق والتوسع في علم لسان العرب واليهود، وعرفة جيدة بصناعة الطب، ولد في أواخر القرن العاشر الميلادي.

من آثاره:

- " كتاب التلخيص " وقد ضمّنه الأدوية المفردة، وتحديد المقادير المستعملة في صناعة الطب من الأوزان والمكاييل.

مشرفة مصطفى عطية

رياضي مصري (١٨٩٥ـ١٩٠٥)

تخرج مشرفة من مدرسة المعلمين العليا في القاهرة وتابع دراسته في جامعة نوتنجهام والكلية الملكية بلندن، اشتغل بالتعليم وشغل منصب وكيل جامعة القاهرة سنة ١٩٤٦، وعميد لكلية العلوم سنة ١٩٤٧.

يعتبر مشرفة من رواد الباحثين العرب الرياضيين المعاصرين، ونشر عددا من بحوثه في مجلات أوروبية علمية، ألف عددا من الكتب العلمية والاجتماعية.

من كتبه:

"النظرية النسبية الخاصة"، "نحن والعلم"،"الذرة والقنابل الذرية"، "العلم والحياة"، "ومطالعات علمية"، بالإضافة إلى ذلك شارك بتأليف عدد من الكتب المدرسية في الرياضيات البحتة والرياضيات التطبيقية. درس مشرفة كتاب الجبر والمقابلة للخوارزمي وعلق عليه.

مصطفى النجدي

(١٨٨٢-١٩١٢م)

هو مصطفى النجدي "بك"، ولد بناحية هيها من أعمال الشرقية، وتعلم في مكتب البلدة، ثم التحق بالمدارس الأميرية، ولما أتم دروسه، أرسل إلى النمسا لتعلم الطب بها، وبعد إتمامه دروسه،عاد إلى مصر سنة ١٨٥٥،وعين طبيبا بالجيش المصري ثم طبيبا في معية الخديوي سعيد، وإلى مصر، ثم طبيبا أكبر لمديرية الجيزة، في أوائل حكم الخديوي إسماعيل،وفي سنة ١٨٧٢م، عين طبيب ديوان الجهادية وأنعم عليه برتبة

القائم مقام، وتقلب بعد ذلك في عدة وظائف، اشترك في الثورة العرابية، ونفي بعدها إلى الشام حيث مكث ثمانية شهور، ثم انتقل إلى الإستانة كطبيب لأسرة الأمير محمد عبد الحليم، وتوفي سنة ١٩١٢م، عن عمر يناهز التسعين سنة.

مصطفى السبكي

(.... ـ ١٢٧٦هـ ... ـ ١٨٦٠م)

مصطفى السبكي، من أطباء العيون بمصر، أصله من تلاميذ الأزهر، انتقل إلى مدرسة الطب بأبي زعبل، وسافر في بعثة إلى فرنسا سنة ١٨٣٢، متخصص في طب العيون، وعاد سنة ١٨٣٨ فعين معلما لأمراض العين في مدرسة الطب بقصر العيني (بالقاهرة)، واستمر إلى سنة ١٨٤٩ وأرسل إلى التدريس في الخرطوم، وعاد سنة ١٨٥٤. وألغيت مدرسة الطب بالقاهرة، وأعيدت سنة ١٨٥٦ فعاد إليها واستمر إلى أن توفي وهو أحد الذين انتدبوا لترجمة المصطلحات العلمية والطبية.

من ترجماته:

- " قاموس القواميس الطبية " من تأليف الفرنسي " فابر ".
- ومما ترجمه عن الفرنسية " رسالة في تطعيم الجدري ".

مصطفى الواطي

(.... ـ ... ، .... ـ ١٨٦٤م)

هو مصطفى الواطي "بك"، من مواليد قرية الواط من أعمال المنوفية، تعلم في مكاتب مصر، ثم التحق بمدرسة الطب وتخرج منها، ووظف في الحكومة المصرية في سنة ١٨٤٢ رئيسا لأحد أقسام قلم الترجمة، ثم أرسل إلى فرنسا للتخصص في الطب العام والأسنان. وعاد إلى مصر سنة ١٨٤٥م، وألحق بمدرسة الطب معلما، ثم وكيلا لها. وكبير أطباء قسم الأمراض الإفرنجية (الزهري ونحوه)، ومعلما للفسيولوجيا (علم وظائف الأعضاء)، فصل من وظيفته.

وأعيد إلى الخدمة في الحكومة لمعالجة الجنود من الجرب والقراع وغيرهما

سنة ١٨٥٩م، في قصر العيني لكفاءته في الأمراض الجلدية، ودرّس الفسيولوجيا في مدرسة الطب، وأدركته المنية

سنة ١٨٦٤م.

المظفر الحمصي

طبيب وأديب (.... ـ ٦١٣هـ.... ـ ١٢١٥م)

المظفر بن علي بن ناصر القرشي، الحمصي، (كمال الدين، أبو منصور)، اشتغل بصناعة الطب على يد

الشيخ رضي الدين الرحبي، وشرع في قراءة كتاب

القانون على القاضي بهاء الدين المخزومي، لما أتى إلى دمشق.

وكان محبا للتجارة، وأكثر معيشته منها، يكره التكسب بصناعة الطب، لكن الملوك والأعيان كانوا

يطلبونه لما ظهر من علمه.

طلبه الملك العادل أبو بكر بن أيوب ليخدمه، فما فعل، وظل سنين يتردد إلى البيمارستان النوري

الكبير، يعالج المرضى فيه، وظل كذلك إلى أن توفي سنة ٦١٢هجرية (١٢١٥م).

منصور ابن المقشر

(القرن الرابع الهجري ـ القرن العاشر الميلادي)

هو أبوالفتح منصور بن سهلان بن المقشر، طبيب نصراني من الأطباء المشهورين بمصر أيام الدولة

الفاطمية، وكان طبيب الحاكم بأمر الله، ومن الخواص عنده.

وكان العزيز أيضا يستطبه ويرى له ويحترمه، قال ابن العبري:"وله منزلة سامية عند أصحاب

القصر ولا سيما في أيام العزيز سنة (٩٥٧-٩٩٦م)" واعتل أبو الفتح هذا في أيام العزيز سنة ٣٨٥هـ (٩٩٥م)،

فكتب إليه العزيز بخطه راجيا له لشفاء. بعد العزيز خدم منصور هذا، ابن الحاكم (٩٩٦-١٠٢١).

حظي عنده وبلغ أعلى المنازل، ولما مرض ابن المقشر عاده الحاكم بنفسه، وقد توفي سنة ٣٩٢هـ (١٠٠٣م)، في أيام الحاكم بأمر اللـه.

مهذب الدين بن الحاجب

طبيب مشهور، أتقن الأدب والنحو إلى جانب الطب، ولد بدمشق ونشأ بها، واشتغل بالطب على مهذب الدين بن النقاش، ثم سافر إلى الموصل بالعراق للاجتماع بشرف الدين الطوسي.وبعد سفره إلى إربل، عاد إلى دمشق. تميز في الطب وصار "من جملة أعيانه" على حد ما جاء في طبقات الأطباء "، خدم في البيمارستان الكبير

بدمشق، ثم خدم تقي الدين عمر، بحماة حتى وفاته.

فسافر إلى مصر حيث دخل في خدمة الملك الناثر صلاح الدين يوسف بن أيوب، وعاد إلى حماة، حيث توفي بعلة الأستسقاء، له كتاب في الخلاف "مجدول على وضع تقييم الصحة.

موسى الإسرائيلي

(كان حيا ٣٦٣هـ ـ٩٧٤م)

هو موسى بن العازار الإسرائيلي، طبيب من أهل مصر، دخل في خدمة المعز لدين اللـه، وكان في خدمته أيضا ابنه اسحق بن موسى المتطبب، وكان جليل القدر عند المعز.

من كتبه:

- " الكتاب المعزي في الطبيخ "، ألفه للمعز لدين اللـه، مقال في السعال.

- " كتاب الأقراباذين ".

موسى بن سيار

(... ـ٣٥٠هـ ... ـ٩٦١م)

(أبو ماهر) من الأطباء المشهورين بالحذق وجودة المعرفة بصناعة الطب. له

"مقالة في الفصد"، "الزيادة" على كناش "الخف" لاسحق بن حنين.

- "كتاب في قسم الزاوية إلى ثلاثة أقسام متساوية.. وغيرها

موسى الكحال

(... ٨٧٩هـ ... ١٤٧٤م)

هو موسى بن ابراهيم بن موسى بن محمد، شرف الدين، أبو النجا، اليلداني الشافعي، طبيب كحال، ولد في يلدا (من قرى دمشق) وإليها نسبته.

من تآليفه:

- "الرسالة النورية في أمراض العين الكلية"، وهي كناية عن ورقات قليلة عالج فيها مسائل جليلة في أحوال العين، وتقع هذه الرسالة في سبع وأربعين صفحة من القطع الصغير.

من تصانيفه:

- "الجوهر النفيس بشرح منظومة الرئيس" وهو شرح لمنظومة ابن سينا، يقع في جزأين.

- "الفتوح في علاج القروج".

- "الحميات".

- "مصباح الطالب ومنير المحاسب الكاسب"،ذكرها البغدادي، ولعلها في المخطوطات.

موسى بن ميمون

(٥٢٩-٦٠١هـ ١١٣٥-١٢٠٤م)

هو موسى بن ميمون، بن يوسف بن اسحق، أبو عمران القرطبي، طبيب، حكيم رياضي، ويهودي عالم بسنن اليهود، ولد وتعلم في قرطبة بالأندلس، وتنقل مع أبيه في مدن الأندلس، وتظاهر بالإسلام فحفظ القرآن، وتفقه بالمالكية، توجه إلى مصر وأقام بفسطاطها.

حيث ارتد فعاد إلى يهوديته وأقام في القاهرة ٣٧ سنة كان فيها رئيسا روحيا لليهود، كما عمل خلالها في بلاط الملك الناصر صلاح الدين الأيوبي.

وولده الملك الأفضل علي، ومات بالقاهرة ودفن بطبريا في فلسطين سنة ٥٢٩هـ(١٢٠٤م).للرئيس موسى ـ كما يسميه ابن أبي أصيبعة ـ عدد من المصنفات الطبية.

من كتبه:

- " الفصول في الطب "، ويعرف بفصول القرطبي أو فصول موسى، وقد ترجم إلى اللاتينية وطبع بها.
- " شرح أسماء العقار " في العقاقير.
- " مقالة في تدبير الصحة " صنفها للملك الأفضل.
- " مقالة في البواسير وعلاجها ".
- " مقالة في الربو ".
- " مقالة في السموم والتحرز من الأدوية القتالة.

موفق الدين عبد السلام

أصله من بلدة حماة السورية، لكنه أقام بدمشق، واشتغل على الحكيم مهذب الدين عبد الرحيم بن علي، وعلى غيره، وتميز في صناعة الطب. صم سافر إلى حلب، وخدم الملك الناصر يوسف بن محمد بن غازي صاحب حلب.

وأقام عنده، واستمر في خدمته،إلى أن تملك الناصر على دمشق، فأتى في صحبته وكان معتمدا في الطب عليه، وكثير الإحسان إليه.

ثم غادر دمشق إلى القاهرة حيث مكث مدة، ثم خدم بعد ذلك الملك المنصور، صاحب حماة، وأقام عنده بحماة، وأجزل له العطاء.

موفق الدين عبد العزيز

(٥٥٠ ـ ٦٠٤هـ)

موفق الدين عبد العزيز بن عبد الجبار بن أبي محمد السلمي، طبيب اشتهر بشفقته على المرضى لا سيما ضعيفي الحال منهم ـ هؤلاء كان يعالجهم ويوصل إليهم النفقة وما يحتاجونه من الأدوية والأغذية.

اشتغل على إلياس بن المطران، بالطب وصار له مجلس للمشتغلين عليه بالطب، وخدم بطبه في البيمارستان الكبير بدمشق، الذي أنشأه الملك العادل نور الدين الزنكي، ثم خدم بعده الملك العادل أبا بكر بن أيوب.

ولم يزل في خدمته حتى وافته المنية بدمشق، بعلّة القولنج، ودفن بجبل قاسيون وعمره ستين سنة.

مؤيد الدين الحارثي

(٥٢٩ـ٥٥٩هـ ١١٣ـ١٢٠٣م)

مؤيد الدين بن عبد الكريم بن عبد الرحمن الحارثي (أبو الفضل)، وكان يعرف بالمهندس لجودة معرفته بالهندسة وشهرته بها، قبل أن يتحلى بمعرفة صناعة الطب، ولد ونشأ بدمشق.

وفيها اشتغل بنحت الحجارة، وبالنجارة حتى أن أكثر أبواب البيمارستان الكبير

بالمدينة هي من نجارته. قرأ الطب على أبي المجد محمد بن أبي الحكم، وظل يطبب بالبيمارستان سنينا كثيرة إلى حين وفاته سنة ٥٢٩هـ (١٢٠٣م) بدمشق، بعارض إسهال، عن عمر يناهز السبعين سنة ومن كتبه الطبية كتاب " الأدوية المفردة " وهو على ترتيب حروف الألفباء.

مهذب الدين بن النقاش

(... ـ٥٧٤هـ)

هو الشيخ الإمام العالم أبو الحسن علي بن أبي عبد الله عيسى بن هبة الله النقاش، ولد بنشأة ببغداد، تعمق بعلوم العربية وأدبها.

اشتغل بصناعة الطب على أمين الدولة، هبة الله بن صاعد بن التلميذ، ولازمه مدة، انتقل بعدها إلى دمشق يطبب فيها، وكان له مجلس عام فيها للمشتغلين عليه، ثم قصد مصر وأقام بالقاهرة مدة، وعاد إلى دمشق وأقام فيها حتى وفاته.

خدم بطبه الملك نور الدين الزنكي، وخدم في البمارستان النوري بدشق، وبقي به سنين، ثم عمل في خدمة الملك الناصر صلاح الدين يوسف بن أيوب، وحظى عنده، لم يتزوج ولم يخلف ولدا، وكانت وفاته سنة ٥٧٤هـ بدمشق فدفن بها في جبل قاسيون.

أبو المعز الرزاز

(٠٠٠)= (٠٠٠ -١٢٠٦ م)

من العلماء العرب المنتسبين، عاش في القرن الثاني عشر الميلادي. أكمل ما توصل إليه موسى بن شاكر. فكان عمله الأساسي في علم الحيل:

- أنهى كتاباً في الحيل أسماه " الحيل أو الجامع بين العلم والعمل ".

المعموري البيهقي

(٠٠٠-٤٨٥ هـ)=(٠٠٠ -١٠٩٢ م)

أديب وفيلسوف. محمد بن أحمد المعموري البيهقي، ألف فن الحيل والأثقال والأوزان والثقل النوعي، اشتغل في الرياضيات أيضاً ودقائق المخروطات. اعترف الخيام بثقافته وسعة إطلاعه في مختلف العلوم.

موسى بن شاكر

(وبنوه الثلاثة)

لم تحمل المصادر إلينا تاريخ ولادة موسى بن شاكر وكذلك نشأته وتلقيه العلم في بغداد، وكل الذي عرف عن هذه الأسرة أن الأب موسى كان في زمن الخليفة العباسي المأمون في القرن الثالث الهجري، وأنه كان يتولى للخليفة الاهتمام بشؤون الفلك في بلاطه وذلك في حدود سنة ١٩٨-٢١٨ هـ وفي بغداد برز موسى ابن شاكر وأبناؤه محمد وأحمد وحسن في علوم الرياضيات والهندسة والميكانيكا، ولذلك انتدبه المأمون في بعثة إلى منطقة سنجار (من أقضية العراق). لقياس المسافة التي تقابل درجة على خط الطول ـ هذا يكافئ قياس محيط الأرض اذا قدرت هذه المسافة بـ ٣٦٠. وفي سنجار وبعد حساب طويل مضن ودقيق توصلت بعثة موسى إلى أن المسافة تساوي ٣/٢ ٦٦ ميلاً عربياً (الميل العربي يساوي ٢، ١٩٧٣ متراً)، وهذا يعادل ٣٥٦ ، ٤٧ كيلو متر لمدار الأرض. هذه النتيجة قريبة من الرقم الصحيح، لأن مدار الأرض الفعلي يعادل ٠٠٠ ، ٤٠ كيلو متر على التقريب، ولهذا يعزي إلى بني موسى بن شاكر القول بالجاذبية العمودية بين الأجرام السماوية، وهي التي تربط كواكب السماء بعضها ببعض ويجعل الأجسام تقع على الأرض. وقد كلفهم المأمون بقياس محيط الأرض، وقد قدروه ـ كما أسلفنا ـ بنحو أربعة وعشرين ألف ميل، واختاروا لذلك مكاناً منبسطاً في صحراء سنجار، ونصبوا آلاتهم وقاسوا الارتفاعات والميل والأفق، وعلموا أن كل درجة من درجات الفلك يقابلها ٣/٢ ٦٦ ميل، وقد توافق هذا الحساب مع ما عملوه في أرض الكوفة. وقياس العرب هذا هو أول قياس حقيقي أجري مباشرة مع كل ما اقتضته تلك المساحة من المدة الطويلة والمشقة.

توفي موسى بن شاكر عن سن مبكرة وكان أولاده الثلاثة مازالوا أطفالاً، ولحسن مكانتهم عند الخليفة تبعاً لدرجة أبيهم عنده فقد رعاهم المأمون وعلمهم وأحسن إليهم، حتى أن كبير إخوته المدعو " محمد " أصبح ذا مكانة وشأن كبير في السياسة،

وحل محل أبيه موسى عند الخليفة المأمون، ورغم اشتغاله في السياسة في بلاط المأمون، إلا أنه كان عالماً فلكياً ورياضياً من الدرجة الأولى، ولهذا اهتم بالأرصاد الجوية والإنشاءات الميكانيكية. ويذكر أن المأمون أوكل أمر العناية لهم إلى إسحاق بن إبراهيم المصعبي حاكم بغداد، حتى اذا ما شبوا دفع إلى يحيى بن منصور رئيس بيت الحكمة، وكان من كبار المنجمين، ففتحت أمام الثلاثة في تلك الدار كل أنواع المعرفة والعلوم ووسائل التعليم والاستفادة حتى برزوا في علم الفلك والرياضيات والميكانيكا والهندسة والموسيقى والطب والحكمة والفلسفة.

وكان موسى بن شاكر وأولاده مرصداً كبيراً على طرف جسر بغداد، فكانت أرصادهم مرجعاً لمن جاء بعدهم من علماء المسلمين وغيرهم. فهم وضعوا طريقة البحث وكانوا الوحيدين في زمنهم وتركوا المجال لغيرهم من العلماء أن يتحققوا من صحة قياساتهم. كما ترجموا عن اليونانية الكثير من الكتب الرياضية والفلك.

وألف بنوا موسى في علم الحيل كتاب " حيل بني موسى " ويتضمن كتابهم هذا مائة تركيب ميكانيكي، كما كتبوا في علم الأثقال، وقد يكون كتابهم الأول الذي يبحث في الميكانيكا. وهو من أحسن الكتب وأمتعها.

وقد اكتشف بنو موسى طريقة مبتكرة لرسم الشكل الإهليلجي، وذلك بغرس إبرتين في نقطتين، ثم أخذ خيط أكثر من ضعف بعدي هاتين النقطتين، ثم ربط هذا الخيط من طرفيه ووضع حول الإبرتين وأولج فيه قلم رصاص، وعند إدارة القلم يتكون الشكل الإهليلجي، وتسمى النقطتان "محترقي" الإهليلجي أو "بؤرتيه".

وكان بنو موسى قد شرحوا صعود مياه الفرات والعيون إلى أعلى، وكيفية ترشيح الآبار من الجوانب، وبينوا كيفية صعود المياه إلى الأماكن العالية في القلاع ورؤوس المنارات، وطبقوا نظرياتهم على حاجاتهم اليومية وفي القلاع المرتفعة، وكان علم السوائل عندهم من فروع الحيل.

لقد قام بنو موسى بحسابات فاقت ما وصل إليه بطليموس وفلكيو العصر المروزي، حتى إن البيروني صرح بعد مائة وخمسين عاماً: " إني أرى أن بوسع المرء أن يعتمد على ما قام به أبناء موسى من أبحاث ...... ".

محمد بن موسى بن شاكر

وهو الابن الأكبر لموسى، قضى الشطر الأكبر من وقته في دراسة وتطوير علم الفلك والرياضيات وعلم طبقات الجو، بالإضافة إلى إسهامه في علم الحيل الذي كان من اختصاص أخيه محمد. وقد عرف محمد بسعة إطلاعه وتبحره في معظم فروع المعرفة ولهذا كان يلقب بحكيم بني موسى. قيل إنه برز في علم الفلك والرياضيات والفلسفة والطب، بينما نبغ أخوه أحمد في علم الميكانيكا، وشهر الحسن في علم الهندسة. وكان الأخوة الثلاثة بعد عملهم في دار الرصد المأمونية في الشماسية في أعلى بغداد قد أنشئوا مرصداً خاصاً بهم في دراهم التي أقاموها عند باب الطاق في جانب الرصافة في بغداد. تقول زيغريد هونكه في " شمس العرب تسطع على الغرب ": " لم يكن محمد عالماً وفلكياً ورياضياً طويل الباع فحسب، بل كان أيضاً ممن انصرفوا إلى تعاطي الفلسفة وخصوصاً علم المنطق، ووضع كتاباً في الأسباب الأولى لوجود العالم، كما اهتم بعلم طبقات الجو، وذيل كتابه ببعض الملاحظات، بل تعدى هذا كله فاهتم بالإنشاءات الميكانيكية، وهو موضوع كان من اختصاص أخيه أحمد، وكتب بالتفصيل عن القدماء حول الميزان السريع ".

أحمد بن موسى بن شاكر

وهو أوسط أبناء موسى بن شاكر. كان ميالاً إلى الأعمال التطبيقية والآلات الميكانيكية المتحركة. وقد بنى أحمد مع أخيه محمد ساعة نحاسية كبير الحجم استفاد منها علماء عصره. تقول زيغريد في الكتاب المذكور نفسه: " إن أحمد بن موسى بن شاكر تفنن في الهندسة الميكانيكية، فاخترع تركيباً ميكانيكياً يسمح للأوعية أن تمتلئ تلقائياً كلما فرغت، والقناديل ترتفع فيها الفضائل تلقائياً أيضاً كلما أتت النار على جزء منها ويصب فيها الزيت تلقائياً ولا تنطفئ عند هبوب الريح عليها. كما ابتكر آلة ميكانيكية للزراعة والفلاحة تحدث صوتاً بصورة تلقائية كلما ارتفع الماء إلى حد معين في الحقل عند سقيه. واخترع عدداً كبيراً من النافورات التي تظهر صوراً عديدة للمياه الصاعدة. والملفت أن نظريات أحمد بن موسى لازالت مستخدمة عند تصميم النافورات الحديثة، وفي كتاب " المراصد الفلكية ببغداد " يقول معروف ناجي: " في مرصد

سامراء رأيت آلة بناها الإخوان محمد وأحمد إبنا موسى، وهي ذات شكل دائري تحصل صور النجوم ورموز الحيوانات في سطحها، وتديرها قوة مائية، وكلما غاب نجم في قبة السماء اختفت صورته في اللحظة ذاتها في الآلة، واذا ظهر في قبة السماء ظهرت صورته في الخط الافقي من الآلة ". ويبدو أن أحمد بن موسى كان له السبق بين أخويه ومعاصريه في صنع الآلات المنزلية ولعب الأطفال وبعض الآلات المتحركة مثل الرافعات المبنية على قواعد ميكانيكية والتي تستعمل لجر الأثقال أو رفعها أو وزنها.

الحسن بن موسى بن شاكر

نابغة عصره في علم الهندسة، حل بعض المسائل التي كانت مستعصية على علماء معاصرين له، حتى سمت شهرته وعلت درجته عند المأمون فقربه واعتبره أحد علمائه الكبار في حقل الهندسة. ألف في قطع المستديرات. بقي مرجعاً لعلماء أوروبا في الأشكال الإهليليجية، تقول زيغريد هونكه في " شمس العرب تسطع على الغرب " في سوق رواية شيقة عن الحسن: " إن أحد العلماء المتخصصين في حقل الرياضيات والمعاصرين للحسن بن موسى اتهمه بالإهمال أمام الخليفة المأمون، وذلك بقوله: إن الحسن بن موسى لم يدرس إى ستة كتب من كتب إقليدس. فتعجب المأمون من هذا الخبر وتساءل عن صحة هذا النبأ. فرد الحسن بن موسى على تساؤلات المأمون: و الله يا أمير المؤمنين، لو أردت أن أكذب لقلت اتهاماته كاذبة، ولوضعته أمام تجربة حاسمة، ذلك أنه لم يسألني عن واحدة من مسائل الكتب التي لم أقرأها، ولو أنه فعل، لكنت حللتها بسرعة البرق وأخبرته النتائج، ثم إن جهلي لهذه الكتب لايعوقني أمام الصعوبات، فهذه الأشياء هينة بالقياس إلى مهما صعبت.

اهتم بنو موسى بن شاكر، بعدما فتحت أمامهم أبواب بيت الحكمة، بترجمة كتب الفلك والميكانيكا من لغاتها الأصلية إلى اللغة العربية، مما دفع المأمون إلى أن يسند إليهم الإشراف على قسم الترجمة في هذا البيت، فصاروا يختارون الكتب والمؤلفين الذي تجدر ترجمة كتبهم، ووقع اختيارهم على المترجمين أمثال حنين بن اسحاق وثابت بن قرة. والجدير بالذكر أن أخاهم الأكبر محمداً كان يتنقل في البلاد

سعياً وراء جمع المخطوطات والكتب النادرة، وخصوصاً ماهو منها في علم الميكانيكا والفلك والرياضيات والفلسفة الطب والصيدلة. ويقال إنه ذهب إلى اليونان ليتمكن من الحصول على المخطوطات العلمية التي تبحث في هذه الموضوعات، ويقال أيضاً إن أبناء موسى طوروا في قانون هيرون لإيجاد مساحة المثلث اذا علم طول كل من أضلاعه.

جاء في طبقات الأمم لصاعد الأندلسي أن محمداً وأحمد والحسن أبناء موسى بن شاكر قد برزوا بصفة عامة باشتغالهم في علم الحيل " الميكانيكا "، إلى جانب شهرتهم في الفلك والرياضيات والهندسة، فبرهنوا على مقدرة فائقة النظير في حقل التكنولوجيا المتطورة.

مؤلفات بني موسى بن شاكر
تنوعت مؤلفات أبناء موسى بين الهندسة والمساحة والمخروطات والفلك وعلم الحيل والرياضيات:

- كتاب بني موسى في القرسطون (الميزان ذي العاتق).
- كتاب في مساحة الأكر (للحسن بن موسى).
- كتاب في تنقيح مخروطات أبولونيوس.
- كتاب في إيجاد الوسط التناسبي بين مقدارين او كميتين معلومتين.
- كتاب في الآلات الحربية.
- كتاب في البرهان على عدم وجود فلك واسع (لأحمد).
- كتاب في أنه ليس في خارج كرة الكواكب الثابتة كرة تاسعة (لأحمد).
- كتاب الشكل المدور والمستطيل (أي الإهليلج) (للحسن بن موسى).
- كتاب قياس المساحات المسطحة والمستديرة (عرف بكتاب الأخوة الثلاثة في الهندسة)
- كتاب حيل بني موسى (يحتوي على مائة تركيب ميكانيكي، وهو عجيب نادر، وهو المؤلف الأول الذي يبحث في علم الحيل، يقول ابن خلكان إنه وقف عليه فوجده من أحسن الكتب وأمتعها وهو مجلداً واحد).

وانفرد محمد بن موسى بالكتب التالية:

- كتاب حركة الفلك الأولى.
- كتاب الشكل الهندسي.
- كتاب الجزء.
- كتاب في أولية العالم.
- كتاب على ماهية الكلام.
- كتاب المثلث.
- كتاب تقاويم المنازل السيارة.

هبة الله الإسطرلابي

(.... ـ ٥٣٤هـ،.... ـ ١١٤٠م)

هو بديع الزمان أبو القاسم هبة الله بن الحسين بن أحمد البغدادي، طبيب عالم أتقن علم النجوم والرصد، صديق لأمين الدولة بن التلميذ، ولد ببغداد، وكان في أصبهان سنة ٥١٠هـ واشتهر بعلم الآلات الفلكية اختراعا، وحصل له من عملها مال كثير في خلافة المسترشد العباسي، ولما توفي في بغداد ؟، لم يخلفه في عملها مثله، وكان أديبا وشاعرا، يميل إلى المجون والفكاهة.

عرفه ابن العبري بهبة الله " الأصفهاني " وقال : " كان في وسط المائة السادسة من الأطباء المشار إليهم في الآفاق ثلاثة أفاضل معا، من ثلاث ملل، كل منهم هبة الله اسما ومعنى، من النصارى واليهود والمسلمين : " هبة الله بن صاعد بن التلميذ، وهبة الله بن ملكا، وهبة الله بن الحسين "

هبة الله أوحد الزمان

(نحو ٤٨٠ـ نحو ٥٦٠هـ،نحو ١٠٨٧ـ نحو ١١٦٥م)

هبة الله بن علي بن ملكا البلدي، أبو البركات، المعروف بأوحد الزمان، طبيب حكيم، من أهل بغداد، كان يهوديا وأسلم، وكان يعمل في خدمة المستنجد بالله العباسي محظي عنده،واتهمه السلطان محمد بن ملكشاه بأنه أساء علاجه فحبسه مدة، وأصابه الجذام وعمي، ويظهر أنه استعاد بصره في آخر عمره، حسب رواية ابن خلكان، توفي بهمذان عن نحو ثمانين سنة، وحمل تابوته إلى بغداد.

من تصانيفه :

- اختصار التشريح، اختصره من كلام جالينوس، ولخصه بأوجز عبارة.

- كتاب الأقراباذين، ويتألف من ثلاث مقالات.

- مقالة في الدواء الذي ألفه المسمى برشعثا. استقصى فيه صفته وشرح أدويته.

- مقالة أخرى في دواء ترياقي يقال له أمين الأرواح.

هبة الـلـه بن التلميذ

(٤٦٥ ـ ٥٦٠هـ١٠٧٣ـ١١٦٥م)

هو هبة الـلـه بن صاعد بن (هبة الـلـه بن) ابراهيم، أبو الحسن، أمين الدولة، موفق الملك، والمعروف بابن التلميذ،حكيم وعالم بالطب والأدب، له شعر كله ملح ولطائف وابتكارات، أما في الطب فهو أوحد زمانه على ما جـاء فـي "طبقات الأطباء".

ولد ببغداد وفيها توفى بعد عمر طويل، خدم الخلفاء من بني العباس، وشغل منصب ساعور البيمارستان ببغداد (رئيس الأطباء) إلى حين وفاته.

كان عارفا باللغات اليونانية والسيريانية والفارسية، مارس الطب بسخاء ومروءة، لا يقبل عطية إلا من خليفة أو سلطان.

من كتبه :

- " أقراباذينه الموجز البيمارستاني " وهو ثلاثة عشر بابا.
- " حاشية على القانون لابن سينا ".
- " حاشية على المنهاج لابن جزلة ".
- " شرح مسائل حنين ".
- " الكناش في الطب ".
- " مقالة في الفصد ".
- " اختيار كتاب الحاوي لحنين ".
- " اختصار شرح جالينوس لكتاب الفصول لأبقراط ".
- " المقالة الأمينية في الأدوية البيمارستانية ".

هبة الـلـه بن جميع

(...ـ٥٩٤هـ ... ـ ١١٩٨م)

هو الشيخ الموفق شمس الرياسة أو العشائر هبة الـلـه بن زين بن حسن بن افرائيم

بن يعقوب بن إسماعيل بن جميع الإسرائيلي، من الأطباء المشهورين، كثير الاجتهاد في صناعة الطب، جيد التصنيف، ولد بفسطاط مصر، ونشأ به،وخدم الملك الناصر صلاح الدين الأيوبي، وارتفعت منزلته عنده، وقد قال عنه ابن أبي أصيبعة أنه " ككان كثير التحصيل في صناعة الطب، متصرفا في عملها، فاضلا في أعمالها ".

هبة الله بن فضل

(... ـ ٥٥٨هـ)

هو أبو القاسم هبة الله بن فضل، طبيب بغدادي المولد والمنشأ، عالم بصناعة الطب، وشاعر وكان يكحل أيضا، عاش في عهد المقتفي لأمر الله.

من كتبه :

- تعاليق طبية.

- مسائل وأجوبتها في الطب.

وفائي الحكيم

(٠٠٠بعد ١٣٣٦هـ،٠٠٠بعد١٩١٨م)

حسين وفائي بن حسنن البغدادي،طبيب اشتهر بالحكيم،له من الكتب في الموضوعات المختلفة وكلها بخطه.

من كتبه :

- " الدروس الطبية للحلاقين ".

- " الدروس الطبية للدايات ".

- " السر المكنون في مداواة العيون ".

- كتاب من ثلاثة أجزاء عنوانه " أبدع ما كان من صنع الرحيم الرحمن في تركيب وظائف جسم الإنسان ".

- " الأربطة الجراحية ".

- " الإرشادات الجلية ف معرفة أعضاء ووظائف الكتلة الدماغية ".

- " الرسالة الوفائية في ترتب المملكة النباتة ".

يحيى بن اسحق

(... نحو٣٢٥هـ... نحو ٩٣٧م)

طبيب ابن طبيب أندلسي، من أهل قرطبة، مسيحي النحلة، اعتنق الإسلام وتأدب.

برع في الطب، تقدم في دولة عبد الرحمن الناصر الأموي، ووثق به الناصر فاستوزره وولاّه الولايات والعملات بعد إسلامه.

من مصنفاته : " الإبريسم "، وهو كناش في الطب في خمسة أسفار.

يحيى البياسي

هو أمين الدولة أبو زكريا يحيى بن أسماعي الأندلسي البياسي، عالم أتقن صناعة الطب، وتميز في الرياضيات، وصل من المغرب إلى مصر فأقام مدة بالقاهرة.

توجه بعدها إلى دمشق، وقطن بها، قرأ على مذهب الدين أبي الحسن علي بن عيسى ابن هبة الله المعروف بابن النقاش البغدادي ولازمه، وعمل له آلات هندسية وأرغنا.خدم بطبه صلاح الدين يوسف بن أيوب الذي أطلق له جامكية، وبقي في دمشق حتى وفاته. ذكر ابن أبي أصيبعة " أنه كتب بخطه كتبا كثيرة في الطب وغيره "

يحيى بن جزلة

(... ـ٤٣٩هـ... ـ ١١٠٠م)

هو يحيى بن عيسى بن علي بن جزلة البغدادي أبو علي، إمام الطب في عصره، باحث من أهل بغداد، قرأ الطب على نصارى الكرخ، ولازم شيخ المعتزلة أبو علي بن الوليد واستجاب لدعوته وأسلم، وحسن إسلامه فاستخدمه أبو الحسن، قاضي القضاة في كتب السجلات. كان ابن جزلة من المشهورين في علم الطب وعلمه، وهو تلميذ أبي

الحسن سعيد بن هبة الله. وكان يطبب أهل محلته ومعارفه بغير عوض ويحمل إليهم الأدوية مجانا، ولما مرض، مرض موته كتبه في مشهد الإمام أبي حنيفة، ومات ابن جزلة في بغداد.

من تصانيفه :

- كتاب " المنهاج " في الأغذية والأدوية رتبه على الحروف وجمع فيه أسماء الحشائش والعقاقير والأدوية. صنفه للمقتدي بالله العباسي وترجم إلى اللاتينية سنة ١٥٣٢م.
- " تقويم الأبدان ".
- " رسالة في فضائل الطب ".
- " تقويم الصحة بالأسباب الستة ".
- " كتاب الأقراباذين ".

يحيى الكرماني

(٧٦٢ـ ٨٣٣هـ١٣٦١ـ١٤٣٠م)

يحيى بن محمد بن يوسف القاضي تقي الدين ين العلامة شمس الدين الكرماني البغدادي، أديب مشارك في الطب والتاريخ، نشأ ببغداد، وتوجه إلى القاهرة حيث كلف بإدارة البيمارستان المنصوري هناك، توفي بالطاعون في القاهرة.

من مصنفاته الطبية : " المختصر من خواص أبي العلاء بن زهر ".

يحيى اللبودي

(٦٠٧-٦٦١هـ ١٢١٠-١٢٦٣م)

هو أبو زكريا نجم الدين يحيى بن محمد... المعروف بالصاحب ابن اللبودي، ولد في حلب، وقدم إلى دمشق مع أبيه، فنشأ فيها، وتثقف حتى برع في الطب، والحكمة

والعلوم الرياضية.

وكان إلى ذلك شاعر، أديبا حسن الإدارة، اتصل بالملك المنصور صاحب حمص، فاستوزره، وفرض إليه أمور دولته، وظل في منصبه حتى وفاة المنصور.

فانتقل إلى ذلك شعرا وأديبا حسن الإدارة، اتصل بالملك المنصور، فانتقل إلى مصر فجعله الملك الصالح أيوب ناظرا على الديوان بالإسكندرية. ثم عاد إلى دمشق فتولى نظارة الديوان فيها، وتوفي في دمشق.

يعقوب ابن القف

(٦٣٠ـ ٦٨٥هـ ١٢٣٣ـ ١٢٨٦م)

هو يعقوب ابن اسحق الكطركي، المعروف بابن القف (أمين الدولة، أبو الفرج) عالم بالطب والجراحة، ولد بالكرك وقرأ الطب بدمشق، خدم طبه في قلعة عجلون.

ثم عاد إلى دمشق حيث عالج المرضى وألف الكتب إلى أن توفي فيها، ترجم لابن أبي أصيبعة وأثنى عليه.

آثاره :

- " كتاب الشافي " في الطب في أربعة وأربعين فصلا.
- " شرح الكليات من كتاب القانون لابن سينا " ويقع في ست مجلدات.
- " كتاب العمدة في صناعة الجراحة "، ويشتمل على عشرين علم وعمل يذكر فيه جميع ما يحتاج إليه الجرائحي.
- " جامع الغرض في حفظ الصحة ودفع المرض ".
- " الأصول في شرح الفصول لبقراط ".

يعقوب السامري

(٦٠٠ـ ٦٨١هـ ـ ١٢٠٤ ـ ١٢٨٢م)

يعقوب بن غنائم السامري، الدمشقي (موفق الدين، أبو يوسف)، حكيم طبيب.

ولد بدمشق ونشأ فيها، أتقن الطب علما وعملا، اشتغل عليه جماعة من المتطببين وانتفع به كثير من

المرضى.

من آثاره :

- " شرح الكليات من " كتاب القانون ".

- " حل شكوك ابن المنفاخ على الكليات ".

- " كناش " في الطب.

توفي سنة ٦٨١ هجرية (١٢٨٢م) في دمشق.

يعقوب المحلي

(... ـ نحو ٦٠٥هـ... ـ نحو ١٠٢٨م)

يعقوب بن اسحق المحلي، أسعد الدين، طبيب يهودي من مدينة المحلة على دلتا النيل، من المشهورين بصناعة الطب، والخبيرين بالمداواة والعلاج.

انتقل إلى دمشق سنة ٥٩٨هجرية، فأقام مدة قصيرة، وعاد إلى القاهرة، فمات فيها.

من كتبه :

- " مقالة في قوانين طبية " ويقع في ستة أبواب.

- " مسائل أخرى في الطب وأجوبتها " وهو يحتوي على ثلاث مقالات.

- " مسائل طبية وأجوبتها " سألها لبعض الأطباء بدمشق.

يوحنا بن بختشيوع

(... - ٢٩٠هـ٩٠٣م)

كان يوحنا بن بختشيوع طبيبا متميزا خبيرا باللغة اليونانية والسريانية، ونقل من اليوناني إلى السرياني كتبا كثيرة. وخدم بصناعة الطب الموفق بالله طلحة بـن جعفـر المتوكل، وكان يعتمد عليه كثيرا ويسميه " مفرج كربي ".

من آثاره :

- " فيما يحتاج إليه الطبيب من علم النجوم ".
- " تقويم الأدوية فيما اختاره من الأعشاب والأغذية ".

يوسف بن حسداي

هو أبو جعفر يوسف بن أحمد بن حسداي طبيب، عالم بكتب أبقراط وجالينوس، سافر إلى الأندلس إلى الديار المصرية، واشتهر هناك في أيام الآمر بأحكام الـلـه (١٠٩٦-١١٣٠م) عاشر الخلفاء الفاطميين بمصر، وكان خصيصا بالمأمون، عبد الـلـه محمد بن نور الدولة أبي شجاع الآمري في مدة حكمه.

من آثاره الطبية : " شرح كتاب الأيمان لبقراط "، " فوائد مستخرجة "، استخرجها وهذبها من شرح علي بن رضوان لكتاب جالينوس إلى أغلوقن..

يوسف السامري

(...ـ٦٢٤هـ... - ١٢٢٧م)

يوسف بن أبي سعيد بن خلف السامري (الصاحب، مهذب الدين) طبيب حكيم أديب، وزير.

قرأ صناعة الطب على الحكيم ابراهيم السامري المعروف بشمس الحكماء، وعلى الشيخ إسماعيل بن أبي الوقار، وعلى مهذب الدين بن النقاش، وتميز في الطب واشتهر بحسن العلاج والمداواة.

المصادر والمراجع

١- عيون الأنباء في طبقات الأطباء: احمد بن القاسم ابن ابي اصيبعة.

٢- ارشاد الاريب إلى معرفة الأديب،"معجم الادباء" لياقوت الحموي (سبعة اجزاء).

٣- موسوعة علماء الطب: اعداد هيكل نعمه الـلـه والياس مليحة.

٤- روضات الجنات في احوال العلماء والسادات- محمد باقر الموسوي (اربعة اجزاء).

٥- سير النبلاء للذهبي (١٥ مجلد)

٦- تاريخ الطب والصيدلية عند العرب: د. سامي حمازنة.

٧- حضارة العرب: غوستاف لوبون.

٨- يتيمة الدهر: الثعالبي (اربعة اجزاء).

٩- بغية الملتمس في تاريخ رجال اهل الأندلس: ابن عميرة.

١٠- جذوة المقتبس في ذكر ولاة الاندلس: الحميدي.

١١- الكواكب السائرة في اعيان المئة العاشرة: نجم الدين الغزي.

١٢- نفح الطيب من غصن الاندلس الرطيب: المقري (اربعة مجلدات).

١٣- الكشاف عن مخطوطات خزائن كتب مكتبة الأوقاف المركزية بوزارة الاوقاف العراقية.

١٤- المنهل الصافي والمستوفي بعد الوافي ابن تغري.

١٥- مروج الذهب ومعادن الجوهر: المسعودي (تسعة اجزاء).

١٦- معجم ادباء الاطباء: محمد الخليلي النجفي العراقي.

١٧- معجم المطبوعات العربية: يوسف الياس سركيس (احد عشر جزءا).

١٨- الاحاطة في اخبار غرناطة: ابن الخطيب (جزءان).

١٩- تذكرة الحفاظ: الذهبي (اربعة اجزاء).

٢٠- علماء النصرانية في الاسلام: لويس شيخو.

٢١- رواد النهضة الحديثة: مارون عبود.

٢٢- هداية العارفين في اسماء المؤلفين واثار المصنفيت: إسماعيل باشا الغدادي (جزءان).

٢٣- الطب عند المسلمين والعرب: زينب منصور حبيب.

٢٤- حسن المحاضرة في اخبار مصر والقاهرة: السيوطي (جزءان).

٢٥- تاريخ الادب العربي كارك بروكلمان (اربعة مجلدات).

٢٦- الاقباط في القرن العشرين: رمزي تادرس (اربعة اجزاء).

٢٧- معجم المطبوعات العربية ١٢٧٧: يوسف. سركيس

٢٨- اعلام النهضة الطبية عند العرب والمسلمين: فرج العوايشة.

٢٩- الحاصلون على جوائز نوبل في الكيمياء، الفيزياء، الطب، والفيزولودجيا (مخطوط).

٣٠- دائرة المعارف الإسلامية (١١جزء).

٣١- الفهرست، ابن النديم.

٣٢- موسوعة علماء الكيمياء، موريس شربل.

٣٣- معجم المؤلفين، عمر كحالة.

٣٤- وفيات الأعيان، ابن خلكان.

٣٥- واضعو علم الكيمياء، هوليمارد.

٣٦- طبقات الأطباء والحكماء، ابن جلجل.

٣٧- عيون الأنباء في طبقات الأطباء، ابن أبي أصيبعة.

٣٨- موسوعة المكتشفين والمخترعين: اعداد د. موريس شربل.

فهرس

المقدمة ———————————————— ٣

ابن أثال ————————————— ٥

ابن الاثردي ————————————— ٥

ابن الازرق ————————————— ٦

ابن بختوية ————————————— ٦

ابن بطلان ————————————— ٧

ابن بكلارش ————————————— ٧

ابن البيطار ————————————— ٨

ابن الجزار القيرواني ———————————— ١٢

ابن جلجل ————————————— ١٣

ابن خلدون ————————————— ١٣

ابن الخياط ————————————— ٢٧

ابن الرحبي ————————————— ٢٨

ابن دينار ————————————— ٢٨

ابن رشد ————————————— ٢٩

ابن الرومية ————————————— ٤٢

ابن زهر ————————————— ٤٢

ابن زهرون ————————————— ٤٣

ابن الساعاتي ————————————— ٤٤

ابن سقلاب ————————————— ٤٤

ابن سينا ————————————— ٤٥

ابن الشيخ سعيد -- ٦٠

ابن عبدوس--- ٦١

ابن عمران --- ٦١

ابن العين زربي --- ٦٢

ابن قاضي بعلبك ------------------------------------ ٦٣

ابن قس -- ٦٣

ابن الكتبي-- ٦٤

ابن كشكرايا -- ٦٤

ابن ماسوية --- ٦٥

ابن المغربي-- ٦٦

ابن المجدي --- ٦٦

ابن النفيس --- ٦٧

ابن الهائم --- ٧٢

ابن هُذيل --- ٧٣

ابن الهيثم -- ٧٣

ابن يونس --- ٨٠

أبو البيان بن المدور ------------------------------- ٨٢

أبو جعفر القلعي -------------------------------------- ٨٢

أبو الحجاج يوسف ----------------------------------- ٨٣

أبو حسن الرحبي ------------------------------------ ٨٣

أبو الحكم الدمشقي------------------------------- ٨٤

أبو الخير الاكيذياقون ------------------------------ ٨٥

أبو سهل المسيحي ------------------------------------- ٨٥

أبو الصلت --- ٨٥

أبو العلاء الإيادي--٨٧

أبو الفرج بن الطيب--٨٨

أبو القاسم العراقي--٨٩

أبو منصور الموفق--٩٣

أبو النجم بن أبي غالب--٩٧

أبو نصر التكريتي--٩٧

أبو نصر المسيحي--٩٨

أبو نصر "منصور بن علي"--٩٨

أبو الوفا البوجاني--١٠٠

إبراهيم بن بكس--١٠١

إبراهيم حسن باشا--١٠١

إبراهيم الدسوقي أفندي--١٠٢

إبراهيم الرقّي--١٠٢

إبراهيم السويدي--١٠٣

إبراهيم صبري بك--١٠٣

إبراهيم القطب المغربي--١٠٤

إبراهيم منصور--١٠٤

إبراهيم النجار--١٠٥

إبراهيم اليمامي--١٠٥

أحمد الأركلي--١٠٦

أحمد بن أبي الأشعث--١٠٦

أحمد بن أبي أصيبعة--١٠٧

أحمد الأصفهاني -------------------------- ١٠٨

أحمد البلدي --------------------------- ١٠٩

أحمد البقلي --------------------------- ١١٠

أحمد التونسي--------------------------- ١١٠

أحمد بن حلوان --------------------------- ١١١

أحمد بن خاتمة --------------------------- ١١١

أحمد الرشيدي--------------------------- ١١٢

أحمد بن السري--------------------------- ١١٣

أحمد الطبري --------------------------- ١١٣

أحمد بن الطيب --------------------------- ١١٣

أحمد عيسى ----------------------- ١١٤

أحمد النجار ------------------------- ١١٥

الإدريسي ---------------------- ١١٥

إسحاق بن إبراهيم النسطاسي --------------------------- ١١٩

إسحاق الإسرائيلي --------------------------- ١١٩

إسحاق بن حنين --------------------------- ١٢٠

أسعد الدين بن أبي الحسن--------------------------- ١٢٢

أسعد المطران ------------------------- ١٢٣

الأسفزاري ---------------------- ١٢٤

اسكندر البارودي --------------------------- ١٢٥

إسماعيل الجرجاني --------------------------- ١٢٥

إسماعيل ناجي --- ١٢٦

أفرائيم بن الرّقان --- ١٢٦

البتاني --- ١٢٨

بختيشوع بن جبرائيل ---------------------------------- ١٣٠

بختيشوع بن جرجس -------------------------------- ١٣٠

البوزجاني --------------------------------------- ١٣٠

البيروني -- ١٣٤

الترمذي --- ١٤٣

ثابت بن سنان ------------------------------------- ١٥٠

ثابت بن قرّة -------------------------------------- ١٥٠

جابر بن حيان ------------------------------------- ١٥٢

الإمام جعفر الصادق (رض) --------------------------- ١٦٥

جبرائيل بن عبيد اللـه --------------------------------- ١٦٨

الجلدكي -- ١٦٩

جميل الخاني --------------------------------------- ١٧٥

جورج بُسْط -- ١٧٥

جورج حنا -- ١٧٦

جورجيس بن جبرائيل بن بختشيوع ----------------------- ١٧٦

الجوهري اسماعيل بن حماد --------------------------- ١٧٦

حاجي باشا -- ١٧٨

الحارث بن كلدة ------------------------------------ ١٧٨

الحاسب الكرخي فخر الدين محمد بن الحسن -------------- ١٧٩

حامد بن سمجون ------------------------------------ ١٧٩

حبيش الأعسم ------- ۱۸۰

حسن الرشيدي------------- ۱۸۰

الحسن بن زيرك ----- ۱۸۱

الحسن بن سوار ------ ۱۸۱

حسن عبد الرحمن ------ ۱۸۲

حسن كامل الصبّاح------ ۱۸۲

حسن محمود باشا --- ۱۸۳

الحسن المراكشي-------- ۱۸٤

حسن هاشم بك ----- ۱۸٥

حسين عودة ------------- ۱۸٥

حسين عوف ------- ۱۸٦

حكمة المُرادي------------ ۱۸٦

الحلاجي ----------- ۱۸۷

حُنين بن اسحق ------ ۱۸۷

الخازن ------- ۱۸۹

خالد بن يزيد ------ ۱۹۰

خضر بن علي بن الخطَّاب ------ ۱۹۲

خلف الطولوني ----- ۱۹۳

الخوارزمي ----- ۱۹۳

الخيام ------- ۲۰۰

داوود الأنطاكي --- ۲۰۸

داوود بن أبي البيان ------ ۲۰۸

داوود بن أبي المنى ------ ۲۰۹

داوود الجلبي -- ٢١٠

الرازي -- ٢١٠

رشيد الدين أبو حليقة ------------------------------------- ٢٢٠

رشيد الدين الصوري ------------------------------------- ٢٢٠

زاهد العلماء --- ٢٢٢

الزرقاني ابراهيم -- ٢٢٢

الزهراوي -- ٢٢٣

ابنازيله -- ٢٢٤

زين الدين الجرجاني --------------------------------------- ٢٢٤

شمس الدين القُوْيْضِي الصالحي -------------------------- ٢٢٥

شمس الدين محمد الكلي ---------------------------------- ٢٢٥

الشيخ السديد --- ٢٢٦

الشيرازي --- ٢٢٦

صاعد بن توما --- ٢٣٠

صاعد بن هبة اللـه الحظيري ----------------------------- ٢٣٠

صدقة السامري --- ٢٣١

طاهر السِّجزِي -- ٢٣٢

الطغرائي -- ٢٣٢

ابن طفيل -- ٢٣٦

الطوسي -- ٢٤٥

عباس بن فرناس --- ٢٤٩

عبد الحميد الخُسرُوُ شاهي ------------------------------- ٢٥٢

عبد الرحمن إسماعيل -------------------------------------- ٢٥٣

عبد الرحمن بن الهيثم ------------------------- ٢٥٣

عبد الرحمن وافد ---- ٢٥٤

عبد الرحمن بن أبي صادق ------------------- ٢٥٤

عبد الرحيم الدخوار ----------- ٢٥٥

عبد العزيز إسماعيل --------------- ٢٥٦

عبد العزيز الجيلي-------------- ٢٥٦

عبد العزيز نظمي ----------------- ٢٥٧

عبد السلام العلمي ------------ ٢٥٧

عبد القادر بن شقرون ---------------- ٢٥٨

عبداللطيف البغدادي ------------------- ٢٥٨

عبد الله بن يوسف ------------ ٢٥٩

عبد الله الحريري البغدادي------------------- ٢٦٠

عبد الله الذهبي ----------- ٢٦٠

عبد الله بن عزُّوز ------------- ٢٦١

عبد الله الفشاني ----------------- ٢٦١

عبد الواحد بن الدلّاج ----------------- ٢٦٢

عبد الوهاب آدراق ------------------ ٢٦٢

عبدوس بن زيد ---------------- ٢٦٢

عبيد الله بن جبرائيل --------------- ٢٦٣

عبيد الله المغربي الباهلي ------------------ ٢٦٤

عثمان بن أبي الحوافر ------------- ٢٦٤

عثمان غالب ------- ٢٦٥

عَريب بن سعد ------- ٢٦٥

عفيف بن سُكَّرَة ------------------------------ ٢٦٦

علاء الدين الكَحَّال ------------------------------ ٢٦٦

علي إبراهيم ------------------------------ ٢٦٧

علي بن أبي أُصيبعة ------------------------------ ٢٦٨

علي بن رضوان ------------------------------ ٢٦٩

علي بن زين الطبري ------------------------------ ٢٦٩

علي بن سلمان ------------------------------ ٢٧٠

علي بن عيسي ------------------------------ ٢٧٠

علي المجوسي ------------------------------ ٢٧١

علي بن هَبَل ------------------------------ ٢٧٢

علي هَيبةٌ ------------------------------ ٢٧٢

عمار الموصلي ------------------------------ ٢٧٣

عمران بن صدقة الإسرائيلي ------------------------------ ٢٧٣

عمر القلعي ------------------------------ ٢٧٤

عمرو الكرخي ------------------------------ ٢٧٤

عيسى بن حكم ------------------------------ ٢٧٥

عيسى الرقي ------------------------------ ٢٧٥

عيسى بن ماسة ------------------------------ ٢٧٥

عيسى بن يحيى بن ابراهيم ------------------------------ ٢٧٦

غالب الشقوري ------------------------------ ٢٧٧

غزال بن أبي سعيد ------------------------------ ٢٧٧

الغزالي ------------------------------ ٢٧٨

غياث الدين الكاشي ------------------------------ ٢٨٣

الفارابي ---------------- ٢٨٤

فخر الدين المارديني ---------------- ٢٩٣

فريد عبد الله ---------------- ٢٩٤

قاسم بن محمد الغساني ---------------- ٢٩٥

قسطا بن لوقا البعلبكي ---------------- ٢٩٥

القطب المصري ---------------- ٢٩٦

الكندي ---------------- ٢٩٧

المجريطي ---------------- ٣٢٠

محمد بن الأكفاني ---------------- ٣٢٦

محمد بن أبي حليقة ---------------- ٣٢٧

محمد الإيلاقي ---------------- ٣٢٨

محمد بن باجة ---------------- ٣٢٨

محمد بدر ---------------- ٣٢٩

محمد بن تمليح ---------------- ٣٢٩

محمد البقلي ---------------- ٣٢٩

محمد الجيلاني ---------------- ٣٣٠

محمد حافظ ---------------- ٣٣١

محمد الخونجي ---------------- ٣٣١

محمد بن الخطيب ---------------- ٣٣٢

محمد درّي ---------------- ٣٣٢

محمد الدنيسري ---------------- ٣٣٣

محمد الرازي ---------------- ٣٣٣

محمد بن الرقام ---------------- ٣٣٤

محمد بن سحنون -- ٣٣٤

محمد بن سعد --- -------------------------------------- ٣٣٥

محمد السمرقندي ------------------------------------ ٣٣٥

محمد الشباسي -- ٣٣٦

محمد الشرواني -- ٣٣٧

محمد الشيرازي --------------------------------------- ٣٣٧

محمد شلبي -- ٣٣٨

محمد صدقي -- ٣٣٨

محمد طلعت --- --------------------------------------- ٣٣٩

محمد القربلياني-------------------------------------- ٣٣٩

محمد القطاوي ------------------------------------- ٣٣٩

محمد القزويني ------------------------------------- ٣٤٠

محمد القوصوني ------------------------------------ ٣٤٠

محمد القلانسي ------------------------------------- ٣٤١

محمد عبد الخالق----------------------------------- ٣٤١

محمد العنتري --- ٣٤٢

محمد علوي -- ٣٤٢

محمود البقلي--------------------------------------- ٣٤٣

محمودحسن باشا ----------------------------------- ٣٤٣

محمود بن رقيقة--------------------------------------- ٣٤٤

محمود السيالة --- -------------------------------------- ٣٤٤

مدين القوصوني ------------------------------------ ٣٤٥

مروان بن جناح ------------------------------------- ٣٤٥

مشرفة مصطفى عطية ----------------------------- ٣٤٦

مصطفى النجدي ------------------------------- ٣٤٦

مصطفى السبكي -------------------------------- ٣٤٧

مصطفى الواطي -------------------------------- ٣٤٧

المظفر الحمصي -------------------------------- ٣٤٨

منصور ابن المقشر ----------------------------- ٣٤٨

مهذب الدين بن الحاجب --------------------------- ٣٤٩

موسى الإسرائيلي ------------------------------ ٣٤٩

موسى بن سيار ------------------------------- ٣٤٩

موسى الكحال -------------------------------- ٣٥٠

موسى بن ميمون ----------------------------- ٣٥٠

موفق الدين عبد السلام -------------------------- ٣٥١

موفق الدين عبد العزيز -------------------------- ٣٥٢

مؤيد الدين الحارثي --------------------------- ٣٥٢

مهذب الدين بن النقاش ------------------------- ٣٥٣

أبو المعز الرزاز ----------------------------- ٣٥٣

المعموري البيهقي --------------------------- ٣٥٣

موسى بن شاكر ----------------------------- ٣٥٤

هبة الله الإسطرلابي ------------------------- ٣٦٠

هبة الله أوحد الزمان ------------------------- ٣٦٠

هبة الله بن التلميذ ------------------------ ٣٦١

هبة الله بن جميع ------------------------ ٣٦١

هبة الله بن فضل------------------------ ٣٦٢

وفائي الحكيم ————————————————————— ٣٦٣

يحيى بن اسحق ————————————————————— ٣٦٤

يحيى البياسي —————————————————————— ٣٦٤

يحيى بن جزلة —————————————————————— ٣٦٤

يحيى الكرماني —————————————————————— ٣٦٥

يحيى اللبودي ——————————————————————— ٣٦٥

يعقوب ابن القف —————————————————————— ٣٦٦

يعقوب السامري —————————————————————— ٣٦٧

يعقوب المحلي ——————————————————————— ٣٦٧

يوحنا بن بختشيوع —————————————————————— ٣٦٨

يوسف بن حسداي —————————————————————— ٣٦٨

يوسف السامري —————————————————————— ٣٦٨

المصادر والمراجع ————————————————————— ٣٦٩

الفهرس ——————————————————————— ٣٧١

تم بحمد

الله

T0208557

Printed in the United States
By Bookmasters